PCs für Dummies – Schummelsei…

D1986609

Mein PC!

Tragen Sie die folgenden lebenswichtigen Informationen über Ihren Computer ein:

Marke & Modell: ____________

Netzwerkname: ____________

Mikroprozessor: ____________

RAM: ____________

Festplattenkapazität: ____________

Grafik: ____________

Serielle Nummer: ____________

Laufwerk A ist mein erstes Diskettenlaufwerk!

Laufwerk A hat: ☐ 3½ Zoll ☐ 5¼ Zoll

Laufwerk A ist: ☐ Oben ☐ Unten

Laufwerk B ist mein zweites Diskettenlaufwerk!

Laufwerk B hat: ☐ 3½ Zoll ☐ 5¼ Zoll

Laufwerk B ist: ☐ Oben ☐ Unten

Ich habe kein Laufwerk B: ☐

Laufwerk C ist mein Festplattenlaufwerk!

Ich habe noch andere Laufwerke in meinem Computer:

Laufwerk D ist ein: ☐ Festplattenlaufwerk
☐ CD-ROM

Laufwerk __ ist ein: ☐ Festplattenlaufwerk
☐ CD-ROM

Laufwerk __ ist ein: ☐ Festplattenlaufwerk
☐ CD-ROM

Netzlaufwerke:

Laufwerkbuchstabe	Netzwerk-PC	Pfadname
Laufwerk __ ist in:	____________	____________
Laufwerk __ ist in:	____________	____________

Was steckt wo?

Markieren Sie die zutreffenden Aussagen.

Meine Maus steckt in: ☐ COM1 ☐ COM2 ☐ COM3 ☐ COM4

Meine Modemgeschwindigkeit: ☐ 14,4 K ☐ 28,8 K ☐ 33,6 K ☐ 56 K

Mein Drucker steckt in: ☐ LPT1 ☐ LPT2 ☐ LPT3

Wichtige Telefonnummern

Tragen Sie die folgenden Informationen für Ihre Hardware ein.

Händler: ____________

Verkäufer: ____________

Technischer Kundendienst: ____________

____

Tragen Sie die folgenden Informationen für Ihre Software ein; zuerst den Programmnamen und dann die Nummer des Software Service:

Programm: ____________

Software-Service: ____________

Programm: ____________

Software-Service: ____________

Programm: ____________

Software-Service: ____________

PCs für Dummies – Schummelseite

Zeug, das Sie sowieso aufschreiben müssen

Windows-Kennwort/Netzwerk-ID: ______________________________

CompuServe-Kontonummer: ______________________________

Internet-Adresse: ______________________________

Rufnummer des Dienstanbieters: ______________________________

Hilfreiche Hinweise

Beenden Sie Windows immer ordnungsgemäß. Wählen Sie **Beenden/Windows herunterfahren** im Startmenü. Klicken Sie auf OK. Schalten Sie Ihren Computer nie einfach aus.

Klicken Sie auf **Start**, oder drücken Sie Strg+Esc, um das Startmenü anzuzeigen.

Im Untermenü **Programme** im Startmenü können Sie Programme öffnen.

Der Desktop ist der Windows-Hintergrund, auf dem sich Symbole und Fenster befinden.

Die Taskleiste am unteren Bildschirmrand enthält für jedes Programm, das auf dem Desktop ausgeführt wird, eine Schaltfläche.

Sie können ein Programm oder Fenster schließen, indem Sie auf die Schaltfläche **X** klicken.

Machen Sie sich mit den Laufwerken, Ordnern und Symbolen im **Arbeitsplatz** vertraut.

Windows verwendet die Taste F1 als Hilfetaste. Schneiden Sie die Taste links aus und kleben Sie sie auf die F1-Taste. Jetzt haben Sie eine offizielle Hilfetaste.

PCs
für Dummies

Dan Gookin

PCs für Dummies

Gegen den täglichen Frust mit dem PC

*Übersetzung aus dem
Amerikanischen von
Brigitte Possin*

mitp

Die Deutsche Bibliothek – CIP-Einheitsaufnahme:

Gookin, Dan:
PCs für Dummies : Gegen den täglichen Frust mit dem PC /
Dan Gookin. Übers. aus dem Amerikan. von Brigitte Possin.
- Bonn : MITP-Verlag, 1998
Einheitssacht.: PCs for Dummies <dt.>
ISBN 3-8266-2765-2

ISBN 3-8266-2765-2
3. Auflage 1998

Übersetzung der amerikanischen Originalausgabe:
Dan Gookin: PCs For Dummies

Printed in Germany

Ein Unternehmen der verlag moderne industrie AG, Landsberg

Lektorat: Martina Kempfle
Produktion: TYPisch Müller, München
Druck: Media-Print, Paderborn
Umschlaggestaltung: Sylvia Eifinger, Bornheim
Satz und Layout: Lieselotte und Conrad Neumann, München

Inhaltsverzeichnis

Teil III Disketten, Laufwerke, Dateien und was sonst noch alles 113

Kapitel 7 Alles über Disketten und Laufwerke 115

Kapitel 8 Zeug auf der Festplatte speichern 129

Einführung

Willkommen bei der dritten Auflage von »PCs für Dummies«, das für Windows 98 und die Technologie von Morgen aktualisiert wurde.

Dieses Buch beantwortet die Frage: »Wie verwandelt ein Computer einen intelligenten Menschen in einen Vollidioten?« Ja klar, Computer sind nützlich. Und eine große Anzahl von Leuten – der Himmel sei ihnen gnädig – hat sich in Computer verliebt. Aber der Rest der Menschheit sitzt unwissend vor dem Kasten. Es ist nicht so, daß die Arbeit mit einem Computer über unseren Verstand hinausginge, es ist vielmehr so, daß noch niemand die Dinge für einen normalen Menschen verständlich erklärt hat. Bis jetzt.

Dieses Buch erklärt den Umgang mit einem Computer in freundlichen, menschlichen und oft respektlosen Worten. Hier ist nichts heilig. Die Elektronik kann von anderen in den Himmel gehoben werden. »PCs für Dummies« konzentriert sich auf Sie und Ihre Bedürfnisse. Sie lernen alles, was Sie über Ihren Computer wissen müssen, ohne überspannten Computerjargon und ohne daß Sie ein Meister der Technik sein müssen. Und Sie werden Spaß dabei haben.

Über dieses Buch

Dieses Buch ist so geschrieben, daß Sie an jeder Stelle mit dem Lesen beginnen können; wie in einem Nachschlagewerk. Es hat 33 Kapitel und ein Glossar. Jedes Kapitel deckt einen bestimmten Bereich ab: Wie Sie den Computer einschalten, wie Sie mit einem Drucker umgehen, wie Sie Software einsetzen, wie Sie dem Computer einen Tritt versetzen usw. Jedes Kapitel ist in sich geschlossene Abschnitte aufgeteilt, die sich auf das Hauptthema des Kapitels beziehen, z.B.:

- ✔ Basis-Hardware
- ✔ Im Handbuch steht, ich soll meinen Computer »booten«!?
- ✔ Was Sie ignorieren können
- ✔ Die Task-Leiste ist verschwunden!
- ✔ Allgemeine Befehle
- ✔ Wie Sie ein Programm beenden
- ✔ Den Computer ausschalten

Sie müssen sich nichts, was Sie in diesem Buch lesen, merken, da es über einen Computer nichts gibt, was man im Gedächtnis behalten muß. Jeder Teil ist so gestaltet, daß Sie die darin enthaltenen Informationen schnell lesen, das Buch weglegen und dann mit Ihrer Arbeit am Computer fortfahren können. Vor jedem technischen Abschnitt werden Sie gewarnt, so daß Sie ihn einfach überspringen können.

Wie Sie dieses Buch benutzen

Dieses Buch ist wie ein Lexikon zu handhaben. Zuerst suchen Sie das Thema, zu dem Sie mehr Informationen haben möchten, entweder im Inhaltsverzeichnis oder im Stichwortverzeichnis. Sie können alles, was für Sie von Interesse ist, nachlesen, anschließend das Buch schließen und die erforderliche Aufgabe ausführen – ohne daß Sie sonst etwas lernen müßten.

Natürlich können Sie, wenn Sie mehr über ein bestimmtes Thema lernen wollen, einfach weiterlesen.

Eine Meldung oder Information, die Sie auf dem Bildschirm sehen, wird wie folgt dargestellt:

```
Dies ist eine Meldung auf dem Bildschirm.
```

Wenn Sie etwas eintippen sollen, wird das im Text wie folgt dargestellt:

```
C:\> Tipp mich ein
```

In diesem Beispiel würden Sie »Tipp mich ein« nach dem C:\> eingeben und dann die Eingabetaste drücken.

Windows-Menübefehle sehen folgendermaßen aus:

Wählen Sie **Datei/Beenden**.

Das heißt, Sie wählen den Befehl **Beenden** im Menü **Datei**. Sie können den Befehl mit der Maus wählen oder die Alt-Taste und den unterstrichenen Buchstaben drücken (in diesem Beispiel erst D und dann E).

Tastenkombinationen werden wie folgt dargestellt:

Strg+S

Das heißt, Sie halten die Strg-Taste gedrückt, tippen ein S und lassen die Strg-Taste wieder los. Es funktioniert genauso wie das Drücken von Umschalt+S ein großes S erzeugt.

Was Sie nicht lesen müssen

Die Benutzung eines Computers bringt eine Menge technischen Kram mit sich. Um Sie davon besser abzuschirmen, wurde der entsprechende Text markiert. Sie müssen ihn nicht lesen. Oft ist es nur eine komplexe Erläuterung von dem, was im Kapitel beschrieben wurde. Diese Abschnitte lehren Sie lediglich einige grundlegende Dinge über Ihren Computer, was nicht das Hauptziel dieses Buchs ist.

Wer sind Sie?

Sie haben einen Computer, und Sie benutzen ihn irgendwie, um irgend etwas zu tun. Sie arbeiten mit einem PC (oder haben es vor), und das Betriebssystem oder Hauptprogramm Ihres PCs ist Windows.

Dieses Buch enthält Informationen über Windows 98 und eine Menge Zeug über Windows 95. Wenn sich Informationen auf eine bestimmte Windows-Version beziehen, wird die Versionsnummer genannt. Der Begriff Windows bezieht sich auf Windows 95 und Windows 98.

Wie dieses Buch aufgebaut ist

Dieses Buch besteht aus acht Hauptteilen, von denen jeder in mehrere Kapitel aufgeteilt ist. Jedes Kapitel behandelt ein Hauptthema und ist in Abschnitte aufgeteilt, die sich auf das Thema des Kapitels beziehen. Suchen Sie sich ein Thema, ein Kapitel oder einen Abschnitt aus, und beginnen Sie zu lesen. Auf verwandte Informationen wird im Text verwiesen.

Symbole, die in diesem Buch benutzt werden

Dieses Symbol warnt Sie vor überflüssigen technischen Informationen – Unsinn, den ich einfach hinzufügen mußte (eine schlechte Angewohnheit). Sie können alles überspringen, was mit diesem kleinen Bild gekennzeichnet ist.

Dieses Symbol deutet auf einen hilfreichen Rat oder neue Einblicke hin. Sie sollten beispielsweise, wenn Sie Säure über Ihren Computer schütten, eine Schutzbrille und Handschuhe tragen.

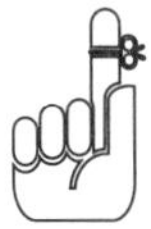

Hmm, ich habe vergessen, was dieses Symbol bedeutet.

Dieses Symbol fordert Sie auf, mit den Informationen vorsichtig umzugehen; gewöhnlich ist es eine Erinnerung für Sie, etwas nicht zu tun.

Wie es weitergeht

Mit diesem Buch in der Hand sind Sie in der Lage, Ihren PC zu besiegen. Suchen Sie sich etwas aus dem Inhaltsverzeichnis oder dem Index aus. Schlagen Sie die angegebene Seite auf, und fangen Sie an. Sie dürfen in dieses Buch schreiben, füllen Sie leere Zeilen aus, machen Sie Eselsohren in die Seiten, und tun Sie alles, was einen Bibliothekar erbleichen lassen würde.

Teil I

Darf ich vorstellen: Der Computer (falls Sie noch keinen haben)

In diesem Teil...

Es ist möglich, eine gescheite Person zu sein und trotzdem nicht das geringste über den Umgang mit einem Computer zu wissen. Die Wahrheit ist: Es ist keine höhere Ausbildung erforderlich, Mathematikkenntnisse werden nicht benötigt, und Sie müssen den Computer nicht beherrschen. Diejenigen, die das Verlangen in sich spüren, ein Meister zu werden, können es tun. Jeder andere kann die Kiste benutzen und nach getaner Arbeit schnell wieder ausschalten. Kein Problem.

Dieser Teil bringt Ihnen grundlegendes Computerzeug bei, auch wenn Sie noch keinen Computer haben. Vielleicht haben Sie gerade ein Gewehr gekauft und möchten wissen, worauf Sie zielen müssen. Was auch immer, dieser Teil ist genau das Richtige für Sie.

Hallo, hier ist Ihr Computer

1

In diesem Kapitel

- Verstehen, was ein Computer ist
- Verstehen, was ein Computer nicht ist
- Wissen, was ein PC ist
- Die fundamentale Computer-Hardware
- Laufwerk A finden
- PC-Hieroglyphen lesen
- Das Gehäuse
- Software kennenlernen
- Eine entscheidende Tatsache über den PC

Machen Sie sich nichts vor. Computer sind nicht einfach zu benutzen. Die Arbeit mit dem Computer kann Spaß machen. Computer können alles vereinfachen, aber auch verschlimmern. Und sie sind auf jeden Fall einschüchternd. Es ist zu schade, daß Computer nicht aus der Schachtel springen und Ihnen die Hand schütteln. Wenn das der Fall wäre, wäre dieses Buch überflüssig.

Auf bestimmte Art sind Computer wie Babys. Sie haben ein immenses Potential und vollbringen, mit der richtigen Pflege und Behandlung, erstaunliche Dinge und machen Sie sehr stolz. Wie ein Baby müssen Sie Ihren Computer kennenlernen, seine Stimmungen deuten lernen und wissen, welche Taste zu drücken ist. Es ist eine Wechselbeziehung. Glücklicherweise ist damit kein Herumtragen zu nachtschlafender Zeit oder das Wechseln von Windeln verbunden.

Nur ein weiteres Elektrogerät

Ein Computer ist das Ding auf Ihrem Schreibtisch, das aussieht wie ein Fernsehgerät, das auf einer Schreibmaschine steht. Nennen Sie es, wie immer Sie wollen, aber es ist im Grunde ein Computer. Aber da Sie vielleicht einen Computer an Ihrem Handgelenk, in Ihrem Auto oder im Toaster haben, müssen wir etwas genauer werden. Was auf Ihrem Schreibtisch steht, ist ein PC, ein Personal Computer.

- Computer sind eigentlich Taschenrechner, nur mit mehr Tasten und einer größeren Anzeige. Computer organisieren. Sie helfen Ihnen, mit Wörtern und Zahlen zu arbeiten. Sie können unterrichten und unterhalten.
- Computer sind nicht böse. Sie haben keine unheimliche Intelligenz. In Wirklichkeit sind Computer ziemlich dumm.
- Computer können sehr freundlich sein. Da Sie die Informationen auf dem Bildschirm lesen können, geben Ihnen viele Computer die Auswahlmöglichkeit zwischen Optionen, machen Vorschläge oder sagen Ihnen, was Sie als nächstes tun sollen. Ihre Mikrowelle kann das nicht. Vielleicht kann sie es auch und will nur nicht.
- Bei Computern leuchtet nach einem Stromausfall nicht 0:00 auf.

Das vermutlich Wichtigste, woran Sie bei der Arbeit mit einem Computer denken sollten, ist: Sie sitzen auf dem Fahrersitz. Sie sagen dem Computer, was zu tun ist, und er tut es. Das Problem ist, daß der Computer Ihre Anweisungen befolgt, auch wenn Sie etwas Dämliches verlangen. Sie müssen mit dem Computer sehr sorgfältig umgehen.

- Sehen Sie davon ab, Ihren Computer zu verprügeln.

Was ist ein Computer?

Computer spotten jeder Beschreibung. Anders als andere Geräte haben sie viele Verwendungszwecke. Fast alle Aufgaben, die mit Wörtern, Zahlen oder Informationen zu tun haben, können mit einem Computer erledigt werden.

Ein Computer ist eigentlich nur ein weiteres Elektrogerät. Anders als Ihr Toaster oder der Vergaser an Ihrem Auto, die nur für einen Zweck konzipiert wurden, kann ein Computer programmiert werden, um eine ganze Reihe von interessanten Aufgaben auszuführen. Es liegt also nur an Ihnen, dem Computer mitzuteilen, was er machen soll.

- Computer sind das Chamäleon unter den Elektrogeräten. Mit Ihrem Telefon können Sie nur telefonieren, Ihr Videorecorder kann nur Videos aufzeichnen und wiedergeben, und Ihre Mikrowelle kann Sachen aufwärmen (hauptsächlich Essen). Aber das Potential eines Computers ist grenzenlos.
- Computer erledigen eine Aufgabe, indem sie Software verwenden. Die Software sagt dem Computer, was er tun soll.
- Nein, Sie müssen nicht programmieren lernen, um einen Computer zu benutzen. Jemand anders erledigt das Programmieren; Sie kaufen das Programm (die Software), um damit zu arbeiten.
- Ihre Aufgabe als Benutzer ist es, der Software zu sagen, was zu tun ist, die das an den Computer weitergibt.

- ✔ Nur in Science-Fiction-Filmen sagt der Computer Ihnen, was zu tun ist.
- ✔ Software ist nur die eine Hälfte des Computers. Die andere ist Hardware, die im nächsten Abschnitt beschrieben wird.
- ✔ Computer können nicht das Haus in Ordnung halten; sie haben keine Arme und Beine. Was Sie brauchen, wenn Sie Ihr Haus geputzt haben möchten, ist ein Roboter. Wissenschaftler sind dabei, Roboter als Haushaltshilfen zu perfektionieren. Wenn es soweit ist, kaufen Sie »Roboter für Dummies«.

Was ist ein Computer nicht?

Ihr Kind. Grundbesitz. Vieh. Bücher und Musik. Kunst. Das Firmament. Gewürze. Ein Fahrrad. Etwas mit einem Griff. Katzenstreu. Ein Fußball. Ein Schrumpfkopf. Sushi. Etwas, das Helmut Kohl macht oder berührt. Helmut Kohl. Helmut Kohls Hund.

Etwas Geschichte

Vor nicht allzu langer Zeit wurden PCs als Mikrocomputer bezeichnet. Dieser Begriff kam von Mikroprozessor, dem Hauptchip des Computers. Die großen »Ich will die Welt beherrschen und deine Telefonrechnung versauen«-Computer werden Großrechner und kleinere Computer werden Minicomputer genannt. Mikrocomputer wurden früher von den Großrechner-Systemleuten als Spielzeug abgetan. Die Fähigkeiten der PCs/Mikrocomputer können sich heute problemlos mit denen der früheren Großrechner messen.

Was ist ein PC?

PC ist die Abkürzung für Personal Computer. Das war der Name den IBM ihrem ersten Personal Computer gegeben hat, dem IBM-PC. Dieser Computer war eigentlich das T-Modell aller Computer. Obwohl er bereits 1981 hergestellt wurde, sind viele seiner Elemente noch in den heutigen Modellen zu finden.

- ✔ Der Begriff Klon, und später Kompatibler, beschrieb alle Computer mit IBM-PC-ähnlicher Hardware, auf denen PC-Software ausgeführt werden konnte. Diese Begriffe werden heute kaum noch benutzt, da der Standard-PC allgemeiner wurde. Computer werden basierend auf dem Betriebssystem, das sie unterstützen, verkauft; siehe »Das Betriebssystem (oder »Wer ist hier der Boss?«)« in diesem Kapitel.
- ✔ Der einzige Personal Computer, der kein PC ist, ist der Macintosh. Seine Benutzer ziehen es vor, ihn Mac zu nennen, statt PC. Überhebliches Volk.

- Da wir gerade dabei sind, in diesem Buch finden Sie nichts über den Macintosh. Wenn Sie lieber einen Mac hätten, kaufen Sie »Macs für Dummies«, von meinem Kollegen David Pogue, einem Computerhexer.
- Der Original-PC wurde nicht entwickelt, um eine Dynastie zu begründen, obwohl er es getan hat. Hätten seine Entwickler gewußt, wie erfolgreich der PC sein würde, würde die Sache heute wahrscheinlich anders aussehen (schlimmer!).

Hardware und Software

Das Computersystem besteht aus zwei Teilen: Hardware und Software.

Hardware ist der physische Teil des Computers, alles, was Sie berühren können. Die Hardware benötigt Software. Hardware alleine ist wie ein Auto ohne Fahrer oder ein Orchester ohne Musik.

Software ist das Gehirn des Computers. Sie sagt der Hardware, was und wie etwas zu tun ist. Ohne die Software würde die Hardware nur herumstehen und beeindruckend aussehen. Sie benötigen Software, damit der Computer läuft. Die Software bestimmt die Persönlichkeit Ihres Computers.

- Computer-Hardware finden Sie in der Regel nicht in Ihrem Supermarkt. Die Hardware ist der physische Teil, das Zeug, das Sie anfassen und fühlen, auf den Boden stellen oder durch ein Fenster werfen können.
- Computer-Software ist das Gehirn, die Anweisungen, die dem Computer sagen, was er tun soll, wie er sich verhalten soll, wenn Sie Ihren Monatsbericht verloren haben, usw.
- Die Software ist wichtiger als die Hardware. Die Software sagt dem Computer, was er tun soll.
- Beachten Sie: Obwohl sich die Software auf Datenträgern (CDs oder Disketten) befindet, sind Datenträger nicht die Software. Die Software ist auf Datenträgern gespeichert, wie Musik auf Schallplatten oder CDs gespeichert ist.
- Ohne die richtige Software ist Ihr Computer ein monströser Briefbeschwerer.

Die fundamentale Hardware

Abbildung 1.1 zeigt, wie ein typisches Computersystem aussieht. Die Teile, die Sie kennen sollten, sind gekennzeichnet. Das sind nur die Grundlagen, Einzelheiten werden im Rest des Buchs beschrieben.

Monitor: Das TV-ähnliche Ding befindet sich normalerweise auf der Systemeinheit. Die Vorderseite mit dem Glas ist der Bildschirm, auf dem der Computer Informationen anzeigt oder unverschämte Vorschläge macht. Monitore werden in Kapitel 13 beschrieben.

Die Systemeinheit: Das Ding, das wie eine Schachtel aussieht; der wichtigste Teil des Computers. Dieser Teil des Computers enthält seine internen Bestandteile, plus eine Menge interessantes Zeug an der Außenseite. Im Abschnitt »Das Zeug an der Systemeinheit« in diesem Kapitel finden Sie weitere Informationen

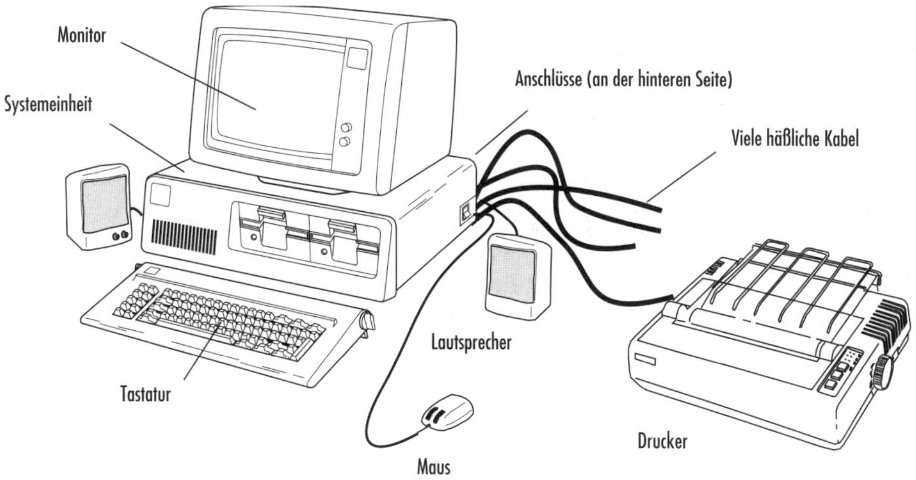

Abbildung 1.1: Fundamentale Computerdinge

Tastatur: Das Ding, auf dem Sie tippen. In Kapitel 15 wird die Computer-Tastatur beschrieben.

Maus: Kein Nagetier, sondern eine Computer-Maus. Die Maus ist besonders hilfreich bei der Arbeit mit Grafiksoftware. Übrigens: In der Abbildung zeigt die Maus in die verkehrte Richtung. Ich habe das absichtlich gemacht, damit Sie die beiden Maustasten sehen können. In Kapitel 14 finden Sie alles über die Maus und die Maustasten.

Lautsprecher: Die meisten PCs können durch Lautsprecher piepsen und meckern. Aber wenn ein Computer eine spezielle Audiokarte hat, befinden sich an beiden Seiten des Monitors Stereo-Lautsprecher.

Drucker: Der Drucker ist das Ding, von dem Sie gedruckte Informationen (Hardcopys) erhalten. Ziehen Sie in den Kampf, und lesen Sie alles über Drucker in Kapitel 16.

Anschlüsse: An der Rückseite Ihres Computers befinden sich mehrere Öffnungen, die Anschlüsse genannt werden. Dort können Sie verschiedene Peripheriegeräte, die der Computer unterstützt, einstecken (z.B. den Drucker in Abbildung 1.1). Einige Abschnitte in Kapitel 11 beziehen sich auf die unterschiedlichen PC-Anschlüsse.

Viele häßliche Kabel: Das ist etwas, das Sie in Handbüchern und Magazinen nie zu sehen bekommen: das Gewirr von Kabeln hinter dem Computer. Was für eine Unordnung! Diese Kabel sind erforderlich, um Dinge mit der Steckdose und miteinander zu verbinden. Kein Conditioner der Welt kann dieses Knäuel entwirren.

- ✔ Diese Bestandteile sind alle wichtig. Sie müssen wissen, wo die Systemeinheit, die Tastatur, das Diskettenlaufwerk, der Monitor und der Drucker in Ihrem System sind. Falls der Drucker nicht da ist, gibt es wahrscheinlich einen Netzwerkdrucker, der in einem anderen Raum steht.
- ✔ In Teil IV dieses Buchs wird die einzelne Hardware im Detail beschrieben.
- ✔ Das meiste des Computers befindet sich in der Systemeinheit. Alles andere, das Zeug, das mit der Systemeinheit verbunden ist, wird Peripherie genannt. In Kapitel 18 finden Sie weitere Informationen über Peripheriegeräte.

Das Zeug an der Systemeinheit (Vorderseite)

Die Systemeinheit ist der wichtigste Teil Ihres Computers. Jeder Teil des Computer befindet sich entweder in der Systemeinheit oder ist daran angeschlossen. Abbildung 1.2 zeigt, wie eine typische Systemeinheit aussieht. Die interessantesten Stellen sind gekennzeichnet.

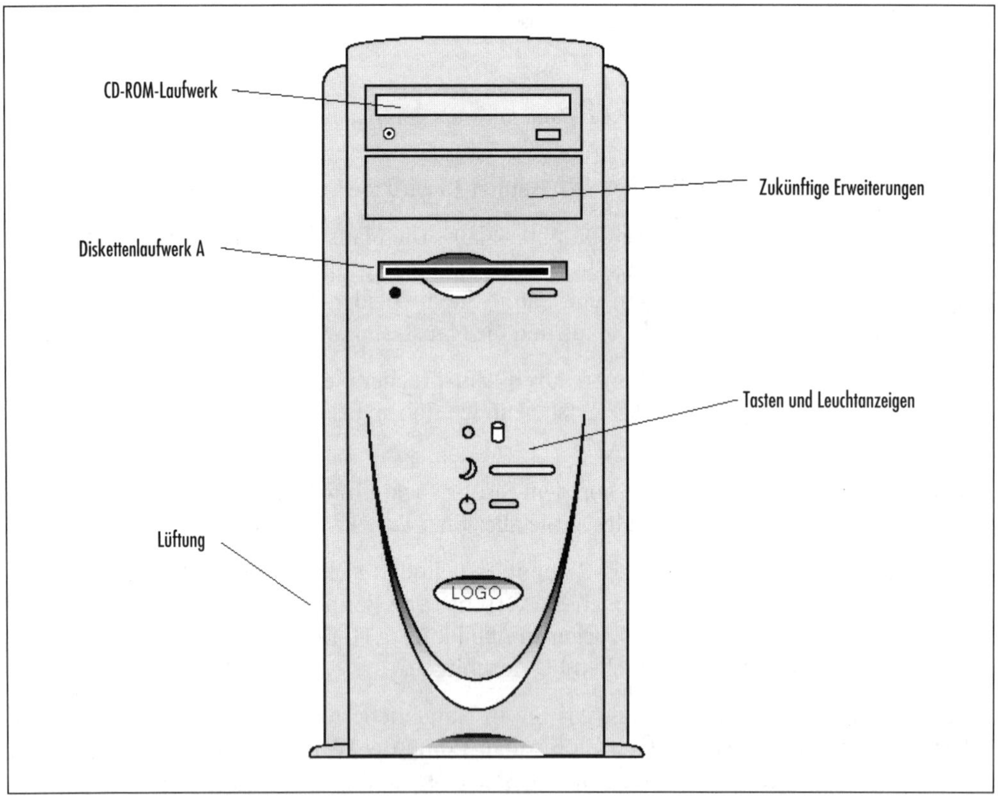

Abbildung 1.2: Wichtige Elemente an der Systemeinheit

Lüfter: Ok, das ist nicht wirklich wichtig, aber die meisten Systemeinheiten haben Lüfter an der Vorderseite. Der Computer muß schließlich atmen können.

Diskettenlaufwerk: Das ist die Öffnung, die Disketten ißt. Es können ein oder zwei Diskettenlaufwerke für entweder 3,5-Zoll oder 5,25-Zoll-Disketten vorhanden sein. Sie werden hauptsächlich die Festplatte des Computers benutzen, die im Inneren des PCs zu Hause ist. Mehrere Kapitel in Teil III befassen sich mit Disketten und Diskettenlaufwerken.

CD-ROM-Laufwerk oder DVD-Laufwerk: Ein Datenträger mit hoher Dichte, der genauso wie eine Musik-CD aussieht, obwohl er Computerinformationen enthält. In Kapitel 7 wird beschrieben, wie Sie CD-ROM-Laufwerke und CDs gebrauchen und mißbrauchen.

Zukünftige Erweiterung: Gewöhnlich eine freie Stelle an der Vorderseite Ihres Computers, wo Sie noch mehr Plunder einbauen können. Möglicherweise ist der Platz bereits von einem Streamer-Laufwerk, einem anderen CD-ROM-Laufwerk, einer weiteren Festplatte oder einem mysteriösen Ding belegt, für das viele ihr schwerverdientes Geld ausgeben.

Tasten und Leuchtanzeigen: Die meisten Computer-Tasten befinden sich auf der Tastatur. Einige der wichtigeren befinden sich an der Systemeinheit und haben bei eleganteren Computern eindrucksvolle winzige Leuchtanzeigen:

Ein-/Ausschalter: Die Haupttaste des Computers, mit der Sie das verdammte Ding einschalten. Er befindet sich an der Vorderseite des Computers, bei älteren Modellen an der rechten Seite. Der Ein-/Ausschalter hat normalerweise eine Leuchtanzeige, obwohl der Computer genug Krach macht, so daß Sie hören können, ob er eingeschaltet ist.

Reset-Taste: Mit dieser Taste können Sie den Computer neu starten, ohne ihn ein- und ausschalten zu müssen. In Kapitel 4 wird erklärt, warum jeder, der bei Verstand ist, die Reset-Taste benutzt.

Standby-Taste: Neuere Computer und Laptops haben eine Taste für den Ruhezustand. Wenn Sie diese Taste drücken, fällt der Computer in ein Koma. Alle Aktivitäten werden angehalten, ohne daß der Computer ausgeschalten werden muß (siehe Kapitel 4).

Festplattenleuchtanzeige: Dieses Licht blinkt, wenn die Festplatte arbeitet. Da sich die Festplatte im Inneren der Systemeinheit befindet, versichert Ihnen diese Leuchtanzeige, daß die Festplatte am Leben ist und ihren Job erledigt.

An älteren Computer befinden sich möglicherweise zwei weitere Tasten. Diese Tasten sind nur Dekoration. Ihre ursprüngliche Funktion war nur für Computer in den 80er Jahren wichtig:

Turbo-Taste: Diese Taste läßt den Computer in zwei Modi laufen: sehr langsam und so schnell, wie er kann.

Tastaturschloß: Seit 1984, oder so, werden die meisten Computer mit einem winzigen Schlüssel und einem Schloß geliefert. Mit dem Schlüssel wird die Tastatur gesperrt. Wenn die Tastatur gesperrt ist, ignoriert der Computer, was Sie eintippen. Einige Schlösser halten Sie sogar davon ab, den Computer zu öffnen. Aber meistens sind diese Schlösser nur Show.

- Die Systemeinheit ist nicht der einzige Teil des Computersystems, das einen Ein-/Ausschalter hat. Der Monitor, der Drucker, das Modem und beinahe alles andere besitzen ebenfalls einen Ein-/Ausschalter (siehe Kapitel 4).

Blockieren Sie die Lüfter an der Vorderseite der Systemeinheit nicht, sonst kann der Computer buchstäblich ersticken (eigentlich wird er zu heiß).

- In Kapitel 11 finden Sie Informationen über die Schrecken, die an der häßlichen Rückseite der Systemeinheit lauern.
- Auf wenn Ihr Computer ein Schloß hat, ist es nicht sicher, ihn abzusperren. Ich habe mehrere Computer von verschiedenen Herstellern und der gleiche Schlüssel paßt in alle Schlösser.

Festplattenleuchtanzeigen waren rot, aber da flippte jeder aus, weil ein blinkendes rotes Licht gewöhnlich bedeutet, daß etwas schiefläuft. Das grüne Licht ist angenehmer, es erinnert mich an Weihnachten.

Das Zeug an der Systemeinheit (Rückseite)

Viele der wichtigen Anschlüsse und Steckverbindungen wurde an der Rückseite des Computer angebracht, damit er hüscher aussieht. Ihr Computer hat vermutlich die meisten der unten aufgeführten Anschlüsse, aber möglicherweise befinden sich diese an einer anderen Stelle.

Netzanschluß: In diesem Anschluß wird das Stromkabel eingesteckt.

Tastaturanschluß: In diesem kleinen Anschluß wird die Tastatur eingesteckt. An einigen älteren Computer ist dieser Anschluß größer.

Mausanschluß: Dieser Anschluß sieht normalerweise genauso aus wie der Tastaturanschluß. Damit er nicht mit dem Tastaturanschluß verwechselt wird, ist er mit einem Maussymbol gekennzeichnet.

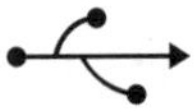

USB-Anschluß: In diesem Anschluß werden USB-Geräte eingesteckt. Weitere Informationen über den USB-Anschluß finden Sie in Kapitel 11.

Serieller oder COM-Anschluß: Die meisten Computer haben zwei serielle Anschlüsse: COM1 und COM2. Im seriellen Anschluß wird ein externes Modes oder manchmal eine Maus eingesteckt.

Druckeranschluß: Hier wird der Drucker eingesteckt.

Joystickanschluß: Dieser Anschluß wird hauptsächlich für wissenschaftliche Zwecke verwendet.

Monitoranschluß: Hier wird der Monitor angeschlossen. Manchmal befindet sich dieser Anschluß auf einer Erweiterungskarte und ist nicht beschriftet. Sie erkennen den Monitoranschluß an den 15 kleinen Löchern.

Lautsprecher-/Audioanschluß: Hier werden die externen Lautsprecher oder ein Soundsystem angeschlossen. (Der USB-Anschluß kann ebenfalls für externe Lautsprecher verwendet werden.)

LineIn-Anschluß: In diesem Anschluß wird die Stereoanlage oder der Videorecorder eingesteckt.

Mikrofonanschluß: Hier wird das Mikrofon eingesteckt.

Zusätzlich zu den Anschlüssen und Steckverbindungen gibt es an der Rückseite des Computers noch Erweiterungssteckplätze.

Die guten Neuigkeiten? Das ganze Zeug muß nur einmal angeschlossen werden.

Wo ist Laufwerk A?

Laufwerk A ist das erste Diskettenlaufwerk Ihres Computers. Es ist das einzige Diskettenlaufwerk, wenn Sie nur eines haben, und es ist typischerweise das obere Diskettenlaufwerk, wenn Sie zwei haben.

Andererseits könnte es auch das untere Diskettenlaufwerk sein.

Um herauszufinden, welches Diskettenlaufwerk welches ist, beobachten Sie Ihren PC, wenn Sie ihn einschalten. Die Leuchtanzeige des ersten Diskettenlaufwerks, Laufwerk A, blinkt für wenige Momente auf, nachdem der Computer eingeschaltet wurde. Schreiben Sie sofort »Laufwerk A« darauf, oder markieren Sie es mit einem Sticker.

- ✔ Ihre erste Festplatte ist immer Laufwerk C, die zweite Festplatte ist Laufwerk D.
- ✔ In Kapitel 7 wird der ganze Laufwerkbuchstaben-Unsinn in kristallklaren Einzelheiten beschrieben.

(Werden Sie ein Meister der Hieroglyphen)

Neben den Tasten und Leuchtanzeigen beherbergt die Systemeinheit eine Menge anderer Symbole. Niemand wird Ihnen jemals sagen, was sie bedeuten, da es sich angeblich um internationale Symbole handelt (sogar Außerirdische wären in der Lage, ihre Funktionen zu erkennen, ohne ein intergalaktisches Wörterbuch zu Rate zu ziehen). Falls Sie doch eines der Symbole nicht erkennen können und kein Außerirdischer in der Nähe ist, habe ich alle in Abbildung 1.3 aufgelistet.

- ✔ Auf einer Computertaste steht nicht ON oder OFF. Aus logischen Gründen befinden sich auf dem Schalter ein Strich für ON und ein Kreis für OFF (siehe Abbildung 1.3). Sie können sich das merken, indem Sie sich vorstellen, daß ein Kreis ein »O« ist, und das Wort OFF beginnt mit dem Buchstaben »O«. (Genauso wie ON. Denken Sie nicht darüber nach.)
- ✔ An den meisten Systemeinheiten befindet sich eine kleine Leuchtanzeige, an der Sie erkennen können, ob der Computer eingeschaltet ist. Unter dieser Leuchtanzeige befindet sich ein spezielles Symbol. In Abbildung 1.3 sehen Sie drei »Computer ist an«-Symbole. Was? Würde es wirklich so schwierig sein, das Wort »ON« in das Gehirn eines Ausländers zu hämmern? Auf jeden Fall gibt der Computer Geräusche von sich, wenn er eingeschaltet ist.

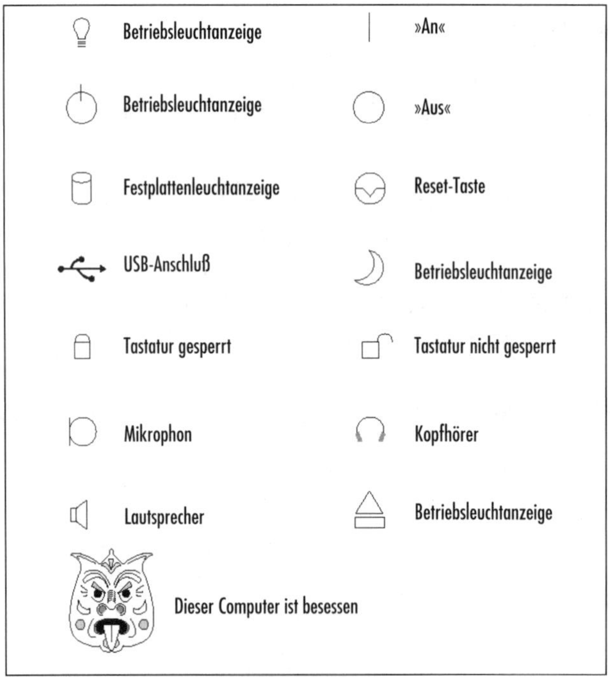

Abbildung 1.3: Gebräuchliche Computer-Hieroglyphen

Variationen zu typischen Computerthemen

Nicht alle Computer sehen so aus wie der in Abbildung 1.1. Tatsächlich handelt es sich dabei um einen alten IBM-PC. Hier sind einige andere Begriffe, mit denen verschiedene PC-Modi und Modelle beschrieben werden:

Desktop: Eine typische PC-Konfiguration mit einer kistenähnlichen Systemeinheit und einem Monitor, die alles niederhalten wie ein 2000 Mark teurer Briefbeschwerer.

Desktop (kleine Stellfläche): Die Stellfläche eines Computers bezeichnet, wieviel Platz er auf dem Schreibtisch benötigt. Ein Desktop-Modell mit kleiner Stellfläche ist kleiner als ein Desktop-Modell in voller Größe. Natürlich macht das keinen Unterschied, da die Unordnung auf Ihrem Schreibtisch den zusätzlichen Platz bald ausfüllen wird.

Laptop: Ein spezieller Computer, der sich in ein handliches Fünf-Pfund-Paket zusammenfalten läßt, ideal zum Spazierengehen. Laptop-Computer funktionieren genauso wie ihre Desktop-Brüder; alle Ausnahmen werden in diesem Buch beschrieben.

Tower: Genaugenommen eine Systemeinheit, die auf der Seite steht. Diese Computer haben mehr Platz für Erweiterungen. Ein Tower steht auf dem Boden, während sich der Monitor und die Tastatur auf dem Schreibtisch befinden. Bevorzugt von »Power«-Benutzern.

Mini-Tower: Eine kleine, quadratische Version des Towers, die für Leute entwickelt wurde, die in der Nähe eines Flughafens mit Höhenbeschränkungen arbeiten. Ernsthaft, Sie können einen Mini-Tower auf Ihren Schreibtisch neben den Monitor und die Tastatur stellen.

Tiffany Tower: Dies ist eigentlich der Name einer Stripperin und hat nichts mit Computern zu tun.

Lesen Sie in Kapitel 31 nach, wo Sie eine Liste von 10 Dingen finden, die möglicherweise ein Computer sind.

Die fundamentale Software

Computer-Software bekommt nicht die Ehrung, die sie dafür verdient, daß sie Ihren Computer in Gang bringt. Darum ist sie vermutlich überteuert. Auf jeden Fall benötigen Sie Software, damit die Hardware etwas tut.

Das Betriebssystem (oder »Wer ist hier der Boss?«)

Die wichtigste Software ist das Betriebssystem. Das ist das Computerprogramm Nr. 1, der Künstler, der Boss, der furchtlose Führer, der König.

Das Betriebssystem steuert die einzelnen Computerteile und stellt sicher, daß alles funktioniert. Es ist das eigentliche Gehirn und sagt der schwachsinnigen Hardware, was als nächstes zu tun ist. Das Betriebssystem steuert auch die Anwendungssoftware (siehe nächster Abschnitt). Jedes dieser Programme muß einen Kniefall machen und dem Betriebssystem einen Treueeid schwören.

Die wichtigste Software des Computers ist das Betriebssystem.

- ✔ Das Betriebssystem ist üblicherweise schon installiert, wenn Sie einen Computer kaufen. Sie müssen nie ein zweites Betriebssystem installieren, obwohl Betriebssysteme von Zeit zu Zeit aktualisiert und verbessert werden. In Kapitel 20 erfahren Sie, wie Sie das Betriebssystem aktualisieren.
- ✔ In vergangenen Zeiten (sagen wir mal 1986) würden Sie ein Programm für einen bestimmten Computertyp kaufen. Der Software-Laden hätte Abteilungen für IBM, Apple und Commodore. Heute kaufen Sie Software für ein bestimmtes Betriebssystem: DOS, Windows, OS/2 oder Linux.
- ✔ Das gebräuchlichste Betriebssystem für den PC war DOS. Derzeit wird DOS von Windows verdrängt. Es gibt andere beliebte Betriebssysteme, aber Windows ist der König.
- ✔ Windows wird in Kapitel 5 beschrieben.

Andere Programmtypen

Das Betriebssystem ist nur der Boss vom Computer. Es macht nicht wirklich etwas für Sie. Sie benötigen ein Anwendungsprogramm, um einen Job zu erledigen. Anwendungsprogramme sind die Programme, die die Arbeit machen. Diese Programme sind Textverarbeitungen, Tabellenkalkulationen, Datenbanken usw. Egal was Sie an Ihrem Computer machen, es wird von einem Anwendungsprogramm erledigt.

Weitere Programmtypen sind Dienstprogramme, Spiele, Lernprogramme und Programmierungssoftware. Es gibt sicher noch andere Kategorien, aber im Moment bin ich zu müde, um darüber nachzudenken.

- ✔ In Teil V wird Computer-Software beschrieben.
- ✔ Internetbrowser sind Programme, die ausgeführt werden, um Millionen von Webseiten zu durchsuchen (siehe Teil VI).
- ✔ Dienstprogramme sind Programme, die bestimmte Aufgaben ausführen; typischerweise erweitern sie die Möglichkeiten des Betriebssystems.
- ✔ Spiele. Tja, was soll ich dazu noch sagen?
- ✔ Lernprogramme bringen nicht nur Kindern das Zählen bei. Beispielsweise gibt es Programme, die Ihnen das Tippen beibringen. Ich persönlich habe ein Programm gekauft, um meine Ohren zu trainieren, damit ich ein besserer Musiker werde (hat aber nicht viel geholfen).

Sie müssen nicht Programmieren lernen, um einen Computer zu benutzen.

Wenn Sie dem Computer wirklich sagen möchten, was er machen soll, sollten Sie ein Programmierpaket kaufen. Eines der einfacheren ist Visual Basic von Microsoft. Mein Freund Wallace Wang hat das Buch »Visual Basic 6 für Dummies« geschrieben. Es ist ein exzellenter Einstieg.

Ein abschließendes Wort des Trostes

Sie müssen sich wirklich keine Sorgen machen, daß Ihr PC in die Luft fliegen könnte, das wird niemals passieren. Keine Funken. Kein Blitzen. Kein Donnern. In vielen Science-Fiction-Filmen explodieren Computer und speien Feuer, aber in Wirklichkeit geschieht das nicht.

Die Idee, daß Computer möglicherweise explodieren, stammt aus den 60ern. Damals, als Mr. Spock auf einen außerirdischen Computer zeigte und auf die ihm eigene Art Dinge wie »Zerstöre diesen Chip, und der ganze Planet wird in Trümmern liegen« sagte. Das sind keine sehr ermutigenden Vorstellungen für den Benutzer einer Tabellenkalkulation im späten 20. Jahrhundert.

Hilfreiche Tips zum Einrichten des Computers

2

In diesem Kapitel

- Die großen Schachteln öffnen und alles auspacken
- Einen geeigneten Platz für den Computer finden
- Die Systemeinheit einrichten
- Den Monitor aufstellen
- Alles verkabeln
- Den Drucker einrichten
- Die unterbrechungsfreie Stromversorgung (USV)
- Der Umgang mit Hardware und Software

Nichts bereitet mehr Vergnügen, als etwas Neues auszupacken. Im Computer-Marketing gibt es sogar einen eigenen Begriff dafür: »Out of Box«-Erlebnis. Es hört sich beinahe religiös an.

Ja, Doktor. Ich hatte ein »Out of Box«-Erlebnis. Für einen Moment sah ich unseren alten Toaster. Und dann den Wasserboiler, der letztes Jahr in die Luft geflogen ist. Er hat zu mir gesagt, ich soll endlich meinen PC zusammenbauen.

Das Einrichten eines Computers ist genauso herausfordernd wie das gleichzeitige Anschließen des Fernsehers und des Videorecorders an die Antenne und an eine Satellitenschüssel, wobei mehrere Decoder eingebaut werden sollen. (Ein ganzer Flügel im hiesigen Sanatorium ist mit Patienten belegt, die das probiert haben.) Kurz gesagt, einen PC einzurichten kann kompliziert werden. Glücklicherweise müssen Sie das nur einmal machen (oder heuern Sie jemanden dafür an).

Die großen Schachteln öffnen und alles auspacken

Das Einrichten eines Computers beginnt mit dem Öffnen der großen Schachteln; gewöhnlich sind es zwei oder drei. Sie können anhand des Lieferscheins kontrollieren, ob Sie alles, wofür Sie bezahlt, auch erhalten haben.

- ✔ Manchmal befindet sich der Lieferschein nicht in den Schachteln, und Sie erhalten ihn separat. Oder Sie haben eine Rechnung. Egal wie, vergewissern Sie sich, daß alles da ist.

- ✔ Wenn Ihnen der Computer durch die Post zugestellt worden ist, prüfen Sie, ob alles zusammen angekommen ist. Dasselbe gilt, wenn Sie ihn von der Computerabteilung Ihrer Firma bekommen. Sollte etwas fehlen, rufen Sie die zuständige Abteilung an.

Halten Sie die Telefonnummern Ihres Händlers und des Herstellers immer griffbereit. Besorgen Sie sich auch die speziellen Support-Nummern; einige Hersteller bieten kostenlosen Support an. Schreiben Sie die Nummern auf!

Wo soll Mr. Computer leben?

Bevor Sie mit dem Auspacken beginnen, finden Sie ein Zuhause für Ihren Computer. Schaffen Sie genügend Platz für den Computer und die Tastatur auf dem Schreibtisch. Denken Sie daran, daß Sie auch Platz für die Kabel und Peripheriegeräte benötigen.

- ✔ Computer brauchen Platz zum Atmen. Stellen Sie Ihren Computer nicht in einen Schrank, eine Kiste, ein Regal oder einen anderen höhlen-ähnlichen Platz mit unzureichender Luftzufuhr.
- ✔ Vermeiden Sie es, den Computer bei einem Fenster aufzustellen. Sonnenlicht heizt den Computer auf, und die Bildschirmanzeige ist schwer zu sehen.
- ✔ Wenn Sie auf dem Tisch sitzen können, wird er auch den Computer aushalten. Stellen Sie den Computer nicht auf einen wackligen Tisch oder auf etwas, worauf Sie sich nicht selbst setzen würden (wie zum Beispiel Ihre Katze).

Mach' sie auf!

Um die Computerschachteln zu öffnen, gehen Sie vor wie ein Kind auf seiner Geburtstagsfeier. Die größte Schachtel muß das Beste enthalten, darum öffnen Sie sie zuerst.

Die große Schachtel enthält den Monitor. In der nächstgrößeren Schachtel befindet sich die Systemeinheit; in den anderen Kartons sind die Handbücher, die Tastatur und zusätzliche Leckerbissen.

Wenn Sie einen Drucker gekauft haben, ist er in einer eigenen Schachtel.

Natürlich befindet sich die Software, die Sie gekauft haben, ebenfalls in Schachteln. (Die Computerindustrie ist eine Goldmine für die Hersteller von Pappschachteln.)

- ✔ Wenn auf einer Schachtel steht »Öffne mich zuerst«, öffnen Sie sie zuerst.
- ✔ Da sich die Systemeinheit vermutlich in der größten Schachtel befindet, packen Sie diese zuerst aus. Die Systemeinheit ist das am wenigsten bewegliche Teil, darum ist das ein guter Anfang.

- ✔ Manchmal bekommen Sie eine dritte (oder vierte) Schachtel zusätzlich zu der Software, die Sie womöglich gekauft haben. Diese Schachtel enthält die Tastatur, die Maus, andere interessante Hardware oder nur die Handbücher, die sich bemühen, Ihnen etwas über Ihren Computer beizubringen.
- ✔ Auf einigen Schachteln stehen Anweisungen zum Öffnen. Ich meine es ernst! Die Schachtel von meinem Monitor mußte oben geöffnet und dann umgedreht werden, damit ich sie vom Monitor abziehen konnte. Denken Sie daran, die Schwerkraft kann Ihr Freund sein.
- ✔ Durchsuchen Sie alle Schachteln nochmal nach Extras: Kabel, Handbücher, Netzkabel usw. Ich rettete einmal eine Tastatur vor der Mülltonne; sie war in der Schachtel mit der Systemeinheit versteckt.
- ✔ Auf allen Schachteln befinden sich Nummern, gewöhnlich Produktnummern. Addieren Sie diese! Wenn die Gesamtsumme größer als 10.000 ist, rufen Sie Ihren Händler an. Sie haben gerade einen Preis gewonnen.
- ✔ Natürlich habe ich nur Spaß gemacht.

Soll ich die Schachteln wegwerfen?

Computer werden mit einer Menge Verpackungsmaterial versandt, Plastikhüllen, Bindfäden, Gummibändern und Popcorn. Sie können alles, was Sie wollen, wegwerfen. Oder um gut zur Umwelt zu sein, können Sie alles recyceln. Wie auch immer, wenn sich der Computer als Krücke entpuppt, müssen Sie ihn in den Original-Kartons zurückbringen, oder Sie riskieren den Verlust der Garantie.

Der beste Rat ist, alle Schachteln und das Styropor mindestens einen Monat lang aufzuheben; das sollte genug Zeit sein, um zu sehen, ob der Computer zurückgebracht werden muß.

Ich persönlich hebe alle Schachteln und das Verpackungsmaterial auf (mit Ausnahme der lästigen Schaumstoffflocken, die sich beim Auspacken in der ganzen Wohnung verteilen). Ich habe noch Kartons von 1984. Warum? Wenn ich umziehe, obwohl das nicht oft vorkommt, ziehe ich es vor, die Computer in ihren Original-Behältern zu verpacken. Viele Umzugsfirmen wollen Computer nicht versichern, außer sie befinden sich in der Originalverpackung. Darum hat Gott den Dachboden geschaffen.

Alles zusammenbauen

Das Zusammenbauen eines Computers wird besser einem Techniker überlassen (im Büro sollten das die Computergurus Ihrer Firma machen). Zu Hause laden Sie Freunde, die sich mit Computern auskennen, ein, um den neuen PC anzuschauen. Aber sagen Sie ihnen nicht, daß er auf dem Fußboden steht und sich in einer Tasche befindet. Überraschen Sie Ihre Freunde. Computerleute haben oft ihren Spaß daran, einen PC zusammenzubauen.

Auspackregeln

Seien Sie vorsichtig beim Öffnen von Schachteln. Das Aufreißen kann gefährlich sein, da die häßlichen, großen Heftklammern, mit denen die Schachteln verschlossen werden, abspringen und Sie stechen können. (In einigen Vierteln von Silicon Valley ist es modern, eine große Heftklammer in der Augenbraue zu tragen.) Dasselbe gilt für die Verwendung eines Messers. Benutzen Sie ein kleines Teppichmesser, damit Sie nicht durch oder in elektronische Teile schneiden.

Entfernen Sie das ganze Verpackungsmaterial wie beispielsweise nicht abbaubaren Schaumstoff und Styropor. Heben Sie die Systemeinheit aus der Schachtel, und stellen Sie sie auf den Tisch. Sollte sie in einer Plastikhülle stecken, entfernen Sie diese.

Beobachten Sie, wie sich Millionen von kleinen Schaumstoffflocken über dem gesamten Fußboden verteilen. Wenn Sie Glück haben, ist es ein Parkettboden, und jede Flocke wird von statischer Elektrizität aufgeladen. Die Schaumstoffflocken leben! Sie werden sie nie mehr los. Sie werden selbst nach Jahren noch welche unter dem Schrank finden.

Wenn Sie Ihren PC selbst zusammenbauen müssen, steht hier, was Sie dazu benötigen:

- ✔ Einen Kreuz- oder einen Schlitzschraubenzieher (ich weiß nicht, welchen Sie brauchen, also schnappen Sie sich lieber beide.)
- ✔ Einen kleinen Schlitzschraubenzieher für ganz kleine Schrauben
- ✔ Ungefähr eine Stunde Zeit
- ✔ Eine Menge Geduld
- ✔ Vermutlich benötigen Sie keine zwei Schraubenzieher, aber stecken Sie sich einige in die Tasche. Das sieht zumindest professionell aus.
- ✔ Halten Sie Tiere und kleine Kinder fern, wenn Sie Ihren PC einrichten. Falls Sie ein erfrischendes Getränk in Reichweite haben, stellen Sie es an eine sichere Stelle, wo es kein Problem ist, wenn Sie es verschütten (am besten in ein anderes Zimmer).
- ✔ Sie benötigen vielleicht auch eine Taschenlampe, um hinter Ihren Computer zu sehen.

Die Systemeinheit einrichten

Stellen Sie die Systemeinheit dahin, wo Sie sie haben wollen. Die hübsche Seite – in der Regel enthält sie das Firmenetikett, den Modellnamen und die Nummer des Computers – zeigt zu Ihnen. Entfernen Sie die Plastikhülle von der Systemeinheit.

- ✔ Blockieren Sie die Vorderseite der Systemeinheit nicht mit der Tastatur, Büchern oder einer Packung Kleenex. Sie müssen die Systemeinheit einschalten, Disketten einlegen und, wenn es Ihnen langweilig ist, die hübschen kleinen Lichter sehen können.
- ✔ Richten Sie die Systemeinheit als erstes ein, um zu sehen, wo alles andere eingesteckt wird.
- ✔ Lassen Sie während des Einrichtens hinter der Systemeinheit genug Platz. Sie müssen rankommen, um einige Drahtverbindungen und Kabel anzustecken. Wenn Sie damit fertig sind, können Sie die Systemeinheit in die richtige Position schieben.
- ✔ Wenn Sie ein Tower-Modell haben, steht die Systemeinheit auf dem Boden, gewöhnlich unter einem Schreibtisch. Schieben Sie sie jetzt noch nicht darunter, damit Sie die Kabel anschließen können.
- ✔ In Computer-Laufwerken, an der Vorderseite der Systemeinheit, steckt ein Stück Pappe oder Plastik. Sie können den Transportschutz der Diskettenlaufwerke, wenn Sie wollen, wegwerfen. Ich hebe meine aus demselben Grund auf wie die Kartons: für den Fall, daß ich mit dem Computer umziehen muß.

Verbindungskabel zur Systemeinheit

Die Systemeinheit ist das Hauptteil des Computers. Die Kabel sind an ihrer Rückseite angeschlossen, wo sie höchst unpraktisch zu erreichen sind.

Sie müssen mehrere, wenn nicht alle, der folgenden Kabel mit der Systemeinheit verbinden:

- ✔ Netzkabel
- ✔ Tastaturkabel
- ✔ Mauskabel
- ✔ Monitorkabel
- ✔ Externe Lautsprecherkabel
- ✔ Mikrophonkabel
- ✔ Druckerkabel
- ✔ Netzwerkkabel
- ✔ Transatlantisches Kabel
- ✔ Jumperkabel
- ✔ Josef-Strauß-Kabel

Wo gehört es hin?

Im Handbuch oder auf einem Zettel sollte ein Bild des fertig zusammengebauten PCs sein. Das sollte helfen. Wenn nicht, werfen Sie einen Blick auf Abbildung 1.1. Sie zeigt zwar einen IBM PC von 1981, aber Sie können trotzdem sehen, wo alles eingesteckt wird. Die Abbildung unten zeigt verschiedene allgemeine Kabel, die an der Rückseite eines PCs eingesteckt werden. Ihr Computer kann sich davon ein bißchen unterscheiden.

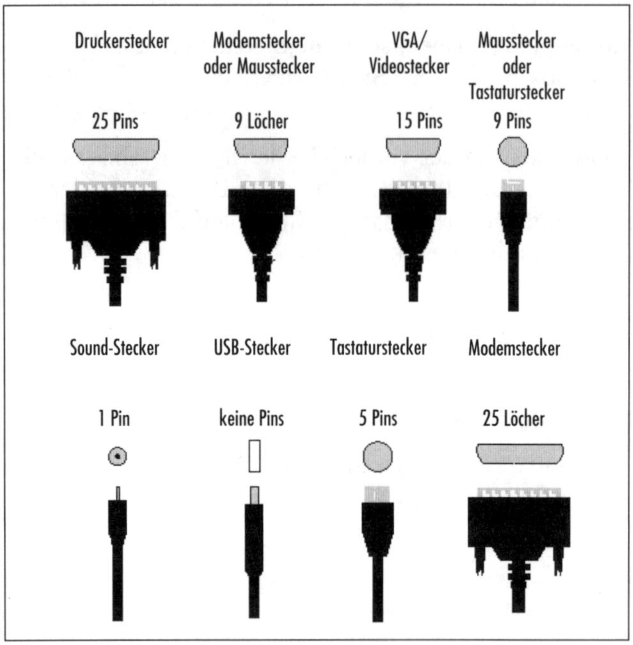

Allgemeine Hinweise zum Anschließen von Kabeln

Die flachen Kabelstecker haben typischerweise eine lange und eine kurze Seite. Um mich zu errinnern, welche Seite nach oben gehört, sage ich, das Kabel lächelt oder schaut finster drein. Das ist ebenfalls ein Zeichen dafür, daß ich zu oft Sesamstraße anschaue.

Klugscheißer nennen diese Dinge D-Shell-Stecker. Der Stecker sieht wirklich aus wie ein D, ein ziemlich verunstaltetes D.

Bevor Sie das Tastaturkabel oder einen anderen runden Stecker einstecken, schauen Sie in die Öffnung. Vergewissern Sie sich, daß alle Pins am Kabel mit den kleinen Löchern übereinstimmen. Die kleineren, runden Stecker haben Öffnungen an einer Seite, und das Kabel muß daran ausgerichtet werden.

Stecken Sie nichts in der Systemeinheit ein, wenn der Computer eingeschaltet ist. Sie bekommen zwar keinen Stromschlag (glaube ich zumindest), aber Sie können den Computer oder das Ding, das Sie einstecken, beschädigen. Und schalten Sie den Computer immer aus, bevor Sie das Tastaturkabel einstecken.

Die einzige Ausnahme von dieser Regel ist der USB-Anschluß. Sie können jederzeit etwas einstecken, Ihr Computer nimmt's Ihnen nicht übel.

Einige Stecker sehen sich ziemlich ähnlich, aber es gibt feine Unterschiede. Im Abschnitt »Wo gehört es hin?« finden Sie eine Abbildung mit verschiedenen Kabeltypen. Beachten Sie, daß einige Stecker Löcher haben und andere Pins. Es gibt Computer, bei denen die Stecker gekennzeichnet sind, entweder mit Begriffen oder mit Symbolen (was bedeutet, daß Sie mehr bezahlt haben). In Tabelle 2.1 sind etliche Begriffe, ihre Bedeutung und die entsprechenden Peripheriegeräte aufgelistet.

Ein Stecker oder eine Öffnung mit Pins wird als männlicher Stecker bezeichnet. Ein Stecker oder eine Öffnung mit kleinen Löchern, in die die Pins gesteckt werden, wird als weiblicher Stecker bezeichnet. Ich habe nicht die geringste Ahnung, warum.

Washeißt	Was in Washeißt eingesteckt wird
COM1	Schließen Sie Ihre Maus in dieser Öffnung an, wenn der Stecker paßt, ansonsten stecken Sie ein Modem ein.
COM2	Diese Öffnung wird normalerweise für einen Außenbordmotor benutzt oder für ein Modem.
LPT1	Hier wird der Drucker eingesteckt.
LPT2	Wenn Sie gierig sind, wird hier Ihr zweiter Drucker angeschlossen. Stecken Sie nur einen zweiten Drucker ein; schließen Sie Ihren ersten Drucker nicht in LPT2, LPT3 oder etwas anderem an.
MOUSE	Die Maus muß hier eingesteckt werden.
MONITOR	Schließen Sie den Monitor in dieser Öffnung an.
KYBD	Hier gehört die Tastatur hin.
MIC	Mikrophon
LINE IN	Stereo (nicht das Mikrophon)
SPEAKERS	Stecken Sie die Lautsprecher hier ein.

Tabelle 2.1: Dinge, in die Sie Kabel stecken können

Den Monitor aufstellen

Stellen Sie den Monitor auf die Systemeinheit oder daneben, je nach dem, wieviel Platz Sie auf dem Schreibtisch haben.

Wenn Sie einen Tower-PC haben, stellen Sie ihn unter den Schreibtisch und den Monitor auf den Schreibtisch (nicht andersrum).

Der Monitor hat zwei Kabel. Eines wird in der Systemeinheit angeschlossen, damit zeigt der Computer Informationen auf dem Bildschirm an. Dieses Kabel wird Videokabel genannt. Das zweite Kabel wird in die Steckdose gesteckt. Dieses Kabel wird Netzkabel genannt. Stecken Sie jetzt beide ein. Machen Sie es gleichzeitig, mit beiden Armen.

Lesen Sie diese lästigen Erklärungen lieber nicht

Die meisten der heutigen Computer werden mit einem VGA-Grafiksystem verkauft. Das ist ein befremdlicher Ausdruck, der beschreibt, wie der Monitor und die Innereien des Computers angefertigt sind, um einige der eindrucksvollsten Computergrafiken der Welt zu produzieren – ohne Sie in den Ruin zu treiben. Bei diesem System hat das Videokabel 15 Drähte. Die Buchse an der Systemeinheit hat ebenfalls 15 Löcher. Um Sie in die Irre zu führen, befindet sich an der Rückseite von vielen Systemeinheiten eine Buchse mit derselben Größe. Aber diese Buchse hat nur 9 Löcher.

Die Buchse mit 9 Löchern ist eine serielle Schnittstelle, an der Sie eine Maus, ein Modem oder einen anderen interessanten Gegenstand anschließen können. Sie schließen daran nicht den Monitor an. Ein VGA-Monitor ist an einer Buchse mit 15 Löchern angeschlossen.

Ältere PC-Grafiksysteme haben eine unterschiedliche Anzahl von Löchern in der Buchse. Sie können sie gewöhnlich durch eine einfache Cinch-Buchse ausmachen. Wenn Sie diese Buchse finden, ist der andere Videoanschluß in unmittelbarer Nähe.

- ✔ Falls die Kabel nicht lang genug sind, um die Tastatur und den Monitor neben der Systemeinheit aufzustellen, können Sie in einem Computerladen Verlängerungskabel kaufen. Passen Sie auf, daß Sie das richtige Kabel für Ihren Monitor und Ihre Tastatur bekommen; zählen Sie die kleinen Löcher oder Pins in der Buchse, schreiben Sie die Zahlen auf. Im Computerladen bitten Sie jemanden, Ihnen zu helfen, und zeigen Sie ihm die Zahlen.
- ✔ Kapitel 13 enthält mehr Informationen über Monitore und beschreibt, wie die verschiedenen Knöpfe funktionieren.

- ✔ Einige Monitore haben einen kipp- und schwenkbaren Standfuß, der es Ihnen ermöglicht, seine Stellung zu verändern. Sie können diese Art Standfuß kaufen, wenn er nicht mitgeliefert wird.
- ✔ Wie die Systemeinheit muß der Monitor atmen können. Stellen Sie nichts auf den Monitor, und bedecken Sie die Luftöffnungen nicht.

Den Drucker einrichten

Der Drucker ist ein einzigartiges Gerät. Er ist wie ein eigenständiger Computer, der entwickelt wurde, um Tinte auf Papier zu schmieren.

Das Einrichten des Druckers ist ein Kinderspiel. Der schwierige Teil kommt später, wenn Sie die Software dazu bringen müssen, den Drucker zu erkennen. (Ich habe das in Kapitel 16 beschrieben, wo es sowieso niemand findet.)

Sie richten den Drucker ähnlich ein, wie Sie alles andere sonst eingerichtet haben. Nehmen Sie ihn aus dem Karton, und packen Sie ihn aus. Dann stellen Sie ihn dahin, wo Sie ihn haben möchten. Stellen Sie ihn nahe beim Computer auf, je näher desto besser.

Es ist praktisch, den Drucker in Reichweite zu haben.

- ✔ Durchsuchen Sie den Karton, ob Sie nichts dergleichen wie Handbücher, Fontkassetten oder anderes Zeug, das der Drucker braucht, übersehen haben.
- ✔ Drucker werden ohne Kabel ausgeliefert – aus einem bestimmten Grund. Nicht jeder Drucker wird an einen IBM-Computertyp angeschlossen. Deshalb müssen Sie das IBM-Druckerkabel getrennt kaufen.
- ✔ Verbrauchsmaterialien wie Tonerkassetten, Farbbänder, Tintenpatronen, Trägerfolien usw. müssen nachgekauft werden.

Den Drucker zusammenbauen

Drucker werden in vielen Einzelteilen ausgeliefert: Der Drucker selbst, das Farbband oder die Tonerkassette und das Ding, in dem das Papier ist. Dem Drucker liegt eine Gebrauchsanweisung bei, in der erklärt wird, wo was hingehört. Finden Sie sie, und befolgen Sie die Anweisungen.

Die Grundeinrichtung des Druckers erfordert das Herausreißen einiger Transportsicherungen aus dem Inneren des Druckers, das Einsetzen des Farbbandes oder der Tonerkassette, das Montieren der Papierzuführung oder der Papierkassette, das Einschieben der Fontkarten und das Einstecken der Kabel.

- Si la feuille du mode d'emploi a láir francais, cést peut-être parce que c'est écrit en francais. La plupart des modes d'emploi ont des directives en plusieurs langues. Il faut chercher al version en anglais.
- Wenn sich die Gebrauchsanweisung liest, als wäre sie in französisch geschrieben, ist sie das vermutlich auch. Die meisten Gebrauchsanweisungen sind mehrsprachig. Suchen Sie nach der deutschen Version.
- Laserdrucker erfordern einen ausführlichen internen Zusammenbau; Sie müssen mehrere Plastikdinger herausziehen und Klebeband abpulen. Bei anderen Druckern müssen Sie ähnlich vorgehen. Diese Plastikteile schützen die Innereien des Druckers während des Transports. Sie müssen sie nicht behalten (auch nicht, wenn Sie irgendwann mit dem Drucker umziehen wollen); werfen Sie sie weg.
- Wenn Sie eine Fontkassette haben, gehört sie in einen speziellen Fontschlitz, der irgendwo am Computer versteckt ist. In der Gebrauchsanweisung sollte stehen, wo er ist. Vergewissern Sie sich, daß der Drucker ausgeschaltet ist, wenn Sie die Fontkassette einschieben.

Druckerkabel anschließen

Drucker müssen zwei Kabel haben: ein Netzkabel, das in eine Steckdose eingesteckt wird, und ein Druckerkabel, das im Computer steckt. (Vor zehn Jahren wurde ein Gesetz verabschiedet, das besagt, daß alle Computergeräte mindestens zwei Kabel haben müssen.)

Das Druckerkabel sollte, wie schon beschrieben, in der Systemeinheit eingesteckt sein. Das andere Ende des Kabels, ein spaßiges Teil, steckt im Drucker. Der Stecker ist groß und hat zwei Klammern. Es gibt keine Möglichkeit, ihn falsch einzustecken.

- Die meisten Drucker werden über den Druckeranschluß angeschlossen. Das macht Sinn. Einige stecken in einem seriellen Anschluß, was Kopfschmerzen verursacht; aber die habe ich mir für Kapitel 16 aufgehoben (lesen Sie dort den Abschnitt über serielle Drukker).

Sie müssen den Drucker nicht gleich benutzen. Ich empfehle, daß Sie erst den Umgang mit dem PC lernen. Dann können Sie sich über den Drucker Gedanken machen.

Belanglose Informationen über Druckerkabel

Der Drucker darf nur maximal acht Meter vom Computer entfernt sein. Die höchstzulässige Länge eines Druckerkabels beträgt acht Meter, damit keine Informationen verlorengehen. Kabel, die länger als acht Meter sind, können kein Signal vom Computer übertragen, und nichts wird ausgedruckt.

Das typische Druckerkabel ist zwei Meter lang, lang genug, um den Drucker nicht direkt neben den Computer stellen zu müssen. Es gibt längere Kabel, und Sie können Kabel auch jederzeit verlängern. Aber denken Sie an die Acht-Meter-Grenze.

Druckertips

Hier sind einige praktische Druckertips, die Sie nicht im Gedächtnis behalten müssen (sie werden in Kapitel 16 sowieso wiederholt):

- ✔ Drucker brauchen Papier. Laserdrucker können auf jedem Kopierpapier drukken; sie akzeptieren auch normales Schreibmaschinenpapier mit oder ohne Firmenaufdruck.
- ✔ Vermeiden Sie geprägtes Papier sowie alle anderen besonderen Papierarten; sie können den Druckmechanismus durch Restpartikel verstopfen.
- ✔ Andere Drucker können auf Endlospapier drucken. Dieses Papier hat Dutzende (oder Hunderte) von Blättern, die aneinanderhängen. Durch die Perforation können sie einfach auseinandergerissen werden. Legen Sie das Papier unter Benutzung der Papierführung und Markierung ein. Einige Drucker ziehen das Papier automatisch ein und sind druckbereit, wenn Sie sie einschalten.
- ✔ Drucker und Computer müssen nicht vom gleichen Hersteller sein. Jeder Drucker, nicht nur ein IBM-Drucker, funktioniert mit einem IBM-Computer (auch wenn IBM-Verkäufer das Gegenteil behaupten).
- ✔ Sie müssen den Drucker nur einschalten, wenn Sie etwas ausdrucken. Ein eingeschalteter Laserdrucker verbraucht bis zu 1000 Watt in der Stunde. Das treibt Ihre Stromrechnung auch in die Höhe, wenn Sie nicht drucken.
- ✔ Einige der neuen Laserdrucker sind »umweltfreundlich«. Sie tauchen ab wie ein Unterseeboot und verbrauchen fast keinen Strom, bis sie gebraucht werden. Dann tauchen sie auf, pumpen sich voll Strom, drucken und kehren in den Standby-Modus zurück. Raffiniert.
- ✔ Der Drucker druckt nicht, außer er ist *online*. Mittels eines Knopfes können Sie den Drucker aktivieren oder online setzen. Nein, das ist nicht genug, Sie müssen ihn auch einschalten.

Was ist ein Überspannungsschutz?

Computer lehren Sie etwas über das moderne Leben: Es gibt nicht genug Steckdosen, um alles einzustecken.

Der Standardcomputer benötigt zwei Steckdosen: eine für die Systemeinheit und eine für den Monitor. Zusätzliche Geräte wie Modem, Scanner, Drucker usw. beanspruchen weitere Steckdosen. Wie üblich gibt es richtige und falsche Methoden, mit dieser Situation umzugehen.

Falsch ist:

- ✔ Verwenden Sie niemals ein Verlängerungskabel. Jemand kann darüber stolpern und es aus der Steckdose reißen.
- ✔ Benutzen Sie keine Mehrfachstecker, die aus einer Steckdose drei machen. Computer brauchen geerdete Steckdosen, die einen Schutzkontakt haben.
- ✔ Lecken Sie nicht am Stecker, bevor Sie ihn in die Steckdose stecken.

Richtig ist:

- ✔ Kaufen Sie eine Verteilerdose. Sie hat bis zu sechs Steckdosen, belegt aber nur eine einzige. Alles, was mit Ihrem PC in Zusammenhang steht, sogar die Lampe auf Ihrem Schreibtisch, kann in der Verteilerdose angesteckt werden. Wenn es Ihnen Spaß macht, können Sie den ganzen Kram mit dem großen Zeh einschalten (falls Sie ein Loch in der Socke haben).
- ✔ Stecken Sie einen Laserdrucker immer in eine extra Steckdose, nie in eine Verteilerdose oder eine unterbrechungsfreie Stromversorgung.

Die unterbrechungsfreie Stromversorgung

Eine *USV* (unterbrechungsfreie Stromversorgung) ist ein praktisches Gerät, das jeder PC-Besitzer haben sollte. Es ist keine Verteilerdose. Eine typische USV hat ungefähr die Größe einer kleinen Autobatterie und zwei, manchmal mehrere, Steckdosen, in die Sie Ihre Systemeinheit und den Monitor einstecken können.

Die USV schützt gegen Spannungsspitzen, Überspannungen und hält den PC bei einem Stromausfall am Leben. Nicht für lange (meine hält ungefähr zehn Minuten), aber lange genug, damit Sie Ihre Daten speichern, Windows beenden und den Computer ausschalten können. Dadurch verlieren Sie bei einem Stromausfall keine Informationen.

Sie müssen nicht alles in eine USV stecken. Nie einen Drucker! Sie können drukken, wenn der Stromausfall vorüber ist. Dasselbe gilt für Scanner, Modem und andere Geräte. Und denken Sie nicht einmal im Traum daran, während eines Stromausfalls für Stunden weiterzuarbeiten, um von Freunden beneidet zu werden. Wenn der Strom weg ist, speichern Sie Ihre Arbeit und schalten Sie den Computer aus.

Was nun?

Ihr Computer ist jetzt betriebsbereit, und Sie unterliegen wahrscheinlich der Versuchung, ihn einzuschalten. Aber warten Sie damit noch. Sie sollten einige Dinge beachten, bevor Sie weitermachen:

✔ Graben Sie die Handbücher aus, die Sie mit Ihrem Computer erhalten haben. Suchen Sie diejenigen, die die grundsätzlichen Anweisungen und Hilfen zur Fehlersuche enthalten. Halten Sie diese Handbücher griffbereit.

✔ Bewahren Sie Handbücher, die mit Ihrem Computer mitgeliefert werden, und alle Software-Handbücher auf. Lassen Sie Disketten und Handbücher zusammen.

✔ Sie können die meisten der kleinen Papierfetzen wegschmeißen, aber nichts, wo eine Telefonnummer draufsteht; jedenfalls so lange nicht, bis Sie die Nummer abgeschrieben haben.

✔ Senden Sie Ihre Registrier- oder Garantiekarte ein. Notieren Sie die Seriennummer des Computers, und heben Sie sie gut auf. Wenn Sie in einem Büro arbeiten, sollten Sie eine Liste aller Geräte sowie deren Seriennummern führen.

Sie können diesen Abschnitt über den Überspannungsschutz überspringen, aber das wäre unklug

Es gibt spezielle Verteilerdosen, die einen Überspannungsschutz haben. Er schützt vor Spannungsspitzen und anderen unangenehmen Dingen, die den Computer grillen können. Aber seien Sie vorsichtig: Es gibt gute und schlechte Geräte.

Die einfachste Form des elektronischen Schutzes ist der Leitungsfilter; er siebt Störungen aus den Stromkabeln. Ein Überspannungsschutz ist teurer; er bietet Schutz gegen Spannungsspitzen, die entstehen, wenn durch irgendwelche Einflüsse größere Stromstöße oder erhöhte Spannungen abgegeben werden. Dies kann durch Elektromotoren oder ähnliche Geräte erfolgen, die in der Nähe laufen. Noch sicherer, aber auch teurer sind Schutzeinrichtungen, die sogar einen Blitzschlag filtern können. Nur sie sind in der Lage, einen Computer vor solch hohen Spannungen zu schützen. Sie opfern sich selbst und retten Ihrem Computer das Leben (es hat etwas mit Religion zu tun).

Wie wichtig sind diese Schutzmaßnahmen? Eigentlich nicht sehr, außer Sie haben anhand von Erfahrungen mit anderen Geräten gemerkt, daß die Stromversorgung bei Ihnen sehr instabil ist. Eine Verteilersteckdose mit eingebautem Netzfilter ist jedoch immer eine gute Idee.

Vergewissern Sie sich, daß Sie eine rechtmäßige Kopie Ihrer Software besitzen. Sie sollten Windows auf Ihrer Festplatte und ein Handbuch haben. Wenn Sie kein Handbuch oder nur kopierte Seiten erhalten haben, hat Ihnen Ihr Händler eine Raubkopie aufs Auge gedrückt. Machen Sie das Richtige: Gehen Sie in einen Software-Laden, und kaufen Sie Windows. (Kümmern Sie sich nicht um den Händler; eines Tages wird es ihn sowieso erwischen.)

Der Umgang mit Software

Sie haben möglicherweise zusammen mit Ihrem Computer Software gekauft. Das ist in Ordnung; aber packen Sie nicht gleich alle Schachteln aus. Viele Anfänger machen den Fehler, sich mit Software zu überschütten. Obwohl es in Ordnung ist, eine Menge Software zu kaufen (falls Sie es nicht schon getan haben, machen Sie es wahrscheinlich noch), ist es unsinnig, sofort mit allen Programmen arbeiten zu wollen.

- ✔ Das Betriebssystem (Windows) ist die wichtigste Software. Legen Sie die Disketten oben auf den Stapel.
- ✔ Kapitel 5 enthält weitere Informationen über Betriebssysteme.
- ✔ Falls es etwas Vorrangiges gibt, das Sie tun müssen, ziehen Sie es vor. Wenn Sie zum Beispiel 1-2-3, Word oder PageMaker lernen müssen, benutzen Sie zuerst dieses Programm. Alles andere kann warten.

Denken Sie daran, daß kein Job sofort erledigt werden kann. Ich habe keine Ahnung, wie lästig Ihr Boß ist, aber Sie müssen ein Programm erst lernen, bevor Sie damit effektiv arbeiten können. Nehmen Sie sich wenigstens zwei Wochen Zeit, bevor Sie versuchen, etwas aus dem Computer herauszuquetschen.

- ✔ In Teil V wird Software im allgemeinen beschrieben.

Der Umgang mit anderer Hardware

Sie haben vielleicht noch andere Hardware gekauft; warten Sie noch mit dem Einrichten. Spätere Kapitel beschreiben detailliert den Umgang mit einer Maus, einem Modem, einem Fax oder einem Scanner. Das, was Sie bisher über das Einrichten von Computern gelernt haben, beansprucht genug Zeit.

- ✔ Die Hardware wird entweder intern oder extern an den Computer angeschlossen.
- ✔ Das Installieren interner Hardware sollte ein Computerfreak erledigen. Sie können es auch selbst machen; es gibt viele Bücher und Artikel, die Ihnen dabei helfen können. Mein Rat ist, jemanden zu drängen, das für Sie zu machen.

- Für externe Hardware sind ein Stromkabel und andere Kabel erforderlich, um sie mit dem PC zu verbinden. Bei einigen Geräten ist kein Stromkabel nötig (sie funktionieren durch Gehirnwellen). Sie brauchen auch spezielle Software, damit die externe Hardware funktioniert; ein Scanner benötigt beispielsweise Scanner-Software. Eine Maus verlangt einen Maustreiber; ein Modem verlangt Kommunikationssoftware. Das und andere noch verwirrendere Dinge werden in Teil IV behandelt.

Compuspiel (Eine PC-Begriffesammlung)

3

In diesem Kapitel

- Computerausdrücke
- Akronyme
- Hardwarebegriffe
- Softwarebegriffe
- Internetbegriffe
- Widerliche Begriffe

Sie wissen, daß Sie ein Computermensch sind, wenn Sie Ihren Partner als Peripherie bezeichnen. Oder sagen, Ihr Boss hat keine CPU, oder Ihre Schwiegermutter ist nur Ausgabe und keine Eingabe.

Computerbegriffe füllen die Stichwortverzeichnisse von langweiligen Handbüchern und drängen sich in die Gespräche über Computer. Jetzt, da Sie einen PC besitzen, werden Sie beginnen, die Begriffe ebenfalls zu verwenden; wie kranke Leute, die einen gebrochenen Zeh elaceratierten basal Phalanx, ein Blutgerinnsel im Bein Thrombophlebitis und einen steifen Nacken spasmodische Torticollis nennen.

Wörter und Ausdrücke

Bestimmte Ausdrücke werden Sie immer wieder hören. Sie hören sich bedeutungslos an, bis Sie folgenden Schnellkurs, a la Jeopardy absolvieren. Die Kategorie ist Computerbegriffe. Sie sind der Kandidat. Drücken Sie die Klingel vor Ihren Mitbewerbern (Alfred Einstein und Bill Gates) oder Sie sind der Verlierer. Viel Glück!

Und die Antwort ist…

Antwort: Es wird auf dem Bildschirm, dem Monitor, angezeigt. Es kann Text, eine Grafik oder etwas anderes sein.

Frage: Was ist »auf dem Bildschirm«?

Wenn Ihr Kollege sagt, der Monatsbericht ist auf dem Bildschirm, schauen Sie nicht auf den Monitor. Sehr gut. Jetzt die DM 200,00 Antwort:

Antwort: Ich habe gerade alle Dateien in einem Ordner aufgelistet.

Frage: Was ist »ein Verzeichnis öffnen«?

Der alte Begriff für »Ordner« ist »Verzeichnis«. Gelegentlich wird dieser Begriff immer noch verwendet, z.B. »Öffnen Sie ein Verzeichnis auf Laufwerk A«, um Dateien aufzulisten. Die DM 300,00 Antwort:

Antwort: Etwas, das ich auf meinem Computer erstellt und gedruckt habe.

Frage: Was ist eine »Hardcopy«?

Eine Hardcopy ist der Ausdruck von etwas, das Sie auf dem Computer erstellt haben. Die DM 400,00 Antwort:

Antwort: Das tun Sie, wenn Sie Text als Block oder eine Gruppe von Symbolen markieren möchten.

Frage: Was ist »wählen«?

Um etwas als Gruppe zu markieren, wählen Sie es, indem Sie die Maus über den Text oder die Symbole ziehen oder auf jedes Element klicken. Die DM 500,00 Antwort:

Antwort: Diese Datei enthält allgemeine Informationen, spezielle Informationen über ein Produkt oder Korrekturen zum Handbuch.

Frage: Was ist eine »Readme-Datei«?

Softwareprogramme enthalten oft sogenannte Readme-Dateien, die nützliche Informationen über die Software enthalten.

Herzlichen Glückwunsch! Sie haben gewonnen!

Akronyme

Computer haben dem Vokabular vermutlich mehr Akronyme hinzugefügt als die Regierung. Im Folgenden werden die häufigsten Akronyme beschrieben.

ASCII

ASCII ist ein Akronym, aber das ist nicht wichtig. Wichtig ist, wie es ausgesprochen wird. ASCII wird ask-i und nicht ask-zwei ausgesprochen.

ASCII beschreibt nur Text. Beispielsweise enthält eine ASCII-Datei reinen Text, Zahlen und die üblichen Satzzeichen. Sie enthält keinen kursiv dargestellten Text, keine Umlaute, keine kunstvollen Kopfzeilen und keine Bilder von Clowns.

- ✔ In den meisten Textverarbeitungen und anderen Programmen können Sie eine Datei in ASCII-Format oder als reinen Text abspeichern. Eine ASCII-Datei kann von den meisten Programmen und Computern gelesen werden.

- In Windows wird das ASCII-Format als »Textdokument« oder »nur Text« bezeichnet.
- Warum dann nicht alle Dateien in ASCII-Format speichern? Weil ASCII zu begrenzt ist. Textverarbeitungen stecken ihre eigenen Spezialcodes in ASCII-Dateien, um die Formatierung und andere unangenehme Dinge zu vereinfachen. ASCII bezieht sich nur auf Text und Zahlen. Für Grafiken und ähnliches ist es unbrauchbar.

ASCII steht für *American Standard Code for Information Interchange*. Es ist ein Zahlensatz (0 bis 128); wobei jede Zahl einen Buchstaben des Alphabets (Groß- und Kleinbuchstaben), die Zahlen 0 bis 9, Satzzeichen, andere seltsame Zeichen oder 32 spezielle Steuertasten (Eingabe, Rückschritt, Tab, Escape usw.) vertritt. Sind Sie jetzt ausreichend gelangweilt?

Woher kommt ASCII?

ASCII wurde in den 60er Jahren von Programmierern ins Leben gerufen, als eine universelle Sprache, wie Esperanto, allerdings mit einem gigantischen Marketing-Budget. Die Programmierer entschieden, die Anzahl der ASCII-Zeichen auf 128 zu beschränken. Zu der Zeit war das eine gewaltige Anzahl; die meisten Computer konnten nur Werte von 128 effektiv verarbeiten. Heutige PCs können mit wenigstens 256 Codes umgehen.

Die Idee war, daß jeder Computer, der ASCII-kompatibel ist, Daten und Informationen mit anderen ASCII-kompatiblen Computern austauschen kann – sogar dann, wenn beide Computer von unterschiedlichen Planeten kommen. Diese Idee existiert auch heute noch. Sie können eine ASCII-Datei von einem IBM-Computer auf einen Macintosh übertragen, und die Datei schaut noch mehr oder weniger genauso aus. (Nichts ist perfekt, und für das Endergebnis braucht es immer zusätzliche Arbeit; geben Sie die Hoffnung aber nicht auf.)

DVD

DVD (Digital Versatile Disc) ist die nächste Generation der CD-ROM-Laufwerke, auf dem wesentlich mehr Informationen gespeichert werden können.

Um einen DVD-Datenträger zu verwenden, der genauso aussieht wie eine CD, benötigen Sie ein DVD-Laufwerk, das genauso aussieht wie ein CD-ROM-Laufwerk. Viele neue Computer können optional mit einem DVD-Laufwerk ausgestattet werden, das vermutlich bald der Standard ist.

DVD-Laufwerke können ältere CDs problemlos lesen (siehe Kapitel 7).

GUI/Grafische Benutzeroberfläche

GUI ist noch ein Computerakronym. Es steht für *Graphical User Interface* (grafische Benutzeroberfläche) und bedeutet, daß Sie den Computer über Bilder und Symbole auf dem Bildschirm steuern. Dieser Vorgang ist das Gegenteil vom Befehle Eintippen in der DOS-Eingabeaufforderung. Angeblich ist es einfacher, aber die Geschworenen beraten noch.

- ✔ Woher kommt der Begriff GUI? Wer weiß. Lesen Sie die Berge von Gerichtsakten, oder laden Sie einen Anwalt für Software-Fragen zum Mittagessen ein.
- ✔ Sie benötigen eine Maus, damit alles ordnungsgemäß funktioniert.

RAM oder Arbeitsspeicher

RAM und Arbeitsspeicher sind zwei austauschbare Begriffe. Sie beziehen sich beide auf den »Speicher« im Computer. Ungeachtet der technischen Einzelheiten sollten Sie wissen, daß der Computer um so mehr machen kann, je mehr RAM oder Arbeitsspeicher (Speicherplatz) er hat. Mehr RAM ist besser als weniger RAM.

- ✔ Mehr Arbeitsspeicher bedeutet, Sie können mehr tun als mit weniger Arbeitsspeicher.
- ✔ Ersetzen Sie das Wort *Arbeitsspeicher* durch *Geld,* und lesen Sie den Satz nochmal.

RAM steht für *Random Access Memory*. Es bezieht sich auf den Chip im Computer, in dem Informationen gespeichert werden.

USB

USB (Universal Serial Bus) bezeichnet einen neuen Steckplatz, in dem viele interessante Geräte angeschlossen werden können. Das Tolle an USB ist, daß die Installation (z.B. einer Tastatur, eines Scanners oder eines Modems) ohne Eingreifen des Benutzers funktioniert (siehe Kapitel 11).

WWW

WWW ist ein Akronym für World Wide Web, das auch nur »das Web« genannt wird. Das Web ist eine beliebte Art auf Informationen im Internet zuzugreifen. Lesen Sie Teil VI, um sich mit den Einzelheiten zu langweilen.

Hardwarebegriffe

Unbekannterweise sind die Begriffe *Doojobbie, Thingamabob* und *Whatzis* durch Copyright geschützt. Als die verschiedenen Hardwareteile benannt werden mußten, haben sich die Wissenschaftler einfach Namen ausgedacht. In diesem Abschnitt finden Sie einige Beispiele.

CD-ROM

Ein CD-ROM ist das gleiche wie eine Musik-CD, außer daß darauf Informationen gespeichert werden. Während auf einer Musik-CD 12 oder 18 Lieder gespeichert sind, können auf einer Computer-CD gesamte Enzyklopädien gespeichert werden. Aus diesem Grund ist die meiste Software auf CD erhältlich.

ROM steht für Read-Only Memory. Das CD-ROM-Laufwerk liest nur CDs. Um Informationen auf eine CD zu schreiben, benötigen Sie ein spezielles Laufwerk, das CD-R oder CD-RW genannt wird.

Datenträger

Auf einem Datenträger werden Daten langfristig gespeichert, im Gegensatz zum Arbeitsspeicher, in dem die Daten nur kurzfristig aufbewahrt werden. Wenn Sie das Zeug, das Sie erstellen, behalten möchten, speichern Sie es auf einem Datenträger.

Es gibt verschiedene Datenträgertypen: Disketten, Festplatten und CDs. Speichern Sie Ihre Daten, um zu einem späteren Zeitpunkt wieder darauf zugreifen zu können.

Funktionstasten

Ihre Tastatur besteht aus verschiedenen Bereichen, wie Viertel in einer großen Stadt. Es gibt alphanumerische, numerische, Cursor- und Funktionsbereiche.

Einige der Tasten in der obersten Reihe auf der Tastatur sind mit F1 bis F12 beschriftet. Das sind die Funktionstasten der Tastatur. Sie heißen so, weil sie keine Standardfunktion haben; anders als die P-Taste, die ein P produziert, wenn sie gedrückt wird (außer Sie essen Kartoffelchips und ein Krümel bleibt unter der P-Taste stecken).

Die Entwickler von IBM ließen den Zweck der Funktionstasten offen, deshalb kann jedes Programm, mit dem Sie arbeiten, etwas anderes damit machen. In Windows zeigt die F1-Taste immer Hilfe an. Aber das ist die einzige Taste, die immer die gleiche Funktion hat. In manchen Programmen sind die Tasten F2 bis F12 mit sonderbaren Dingen belegt.

Macintosh

Der erste Computer mit Persönlichkeit war der Macintosh. Ihr PC hat keine Persönlichkeit. Er ist eine seriöse Maschine. Apple, das den Macintosh herstellt, gibt jedes Jahr Millionen dafür aus, die Öffentlichkeit davon zu überzeugen, daß sein Computer für Geschäftszwecke geeignet ist. Ja, natürlich.

Ernsthaft, der Macintosh ist nur ein anderer Computer. Er hat eine GUI, wie Windows, plus einer Menge lustiger und interessanter Software. Aber er ist nicht so verbreitet und wird deshalb nicht so unterstützt wie Ihr PC.

- ✔ Dieser Computer wird *Mac* statt PC genannt.
- ✔ Da Mac-Benutzer viel mehr für ihre Computer bezahlt haben, nehmen sie es sehr persönlich, wenn Sie über den Mac herziehen, auch wenn Sie im Recht sind und die Beweise sich häufen wie ein Berg Pfannkuchen.

Netzwerk

Ein Netzwerk besteht aus zwei oder mehr Computern, die durch gleiche Netzwerkkabel und spezielle Netzwerk-Software verbunden sind, was allen Maschinen erlaubt, gleichzeitig abzustürzen.

Im Ernst, Computer im Netzwerk können sich Informationen teilen. Sie können zum Beispiel alle einen Drucker benutzen und auf die gleichen Dateien und Programme zugreifen. Die Angestellten können Mitteilungen hin und her schicken, um auszumachen, wo sie heute zu Mittag essen.

Hier sind drei Möglichkeiten, wie Sie herausfinden, ob Sie in einem Netzwerk sind:

1. Ihre Kollegen und Sie können auf einen Drucker, auf Dateien oder Nachrichten zugreifen, ohne sich vom Stuhl zu erheben.
2. Sie müssen sich an- oder abmelden, wenn Sie den Computer benutzen.
3. Wenn der Server abstürzt, fängt alles zu schreien an.

- ✔ Wenn Sie nicht in einem Netzwerk sind, ignorieren Sie es.
- ✔ Wenn sich in Ihrem Büro zwei Computer einen Drucker teilen oder durch einen Umschaltkasten verbunden sind, benötigen Sie ein Netzwerk.
- ✔ In Kapitel 10 finden Sie weitere Informationen über Netzwerke.

Softwarebegriffe

Auch im Bereich der Software werden fremdartige Begriffe verwendet. Leute, die viel mit Computern zu tun haben, vergessen oft, wie seltsam diese Begriffe sind. In diesem Abschnitt werden häufige Begriffe beschrieben.

Daten

Wenn Sie einen Computer haben, sagen Sie statt Informationen oder Zeug: Daten.

Desktop

Der Hintergrund in Windows wird als *Desktop* bezeichnet. Auf dem Desktop befinden sich Symbole und Fenster: ein Aktenkoffer, ein Papierkorb und ein Telefon. Die ursprüngliche Idee war es, die Arbeit mit dem Computer wirklichkeitsnaher zu gestalten.

Dokumente

Dokumente sind spezielle Dateitypen, die von Textverarbeitungen erstellt werden. Sie enthalten Text, den Sie drucken und senden können: Briefe, Schriftsätze, Kapitel eines Buchs, Berichte, Abhandlungen, usw. Alles was eine Textverarbeitung produziert ist eine Dokumentdatei.

- ✔ Auch andere Software bezeichnet Dateien, die damit erstellt werden, als Dokumente. Es hört sich einfach professioneller an als Datendatei oder »das Ding, das ich in CorelDRAW gemacht habe«.
- ✔ Tabellenkalkulationen erstellen Arbeitsblätter, die auch Dokumente genannt werden können.
- ✔ Eine Datei besteht aus Daten, die auf einem Datenträger gespeichert werden. Dateien werden später in diesem Kapitel beschrieben, außer Sie lesen es rückwärts.

DOS-Eingabeaufforderung

In Windows ist die DOS-Eingabeaufforderung der Name des Programms, das das Betriebssystem Ihres Computers war. Jetzt ist es dazu verdammtt ein Fenster auf dem Bildschirm zu sein, eine textbasierte Art, den Computer zu steuern und alte, klapprige DOS-Programme auszuführen.

Die DOS-Eingabeaufforderung besteht aus den fremdartigen und verwirrenden Zeichen, die Sie am Anfang jeder Zeile sehen, während Sie mit DOS arbeiten. Das ist die liebenswerte Art des Computers, Sie aufzufordern, ihm zu sagen, was er tun soll.

Gewöhnlich sieht die DOS-Eingabeaufforderung so aus:

```
C:\>
```

- ✔ Sie tippen Befehle an der DOS-Eingabeaufforderung ein, um den Computer zu veranlassen, etwas Nützliches zu tun.
- ✔ Der Buchstabe in der Eingabeaufforderung teilt Ihnen mit, welches Laufwerk Sie gegenwärtig behelligen.
- ✔ In diesem Buch wird DOS kaum beschrieben. Informationen über DOS finden Sie in »DOS für Dummies«.

Dateien

Eine Datei besteht aus einer Ansammlung von Informationen (he, Daten), die vom Computer gespeichert werden. Es gibt verschiedene Dateitypen, die unterschiedliches Zeug enthalten:

Programmdateien enthalten Anweisungen für den Computer, etwas Nützliches zu tun, wie etwa, das Scheckbuch zu überwachen.

Datendateien enthalten das Zeug, das Sie erstellt haben, zum Beispiel einen Brief an Frau Berger oder ein Bild Ihrer Schwiegermutter.

Textdateien (he, ASCII-Dateien) enthalten reinen langweiligen Text.

- ✔ Dateien hätten nicht Dateien genannt werden müssen. Sie hätten Pakete, Container oder Kisten heißen können. Aber sie wurden Dateien genannt. (Vermutlich, weil Computer hauptsächlich in Büros benutzt werden.)
- ✔ Dateien sind abstrakt. Sie können eine Datei nicht in die Hand nehmen. Sie können die Diskette halten, auf der die Datei gespeichert ist. Und Sie können eine Datei drucken und dann das Papier anfassen. Aber Sie können Dateien nicht berühren. Auf ihre Art sind Dateien wie Engel.
- ✔ Der Name einer Datei ist der Dateiname.
- ✔ Sie müssen für die von Ihnen erstellten Dateien selbst einen Namen angeben. Sollte das Programm Ihren Dateinamen ablehnen, befinden Sie sich wahrscheinlich in der Zone der verbotenen Dateinamen. Schlagen Sie schnell in Kapitel 9 nach, bevor Sie vom Computer erwürgt werden.

Ordner

Dateien werden in sogenannten Ordnern auf Datenträgern gespeichert.

Ordner werden verwendet, um Dateien zu organisieren, da Hunderte von Dateien auf einem Datenträger gespeichert werden können. Wenn Sie Dateien nicht in unterschiedlichen Ordnern speichern, werden Sie Stunden damit verbringen, Ihre Dateien wiederzufinden.

In Windows werden Ordner als Symbole angezeigt, die wie richtige Ordner aussehen. Ein Ordner kann Dateien und weitere Ordner enthalten (siehe Kapitel 8).

Früher wurden Ordner *Verzeichnisse* genannt. Sie werden diesen Begriff immer noch lesen oder hören. Ersetzen Sie ihn im Geist mit Ordner, und alles ist OK.

Symbol

Die Entwickler benötigten einen Namen für die Bildchen in einer grafischen Benutzeroberfläche. Deshalb heißen sie Symbole.

Manche Menschen verwenden auch den englischen Ausdruck: Icon.

Kilobyte, Megabyte und Gigabyte

Bytes sind verwirrend, müssen es aber nicht sein. Ein Byte ist lediglich ein Computerbegriff für den Speicherplatz, der von nur einem Zeichen belegt wird. Der Begriff Kilo bedeutet 1.000, also ist ein Kilobyte annähernd 1.000 Bytes, 1.000 Zeichen oder etwas weniger als eine halbe Textseite.

Mega bedeutet eine Million oder 1.000.000. Ein Megabyte ist 1.000 Kilobytes, 1.000.000 Zeichen oder etwa 500 Seiten.

✔ Kilobyte wird mit KB abgekürzt

✔ Megabyte wird mit MB abgekürzt.

✔ Gigabyte wird mit GB abgekürzt.

Lesen Sie das folgende nur, wenn Sie pedantisch sind

OK, es ist Zeit für ein Geständnis. 1 Kilobyte ist nicht gleich 1.000 Bytes oder Zeichen. Ganz genau sind es 1.024 Bytes. Die zusätzlichen 24 Bytes sind die Mehrwertsteuer für Computer. Ernsthaft, 1.024 ist die Zahl 2 mit einer zehner Potenz – 2^{10}. Computer lieben die Zahl 2, und 1.024 ist die Potenz von 2, die der Zahl 1.000 am nächsten liegt. Für uns ist es in Ordnung, davon auszugehen, daß 1 KB = 1.000 Bytes. 1 MB ist genau 1.048.576 Bytes oder 1.024 KB, keine glatte Million (Sie müssen 1.024 mit 1.024 multiplizieren).

Multimedia

Multimedia ist nicht mehr als ein Schlagwort. Ein Multimediacomputer ist ein Computer mit Sound, einem CD-ROM-Laufwerk und der Fähigkeit Videos wiederzugeben. Beinahe jeder Computer, der heute verkauft wird, ist ein Multimediacomputer.

Multitasking

Multitasking bedeutet, mehr als eine Aufgabe zur gleichen Zeit zu erledigen. Wenn Sie zum Beispiel gleichzeitig telefonieren, das Abendessen kochen, fernsehen und ein kleines Kind abwehren, dann ist das Multitasking; Sie machen vier – oder mehr – Dinge auf einmal. Computer können das problemlos und ohne den Faden der Unterhaltung zu verlieren, das Essen anbrennen zu lassen oder den Löffel in Babys Ohr zu stecken.

Multitasking ist ein Job für das Betriebssystem. Die Hardware kann Multitasking; man braucht die Software, um es zu verwirklichen.

Vielen Anfängern scheint Multitasking nicht nützlich zu sein. Der Grund ist einfach: Sie sind nur eine Person, Sie haben nur ein Paar Augen und Hände. Ihr Computer hat nur eine Tastatur und einen Monitor. Warum sollten Sie versuchen, mehrere Dinge gleichzeitig zu machen?

Hier das Geheimnis: Eine Menge Zeit, die Sie mit dem Computer arbeiten, verbringen Sie mit Warten. Sie warten, daß die Datenbank etwas sortiert. Sie warten auf das Neuzeichnen einer Grafik. Sie warten, bis der Computer eine Datei kopiert. Aber mit Multitasking kann all das ausgeführt werden, während Sie etwas anderes tun. Das ist das Schöne daran.

- ✔ Während der Computer eine Aufgabe erledigt, können Sie sich mit einem Multitasking-Computer gleich der nächsten zuwenden.

Wenn Sie nicht gerade in einem Programm arbeiten, befindet es sich im Hintergrund; was etwa soviel heißt, wie eine Kochplatte niedriger zu drehen. Das Zeug kocht vor sich hin, aber Sie müssen es nicht weiter beachten.

- ✔ Das, an dem Sie gerade arbeiten, befindet sich in einer Multitasking-Umgebung im Vordergrund, was dasselbe ist, wie eine Kochplatte höher zu drehen. Das Zeug kann überkochen und Ihnen in die Schuhe laufen.
- ✔ Windows ist ein Multitasking-Betriebssystem. Weitere Informationen finden Sie in Kapitel 5.

Ein Programm oder eine Datei öffnen

»He, Peter! Gib mir einen Dosenöffner und eine Zange. Laß uns die Excel-Datei auf Deinem PC öffnen.«

Nicht ganz so. Etwas zu öffnen, bedeutet, es vom Datenträger in den Arbeitsspeicher zu übertragen. Ein Programm ausführen, heißt, eine Datei auf dem Datenträger zu öffnen, um damit zu arbeiten.

✔ Sie öffnen Datendateien mit speziellen Befehlen im Programm. In Windows öffnen Sie zum Beispiel Dateien, um sie in den Arbeitsspeicher zu laden.

✔ Sie öffnen Programmdateien, um sie auszuführen. Siehe »Ausführen, Laden und Starten« in diesem Kapitel.

Der alte Begriff für das Öffnen einer Datei war *Laden*.

- Die folgenden Ausdrücke bedeuten dasselbe wie ein Programm zu öffnen:
- Ein Programm ausführen
- Ein Programm starten
- Ein Programm laden

Betriebssystem

Das Betriebssystem ist die Software, die Ihren Computer steuert. Es ist die wichtigste Software, vor der sich alle anderen Programme verbeugen.

Die Hardware und die Software Ihres Computers muß von einem Betriebssystem gesteuert werden. Das bekannteste Betriebssystem ist Windows. Früher war es DOS. Und es gibt noch OS/2, das DOS und Windows ersetzen sollte. Die Geschichte erinnert sehr an eine Seifenoper. Im Folgenden finden Sie einen kurzen Überblick.

DOS ist der Großvater von allen. Es ist alt, rätselhaft, textorientiert, langsam, beschränkt und wird nicht mehr hergestellt. (Gut, Microsoft macht es nicht mehr, aber IBM.)

Windows war ein DOS-Programm. Microsoft hat entschieden, daß Windows zum alleinigen Betriebssystem befördert wird. Es ist weniger verworren als DOS, versucht, spaßig zu sein, und ist schließlich ungefähr so leicht zu handhaben wie eine 40 Pfund schwere Tasche in einem Nahverkehrszug (aber es ist hübsch).

Windows 95? 98? Siehe »Windows« später in diesem Kapitel.

OS/2 wurde von Microsoft und IBM entwickelt, um DOS zu ersetzen. Dann war Microsoft sauer auf IBM und entschied, daß DOS von Windows ersetzt wird. IBM fand OS/2 nach wie vor gut, darum machten sie weiter.

Abbrechen, Beenden und Schließen

So wie Programme gestartet werden können, können sie auch ausgeschaltet werden. Aber machen Sie das nicht, indem Sie den Netzschalter am Computer betätigen – so verführerisch das auch sein mag. Statt dessen müssen Sie herausfinden, wie das Programm beendet werden will.

Das Handbuch hilft Ihnen dabei. Wenn Sie eines haben, suchen Sie im Stichwortverzeichnis nach dem Wort »Beenden«. Oder wenn Sie einen Guru in der Nähe haben, können Sie ihn mit dem Handbuch herbeiwinken.

- ✔ Beinahe alle Windows-Programme werden mit dem letzten Befehl im ersten Menü beendet; gewöhnlich dem Befehl **Datei/Beenden**.
- ✔ Wenn ein Programm den Bildschirm verläßt, befinden Sie sich wieder in Windows.
- ✔ Denken Sie daran, Ihre Arbeit zu sichern, bevor Sie ein Programm beenden.

Wenn Sie mit Windows arbeiten, müssen Sie ein Programm nicht wirklich beenden, wenn Sie fertig sind. Sie können das Programm statt dessen minimieren oder einschrumpfen. Dadurch wird es vorübergehend aus dem Weg geräumt, damit Sie etwas anderes machen können. (All das wird in Kapitel 6 beschrieben.)

Die folgenden Ausdrücke bedeuten alle »ein Programm verlassen«:

- Ein Programm beenden
- Ein Programm abbrechen
- Ein Programm schließen
- Zu Windows zurückkehren
- Vergiß den Mist und laß uns eine Pizza holen

Ausführen, Laden und Starten

»Ein Programm ausführen« bedeutet, mit ihm zu arbeiten. Sie können 1-2-3 ausführen, 1-2-3 laden und 1-2-3 starten. Das sind drei verschiedene Begriffe für dieselbe Sache.

- ✔ Sie können ein Programm ausführen, indem Sie es in Windows starten. Doppelklicken Sie dazu mit der Maus auf das Programmsymbol, oder klicken Sie auf den Programmnamen im Startmenü.
- ✔ Ausführen ist der am häufigsten benutzte Begriff, aber einige Autoren sagen »laden«.

Speichern

»Speichern« bedeutet, den Computer anzuweisen, die Informationen, die Sie eingegeben haben, auf einen Datenträger zu übertragen, um sie zu speichern und sicher aufzubewahren.

- ✔ Wenn Sie etwas auf einem Datenträger speichern, können Sie es für eine spätere Verwendung erneut laden. Wenn Sie es nicht speichern, müssen Sie nochmal von vorne anfangen.

Wenn Sie dem Computer nicht sagen, daß er Ihre Arbeit speichern soll, wird er es auch nicht tun.

- ✔ Quicken speichert Ihre Arbeit automatisch. Es ist das einzige Programm, das ich kenne, das von selbst speichert.

Nachdem Sie wissen, wie Sie Ihre Arbeit speichern müssen, speichern Sie alle fünf Minuten oder wann immer Sie daran denken. Einige Programme bieten sogar die Möglichkeit, automatisch zu speichern, so daß Ihr Computer Ihre Arbeit selbsttätig alle paar Minuten sichert.

Start

»Klicken Sie auf Start« mag sich seltsam anhören, aber Windows enthält eine Schaltfläche »Start«, auf die Sie klicken, um Windows zu veranlassen, interessante oder nützliche Vorgänge auszuführen.

- ✔ Auf einigen Tastaturen befindet sich tatsächlich eine Starttaste. Die neuen Tastaturen von Microsoft, enthalten eine spezielle Windows-Taste, die die gleiche Funktion hat, wie die Schaltfläche auf dem Bildschirm. Ganz schön clever, was?
- ✔ In Kapitel 15 finden Sie weitere Informationen über seltsame Tasten.

Taskleiste

Am unteren Bildschirmrand in Windows befindet sich die Taskleiste. Mit der Taskleiste werden verschiedene Programme und Fenster gesteuert (siehe Kapitel 6).

Version

Software ändert sich. Programmfehler werden beseitigt, Funktionen werden verbessert, und neue Eigenschaften werden hinzugefügt. Um die Änderungen zu dokumentieren, versehen Software-Entwickler ihre Programme mit Nummern.

Die erste Version eines Programms ist Version 1.0. Eine geringfügige Verbesserung wird Version 1.1 genannt. Eine bedeutende Verbesserung fängt vorne mit 2.0 an.

Die Versionsnummer teilt Ihnen mit, wie alt bzw. wie neu die Software ist. Das ist besonders beim Betriebssystem wichtig. Einige Programme können zum Beispiel unter der älteren Windows-Version 3.0 (Drei-Punkt-Null) nicht ausgeführt werden. Andere Programme können nur unter Version 3.1 (Drei-Punkt-Eins) ausgeführt werden. Wenige können nur unter Windows 95 ausgeführt werden (was wirklich ein netter Name für Windows 4.0 ist).

- Windows 98 ist eigentlich Windows Version 4.1. Seltsam, aber wahr.
- Die Versionsnummer der Software steht auf der Packung. Einige Programme, zum Beispiel Windows 95, müssen Sie nach der Versionsnummer fragen.
- Die meisten Leute meiden die Punkt-Null-Version eines Programms: 1.0, 2.0, 3.0 usw. Diese Freigabenummern enthalten üblicherweise Fehler und andere Probleme, die erst mit Version 1.1, 2.1 und 3.1 behoben werden.
- Da viele Benutzer sensibler in bezug auf Versionsnummern wurden, werden diese von einigen Firmen nicht mehr verwendet. Ein Beispiel ist Microsoft Word 97. Dieses Produkt sollte eigentlich Word 8.0 heißen, obwohl es nur Word 4.0 ist, da die Nummern 3 bis 6 übersprungen wurden. Logisch, oder?

Fenster

Ein Fenster ist ein grafischer Bereich auf dem Bildschirm, der eine Anwendung oder ein Dokument enthält. Sie können ein Fenster verschieben, schließen, minimieren und maximieren (siehe Kapitel 5).

- Informationen auf dem Bildschirm werden in Fenstern angezeigt.

Windows

Das beliebteste Betriebssystem für den PC ist Windows, liebevoll von Microsoft zusammengeschustert. Windows wurde entwickelt, um die häßliche und stupide DOS-Eingabeaufforderung durch eine schöne und stupide GUI (grafische Benutzeroberfläche) zu ersetzen.

Es heißt Windows, weil es den Bildschirm mit sich überlappenden »Fenstern« füllt; Fenster sind rechteckige Bereiche, die ein Programm oder andere Informationen enthalten. Wenn Sie etwas erstellen, wird es genauer angezeigt als auf dem langweiligen Textschirm von DOS. Sie können zum Beispiel in Ihrer Textverarbeitung ein Dokument eintippen, das auf dem Bildschirm fast genauso aussieht, wie es gedruckt wird.

- Windows 95 ist eigentlich Windows Version 4.0.
- Windows 98 ist die aktuelle Windows-Version und sollte eigentlich Windows Version 5.0 genannt werden.
- Eine spezielle Jumbo-Version von Windows, Windows NT, wird von großen Firmen mit großen Computern, großen Netzwerken und einem großen Bankkonto verwendet.
- Windows wurde nicht von Apple entwickelt. Keine Chance. Microsoft beschäftigt eine Horde Anwälte auf Honorarbasis, die Sie sicher zustimmen lassen.

Internetbegriffe

Das Internet besteht aus Computern in der ganzen Welt, die Informationen senden, empfangen und speichern. Sie verwenden spezielle Software, um auf diese Informationen zuzugreifen. Das Internet kann Spaß machen oder todlangweilig sein. In Teil VI wird das Internet näher beschrieben.

Browse

Browsen ist der zeitaufwendige Vorgang, wenn Sie Informationen im Internet, speziell im WWW, lesen. Zum Browsen benötigen Sie einen Webbrowser, um Webseiten im Internet zu besuchen.

E-Mail

Elektronische Mail macht Spaß und ist der Grund, warum die meisten Leute das Internet verwenden. Sie können Nachrichten fast augenblicklich in die ganze Welt versenden, wenn der Empfänger ein Internet E-Mailkonto hat (siehe Kapitel 25).

E-Mailanhang

Wenn Sie eine E-Mailkonto besitzen, können Sie auch Dateien senden und empfangen. Allerdings heißt das nicht unbedingt, daß Ihr Computer empfangene Dateien lesen kann (siehe Kapitel 25).

Favoriten

Wenn Sie eine Webseite erneut besuchen möchten, können Sie diese mit einem Lesezeichen versehen, das genauso funktioniert wie ein Lesezeichen in einem Buch. Ihr Browser enthält eine Liste mit den verfügbaren Lesezeichen, mit denen Sie einfach auf Webseiten zugreifen können.

Microsoft nennt ein Lesezeichen »Favorit«. Jeder andere Webbrowser nennt es Lesezeichen.

Link

Ein *Link* ist unterstrichener Text auf einer Webseite, der gewöhnlich in einer anderen Farbe angezeigt wird. Wenn Sie mit der Maus auf einen Link klicken, wird zu der entsprechenden Webseite gewechselt. So funktioniert das World Wide Web: Millionen Links, die alle Webseiten verknüpfen.

Webseite

Eine *Webseite* ist ein Dokument im Internet, das Text und Grafik enthält und mit einem Webbrowser angezeigt wird. Es gibt Millionen Webseiten, die Informationen enthalten (siehe Teil VI).

Widerliche Begriffe

Ich hasse diese Begriffe:

Standard

Ein furchtbares Wort, das bedeutet, »Hier ist, was passiert, wenn Sie nichts tun«. Bei einem Computer ist es das, was passiert, wenn Sie keine Auswahl treffen und den Vorschlägen des Computers blind vertrauen.

Ich hasse den Begriff Standard. Klugscheißer und Handbücher benutzen ihn ständig:

```
Die Option zum Drucken von sehr kleinem Text ist standardmäßig an.
```

Oder:

```
Die Standardfarben sind Rot auf grünem Hintergrund.
```

Das heißt, wenn dem Computer nicht anderes gesagt wird, wählt er diese Optionen und denkt, daß alles Ihrem Geschmack entspricht.

- ✔ Wenn Sie jemals die Standardoption wählen möchten, drücken Sie einfach die Eingabetaste.
- ✔ Grundsätzlich ist die Standardoption die Option, die für 99 Prozent der Fälle am besten ist. Wenn Sie also die Eingabetaste drücken, anstatt herumzufummeln, trifft das Programm automatisch die richtige Auswahl. Angeblich.
- ✔ Die »Standardoption« ist der »irgendeinen«-Taste ähnlich, da keine von beiden auf der Tastatur erscheint.
- ✔ Standard kann auch das sein, was Sie wählen, wenn Sie nicht die geringste Ahnung haben. Kleine Kinder kneifen sich zum Beispiel standardmäßig.

Verzeichnis

Dieser Begriff wird von DOS- und UNIX-Benutzern verwendet, um einen Ordner zu beschreiben. Warum können sie nicht einfach »Ordner« sagen? Es bedeutet das gleiche. Oder Stammverzeichnis. Das ist einfach der Hauptordner auf einem Datenträger.

Treiber

Ein Treiber ist spezielle Software für eine Hardwarekomponente. Der Treiber stellt die Hardware dem Betriebssystem vor, damit Sie darauf zugreifen können.

Sie werden sich vermutlich nie mit Treibern herumärgern müssen, obwohl diese in der Software und in Handbüchern erwähnt werden. Treiber ist lediglich ein Begriff, dem Sie von Zeit zu Zeit begegnen werden.

Tastenkombination

Kapitel 15 enthält Informationen über die Tastatur und Tastenkombinationen. Eine Tastenkombination ist, wenn Sie zwei oder mehrere Tasten gleichzeitig drücken. Sie machen das zum Beispiel, wenn Sie Umschalt+S drücken, um ein großes S zu schreiben. Ein Computer hat drei Umschalttasten: Umschalt, Alt und Strg. Das Drücken dieser Tasten in Verbindung mit anderen Tasten wird eine Tastenkombination genannt.

✔ Das Drücken Ihrer Stirn gegen die Tastatur wird Erschöpfung genannt.

Anmelden

Wenn Sie sich anmelden, stellen Sie sich dem Computer vor. Sie geben Ihren Benutzernamen oder einen Code und ein Kennwort ein, um Ihre Identität zu bestätigen. Dieser Vorgang wird »Anmelden« genannt.

Umschalten

Etwas Umschalten bedeutet, es hat zwei Einstellungen. Sie können es aktivieren oder deaktivieren, indem Sie darauf klicken.

✔ Das Umschalten ist verwirrend, da nur eine Schaltfläche bzw. ein Kontrollkästchen für zwei Einstellungen verwendet wird.

Teil II

Mit Ihrem PC arbeiten (wenn Sie bereits einen besitzen)

»Okay, wir gehen jetzt langsam zu ihm rüber und drücken ganz vorsichtig die Escape-Taste.«

In diesem Teil...

Niemand ärgert sich über einen Fernseher. Er hat zwei Knöpfe (oder hatte einmal): den Ein-/Ausschalter, mit dem man auch die Lautstärke regeln kann, und einen zum Umschalten. Drucktasten-Telefone? Kein Problem: Tipp die Nummer ein, und es läutet am anderen Ende. Keine Eingabetaste. Keine Installation.

Kein Wunder, daß Computer so nervig sein können. Zu viele Tasten! Keine Wählscheibe! Nichts, worauf steht: »Beachten Sie mich, und ignorieren Sie alles andere.«

Die Kapitel in diesem Teil sollen Sie mit dem Computer vertraut machen. Es wird erklärt, wie Sie ihn einschalten und dazu bekommen, etwas zu tun. Das ist wirklich das einzige, was Sie wissen müssen. Alles andere ist nur zum Angeben.

Der große rote Schalter

4

In diesem Kapitel

- Den Computer einschalten
- Was passiert, nachdem Sie den großen roten Schalter gedrückt haben
- In einem Netzwerk anmelden
- Der Windows-Tip des Tages
- Den Computer ausschalten
- Den Computer anlassen oder nicht anlassen
- Den Computer schlafenlegen
- Den Computer neustarten oder booten

Sollte etwas ein- oder auszuschalten kompliziert sein? Natürlich nicht. Aber hier haben wir es mal wieder: Ein Computer ist nicht das logischste aller Geräte. Sie denken sicher, ein Computer hat mehrere Ein-/Ausschalter, nur um Ihnen das Leben schwer zu machen. Aber dem ist nicht so.

Es gibt nur einen großen roten Schalter, der den PC zum Leben erweckt. Natürlich ist der Schalter oft weder rot noch groß, aber das tut nichts zur Sache. Aber es ist wichtig, daß Sie wissen, wann und wie der Schalter betätigt wird und was danach passiert. Das ist es, was Sie sich die Haare raufen läßt, oder warum Sie ein Mantra herunterleiern, während Sie in einer Hand eine Kristallkugel halten und mit der anderen den Computer einschalten.

Aber machen Sie sich keine Sorgen. In diesem Kapitel wird beschrieben, wie Sie den Computer einschalten, was danach passiert und das Wichtigste überhaupt: wie Sie ihn wieder ausschalten. Oh, und das allein ist schon 10 Mark des Buchpreises wert: Sie erfahren, ob Sie Ihren Computer den ganzen Tag und die ganze Nacht eingeschaltet lassen können, ohne ihn auszuschalten. (Ja, das ist möglich.)

Den Computer einschalten

Einen Computer einzuschalten ist ebenso einfach, wie der große rote Schalter zu erreichen und zu betätigen ist. Bei einigen Computern befindet sich der große rote Schalter an der Vorderseite, bei anderen an der rechten Seite. Es gibt auch Computer mit braunen oder beigen Schaltern und mit Drucktasten.

Um mit dem internationalen Trend der Computerei mitzuhalten, haben die Computerfirmen mit der unlogischen Gewohnheit, auf die Ein-/Ausschalter »ON« und »OFF« zu schreiben, Schluß gemacht. Nun befinden sich auf dem Schalter ein Strich für ON und ein Kreis für OFF (gehen Sie zurück zu Abbildung 1.3, um Ihr Gedächtnis aufzufrischen).

- ✔ Wenn Sie auf dem Bildschirm nichts sehen können, warten Sie ein bißchen. Wenn dann immer noch nichts erscheint, schalten Sie ihn ein.

Wenn der Computer nicht angehen will, kontrollieren Sie, ob er eingesteckt ist. Wenn er dann immer noch nicht läuft, lesen Sie Kapitel 26.

- ✔ Wenn der Computer etwas Unerwartetes tut, oder wenn Sie bemerken, daß er besonders unfreundlich ist, geraten Sie garantiert zuerst in Panik. Wenn Sie sich wieder beruhigt haben, schauen Sie in Teil VII nach, um herauszubekommen, was schiefgelaufen ist.

Vergewissern Sie sich, daß in Laufwerk A keine Diskette steckt, wenn Sie den Computer einschalten. Wenn sich eine Diskette in Laufwerk A befindet, startet der Computer nicht von der Festplatte, wie er es eigentlich sollte. Lassen Sie Laufwerk A leer.

- ✔ Weitere Informationen über Laufwerk A finden Sie in Kapitel 7.

Technische Einzelheiten zum Ignorieren

Ihr Computer hat viele Bestandteile, die mit Kabeln an ihm angeschlossen sind. Viele davon haben einen eigenen Ein-/Ausschalter. Es gibt keine bestimmte Reihenfolge, die man beim Ein- oder Ausschalten der Anlage einhalten muß, obgleich ein altes Sprichwort sagt: »Schalte den Computer als letztes ein.« (Oder war es als erstes?) Aber eine Möglichkeit, der Streitfrage aus dem Weg zu gehen, ist, eine Steckdosenleiste mit eigenem Schalter oder eines der seltsamen zentralen Computer-Steuerungsgeräte zu kaufen. Sie stecken alles darin ein und schalten dann den ganzen Kram mit einem einzigen Schalter ein.

»Im Handbuch steht, ich soll meinen Computer booten?!«

Booten heißt einfach, den Computer einzuschalten bzw. zu starten.

Schau – da auf dem Bildschirm!

Die Himmelschöre frohlocken! Windows ist da! Egal ob Sie Windows 95 oder Windows 98 verwenden, es erscheint ein farbenprächtiger Bildschirm, der das Betriebssystem Ihres Computers ankündigt.

Natürlich können Sie Windows nicht sofort sehen. Zuerst kommt Text. Dann einige Fragmente, eine Copyright-Meldung und die einzige Textbildschirmmeldung von Windows. Danach wird es grafisch. Möglicherweise sehen Sie noch Bruchstücke von Text vorbeifliegen, wie beim Abspann eines Films.

Das Einschalten des Computers mit dem großen roten Schalter ist der mechanische Teil. Was Sie starten, ist die Computer-Hardware, was nichts anderes ist als eine Menge schweres und kaltes elektronisches Zeug, auf dem es sich Ihre Katze gerne bequem macht. Schließlich erweckt die Software den Computer zum Leben. Bei Windows 98 (und bei 95) sehen Sie die »Windows in den Wolken«-Szene, die dazu gedacht ist, Sie zu unterhalten, während Windows anscheinend mehrere Stunden braucht, um aus dem Bett zu kommen.

Wenn Ihr Computer nicht richtig heruntergefahren wurde (z.B. bei einem Stromausfall oder irgendein Idiot hat ihn einfach ausgeschalten), wird eine Meldung angezeigt. Sie werden aufgefordert eine beliebige Taste zu drücken, um das Programm ScanDisk auszuführen. Wenn ScanDisk Fehler findet, drücken Sie die Eingabetaste, um diese zu beheben. Wählen Sie anschließend die Option »Überspringen«, da Sie keine Diskette benötigen. Dann drücken Sie die Pfeil-nach-rechts-Taste und anschließend die Enter-Taste.

✔ Im Abschnitt »Den Computer ausschalten« erfahren Sie, wie Sie den Computer ordnungsgemäß ausschalten.

Mein Computer sagt: »Keine Systemdiskette.« Was soll das?

Das kann jedem mal passieren. Sogar Bill Gates!

```
Keine Systemdiskette oder Diskettenfehler
Ersetzen Sie die Diskette, und drücken Sie eine beliebige Taste
```

Nehmen Sie die Diskette aus Laufwerk A, und drücken Sie die Eingabetaste. Ihr Computer wird dann normal starten.

Der Grund, daß die Meldung angezeigt wird, ist, daß Sie oder jemand anders eine Diskette in Laufwerk A des Computers gelassen hat. Der Computer hat versucht, von dieser Diskette zu starten, und es war keine Software darauf. Die Software (das Betriebssystem des Computers) befindet sich auf der Festplatte, das nicht gestartet werden kann, bis Sie die verdammte Diskette aus Laufwerk A rausnehmen und auf die Eingabetaste hauen.

Ärgern Sie sich nicht mit Systemkennwörtern rum

Bei einigen Computern kann ein Systemkennwort eingegeben werden. Ich empfehle, es nicht zu tun. Wenn der Computer eingeschalten wird, werden Sie aufgefordert das Kennwort einzugeben. Wenn Sie das Kennwort vergessen, haben Sie ein ernstes Problem. Sie müssen den Hersteller anrufen, um die geheimen Vorgänge zum Entfernen des Kennwort zu erfahren.

Mein Rat: Geben Sie sich nicht mit Systemkennwörtern ab.

Sie können im Setup-Programm des Computers ein Kennwort eingeben, indem Sie entweder die F1- oder F2-Taste drücken, wenn der Computer hochfährt. Das Setup-Programm steuert verschiedene technische Aspekte Ihres Computer und ist nicht der Ort, an dem Sie herum wandern möchten. Wenn Sie mutig (oder dumm) genug waren, ein Kennwort festzulegen, entfernen Sie es wieder.

Weitere Informationen über das Setup-Programm erhalten Sie in Kapitel 11.

Und wer zum Teufel sind Sie?

Es scheint ziemlich einfach zu sein, in Windows reinzukommen: Es macht alles von alleine. Aber wenn Ihr Computer mit einem Netzwerk verbunden ist, sind Sie gezwungen, sich zu identifizieren, bevor Sie an das gute Zeug rankommen. Wie es scheint, ist es ohne gültigen Ausweis nicht möglich, Alkohol zu kaufen oder einen Computer zu betreiben.

Das Dialogfeld **Netzkennwort eingeben** (siehe Abbildung 4.1), ist die freundliche Art von Windows zu fragen: »Wer zum Teufel sind Sie?« Geben Sie Ihren Benutzernamen ein, drücken Sie die Tab-Taste, und tippen Sie Ihr Kennwort. Klicken Sie auf OK, und Windows läßt Sie rein.

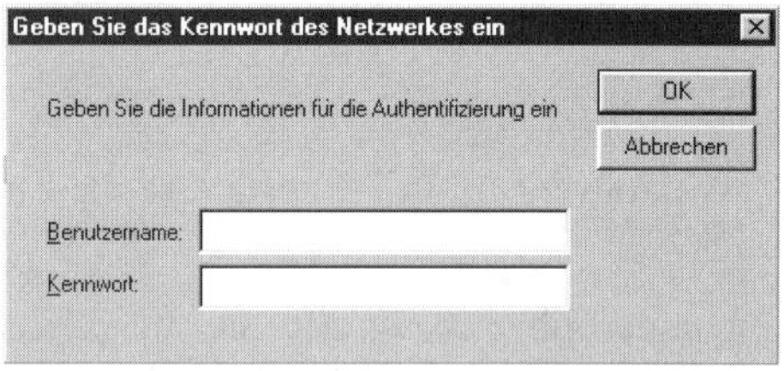

Abbildung 4.1: Windows fragt Sie freundlich nach Ihrem Kennwort

Wenn Sie das Kennwort falsch schreiben, geht der Alarm los: Ein Metallgitter fällt runter, die Hunde werden freigelassen, und Windows löscht pflichtgetreu die Festplatte, aus Angst, die Sicherheitsvorkehrungen sind nicht ausreichend.

Ich habe nur Spaß gemacht! Wenn Sie es vermasseln, bekommen Sie eine zweite Chance. Sollten Sie die verpatzen, läßt Sie Windows auch rein.

- ✔ Vermutlich kennt Windows bereits Ihren Benutzernamen und zeigt ihn stolz an (siehe Abbildung 4.1). Ihr Job ist lediglich, das richtige Kennwort einzugeben.
- ✔ Drücken Sie die Tab-Taste, um zwischen den Feldern **Benutzername** und **Kennwort** zu wechseln.

Dem Netzwerk mitzuteilen, wer Sie sind, wird »anmelden« genannt.

- ✔ Netzwerke werden in Kapitel 10 beschrieben (wenn Sie verrückt genug sind, es zu lesen).
- ✔ Wenn Sie das ganze Kennwort-/Anmeldezeug nervt, drücken Sie einfach die Esc-Taste auf der Tastatur, um die sowieso unwirksamen Sicherheitsmaßnahmen zu umgehen.
- ✔ Wenn die Kronjuwelen genauso bewacht würden, wie Windows sein Netzwerk bewacht, würden wir alle lustige, teure Hüte tragen.

Es wurde Zeit, daß dieses Betriebssystem endlich auftaucht

Nach einer Weile, und dann nochmal nach einer Weile und einer halben, erscheint Windows 95 in all seiner grafischen Pracht und Herrlichkeit auf dem Bildschirm (Abbildung 4.2). Windows ist endlich bereit, Zeit mit der Arbeit zu beginnen.

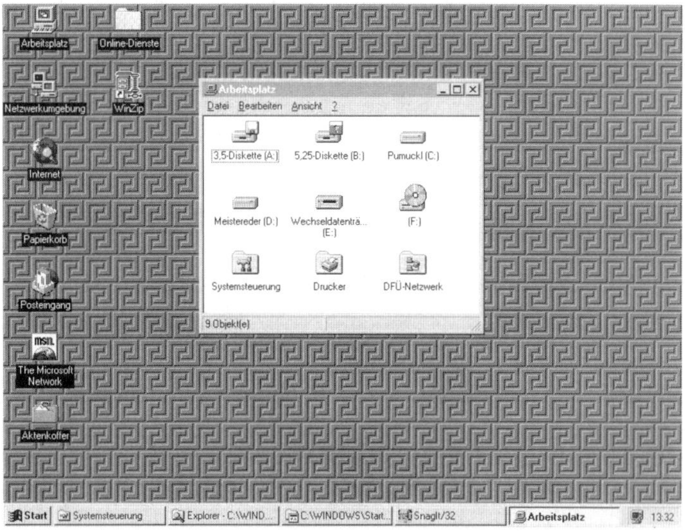

Abbildung 4.2: Das ist nicht das Betriebssystem Ihres Vaters.

- Kapitel 5 und 6 enthalten weitere Informationen über Windows.
- Windows benötigt wirklich einige Zeit, um auf dem Bildschirm zu erscheinen: Lassen Sie sich nicht entmutigen: Gerüchte besagen, daß Samuel Beckett an »Warten auf Windot« gearbeitet hat, bevor er starb.[1]

Ihre Arbeit erledigen

Zwischen dem Ein- und Ausschalten des Computers sollten Sie etwas tun: Arbeiten.

Das wird das Thema der nächsten zwei Kapitel sein. Das ist nur das Ihren-PC-starten-und-ausschalten-Kapitel.

Den Computer ausschalten

Sicher, den Computer auszuschalten ist einfach: Drücken Sie einfach den großen roten Schalter. Der Strom ist aus, der Lüfter singt leiser, und die Festplatte dreht sich mit einem leisen Summen, bis nichts mehr zu hören ist. Unglücklicherweise ist das nicht höflich genug für Ihren Computer. Es ist ungehobelt. Windows besteht darauf, daß Sie den Computer ordentlich herunterfahren, oder es ist wirklich beleidigt.

Sie müssen die Segel von Windows einholen, bevor Sie befriedigt den großen roten Schalter drücken dürfen:

1. **Öffnen Sie das Startmenü.**

   Wenn Sie die Schaltfläche **Start** in der Task-Leiste sehen können (in der unteren linken Ecke von Abbildung 4.3), klicken Sie mit Ihrer Maus darauf.

   Die beste und zuverlässigste Art, das Startmenü anzuzeigen, ist, die Tastenkombination Strg+Esc zu drücken. Das funktioniert immer, egal ob Sie die Schaltfläche **Start** sehen können oder nicht.

2. **Wählen Sie die Option Beenden.**

   Klicken Sie mit der Maus darauf oder drücken Sie die E-Taste.

   Das Dialogfeld **Windows beenden** erscheint (siehe Abbildung 4.3), das weitere Optionen zum Ausschalten des Computers enthält.

3. **Klicken Sie auf die Schaltfläche OK.**

   Ignorieren Sie die Optionen! Die richtige »Den Computer herunterfahren« ist bereits gewählt.

1 Dies ist ein literarischer Verweis. Beckett schrieb »Warten auf Godot«, der nie aufgetaucht ist.

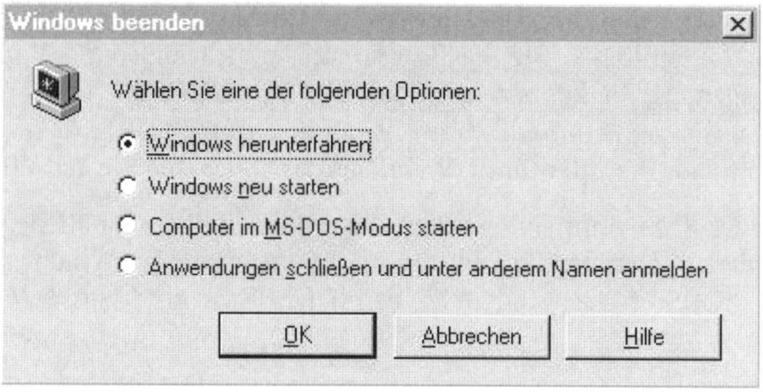

Abbildung 4.3: Dieses Dialogfeld ist der Ausgang von Windows.

4. **Raus hier!**

   Bye-Bye.

   - Wenn Sie Informationen in Programmen nicht gespeichert haben, werden Sie dazu aufgefordert. Speichern Sie alles.
   - Wenn Sie ein älteres DOS-Programm ausgeführt haben, wird der ganze Vorgang angehalten. Sie müssen das DOS-Programm beenden, bevor Sie Windows herunterfahren (es hat mit geschwisterlicher Rivalität zu tun). Lesen Sie das Handbuch des DOS-Programms oder ein entsprechendes »Für Dummies« Buch.

   Endlich, nach mehr Aufruhr als nötig, sehen Sie einen Bildschirm, der Ihnen sagt, und ich zitiere: »Sie können den Computer jetzt ausschalten.«

5. **Drücken Sie den großen roten Schalter.**

   Klick. Sie sind fertig.

   Es gibt Computer, die sich selbst ausschalten. In diesem Fall müssen Sie den Schalter nicht drücken. Sie müssen aber trotzdem noch den Monitor, den Drucker und andere Geräte ausschalten.

✔ Ja, Sie schalten des Computer aus, indem Sie zuerst auf die Schaltfläche **Start** klicken. Logisch.

✔ Die Standby-Opton wird nur angezeigt, wenn Sie einen Computer haben, der in den Ruhezustand versetzt werden kann. Lesen Sie den Abschnitt »Den Computer schlafenlegen« später in diesem Kapitel.

✔ Eine weitere Option zum Herunterfahren des Computers ist, sich als anderer Benutzer anzumelden. Diese Option wird in Windows 95 im Dialogfeld Windows beenden angezeigt und in Windows 98 im Startmenü. Wählen Sie diese Option, wenn mehrere Benutzer mit dem gleichen Computer arbeiten.

Schalten Sie den Computer nie aus, wenn Sie sich gerade in einem Programm befinden. Schließen Sie die Programme, und beenden Sie Windows dann ordnungsgemäß. Sie können den Computer nur sicher ausschalten, wenn der Bildschirm Ihnen das mitteilt. Eine Ausnahme davon ist, wenn sich der Computer unerlaubt vom Dienst entfernt. Wenn das passiert, lesen Sie Teil VII.

- ✔ Wenn Sie an DOS gewöhnt sind, warten Sie nicht auf das freundliche C:\>, wo Sie den Computer jederzeit ausschalten konnten. Nicht, wenn Sie mit Windows 95 arbeiten! Sie müssen zuerst DOS beenden, indem Sie den Befehl EXIT eingeben:

  ```
  C> EXIT_
  ```

  Das läßt die DOS-Eingabeaufforderung verschwinden, und Sie sind zurück in Windows.

- ✔ Wenn Windows beim Beenden nicht gespeicherte Dateien entdeckt, fordert es Sie auf, diese zu speichern. Bei nicht gespeicherten Dateien in DOS-Programmen bettelt Sie Windows an, diese zu speichern, und lehnt es schlichtweg ab zu verschwinden. Speichern Sie das DOS-Zeug, schließen Sie die DOS-Programme, und wiederholen Sie die Schritte in diesem Abschnitt, bevor Sie den großen roten Schalter drücken.

- ✔ Es ist eine gute Idee, mit dem erneuten Einschalten des Computers mindestens 30 bis 40 Sekunden zu warten. Das gibt der Festplatte Zeit, langsamer zu werden und anzuhalten. (Genaugenommen ist es eine schlechte Idee, den Computer schnell nacheinander aus- und wieder einzuschalten.)

- ✔ Versuchen Sie, wenn möglich, den Computer nicht öfter als dreimal am Tag auszuschalten. Mein Rat ist, den Computer den ganzen Tag anzulassen und nur nachts auszuschalten. Es gibt auch eine Theorie, die empfiehlt, den Computer immer anzulassen. Wenn es Sie interessiert, lesen Sie den nächsten Abschnitt.

Ich will meinen Computer immer eingeschaltet lassen

Die große Streitfrage ist: Soll man einen Computer immer eingeschaltet lassen? Jeder, der ein bißchen Ahnung hat, wird »ja« sagen. Lassen Sie Ihren Computer immer an, 24 Stunden am Tag, 7 Tage die Woche, 14 Tage die Woche auf dem Planeten Mars. Sie sollten ein System nur dann ausschalten, wenn Sie es länger als ein Wochenende nicht benutzen.

Computer mögen es, ständig eingeschaltet zu sein. Sie lassen Ihren Kühlschrank schließlich auch die ganze Nacht über oder wenn Sie verreist sind an. Warum also nicht auch Ihren PC? Es wird Ihre Stromrechnung nicht in schwindelerregende Höhen treiben.

Lediglich den Monitor sollten Sie immer ausschalten, wenn Sie nicht am Computer arbeiten. Es gibt Monitore, die in den Ruhezustand versetzt werden können. Wenn Ihr Monitor das nicht kann, schalten Sie ihn aus, um Energie zu sparen.

Den Computer schlafenlegen

Anstatt den Computer immer eingeschaltet zu lassen, können Sie ihn auch in ein Koma versetzen. Das hört sich zwar grausam an, aber Ihr Computer wird kein Trauma davontragen. Der Grund, warum Sie den Computer in den Ruhezustand versetzen, ist Energie zu sparen.

Gehen Sie wie folgt vor, um den Computer schlafen zu legen:

1. Öffnen Sie das Startmenü.

Klicken Sie auf **Start** in der Taskleiste, oder drücken Sie Strg+Esc.

2a. Wählen Sie Standby-Modus.

Diese Option wird in Windows 95 angezeigt. Klicken Sie darauf, oder drücken Sie die N-Taste.

In Windows 98 wird diese Option im **Dialogfeld Windows** beenden angezeigt.

2b. Wählen Sie die Option Standby-Modus und markieren Sie diese Option im Dialogfeld Windows beenden. Klicken Sie auf OK.

Wenn diese Optionen nicht angezeigt werden, kann Ihr Computer nicht in den Standby-Modus geschaltet werden.

3. Ihr Computer schläft ein.

Ihr Computer sieht aus, als ob ausgeschaltet ist, ist er aber nicht .

- ✔ Die meisten neueren Computer und alle Laptops können in den Standby-Modus geschaltet werden. Der Bildschirm ist leer, und alles im Computer wird in einen niedrigeren Gang geschaltet. Der Standby-Modus verlängert die Lebensdauer von Batterien in Laptops.
- ✔ Sie müssen Ihre Dateien vor dem Aktivieren des Standby-Modus nicht speichern. Obwohl es eine gute Idee ist, Ihre Arbeit immer zu speichern, wenn Sie Ihren Computer verlassen.

Drücken Sie eine Taste oder bewegen Sie die Maus, um den Computer wieder zum Leben zu erwecken.

- ✔ Bei einem Laptop aktivieren Sie den Standby-Modus, indem Sie den Deckel schließen, einen Tastaturbefehl ausführen oder den entsprechenden Befehl im Startmenü wählen.
- ✔ Einige Computer haben einen Schalter an der Systemeinheit, mit dem Sie den Computer in den Standby-Modus schalten können. Oft befindet sich neben dem Schalter ein Mondsymbol. Drücken Sie den Schalter erneut, um den Computer wieder zu reaktivieren.

Gründe dafür, Ihren Computer anzulassen (wenn Sie es überhaupt wissen möchten)

Es gibt eine Menge interessanter Gründe, warum Sie den Computer immer anlassen sollten. Einer ist, daß der Initialisierungprozeß beim Einschalten ein gewaltiger Schock für das System ist. Es wird häufig behauptet, daß bei jedem Ein- und Ausschalten das Leben des Computers um einen Tag verkürzt wird. Aber wer weiß das sicher?

Eine Tatsache ist, daß das ständige Anlassen die Temperatur im Computer gleichmäßig hält. Beim Ausschalten des Systems kühlen die elektrischen Bestandteile ab. Wenn Sie den Computer wieder einschalten, werden die Bestandteile abermals warm. (Der Lüfter des Systems verhindert, daß sie zu heiß werden.) Dieser Temperaturwechsel kann Schaden anrichten. Zum einen altern die Bauelemente schneller, und zum anderen werden nach einer Weile die Lötstellen spröde und lösen sich. Und dann fangen die Probleme erst richtig an. Wenn Sie Ihren Computer immer eingeschaltet lassen, oder wenn Sie das Ein- und Ausschalten auf ein Minimum reduzieren, können Sie sein Leben verlängern.

Eine entgegengesetzte Philosophie behauptet, daß das zwar wahr ist, aber daß der ständige Betrieb die Lager der Festplatte ausleiert und der Lüfter vorzeitig seinen Geist aufgibt. Also seien Sie nett zu den überlasteten Lagern Ihres Festplattenlaufwerks, und schalten Sie den Computer einmal am Tag aus. Man kann es nicht allen recht machen. (Falls es Sie interessiert: Ich lasse meine zwei Hauptsysteme ständig an.)

Bildschirm-Abschaltprogramme (Bildschirmschoner) fegen den Monitor leer, wenn der Computer für eine vorgegebene Zeit im Leerlauf ist. Windows hat Bildschirmschoner in der Systemsteuerung. Wählen Sie **Einstellungen/ Systemsteuerung** im Startmenü, und doppelklicken Sie mit der Maus auf das Symbol **Anzeige**. Klicken Sie auf das Register **Bildschirmschoner,** und machen Sie was auch immer notwendig ist. Ich habe keine Zeit hier alles zu erklären.

Wenn Sie Ihren Computer die ganze Zeit eingeschaltet lassen, stecken Sie ihn nicht in eine Staubhülle. Die Staubhülle hat einen Gewächshauseffekt und treibt die Temperaturen im System in die Höhe.

Neu starten

Ihren Computer neu zu starten ist ein Weg, ihn aus- und einzuschalten, ohne das wirklich zu tun, und es ist gesünder für ihn, als das Stromkabel aus der Wand zu reißen – auch wenn Ihnen das eine gewisse Befriedigung verschaffen mag. Wenn Sie den Computer neu starten, dann tun Sie das, während er eingeschaltet ist.

Es gibt drei Methoden, den Computer neu zu starten. Zwei davon kann ich nicht empfehlen.

Erste nicht empfohlene Methode: Wenn Ihr Computer eine Reset-Taste hat, können Sie diese drücken. Hurra! Der Computer hält an, was immer er auch macht (oder nicht macht) und startet nochmal von vorn.

Zweite nicht empfohlene Methode: Die Tasten Strg, Alt und Entf gleichzeitig zu drücken. In Windows müssen Sie das zweimal hintereinander machen, da es Strg+Alt+Entf nicht mag; aus Gründen, auf die ich im nächsten Abschnitt näher eingehe).

- ✔ Strg+Alt+Entf wird auch als Drei-Finger-Neustart bezeichnet.
- ✔ Das Neustarten wird auch als Warmstart bezeichnet. Wie bei einem Auto, das bereits einen warmen Motor hat, so daß man den Choke nicht mehr ziehen muß.

Wie beim Ausschalten eines Computers sollten Sie ihn nicht neu starten, während ein Laufwerklicht an ist, oder während Sie sich in einer Anwendung befinden; es sei denn, das Programm ist ausgewandert. Vor allem sollten Sie es nicht tun, um eine Anwendung zu beenden. Schließen Sie ein Programm immer ordnungsgemäß, und warten Sie, bis Windows Ihnen sagt, daß es sicher ist, bevor Sie den Computer ausschalten.

Denken Sie daran, die Diskette aus Laufwerk A zu entfernen, bevor Sie den Computer neu starten. Falls Sie das vergessen, wird der Computer versuchen, von dieser Diskette zu starten.

Das richtige Neu-starten in Windows

Windows mag es nicht, wenn Sie Strg+Alt+Entf drücken. Der Grund ist vermutlich, weil es nicht gut ist, mittendrin in einem Vorgang – und Windows ist das immer – neu zu starten. Deshalb verwendet Windows Strg+Alt+Entf nicht als Befehl zum Neustarten, sondern um Programme, die Amok laufen, zu killen.

Wenn Sie in Windows Strg+Alt+Entf drücken, erscheint das Dialogfeld **Programm schließen** (siehe Abbildung 4.4). Es ist das Beste, sich nicht mit diesem Dialogfeld anzulegen. Klicken Sie auf Abbrechen, oder drücken Sie die Esc-Taste.

Drücken Sie in Windows Strg+Alt+Entf nur, wenn Sie ein Programm beseitigen möchten (in Kapitel 27 finden Sie weitere Informationen über das Killen von Programmen).

- ✔ Wenn Sie unbedingt in Windows neu starten möchten, müssen Sie das mit dem Befehl **Beenden** machen, der im Abschnitt »Den Computer ausschalten« beschrieben wird. Wählen Sie im Dialogfeld **Beenden** die zweite Option, um den Computer neu zu starten.

- ✔ In der alten Version von Windows beseitigte Strg+Alt+Entf ebenfalls ein Programm, aber nur das Programm, mit dem Sie gerade gearbeitet haben. Das war ziemlich verwirrend; ein guter Grund, Strg+Alt+Entf in der alten Windows-Version nicht zu verwenden.

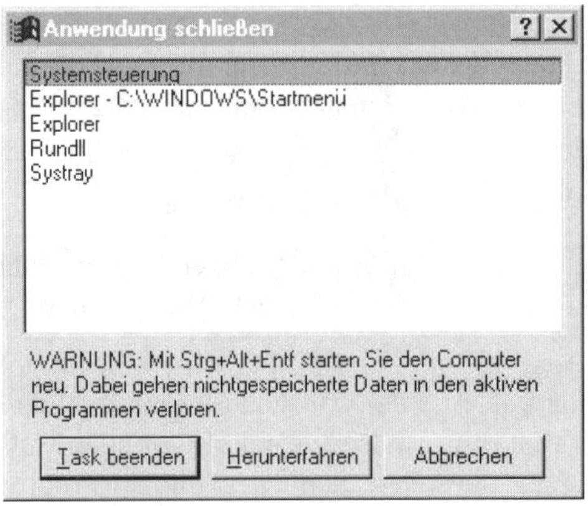

Abbildung 4.4: Das Dialogfeld Anwendung schließen von Windows

Wann sollen Sie neu starten?

Nun stellt sich die Frage: Wann sollen Sie neu starten? Offensichtlich immer, wenn Sie in Panik geraten! Ich persönlich mache es nur, wenn die Tastatur vollständig gesperrt ist, und das Programm anscheinend ein Bier trinken gegangen ist. In manchen Situationen funktioniert Strg+Alt+Entf nicht, und wenn Sie keine Reset-Taste haben, müssen Sie den Computer ausschalten, warten und ihn dann wieder einschalten.

Tatsächlich benötigen Sie den Neustart nur, um etwas neu anzufangen. Ich habe zum Beispiel ein Programm ausprobiert, bei dem jedesmal, wenn ich eine bestimmte Taste drückte, diese klickte. Es gab offenbar keine Möglichkeit, dieses lästige Geräusch loszuwerden, also mußte ich neu starten.

Das Betriebssystem (Es hat Fenster!)

5

In diesem Kapitel

- Warum es Betriebssysteme gibt
- Windows
- Die Taskleiste
- Fenster auf dem Bildschirm manipulieren
- In einem Dialogfeld arbeiten
- Hilfe erhalten

Ursprünglich war DOS das Betriebssystem eines Computers. Aber DOS war häßlich, und jeder hat sich darüber beschwert. Also gab uns Microsoft Windows. Windows ist hübsch, und jeder beschwert sich darüber. Doch Ihr PC braucht ein Betriebssystem, und Windows ist vermutlich das, bei dem Sie hängenbleiben. Ich weiß das, weil ich Bill Gates' Kalender gesehen habe, und darin steht unter der Überschrift »Übernahme der Weltherrschaft« Schritt 9 »Jeden dazu bringen, Windows zu benutzen«.

In diesem Buch wird Windows 98 im wesentlichen beschrieben. Da Windows 98 nur ein Update von Windows 95 ist, treffen die Informationen meistens auf beide Versionen zu. In diesem Kapitel werden Sie mit dem Betriebssystem Ihres Computers vertraut gemacht, ob Sie es mögen oder nicht.

Warum zum Teufel brauche ich ein Betriebssystem?

Ich habe immer geglaubt, Betriebssysteme sind unnötig. Das erste, was ich getan habe, als ich meinen ersten DOS-Computer bekommen habe, war ERASE DOS einzutippen; nur um zu sehen, was passiert.

Nichts ist passiert.

Gut, ich habe die Fehlermeldung `Datei nicht gefunden` erhalten. Aber ich hatte Glück, DOS wurde nicht gelöscht.

DOS ist wie Windows ein Betriebssystem. Es ist erforderlich, damit Ihr Computer läuft. Es ist die Software, die alles steuert, die gesamte Hardware. Außerdem serviert Ihnen das Betriebssystem, wie ein Kellner in einem Restaurant, Ihre Anwendungen. Sie wählen eine Textverarbeitung aus einem Menü, und das Betriebssystem führt das Programm aus. Simpel.

- Ihre primäre Aufgabe wird es sein, Windows zu veranlassen, die Software auszuführen. Das wird im nächsten Kapitel beschrieben.
- Ihre sekundäre Aufgabe ist es, die vielen Dateien und Dokumente, die Sie erstellen, mit Windows zu verwalten. Das ist ein weiterer Aspekt eines Betriebssystems: den gesamten Computerschrott zu organisieren und ordentlich auf der Festplatte zu speichern. Das wird in Kapitel 8 erklärt.
- Die tertiäre (dritte) Aufgabe von Windows ist, Ihren Computer laufen zu lassen. Das ist der heikle Punkt, der so viele Leute an den Rand des Wahnsinns treibt. Dieses Thema wird vielleicht in diesem Buch behandelt. Vielleicht auch nicht. Ich habe mich noch nicht entschieden.

Windows, das Gehirn Ihres Computers

Das Hauptprogramm, das für Ihren Computer verantwortlich ist, ist Windows. Idealerweise (was heißt, das könnte im richtigen Leben nie passieren) sollte das Betriebssystem eines Computers leise und effektiv sein, niemals im Weg stehen und Ihre Anweisungen wie ein pflichtbewußter und dankbarer Diener ausführen.

In Wirklichkeit ist Windows ein ungehobeltes kleines Kind. Es benimmt sich wie ein arroganter Teenager, der Ihnen nicht sagen will, wo er die Autoschlüssel oder Ihren Geldbeutel versteckt hat, außer Sie spielen Poker mit ihm. In anderen Worten, wenn Windows die Aufsicht über Ihren Computer hat, gelten die Spielregeln von Windows.

Wo ist der Desktop?

Windows arbeitet grafisch. Es zeigt Bilder, oder Symbole, an, die alles in Ihrem Computer darstellen. Diese Grafik ist in einen Hintergrund eingefügt, der Desktop genannt wird. Der Desktop in Abbildung 5.1 zeigt den berühmten Windows Wolkenhintergrund.

Sie steuern alles mit der Computermaus. Die Maus steuert den Zeiger auf dem Desktop, der wie ein kleines pfeilförmiges UFO aussieht (siehe Abbildung 5.1). Mit der Maus und dem Mauszeiger zeigen Sie auf Dinge, greifen sie, ziehen sie umher, heben sie auf und lassen sie wieder fallen.

Sie können natürlich auch die Tastatur verwenden, aber grafische Betriebssysteme wie Windows mögen Mäuse lieber als Tastaturen.

- Der Desktop ist nur der Hintergrund, auf dem Ihnen Windows seinen Kram zeigt; wie ein altes Laken, das Sie von der Wand hängen lassen, um Ihre Nachbarn mit den Dias vom Italienurlaub zu langweilen.
- Die kleinen Bilder werden Symbole oder Icons genannt.
- In Abbildung 5.1 sehen Sie, wie Windows aussehen kann. Auf Ihrem Computer sieht es anders aus (vermutlich, weil Sie Ihr Computer nicht leiden kann).

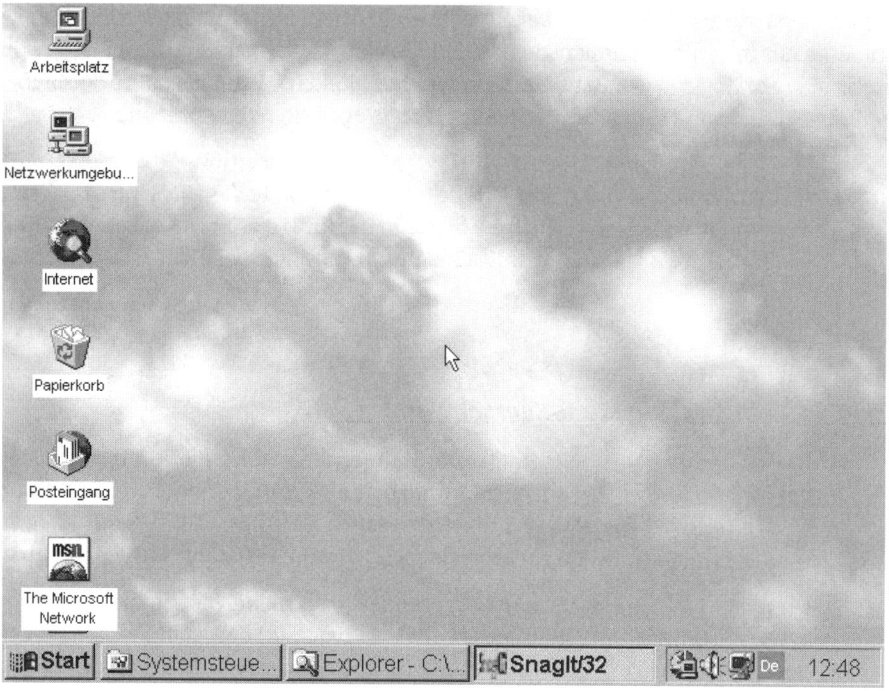

Abbildung 5.1: Der Windows-Desktop

- ✔ Am Ende von Kapitel 14 finden Sie weitere Informationen über Mäuse, einschließlich aller Mausaktivitäten und der entsprechenden Begriffe.
- ✔ Die Tastatur wird irgendwo in Kapitel 15 beschrieben.

Was ist die Taskleiste?

Der kanonenbootgraue Streifen am unteren Rand des Desktop wird Taskleiste genannt. Sie ist das Kontrollzentrum von Windows.

Am linken Ende der Taskleiste befindet sich die Schaltfläche **Start**. Ja, das ist, wo Sie Programme in Windows starten. Aber Sie beenden Windows auch mit der Schaltfläche **Start**. Start. Stop. Microsoft weiß auch nicht, was es will.

In der rechten Ecke der Taskleiste wird das Systemfeld angezeigt. Ich nenne es die laute Zeit, weil es aussieht wie ein Lautsprecher, der die Zeit herausschreit. Wenn Ihr Computer kein Audiosystem hat, wird der Lautsprecher nicht angezeigt.

Von Zeit zu Zeit erscheinen Schaltflächen in der Mitte der Taskleiste. Jede Schaltfläche repräsentiert ein Fenster oder Programm, das geöffnet oder minimiert ist (siehe nächstes Kapitel).

- ✔ Sie können mit der Maus auf die verschiedenen Elemente im Systemfeld zeigen, um sie zu steuern oder um Informationen anzuzeigen. Das Klicken auf ein Element löst gewöhnlich etwas aus, abhängig davon, auf was und wie Sie klicken. Wenn Sie zum Beispiel auf die Zeit doppelklicken, können Sie die Computeruhr einstellen (siehe Kapitel 11).

Die Taskleiste kann an jeder Kante des Desktops positioniert werden. Ziehen Sie sie mit der Maus an die obere, linke oder rechte Seite des Bildschirms. (Zeigen Sie dazu mit der Maus auf eine freie Stelle in der Taskleiste.) Die meisten Leute lassen die Taskleiste am unteren Bildschirmrand, und ich gehe davon aus, daß Sie das auch tun.

»Meine Taskleiste ist verschwunden!«

Die Taskleiste hat die Neigung auszuwandern. Sie kann nicht nur nach oben, unten, links oder rechts gehen, sie kann auch dicker und dünner werden. Manchmal wird sie so dünn, daß sie nicht mehr zu sehen ist. Alles, was Sie vorfinden, ist eine schmale graue Linie am unteren Bildschirmrand. Das kann Sie verrückt machen.

Diese schmale graue Linie ist die Taskleiste. Jemand hat sie auf Zwergengröße eingeschrumpft. Um sie wieder breiter zu machen, bewegen Sie den Mauszeiger über den Rand der Taskleiste. Der Mauszeiger ändert sich zu einem Pfeil, der in beide Richtungen zeigt. Ziehen Sie die Taskleiste, bis sie die gewünschte Größe hat. Sie können mit diesem Trick die Taskleiste auch breiter machen, wenn sie mit zu vielen Schaltflächen angefüllt ist.

Ein anderer Grund, warum die Taskleiste verschwindet, ist, wenn Sie ihr sagen, sie soll sich verstecken. Das wird im Dialogfeld **Eigenschaften** gemacht: Klicken Sie mit der rechten Maustaste auf die Taskleiste, und wählen Sie **Eigenschaften** im Popup-Menü. Vergewissern Sie sich, daß die Option **Automatisch. im Hintergrund** nicht markiert ist. Klicken Sie auf das Kontrollkästchen neben **Automatisch. im Hintergrund**, und gehen Sie Ihrer Wege.

Denken Sie daran: Sie können das Startmenü immer durch Drücken von Strg+Esc aufrufen. Das funktioniert, egal ob die Taskleiste zu sehen ist oder nicht.

Die allmächtige Schaltfläche Start

In Windows beginnt alles mit der Schaltfläche **Start**, die in der linken Ecke der Taskleiste angebracht ist. Die Schaltfläche **Start** enthält ein Popup-Menü (und eine Menge Untermenüs!) mit verschiedenen Befehlen und Programmen.

Um das Startmenü zu öffnen, klicken Sie mit der Maus darauf. Klick.

Wenn Sie lieber die Tastatur verwenden möchten, drücken Sie die Tastenkombination Strg+Esc. Das funktioniert garantiert. Das Startmenü wird geöffnet, auch wenn Sie die Schaltfläche nicht sehen können.

So, das war's fürs erste. Weitere Informationen über die Schaltfläche **Start** finden Sie im nächsten Kapitel »Ein Programm in Windows 95 starten«.

Der Arbeitsplatz und das Explorer-Programm

Die zweite Aufgabe eines Betriebssystems ist es, Dateien, Dokumente und anderen Kram, den Sie auf dem Computer gespeichert haben, zu verwalten. Zwei Programme führen diesen Job aus: der Arbeitsplatz und der Explorer.

Der Arbeitsplatz ist ein Programm, das interne Informationen über Ihren Computer als hübsche kleine Symbole anzeigt, die sich in Ordnern befinden.

Arbeitsplatz

Klicken Sie auf das kleine Symbol **Arbeitsplatz** in der oberen linken Ecke des Desktops, um das Programm zu starten. Im Dialogfeld **Arbeitsplatz** wird angezeigt, was sich in Ihrem Computer befindet; in erster Linie Laufwerke (siehe Abbildung 5.2).

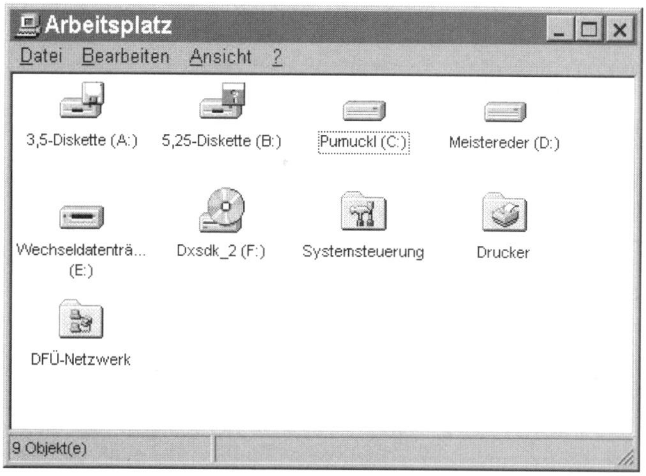

Abbildung 5.2: Öffnen Sie den Arbeitsplatz, um zu sehen, was im Inneren des Computers lauert.

Wenn Sie auf eines der Laufwerk doppelklicken, zum Beispiel Laufwerk C:, wird ein Fenster voller Ordner und Symbole angezeigt (siehe Abbildung 5.3). Die Symbole repräsentieren Dateien. Ordner können durch Doppelklicken geöffnet werden, um ein Fenster mit noch mehr Ordnern und Dateien anzuzeigen.

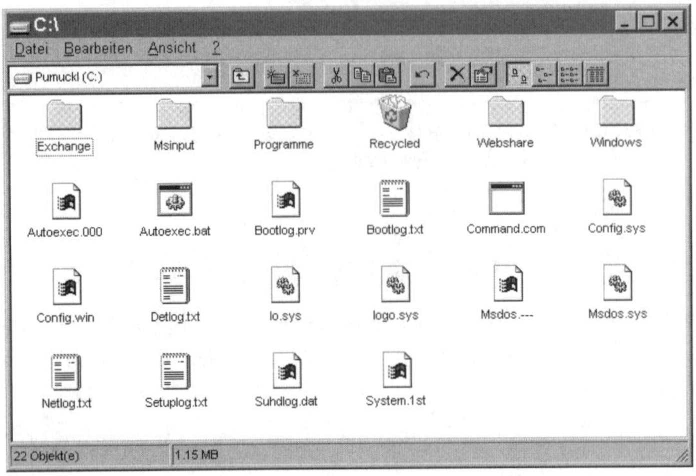

Abbildung 5.3: In diesem Dialogfeld werden Dateien und Ordner angezeigt.

- ✔ Doppelklicken Sie auf ein Symbol, um es zu aktivieren. Das Doppelklicken auf einige Symbole führt Programme aus. Das Doppelklicken auf einen Ordner verrät seinen Inhalt.
- ✔ Symbole repräsentieren Dateien auf dem Computer, die Sie erstellt haben, Programmdateien oder andere Dateien, über die niemand etwas weiß.
- ✔ Ordner sind Aufbewahrungsplätze für Symbole und Dateien.
- ✔ Im Abschnitt »Ein Fenster schließen« erfahren Sie, wie Sie Fenster schließen, die im Arbeitsplatz geöffnet wurden.

Der Explorer funktioniert genauso wie der Arbeitsplatz, aber die Informationen werden anders angezeigt.

Klicken Sie auf **Start,** und wählen Sie **Programme/Windows-Explorer**, um den Explorer zu starten.

Anders als der Arbeitsplatz hat der Explorer nur ein Fenster (siehe Abbildung 5.4). Laufwerke und Ordner werden auf der linken Seite, Dateien und Ordner auf der rechten Seite angezeigt.

Genug über den Explorer. Wählen Sie **Datei/Beenden**, um das Programm zu schließen, weil es nicht nötig ist, den Platz auf dem Bildschirm mit etwas so Häßlichem zu verschwenden.

Computerfreaks bevorzugen den Explorer. Ich empfehle, den Arbeitsplatz zu benutzen, bis Sie sich daran gewöhnt haben. Arbeiten Sie dann mit dem Explorer, weil es manchmal schneller ist.

- ✔ Der Arbeitsplatz und der Explorer werden in Teil III ausführlich beschrieben.

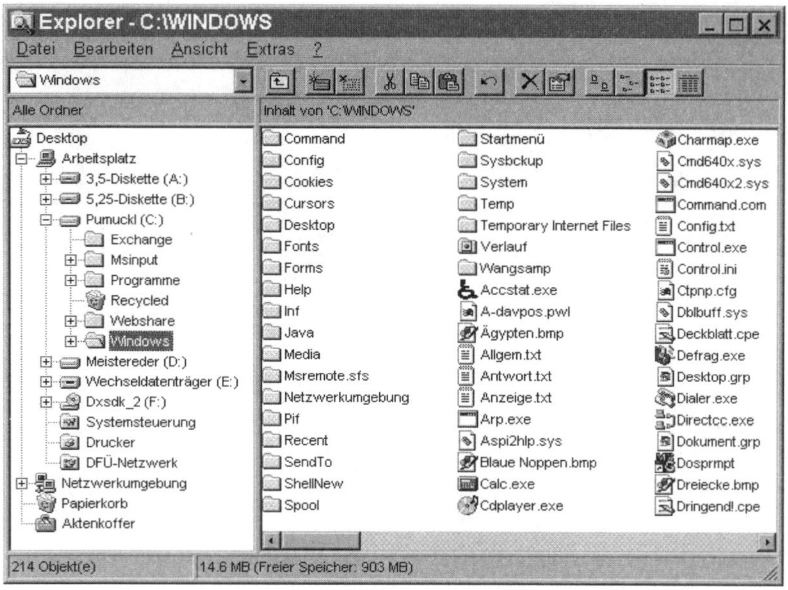

Abbildung 5.4: Der Explorer in Aktion

Die Systemsteuerung

Die dritte Aufgabe, die Windows erfüllt, ist die Betreuung der Innereien und Peripherie des Computers. Diese Geräte werden in der Systemsteuerung überwacht.

Die Systemsteuerung ist ein Ordner, der überall in Windows erscheint. Wählen Sie **Einstellungen/Systemsteuerung** im Startmenü, um die Systemsteuerung zu öffnen. Sie können auch auf den Order doppelklicken, der im Arbeitsplatzfenster angezeigt wird (siehe vorherigen Abschnitt). Egal, für welche Methode Sie sich entscheiden, die Systemsteuerung mit all ihren hübschen Symbolen erscheint (siehe Abbildung 5.5).

Jedes der Symbole in der Systemsteuerung repräsentiert etwas in Ihrem Computer, das gesteuert werden kann. Wenn Sie auf ein Symbol doppelklicken, wird ein Dialogfeld mit mehr Informationen, mehr Steuerelementen und mehr Chaos angezeigt.

Mein Rat: Überlassen Sie die Systemsteuerung einem Experten.

Wählen Sie **Datei/Beenden**, um die Systemsteuerung zu schließen.

- ✔ Einige Kapitel in Teil IV befassen sich mit Symbolen in der Systemsteuerung.
- ✔ Die Anzahl der Elemente in der Systemsteuerung ist unterschiedlich. In Abbildung 5.5 sind unter anderem die Eingabehilfen, Joystick und Energie enthalten. Ich habe keine Ahnung, wofür sie gut sind. Vielleicht finden Sie andere Elemente in Ihrer Systemsteuerung als in Abbildung 5.5.

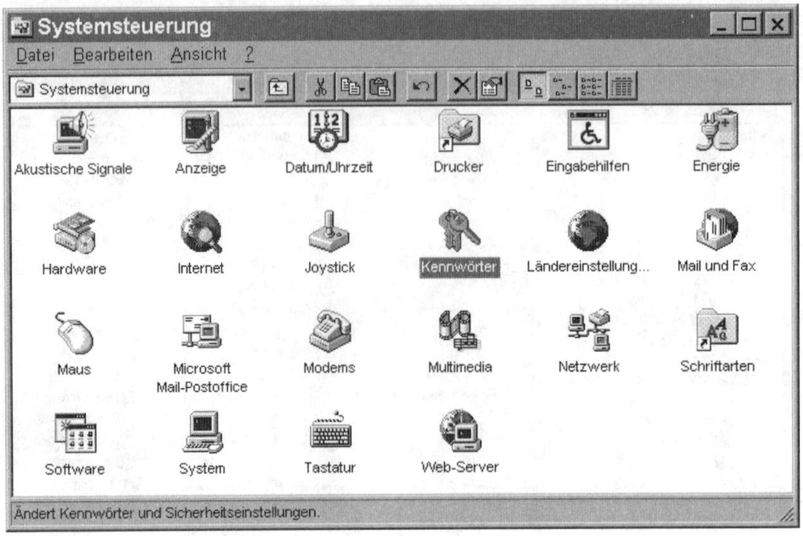

Abbildung 5.5: Die Systemsteuerung

Windows-Spielereien

Windows enthält eine Menge lustiger Sachen zum Spielen. Zeug, das Sie fast in den Wahnsinn treibt, und interessante Spielsachen, mit denen Sie sehr viel Zeit verschwenden werden. Es gibt kleine Schaltflächen, die Sie mit der Maus drücken, Grafik, die verschoben und gestreckt werden kann, und Dinge zum Herumschubsen. In anderen Worten, auf dem Bildschirm befinden sich Spielereien, von denen die meisten steuern, wie die Fenster aussehen und wie Programme in Windows funktionieren.

Die Fenstergröße ändern

Ein Fenster kann in jeder Größe angezeigt werden; es kann den gesamten Bildschirm ausfüllen, zu klein, um nützlich zu sein, und alles dazwischen.

Damit ein Fenster den gesamten Bildschirm ausfüllt, klicken Sie auf die Schaltfläche **Maximieren** in der oberen rechten Fensterecke. Dadurch wird die Darstellung der Schaltfläche von einem vollen Fenster zu zwei sich überlappenden Fenstern geändert. Klicken Sie darauf, um die ursprüngliche Größe des Fensters wiederherzustellen.

Damit ein Fenster zu einer Schaltfläche in der Taskleiste wird, klicken Sie auf die Schaltfläche **Minimieren** in der oberen rechten Fensterecke. Dadurch wird das Fenster verkleinert, und es ist aus dem Weg. (Das ist nicht das gleiche, wie ein Programm beenden.) Um die Schaltfläche wieder in ein Fenster zu verwandeln, klicken Sie darauf.

Wenn ein Fenster kein Symbol oder Vollbild ist, können Sie seine Größe ändern, indem Sie eine Kante mit der Maus ziehen. Bewegen Sie die Maus über eine Fensterkante oder eine Ecke, halten Sie die Maustaste gedrückt, und ziehen Sie das Fenster nach innen oder nach außen. Lassen Sie die Maustaste los, wenn das Fenster die gewünschte Größe hat.

- ✔ Das Vergrößern eines Fensters zu Vollbildgröße wird *Maximieren* genannt.
- ✔ Das Verkleinern eines Fensters zu einem Symbol wird *Minimieren* genannt.
- ✔ Das grundlose Verändern eines Fensters durch Windows wird *Frustrieren* genannt.
- ✔ Mit viel Phantasie sieht die Schaltfläche **Maximieren** aus wie ein Vollbildfenster und die Schaltfläche **Minimieren** wie eine Schaltfläche in der Taskleiste. Mit noch mehr Phantasie sieht Windows aus wie ein freundlicher sonniger Tag, mit grünem Gras und Vögeln, die in den Bäumen zwitschern.

Ein Fenster verschieben

Windows positioniert seine Fenster, wo immer es will. Um ein Fenster an eine andere Stelle zu verschieben, ziehen Sie das Fenster an der Titelleiste (die Leiste über der Menüleiste). Das kommt dem Klischee vom Neandertaler, der seine Frau an den Haaren hinter sich her zieht, sehr nahe. Das ist natürlich nie wirklich vorgekommen, zumindest nicht, nachdem die Frauen angefangen haben, ihre eigenen Keulen mit sich rumzuschleppen.

Die Bildlaufleiste

Oft ist das, was sich im Fenster befindet, größer als das Fenster selbst. Wenn zum Beispiel Claudia Schiffer (oder Mel Gibson für die Damen) an einem winzigen Fenster in Ihrem Büro vorbeiginge, könnten Sie nur einen Teil von ihr (oder von ihm) sehen. Wenn Sie das Fenster nach oben oder unten verschieben könnten, würden Sie mehr sehen, aber immer nur in der Größe des Fensters. So funktionieren Bildlaufleisten.

Jedes Fenster hat eine oder zwei Bildlaufleisten. Die Bildlaufleiste ist schmal, mit einem Pfeil an jedem Ende und einem aufzug-ähnlichen Bildlauffeld in der Mitte. Mit dem Pfeilen und dem Aufzug können Sie den Fensterinhalt nach oben, unten, links oder rechts schieben.

Die Menüleiste

Alle Befehle und sonstiges Zeug einer Windows-Anwendung sind in einer praktischen 5. und immer sichtbaren Menüleiste enthalten. Sie befindet sich am oberen Fensterrand unter der Titelleiste.

Jeder Begriff in der Menüleiste 5. Datei, Bearbeiten usw. ist ein Menütitel. Er bezeichnet ein Dropdown-Menü, das mit dem Titel verwandte Befehle enthält. Das Menü **Datei** enthält zum Beispiel Befehle, die sich auf Dateien beziehen (Speichern, Öffnen, Neu usw.)

Klicken Sie mit der Maus auf den Menütitel, um das Menü zu öffnen und auf seine Befehle zuzugreifen. Wählen Sie eine Option oder einen Befehl. Wenn Ihnen das, was angezeigt wird, nicht gefällt, klicken Sie erneut auf den Menütitel, um das Menü zu schließen, oder wählen Sie ein anderes Menü.

✔ Wenn Sie wollen, können Sie die Menüs auch mit der Tastatur öffnen. Drücken Sie Alt und den unterstrichenen Buchstaben eines Menüs. Zum Beispiel Alt+D, um das Menü **Datei** zu öffnen. Die unterstrichenen Buchstaben in diesem Buch sind die gleichen wie in Windows.

✔ Eine Menüauswahl wird in diesem Buch im Format **Datei/Beenden** dargestellt. Um diesen Befehl mit der Tastatur auszuführen, drücken Sie Alt,D,E.

Für den Befehl **Datei/Beenden** können Sie auch Alt+D drücken, loslassen, und dann E drücken.

✔ Welch ein Aufwand! Machen Sie es einfach mit der Maus. Zeigen. Klick. Klick.

Ein Fenster schließen

Ein Programmfenster schließen ist dasselbe wie ein Programm beenden; Sie lassen es verschwinden. Die üblichste Methode ist, auf die Schaltfläche **X** in der oberen rechten Ecke des Fensters zu klicken.

Eine andere Methode ist, den Befehl **Beenden** im Menü **Datei** zu wählen. Dieser Vorgang beendet das Programm, das gerade ausgeführt wird.

✔ Sie können Windows nicht wie die alte Version von Windows beenden, indem Sie ein Fenster schließen. Wählen Sie statt dessen den Befehl **Beenden** im Startmenü. Weitere Informationen finden Sie im Abschnit »Den Computer ausschalten« in Kapitel 4.

In einem Dialogfeld

Ein Dialogfeld ist eine weitere Methode in Windows zum Anzeigen von Informationen. Es enthält Dinge, mit denen Sie etwas steuern. Sie wählen bzw. ändern Einstellungen mit der Maus. Anschließend klicken Sie auf **OK**, um Ihre Auswahl an Windows zu senden.

Wenn sich das kompliziert anhören sollte, denken Sie an die alte Methode an der DOS-Eingabeaufforderung:

```
C> FORMAT A: /S /U /F:144 /V:DOODYDISK
```

Auf Ehre und Gewissen, das ist wirklich ein DOS-Befehl. In Windows können Sie dasselbe in einem Dialogfeld machen. Abbildung 5.6 zeigt, wie der gleiche Befehl in Windows aussieht.

Alle Felder in Abbildung 5.6 werden mit der Maus manipuliert. Was sie bewirken, ist im Moment nicht wichtig. Was wichtig ist, ist, wie die Felder genannt werden. Die folgenden Definitionen beziehen sich auf Abbildung 5.6.

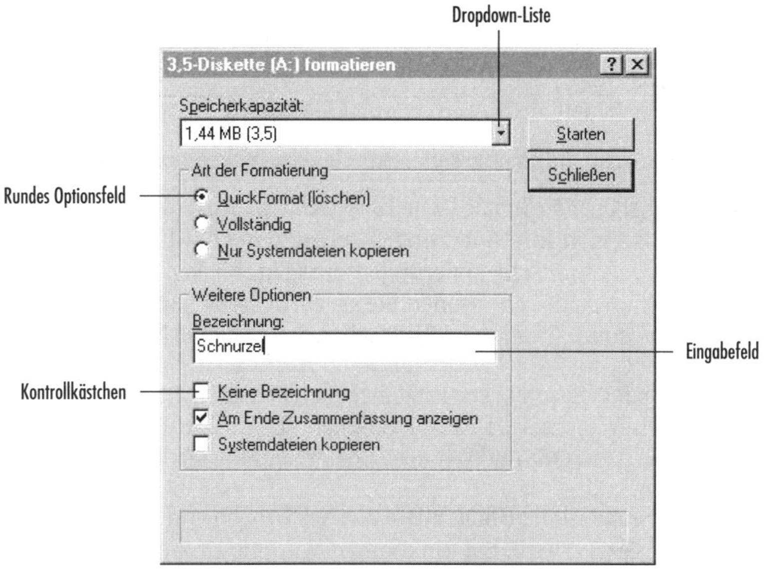

Abbildung 5.6: Das Dialogfeld Formatieren

Dropdown-Liste: Unter dem Begriff **Kapazität** finden Sie eine Dropdown-Liste. Mit dem Pfeil an der rechten Seite können Sie die Dropdown-Liste öffnen. Es wird eine Liste mit mehreren Auswahlmöglichkeiten angezeigt. Klicken Sie mit der Maus auf eine davon. Falls die Liste zu lang ist, befindet sich auf einer Seite eine Bildlaufleiste, mit der Sie die Liste durchsehen können.

Rundes Optionsfeld: Die runden Schaltflächen in einem Dialogfeld werden »Rundes Optionsfeld« genannt. Sie sind in Gruppen zusammengefaßt (siehe Abbildung 5.6). Wie bei einem alten Autoradio kann immer nur ein Knopf gedrückt weden. Wenn Sie mit der Maus auf ein rundes Optionsfeld klicken, wird es durch einen Punkt markiert.

Eingabefeld: Ein Feld, in dem Sie etwas eintippen können, wird »Eingabefeld« genannt. In Abbildung 5.6 ist es das Feld unter **Bezeichnung**.

Kontrollkästchen: Die quadratischen Felder in einem Dialogfeld werden »Kontrollkästchen« genannt. Sie können mit der Maus auf so viele Kontrollkästchen klicken, wie Sie möchten. Wenn eine Option aktiviert wird, erscheint eine Markierung. Um die Markierung zu entfernen und die Option zu deaktivieren, klicken Sie erneut auf das Kontrollkästchen.

Nachdem Sie Ihre Auswahl getroffen haben, klicken Sie auf **OK**. (In Abbildung 5.6 heißt die Schaltfläche nicht **OK**, sondern **Starten**.) Wenn Ihnen die Auswahl nicht zusagt, klicken Sie auf **Abbrechen**.

Klicken Sie auf das Fragezeichen in der oberen rechten Ecke des Dialogfelds, um Hilfe zu erhalten. Der Mauszeiger ändert sich in eine Kombination aus Pfeil und Fragezeichen. Wenn das passiert, klicken Sie auf einen Bereich des Dialogfelds, wenn Sie eine Sprechblase sehen möchten, die angeblich Hilfe anbietet. Klicken Sie mit der Maus, damit die Sprechblase wieder verschwindet.

- ✔ Statt auf die Schaltfläche **OK** zu klicken, können Sie auch die Eingabetaste drücken.
- ✔ Das Drücken der Esc-Taste bewirkt das gleiche wie das Klicken auf **Abbrechen**.
- ✔ Einige Dialogfelder haben eine Schaltfläche **Übernehmen**. Sie funktioniert wie die Schaltfläche **OK**, aber Sie können Ihre Änderungen sehen, ohne das Dialogfeld zu schließen. Wenn Ihnen die vorgenommenen Änderungen zusagen, klicken Sie auf **OK**. Wenn die Änderungen zum Himmel stinken, können Sie sie zurücksetzen oder auf **Abbrechen** klikken. Sehen Sie? Microsoft war einmal nett. Machen Sie sich eine Notiz im Kalender.

Wenn das Dialogfeld mehrere Eingabefelder hat, können Sie mit der Tab-Taste zwischen diesen wechseln. Drücken Sie nicht die Eingabetaste, da das dasselbe ist wie das Klicken auf **OK**, und Windows meint, daß Sie fertig sind.

- ✔ Eine andere Art von Liste ist die Bildlaufliste, die der Dropdown-Liste ähnlich ist, aber in Abbildung 5.6 nicht gezeigt wird. Sie funktioniert wie eine Dropdown-Liste, ist aber immer sichtbar.

Wenn Sie für eine intellektuelle Herausforderung zu haben sind, können Sie versuchen, ein Dialogfeld mit der Tastatur zu bearbeiten. Drücken Sie die Alt-Taste plus dem unterstrichenen Buchstaben der einzelnen Optionen.

Wie Sie richtig um Hilfe betteln

Windows hat ein unglaubliches Hilfesystem, das alle Windows-Programme teilen. Sie aktivieren die Hilfe immer durch Drücken der F1-Taste. Im Hilfemenü können Sie nach Themen oder verwandten Begriffen suchen. Die Hilfe ist in drei Teile aufgeteilt: Inhalt, Index und Suchen. Hier sind einige Tips:

- ✔ Im Inhalt werden wie im ekligen Handbuch Informationen mit Kapiteln und Seitenzahlen angezeigt.
- ✔ Der Index ist am hilfreichsten. Klicken Sie auf Index, und geben Sie das Thema in das Feld am oberen Rand ein, zum Beispiel **Fett**. Klicken Sie auf das Unterthema am unteren Rand, und klicken Sie dann auf Anzeige, um alles darüber zu lesen.
- ✔ Ignorieren Sie das Feld **Suchen**.
- ✔ Die meisten Informationen werden als eine Liste mit schrittweisen Vorgehensweisen oder Tips angezeigt.
- ✔ Wenn Sie auf die grauen Quadrate klicken, werden weitere Informationen über verwandte Themen angezeigt.
- ✔ Allgemeine Hilfe zu Windows erhalten Sie, wenn Sie im Startmenü **Hilfe** wählen.
- ✔ Wenn Sie auf grün unterstrichenen Text klicken, wird der Begriff in einem Popup-Fenster definiert.

Die Hilfe ist ein eigenständiges Programm. Wenn Sie die Hilfe nicht mehr benötigen, denken Sie daran, sie zu schließen: Klicken Sie auf die Schaltfläche **X** in der oberen linken Fensterecke.

Allgemeine Windows-Ratschläge

Verwenden Sie Ihre Maus. Wenn Sie keine Maus haben, können Sie trotzdem mit Windows arbeiten, aber nicht so elegant. Was erzähle ich da? Sie brauchen eine Maus für Windows!

Lassen Sie jemanden Ihre Startmenüelemente organisieren. Bitten Sie ihn auch, die Programme, die Sie am häufigsten verwenden, als Verknüpfung auf dem Desktop zu erstellen. Bieten Sie eine Dose geröstete Erdnüsse als Bestechung an.

Vergessen Sie nicht, daß Windows mehrere Programme gleichzeitig ausführen kann. Sehen Sie in der Taskleiste nach, ob ein Programm bereits ausgeführt wird, bevor Sie es ein zweites Mal starten. (Ja, Sie können unter Windows mehrere Kopien eines Programms ausführen, aber vermutlich benötigen Sie nur eine.)

Ihre Arbeit erledigen

6

In diesem Kapitel

- Ein Programm starten
- Das Programmfenster maximieren
- Programme wechseln
- Ausschneiden, Kopieren und Einfügen
- Windows-Programmbefehle
- Ein Programm beenden

Ist es Ihnen schon aufgefallen, daß die Leute in Seifenopern nicht arbeiten? Sicher, alle haben Jobs. Man sieht sie bei der Arbeit, aber niemand arbeitet richtig. Sie reden darüber, daß Peter mit Claudia Schluß gemacht hat, weil Eva das Kloster verlassen hat. Sie fragen sich, ob Alex wirklich einen gemeinen Zwillingsbruder hat. Sie fürchten Hans, der mit einem Eierkarton umherwandert und ein Verfahren wegen Diebstahls von Papiertüchern aus der Augenklinik am Hals hat. Und Sie kichern über Petra, die behauptet, ein Kind von einem Außerirdischen zu erwarten, und sich darüber beschwert, daß sie nirgends Windeln in Größe 164 bekommen kann.

Für Sie ist das Leben alltäglicher, Sie müssen etwas tun. Darum haben Sie die ganze Software gekauft: um Ihre Arbeit zu erledigen.

Ein Programm in Windows starten

Sie können den ganzen Tag vor Windows sitzen, ohne etwas Nützliches zu tun. Dazu müssen Sie ein Programm starten, indem Sie auf die Schaltfläche **Start** klicken und ein lästiges Menü anzeigen. Hier sind die erforderlichen Schritte:

1. **Öffnen Sie das Startmenü.**

   Klicken Sie mit der Maus auf die Schaltfläche **Start** in der Task-Leiste. Schon erscheint das Menü.

   Wenn Sie die Tastenkombination Strg+Esc drücken, passiert dasselbe.

2. **Wählen Sie Programme.**

   Klicken Sie auf **Programme**, um das Untermenü Programme anzuzeigen (siehe Abbildung 6.1).

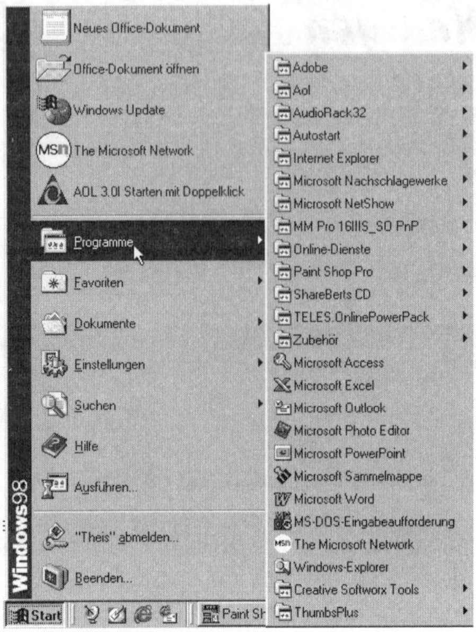

Abbildung 6.1: Das Untermenü Programme.

3. **Wählen Sie das gewünschte Programm im Untermenü.**

   In Abbildung 6.1 würden Sie zum Beispiel auf **Microsoft Word** klicken, um dieses Programm zu starten.

   Wenn Ihr Programm nicht in der Liste aufgeführt ist, öffnen Sie ein weiteres Untermenü, zum Beispiel **Zubehör**, **DOS-Anwendungen** oder **Microsoft Office**, die ebenfalls Programme enthalten.

   Es gibt Unterunteruntermenüs (usw. usw.) mit noch mehr Programmen.

4. **Das Programm wird ausgeführt; das Startmenü verschwindet.**

✔ Manchmal befindet sich das Programm, das Sie starten möchten, direkt im Startmenü. Klicken Sie darauf, und das Programm wird ausgeführt.

✔ Die Menüs sind ziemlich glatt. Sie erscheinen und verschwinden, so wie Sie die Maus darüber bewegen. Also seien Sie vorsichtig!

Im Untermenü **Dokumente** können Sie das Zeug, an dem Sie kürzlich gearbeitet haben, schnell öffnen: Klicken Sie auf **Dokumente** im Startmenü. Suchen Sie Ihr Dokument in der Liste, und klicken Sie darauf, um es zu öffnen. Wenn Sie es nicht finden, können Sie den Tag frei nehmen.

Ein Programm von einem Symbol auf dem Desktop starten

Eine schnelle Methode, ein Programm zu starten, ohne mit dem Startmenü Eisstockschießen zu spielen, ist, auf sein Symbol auf dem Desktop zu klicken. Das funktioniert mit jedem Symbol, egal ob es ein Programm oder eine Datei ist, die Sie erstellt haben (zum Beispiel Ihre Datenbank mit den Uhrzeiten, zu denen der verwirrte Hans in der Augenklinik aufgetaucht ist).

Um ein Sybmol Ihres Lieblingsprogramms auf dem Desktop zu positionieren, öffnen Sie den Arbeitsplatz oder den Explorer. Machen Sie Ihr Programm ausfindig (lesen Sie den Abschnitt »Die Suche nach widerspenstigen Dateien (und Programmen)« in Kapitel 9, wenn Sie Hilfe brauchen).

Und jetzt kommt der knifflige Teil: Benutzen Sie die *rechte* Maustaste, um das Icon aus dem Explorer oder dem Arbeitsplatz-Fenster auf den Desktop zu ziehen. Achten Sie darauf, daß Sie wirklich die rechte Maustaste benutzen, nicht die, die Sie normalerweise herunterdrücken. Wenn Sie die rechte Maustaste loslassen (während der Cursor auf den Drucker zeigt), erscheint ein Verknüpfungs-Menü. Wählen Sie den Menüpunkt **Verknüpfung erstellen**. Und siehe da: Die Verknüpfung wird auf dem Desktop erstellt und kann für den schnellen Zugriff genutzt werden.

Die Schnellstartleiste

Windows 98 enthält viele Symbolleisten, die über der Taskleiste angezeigt werden können. Die meisten sind nutzlos, aber die Schnellstartleiste ist wirklich praktisch.

Klicken Sie mit der rechten Maustaste auf die Taskleiste, und wählen Sie Symbolleisten/Schnellstart, um die Schnellstartleiste anzuzeigen.

Sie können neue Symbole in der Schnellstartleiste hinzufügen, indem Sie diese aus dem Arbeitsplatz oder dem Explorer ziehen (ähnlich wie im vorherigen Abschnitt beschrieben).

Auf die in der Schnellstartleiste angezeigten Symbole müssen Sie nur einmal klicken, um sie zu starten. Ziehen Sie alle Ihre Lieblingsprogramme in die Schnellstartleiste, um einfach darauf zugreifen zu können.

- ✔ Windows 95 hat keine Schnellstartleiste.
- ✔ Um große Symbole in der Schnellstartleiste anzuzeigen, klicken Sie mit der rechten Maustaste darauf, und wählen Sie Anzeigen/Große Symbole im Popup-Menü.

Ihre Arbeit maximieren

Dieser Abschnitt hat nichts mit Selbsthilfe zu tun. Aber Sie finden es vielleicht nützlich, das Programmfenster zu maximieren, nachdem es gestartet wurde. Einige Programme starten gleich als Vollbild. Andere zeigen nur ein mickriges Fenster auf dem Bildschirm an. Wer kann damit schon arbeiten?

Damit Ihr Programm den Bildschirm ausfüllt, klicken Sie auf die Schaltfläche **Maximieren** des Fensters. (Die mittlere Schaltfläche in der oberen rechten Fensterecke.)

- ✔ Einige Fenster können nicht maximiert werden. Manche Spiele haben zum Beispiel eine festgelegte Fenstergröße, die nicht geändert werden kann. Seien Sie nicht beleidigt.

Wenn Sie mit mehreren Programmen arbeiten, möchten Sie die Fenster möglicherweise so auf dem Bildschirm anordnen, daß alle sichtbar sind. Klicken Sie mit der rechten Maustaste auf eine freie Stelle in der Task-Leiste oder auf die Zeitangabe (rechts in der Task-Leiste). Wählen Sie im Menü, das erscheint, **Horizontal anordnen** oder **Vertikal anordnen**, um die Fenster auf dem Bildschirm auszurichten.

Von einem Programm zu einem anderen wechseln (ohne es zu beenden)

In Windows können Sie mehrere Programme gleichzeitig ausführen. Stellen Sie sich nur den Produktivitätsanstieg vor! Träume, zwei Dinge auf einmal zu machen, werden wahr! Aber denken Sie an das Chaos. Glücklicherweise führen Sie nicht mehrere Programme gleichzeitig aus, sondern wechseln zwischen Programmen, ohne diese schließen und neu starten zu müssen.

Obwohl Windows mehrere Programme gleichzeitig ausführen kann, können Sie als menschliches Wesen, ich gehe mal davon aus, daß Sie eines sind, nur in dem obersten Programm im Stapel arbeiten. Es gibt verschiedene Methoden, zu einem anderen Programm zu wechseln.

Die schnelle Methode: Klicken Sie mit der Maus in dem Fenster des Programms, zu dem Sie wechseln möchten; vorausgesetzt, es ist sichtbar. Das Klicken in einem Fenster bringt dieses nach vorne.

Die schnelle Methode, wenn Sie das Fenster nicht sehen können: Klicken Sie in der Task-Leiste auf die Schaltfläche, die dem gewünschten Fenster entspricht. Schwupp! Schon haben Sie das Fenster vor sich.

Die Aus-dem-Weg-räumen-Methode: Minimieren Sie das aktuelle Fenster, und schrumpfen Sie es zu einer Schaltfläche in der Task-Leiste ein. Dadurch wird das Programm nicht beendet, es wird nur aus dem Weg geräumt, und Sie können in dem Fenster, das zum Vorschein kommt, arbeiten. Sie minimieren ein Fenster, indem Sie auf die Schaltfläche **Minimieren** in der oberen rechten Fensterecke klicken.

Keine-Maus-Methode: Wenn Ihnen die Mausmethoden zum Wechseln von Programmen ausgehen, probieren Sie eine der beiden Tastaturmethoden.

- ✔ **Alt+Tab:** Drücken Sie gleichzeitig die Tasten Alt und Tab. Halten Sie die Alt-Taste gedrückt, und lassen Sie die Tab-Taste los. Daraufhin werden in einem Feld in der Mitte des Bildschirms Symbole von allen Fenstern und Programmen angezeigt. Halten Sie die Alt-Taste weiterhin gedrückt, und drücken Sie die Tab-Taste, bis das Symbol Ihres Programms oder Fensters im Feld erscheint. Lassen Sie die Alt-Taste los.
- ✔ **Alt+Esc:** Drücken Sie gleichzeitig die Tasten Alt und Esc. Dadurch wechseln Sie zum nächsten aktiven Programm (in der Reihenfolge, in der Sie die Programme benutzen). Sie müssen Alt+Esc möglicherweise mehrmals drücken, um das gewünschte Programm oder Fenster zu finden.
- ✔ Um zu einem anderen Fenster zu wechseln, klicken Sie darauf.
- ✔ Sie können mit zwei Tastenkombinationen zwischen Fenstern oder Programmen wechseln: Alt+Esc oder Alt+Tab.

Das Minimieren eines Fensters durch Klicken auf die Schaltfläche **Minimieren** in der oberen rechten Fensterecke beendet die Anwendung nicht. Das Programm wird am unteren Bildschirmrand auf Symbolgröße verkleinert. Doppelklicken Sie auf das Symbol, um es wieder zu vergrößern.

Befehle für alle Gelegenheiten

Windows-Programme sind sich alle ähnlich, weil sie dieselben Befehle verwenden. Das ermöglicht Ihnen das einfache Erlernen von Windows-Anwendungen. Ein weiterer Vorteil ist, daß Sie Informationen in einer Anwendung kopieren und in eine andere einfügen können. Oh ja, mehr Produktivität, dank dem Vorsitzenden Bill.

Kopieren

Um etwas in Windows zu kopieren, markieren Sie es mit der Maus. Ziehen Sie die Maus über den Text, oder klicken Sie auf ein Bild oder Symbol. Dadurch wird der Text, das Bild oder das Symbol unterlegt, und es kann kopiert werden.

Wählen Sie Bearbeiten/Kopieren, nachdem Sie Was-auch-immer markiert haben. Das kopiert Was-auch-immer in die Zwischenablage, den geheimen Speicherplatz von Windows, von der es wieder eingefügt werden kann (siehe »Einfügen« später in diesem Kapitel).

Der entsprechende Tastaturbefehl ist Strg+C. Das ist leicht zu merken, weil C der erste Buchstabe im englischen Wort copy (= kopieren) ist.

- ✔ Wenn der Text kopiert wurde, kann er im gleichen Programm oder in einem anderen wieder eingefügt werden.

✔ Wenn Sie etwas kopieren, wird es in der Zwischenablage gespeichert. Leider kann die Zwischenablage nur eine Sache gleichzeitig enthalten. Wenn Sie etwas kopieren oder ausschneiden, wird das, was sich in der Zwischenablage befindet, ersetzt. (Eine solche Zwischenablage scheint nicht sehr praktisch zu sein, aber Microsoft möchte, daß ich Sie an dieser Stelle an die Zeit erinnere, die Sie in Windows sparen.)

Ausschneiden

Das Ausschneiden in Windows ist dem Kopieren ähnlich. Sie markieren Text, ein Bild oder ein Symbol, und wählen den Menübefehl Bearbeiten/Ausschneiden. Anders als beim Kopieren wird der Text, den Sie ausschneiden, in die Zwischenablage übertragen und aus der Anwendung gelöscht.

Der entsprechende Tastaturbefehl ist Strg+X (wie das X in Ausixsen).

✔ Wenn der Text ausgeschnitten wurde, kann er im gleichen Programm oder in einem anderen wieder eingefügt werden.

Einfügen

Dieser Befehl fügt Text, ein Bild oder ein Symbol aus der Zwischenablage in die aktuelle Anwendung ein. Sie können ein Bild in Text oder Text in ein Bild einfügen, und Symbole können überall eingefügt werden. Das Wunder von Windows.

Wählen Sie den Befehl Bearbeiten/Einfügen, um etwas einzufügen. Der entsprechende Tastaturbefehl ist Strg+V. Das V muß für Einvügen stehen.

✔ Sie können Dinge, die in einer Windows-Anwendung ausgeschnitten oder kopiert wurden, in eine andere Windows-Anwendung einfügen.

Rückgängig

Microsoft ist schlampigen Windows-Benutzern (das heißt uns allen) entgegengekommen und hat sie mit dem Befehl **Rückgängig** gesegnet. Dieser Befehl macht die Dummheit, die Sie gerade gemacht haben, wieder rückgängig.

Wählen Sie den Befehl Bearbeiten/Rückgängig, um etwas rückgängig zu machen. Rückgängig ist der erste Befehl im Menü. Wie praktisch. Der entsprechende Tastaturbefehl ist Strg+Z. Das Z bedeutet: »Bring den Fehler zurück nach Bonn!«

✔ Der Befehl **Rückgängig** macht fast alles rückgängig, was Sie falsch machen können: Er setzt Editieränderungen zurück, ersetzt ausgeschnittene Grafiken, schlichtet einen Ehestreit usw.

- ✔ Die Tasten Z, X, C und V befinden sich alle in der untersten Reihe der Tastatur. He! Das sind die gemeinsamen Tastaturbefehle von Windows. Das mag erklären, warum die Buchstaben nicht viel Sinn machen.

Speichern

Wenn Sie Ihre Ergüsse in Silikon gebrannt haben und das Phosphor warm in Ihren Augen schimmert, müssen Sie Ihre Arbeit auf dem Datenträger speichern. Der Computer bewahrt das Zeug auf, und Sie können zu einem späteren Zeitpunkt wieder daran arbeiten.

Gepeichert wird mit dem Befehl Datei/Speichern gemacht. Dieser Befehl ruft das Dialogfeld **Speichern** auf, in dem Sie Ihre Arbeit auf dem Datenträger speichern. (Das Dialogfeld **Speichern** wird in Kapitel 8 offiziell vorgestellt.)

Der entsprechende Tastaturbefehl ist die logische Tastenkombination Strg+S.

- ✔ Speichern Sie Ihre Arbeit ständig. Ich speichere meinen Kram ungefähr alle fünf Minuten.
- ✔ Speichern! Speichern! Speichern! Denken Sie daran.
- ✔ Wenn Sie etwas das erste Mal speichern, müssen Sie ihm einen Namen geben und Windows sagen, wo es gespeichert werden soll (nähere Einzelheiten erfahren Sie in Kapitel 8). Danach verwenden Sie den Befehl **Speichern** nur, um Änderungen an der Datei auf dem Datenträger zu speichern. Sie müssen keinen Namen mehr eingeben. Einfach speichern!
- ✔ Eine Variante des Befehls **Speichern** ist **Speichern unter**. Dieser Befehl funktioniert wie **Speichern**, aber Sie können der Datei einen neuen Namen geben. Dadurch bleibt die ursprüngliche Version der Datei erhalten.

Öffnen

Nachdem Sie etwas auf dem Datenträger gespeichert haben, können Sie es mit dem Befehl **Öffnen** wieder aufrufen. Mit diesem Befehl finden Sie Dateien auf dem Datenträger und öffnen diese, wie Geburtstagsgeschenke. Ihre Arbeit erscheint im Programmfenster, und Sie können weitermachen.

Wählen Sie den Befehl Datei/Öffnen oder den Tastaturbefehl Strg+F, um etwas zu öffnen. Im Dialogfeld **Öffnen** können Sie mit verschiedenen Steuerelementen Ihre Datei zum Vorschein bringen.

- ✔ Das Dialogfeld **Öffnen** wird in Kapitel 8 ausführlich beschrieben.
- ✔ Einige Programme verwenden statt **Öffnen** den Befehl **Laden**. Daran erkennt man ein veraltetes DOS-Programm, das frisiert wurde, um unter Windows zu laufen.

Drucken

Der Befehl **Drucken** nimmt das, was Sie auf dem Bildschirm sehen, und läßt etwas ähnlich Aussehendes vom Drucker ausspucken.

Wählen Sie den Befehl Datei/Drucken, um etwas zu drucken. Im Dialogfeld **Drucken**, das eine Menge Hokus-Pokus enthält, klicken Sie auf **OK**, und Ihr Etwas wird gedruckt. Der entsprechende Tastaturbefehl ist Strg+D.

Bevor Sie drucken, vergewissern Sie sich, daß der Drucker eingeschaltet, Papier im Drucker und der Drucker bereit zum Drucken ist.

- ✔ Das Drucken wird in Kapitel 16 näher beschrieben.

Beenden

Wenn Sie mit der Arbeit fertig sind, beenden Sie Ihr Programm. Das ist vermutlich der beste Befehl in allen Windows-Programmen.

Wählen Sie den Befehl Datei/Beenden, um ein Programm zu schließen. Einige Programme haben kein Menü **Datei**, geschweige denn einen Befehl **Beenden**. Üblicherweise vollbringt dann der letzte Befehl im ersten Menü das Kunststück.

Die Tastenkombination zum Beenden von Windows-Programmen ist eigenartig: Alt+F4. Das ist zu bizarr, um sich etwas dazu einfallen zu lassen.

- ✔ Wenn der Befehl Datei/Beenden in Ihrer Anwendung nicht enthalten ist, klicken Sie auf die Schaltfläche **X** in der oberen rechten Ecke.

Sie müssen das Programm nicht beenden. Wenn Sie an etwas arbeiten und für eine spätere Verwendung beiseitelegen möchten, können Sie das Programm minimieren. Lesen Sie den Abschnitt »Von einem Programm zu einem anderen wechseln (ohne es zu beenden)« in diesem Kapitel.

Teil III

Disketten, Laufwerke, Dateien und was sonst noch alles

»3. Wenn er fällt ›Fuß kaputt‹«

In diesem Teil...

Die alten Griechen hatten 776 n.Chr., als die ersten Olympischen Spiele stattfanden, keine Ahnung, daß das Diskuswerfen ein schlimmes Omen für die Zukunft der Menschheit war. Bald würden respektable Leute in Geschäftskleidung Disketten rumwerfen, einige freudig, die meisten frustriert. Obwohl Disketten heute benutzt werden, um Informationen zu speichern, gibt es viele Ähnlichkeiten mit den Spielen im antiken Griechenland.

Die Kapitel in diesem Teil befassen sich mit Datenträgern bzw. mit den Informationen, die darauf gespeichert sind. Bei einem Datenträger kann es sich um eine Diskette, eine Festplatte, eine CD oder eine Netzwerkplatte in einem außerirdischen Computer handeln. Es sollte wirklich nicht frustrierend sein. Wenn Sie trotzdem in Wut geraten und anfangen, mit Gegenständen zu werfen, müssen Sie den olympischen Göttern ein Opfer darbringen.

Alles über Disketten und Laufwerke

7

In diesem Kapitel

- Der Umgang mit Laufwerken
- Wie die verschiedenen Laufwerkstypen funktionieren
- Laufwerke und Laufwerkbuchstaben
- Alles über Disketten
- Datenträger identifizieren
- Schreibgeschützte Disketten
- Disketten formatieren
- CD-ROM und DVD-Laufwerke
- ZIP-Laufwerke und andere seltsame Datenträger

Wie Kekse gibt es Datenträger in mehreren Formen und Geschmacksrichtungen. Die Diskette ist der Butterkeks unter den Datenträgern. Die Festplatte ist ein großer Schokoladenkeks. Der Computer kaut ein bißchen auf der Diskette rum und spuckt sie dann wieder aus. Es ist auch gut, daß der Computer Ihre Disketten nicht ißt.

Dieses Kapitel befaßt sich mit Disketten, Laufwerken und den damit einhergehenden Wutanfällen. Hier kämpfen Sie sich durch den dicken Nebel, der dieses düstere Thema verhüllt. Es ist ein anstrengendes Kapitel, also schnappen Sie sich ein paar Kekse und ein Glas Milch, bevor Sie zu lesen anfangen.

Warum gibt es Laufwerke?

Computer benutzen Datenträger zum permanenten Speichern von Daten. Datenträger sind eine Ergänzung zum Arbeitsspeicher, in dem die Daten nur kurzfristig gespeichert werden.

Ein Computer kann nur so viele Informationen verarbeiten, wie in seinen Arbeitsspeicher passen. Nicht nur das, der Arbeitsspeicher (oder RAM) ist temporär. Schalten Sie den Computer aus, und alles im Arbeitsspeicher ist verschwunden.

- ✔ Auf Datenträgern werden Informationen langfristig gespeichert. Die Informationen, oder Dateien, können später wieder geöffnet werden, um sie erneut zu bearbeiten, anzusehen, Freunden zu zeigen oder einfach nur so.
- ✔ In Kapitel 12 wird der Arbeitsspeicher, oder RAM, beschrieben.

- ✔ Der Speicher auf Datenträgern ist langfristiger Speicher. Verwechseln Sie ihn nicht mit dem Arbeitsspeicher des Computers.
- ✔ Wie der Arbeitsspeicher wird der Speicher auf Datenträgern in Kilobytes und Megabytes gemessen. In Kapitel 12 finden Sie weitere Informationen zu diesen Begriffen.

Der Computer kann nicht direkt auf die Informationen zugreifen, die auf einem Datenträger gespeichert sind. Die Informationen werden in den Arbeitsspeicher kopiert, damit die Daten bearbeitet werden können. Der Computer arbeitet nur mit einer Kopie der Daten, während diese auf dem Datenträger in Sicherheit sind.

- ✔ Machen Sie sich keine Gedanken, wenn die Datei auf dem Datenträger größer als der Arbeitsspeicher ist (wenn z.B. eine Grafikdatei 15 MB groß ist, Ihr Computer aber nur 8 MB Arbeitsspeicher hat). Der Computer läßt es Sie wissen, falls die Datei nicht geöffnet werden kann. Meistens wird der Computer Sie überraschen und die Datei trotzdem öffnen. Erstaunliche Geräte, diese Computer.

Die verschiedenen Laufwerkstypen

Computer können weniger Informationen auf Disketten als auf Festplatten speichern. Das Leben wäre einfacher, wenn es nur diese beiden Laufwerkstypen gäbe, aber das ist leider nicht der Fall.

- ✔ Ein Laufwerk ist ein Gerät, das Datenträger liest. Die Informationen sind auf dem Datenträger gespeichert, ähnlich wie ein Film auf einer Videokassette.
- ✔ Datenträger sind Hardware. Die darauf gespeicherten Informationen sind Software (die Videokassette ist die Hardware und der Film ist die Software).

Diskettenlaufwerke. Ein Diskettenlaufwerk ißt Disketten, auf denen überlicherweise 1,4 MB an Informationen gespeichert werden können. Das reicht aus, um Sicherungen von Dokumenten zu erstellen. Früher waren Programme auf Disketten erhältlich, heute werden statt dessen CDs verwendet.

Festplattenlaufwerke. Die Festplatte ist das Hauptspeichergerät des Computers. Auf der Festplatte können Gigabytes an Informationen gespeichert werden; mehr als genug für Windows, Ihre Software und alle Daten, die Sie erstellen. Im Gegensatz zu Disketten kann die Festplatte nicht entnommen werden. Aber das ist gewöhnlich kein Problem, daß es andere Methoden gibt, Daten auf einen anderen Computer zu übertragen.

CD-ROM-Laufwerke. CD-ROM-Laufwerke verwenden spezielle CD-ROM-Datenträger. Diese Datenträger, die aussehen wie eine Musik-CD, können Megabytes um Megabytes an Informationen speichern. Die meisten Programme sind auf CD erhältlich.

Der einzige Nachteil ist, daß auf CDs keine Informationen geschrieben werden können. Das ist aber eigentlich kein Problem, da normalerweise keine Notwendigkeit besteht, so viele Informationen auf einen Datenträger zu schreiben.

ZIP-Laufwerke. Ein beliebter Laufwerkstyp ist das ZIP-Laufwerk. ZIP-Datenträger funktionieren ähnlich wie Disketten, haben aber eine Speicherkapazität von 100 MB.

ZIP-Laufwerke gehören nicht zur Standardausstattung, obwohl sie für die meisten Systeme erhältlich sind. Es gibt externe und interne ZIP-Laufwerke. Der Vorteil von diesen Laufwerken ist, daß darauf viele Informationen gespeichert und diese einfach zwischen Computer ausgetauscht werden können.

Spezielle Laufwerke. Es sind viele verschiedene Laufwerkstypen erhältlich. Zusätzlich zu den beschriebenen Typen, gibt es noch beschreibbare CD-R-Laufwerke, CD-RW-Laufwerke, MO-Laufwerke, entnehmbare Festplatten und Bandlaufwerke.

- ✔ Ein Laufwerk ist das Gerät, das Datenträger liest.
- ✔ Der Datenträger enthält die Daten. Er befindet sich im Laufwerk.
- ✔ Die Begriffe Festplatte und Festplattenlaufwerk werden oft verwechselt.
- ✔ ZIP-Laufwerke haben nichts mit dem ZIP-Dateiformat zu tun, das verwendet wird, um Dateien zu komprimieren (siehe Kapitel 25).
- ✔ ZIP-Datenträger sind billiger, wenn Sie sie im Großen kaufen.
- ✔ Der große Bruder des ZIP-Laufwerks ist das JAZ-Laufwerk, das 1 GB an Informationen auf einem einzigen Datenträger speichern kann.
- ✔ Um Ihre eigenen CDs zu pressen, benötigen Sie ein CD-R-Laufwerk, ein Gerät, das nicht optional angeboten wird. CD-R-Laufwerke wurden für spezielle Programme zum Archivieren von großen Datenmengen entwickelt.
- ✔ CD-RW-Laufwerke sind schreib- und lesbare CD-ROM-Laufwerke. Wie die CD-R-Laufwerke wurden sie für spezielle Programme entwickelt.
- ✔ Weitere Informationen über CD-ROM-Laufwerke und die neueren DVD-Laufwerke finden Sie später in diesem Kapitel.
- ✔ MO-Laufwerke sind magnetooptische Laufwerke, die kleine 3 Zoll große CD-ähnliche Datenträger verwenden. MO-Datenträger können wie Disketten verwendet werden, aber mehr Informationen speichern.

Alles über Laufwerke

Alle Laufwerke im Computer haben Namen. Microsoft hat die Laufwerke bereits mit Buchstaben benannt.

Laufwerke von A bis C

Das erste Laufwerk ist Laufwerk A. Das ist das Diskettenlaufwerk.

Das zweite Laufwerk ist Laufwerk C. Das ist das Festplattenlaufwerk.

Das CD-ROM-Laufwerk ist gewöhnlich Laufwerk D.

Laufwerk B? Laufwerk B ist für das zweite Diskettenlaufwerk reserviert.

Früher wurden Computer ohne Festplattenlaufwerke verkauft. Das »Deluxe« Modell, der IBM PC, hatte zwei Diskettenlaufwerke: Laufwerk A und B.

Die erste Festplatte wurde Laufwerk C genannt. Die meisten Computer werden mit einem Diskettenlaufwerk und einer Festplatte geliefert. Laufwerk B heißt so, weil es nicht vorhanden ist. (Wenn das für Sie Sinn macht, werden Sie Computer lieben!)

Laufwerk D

Das erste Festplattenlaufwerk im Computer (das, das Sie am häufigsten verwenden), wird Laufwerk C genannt. Wenn Sie eine zweite Festplatte besitzen, wird diese als Laufwerk D bezeichnet.

Möglicherweise hat Ihr Computer nur ein Festplattenlaufwerk C. Wenn Sie zusätzlich über ein Laufwerk D verfügen, können Sie mehr Zeug speichern.

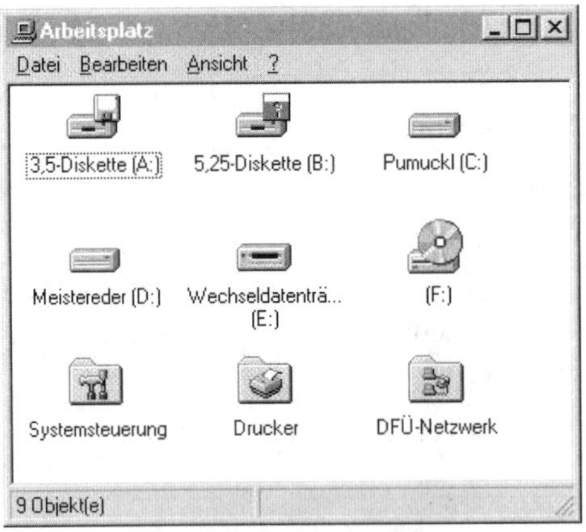

Abbildung 7.1: Der Arbeitsplatz zeigt die Laufwerke Ihres Computers an

Vernachlässigen Sie das Festplattenlaufwerk D nicht! Es bedeutet mehr Speicherplatz für Ihre Daten. Es ist nichts falsch daran, Software auf einem anderen Laufwerk als C zu installieren.

- ✔ Ich installiere Spiele auf Laufwerk D. Das hat aber keinen besonderen Grund.
- ✔ Das Benennen von Laufwerken ist historisch: Diskettenlaufwerke waren die ersten Laufwerke für den PC, deshalb haben sie die Laufwerksbuchstaben A und B. Als nächstes kamen die Festplatten (C und höher). Danach wurden weitere Laufwerke entwickelt, die den Buchstaben nach dem letzten Festplattenlaufwerk erhalten haben (siehe nächster Abschnitt).

Manchmal installieren die Computerhersteller sehr große Festplattenlaufwerke. Ein großes Festplattenlaufwerk wird in kleinere Laufwerk partitioniert (fragen Sie nicht warum). Ein Festplattenlaufwerk kann z.B. in die Laufwerke C, D, E und F partitioniert werden. Neuere Computer haben dieses Problem nicht. Das gesamte Festplattenlaufwerk ist einfach Laufwerk C.

Weitere Laufwerke benennen

Windows gibt jedem Laufwerk im System einen Namen. Wenn erforderlich bis zum Buchstaben Z.

Das CD-ROM-Laufwerk erhält den nächsten Buchstaben nach dem letzten Festplattenlaufwerk. Üblicherweise war das Laufwerk D. Da die Festplattenlaufwerke größer und oft partitioniert wurden, kann das CD-ROM-Laufwerk einen beliebigen Buchstaben haben.

Nach dem CD-ROM-Laufwerk werden alle anderen Laufwerke der Reihe nach benannt. Wenn Sie z.B. ein ZIP-Laufwerk besitzen, sind die Laufwerke vermutlich wie folgt benannt:

Laufwerk A: Diskettenlaufwerk

Laufwerk C: Festplattenlaufwerk

Laufwerk D: Ein weiteres Festplattenlaufwerk

Laufwerk E: CD-ROM-Laufwerk

Laufwerk F: ZIP-Laufwerk

Für jedes weitere Laufwerk wird der nächste Buchstabe im Alphabet verwendet. Wenn der Computer mit einem Netzwerk verbunden ist, kann G das Netzlaufwerk sein.

Schreiben Sie die Laufwerke Ihres Computers und die Laufwerksbuchstaben auf. Sie können auch die Laufwerke beschriften.

- ✔ Bei der Installation von Software ist es hilfreich, wenn Sie die Laufwerke Ihres Systems kennen, da Sie z.B. möglicherweise den Laufwerksbuchstaben des CD-ROM-Laufwerks angeben müssen.

- Das CD-ROM-Laufwerk hat nicht bei jedem Computer den gleichen Laufwerksbuchstaben.

Mein CD-ROM-Laufwerk und mein ZIP-Laufwerk haben die Laufwerksbuchstaben R und Z. Sie können die Laufwerksbuchstaben von Laufwerken mit entnehmbaren Datenträgern ändern, indem Sie bestimmte geheime Regeln einhalten.

Den Buchstaben als Namen verwenden

Jedes Laufwerk wird mit einem Buchstaben des Alphabets benannt. Windows fügt allerdings noch einen Doppelpunkt hinzu. Nur wenn Sie den Doppelpunkt angeben, weiß Windows wovon Sie reden. Also:

Windows kennt Laufwerk A als A:.

Laufwerk C ist für Windows C:.

Das gilt für alle Laufwerke, von D: bis Z:.

Disketten-Kavalkade!

Der Standardcomputer hat heute nur ein Diskettenlaufwerk. Alle Computer, sogar der Macintosh, verwenden den gleichen Laufwerkstyp. Es kann nicht verwechselt werden.

Zusätzlich zum gleichen Laufwerkstyp gibt es auch den gleichen Diskettentyp. Sie können alle erhältlichen Disketten in jedem Laufwerk verwenden.

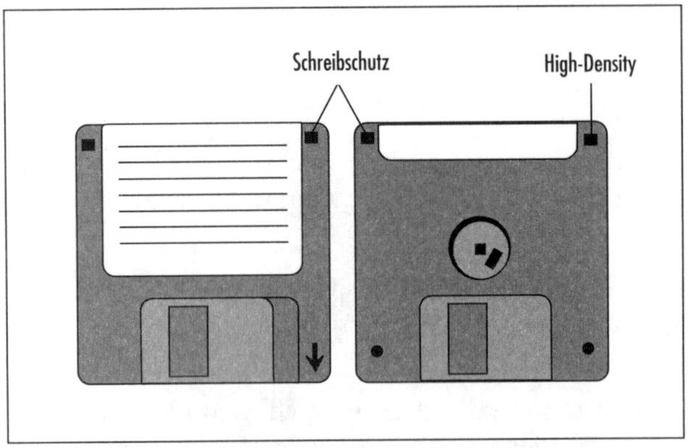

Abbildung 7.2: Die Standard-3½-Zoll-Diskette

- ✔ Die Versuchung ist groß, diese Disketten als Untersetzer zu verwenden. Tun Sie es nicht. Wenn Feuchtigkeit unter dem Schiebeteil in die Diskette eindringt, wird diese beschädigt.
- ✔ Es ist nichts falsch daran, billigere Disketten im großen zu kaufen.

Zahlen Sie ein bißchen mehr, und kaufen Sie vorformatierte IBM-Disketten. Das spart Ihnen Zeit, da unformatierte Disketten vor Gebrauch formatiert werden müssen. (Das Formatieren wird später in diesem Kapitel erklärt.)

- ✔ »IBM« auf der Schachtel mit vorformatierten Disketten, bedeutet nicht, daß diese nur für IBM-Computer verwendet werden können. IBM-Disketten können für jeden Computer verwendet werden.
- ✔ Die meisten 3,5-Zoll-Disketten werden in Plastikhüllen verkauft. Schmeißen Sie sie weg.

Hm, ich frage mich, was auf dieser Diskette ist?

Wenn es Ihnen oft passiert, daß Sie eine Diskette nehmen und sich fragen: »Wo zum Teufel kommt diese Diskette her?«, habe ich eine goldene Regel für Sie: Beschriften Sie Ihre Disketten!

In jeder Diskettenschachtel, sogar in den billigen, befinden sich mehrere Klebeetiketten. Sie benutzen diese folgendermaßen:

1. **Beschriften Sie die Klebeetiketten mit einem Stift.**

   Schreiben Sie den Inhalt der Diskette oder einen Dateinamen auf das Etikett, zum Beispiel »Private Dateien« oder »Notfalldiskette«.

2. **Ziehen Sie das Etikett ab, und kleben Sie es vorsichtig auf die Diskette.**

   Das war's. Wenn alle Ihre Disketten beschriftet sind, brauchen Sie sich nie über deren Inhalt den Kopf zu zerbrechen. Und Sie werden benötigte Disketten schneller finden.

- ✔ Sie können immer rausfinden, was sich auf einer Diskette befindet, indem Sie sie öffnen und reinschauen. Nein! Legen Sie den Schraubenzieher wieder weg! Machen Sie es lieber mit dem Programm Arbeitsplatz in Windows 95. Öffnen Sie den **Arbeitsplatz,** und doppelklicken Sie auf das Laufwerk, das die fragliche Diskette enthält, zum Beispiel Laufwerk A. Der Inhalt der Diskette wird in einem Fenster auf dem Bildschirm angezeigt.

Beschriften Sie Ihre Disketten gleich nach dem Formatieren. Auf diese Art haben alle formatierten Disketten ein Etikett. Wenn Sie eine Diskette ohne Etikett finden, sagt Ihnen das, daß sie wahrscheinlich nicht formatiert ist.

Verwenden Sie keine Post-its als Diskettenetiketten. Sie können runterfallen und im Laufwerk steckenbleiben.

Disketten mit einem Schreibschutz versehen

Sie können Disketten schützen, um sich selbst oder jemand anderen davon abzuhalten, etwas auf der Diskette zu ändern oder zu löschen.

Um den Schreibschutz auf einer 3,5-Zoll-Diskette zu aktivieren, müssen Sie das kleine Schiebeteil an der unteren linken Seite der Diskette ausfindig machen. Wird das Loch vom Schiebeteil bedeckt, kann auf die Diskette geschrieben werden. Wenn Sie das Teil vom Loch wegschieben, so daß Sie durchsehen können, ist die Diskette schreibgeschützt (siehe Abbildung 7.2).

Wenn eine Diskette schreibgeschützt ist, können Sie nichts ändern oder löschen. Und Sie können sie nicht versehentlich neu formatieren. Sie können Daten auf der Diskette lesen und Dateien von ihr kopieren. Den Versuch, die Diskette in irgendeiner Weise zu ändern, können Sie sich sparen.

Was Sie mit Disketten niemals tun sollten

Disketten speichern Informationen in Form von magnetischen Impulsen. Das bedeutet, daß Sie, wenn Sie sie in die Nähe eines Magneten bringen, neue willkürliche magnetische Impulse über Ihre wichtigen Daten kopieren. Verwenden Sie keinen Magneten, um eine Diskette an den Kühlschrank zu heften!

Halten Sie Ihre Disketten von versteckten Magneten fern: Telefonen, Lautsprechern an Radios und Fernsehern, Büroklammerdosen, Schreibtischventilatoren, Fotokopierern, Verstärkern von elektrischen Gitarren und dem Planet Jupiter.

- ✔ Stellen Sie keine Bücher oder andere schwere Gegenstände auf Disketten. Der Druck kann Staubkörnchen in die Diskette drücken.
- ✔ Vermeiden Sie extreme Temperaturen. Lassen Sie Disketten nie auf dem Armaturenbrett Ihres Autos oder gar auf einem Fensterbrett liegen. Und bewahren Sie Ihre Disketten auch nicht im Gefrierfach auf.

Nehmen Sie nie eine Diskette aus dem Laufwerk, wenn das Laufwerkslicht an ist.

- ✔ Nehmen Sie nie eine Diskette aus dem Laufwerk, während Sie auf das Laufwerk zugreifen. Warten Sie bis alle Dateien gespeichert sind und schließen Sie das Diskettenfenster, bevor Sie die Diskette auswerfen.

Eine Diskette formatieren

Alle Disketten müssen formatiert sein. Wenn Sie keine vorformatierten Disketten gekauft haben, müssen Sie die Disketten irgendwann formatieren. Eine Diskette muß formatiert sein, bevor Sie sie benutzen können.

Wenn die Diskette nicht formatiert ist, und Sie versuchen, darauf zuzugreifen, zeigt Windows eine häßliche Fehlermeldung an (siehe Abbildung 7.3). Sollte das passieren, klicken Sie auf die Schaltfläche **Ja**, und formatieren Sie die Diskette.

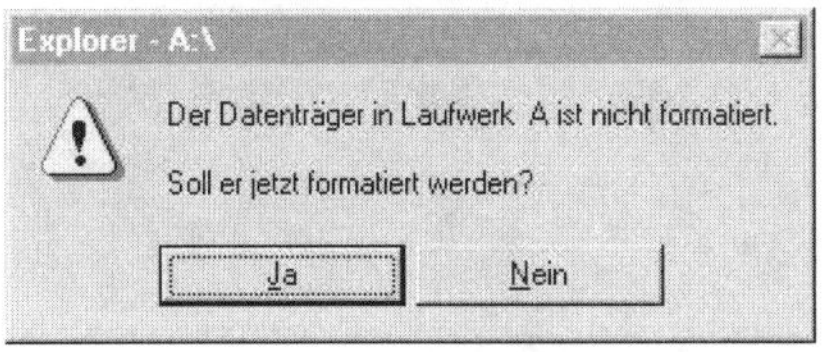

Abbildung 7.3: Die Fehlermeldung »Diskette ist nicht formatiert«

Da Sie es besser wissen, stecken Sie eine unformatierte Diskette in Laufwerk A oder B. Vergewissern Sie sich, daß die Diskette die richtige Größe für das Laufwerk hat. Gehen Sie dann wie folgt vor:

1. **Öffnen Sie den Arbeitsplatz.**

   Doppelklicken Sie auf das Arbeitsplatz-Symbol, das sich in der oberen linken Ecke des Bildschirms befindet. In einem Fenster werden die Laufwerke Ihres Computers und zwei Ordner angezeigt (siehe Abbildung 7.1).

2. **Stecken Sie eine unformatierte Diskette in Laufwerk A.**

   Oder in Laufwerk B. Vielleicht befindet sich die Diskette auch schon im Laufwerk.

   Vergewissern Sie sich, daß die Diskette nicht formatiert ist, bzw., daß Sie die Daten wirklich nicht mehr brauchen. Beim Formatieren werden alle Informationen gelöscht, die sich auf der Diskette befinden. Das ist sicher etwas, das Sie nicht durch Zufall herausfinden möchten.

3. **Wählen Sie Laufwerk A.**

   Klicken Sie einmal auf das Symbol von Laufwerk A. Dadurch wird das Laufwerk hervorgehoben, und Sie können es benutzen.

4. **Wählen Sie Datei/Formatieren.**

   Das Dialogfeld Formatieren erscheint (siehe Abbildung 7.4).

5. **Klicken Sie auf Starten.**

   Ignorieren Sie die Optionen im Dialogfeld. Zeigen Sie auf die Schaltfläche **Starten,** und klicken Sie darauf.

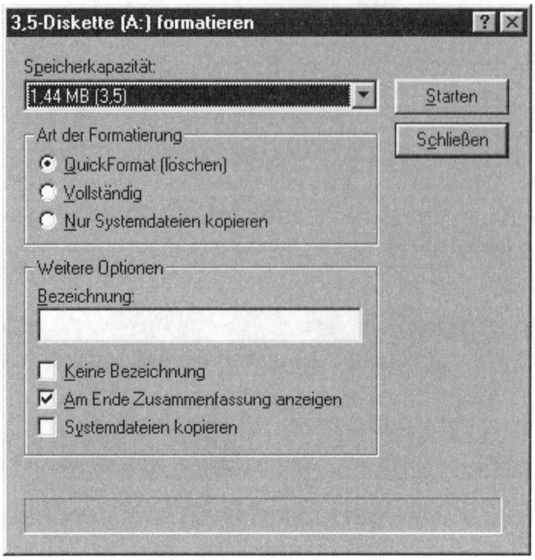

Abbildung 7.4: Das Dialogfeld Formatieren

Das Formatieren dauert ein bißchen; Sie können in der Zwischenzeit den Kühlschrank plündern. Wenn Windows mit dem Formatieren fertig ist: passiert nichts. Gut, es zeigt eine Meldung an. Drücken Sie Esc, um das Dialogfeld zu schließen. Sie können die Diskette jetzt benutzen.

- ✔ Die Diskettenlaufwerke im Arbeitsplatzfenster tragen kleine Disketten auf den Schultern. Geben Sie sich nicht mit anderen Laufwerken ab.
- ✔ Falls Ihr Computer ein Diskettenlaufwerk B hat, können Sie Disketten wie oben beschrieben formatieren.
- ✔ MO-Datenträger werden wie beschrieben formatiert.
- ✔ ZIP-Datenträger werden ähnlich wie Disketten formatiert, aber Sie müssen das spezielle ZIP-Datenträgerformat im Popup-Menü wählen. Sie können alle Dateien löschen, die Iomega (der Hersteller) auf dem Datenträger gespeichert hat. Wenn das ZIP-Laufwerk richtig installiert ist und funktioniert, werden diese Dateien nicht benötigt.
- ✔ Stellen Sie sicher, daß Sie eine neue Diskette oder eine, die nichts Wichtiges enthält, formatieren. Das Neuformatieren löscht alle Daten auf der Diskette, also seien Sie vorsichtig damit, was Sie in das Laufwerk stecken.

Nachdem die Diskette formatiert ist, klatschen Sie ein Etikett drauf. Sie können eines der Selbstklebeetiketten nehmen, die sich in der Diskettenschachtel befinden. Beschriften Sie das Etikett, bevor Sie es auf die Diskette kleben.

Formatieren Sie NIE die Festplatte. Das ist in Windows fast unmöglich, aber unternehmen Sie nicht einmal den Versuch. Das Formatieren der Festplatte ist etwas, das der Hersteller macht. Erfahrene Techniker, die weiße Laborkittel tragen, Mützen aufhaben, Klemmbretter rumtragen und eingeschweißte Erkennungsmarken mit schlechten Fotos haben, erledigen das Formatieren.

CD-ROM-Laufwerke

In CD-ROM-Laufwerke werden CDs eingelegt. Eine Computer-CD sieht genauso aus wie eine Musik-CD, kann aber Megabytes an Informationen speichern. Sie können über das CD-ROM-Laufwerk auf diese Informationen zugreifen; genauso wie auf Informationen auf der Festplatte oder einer Diskette.

- ✔ Das RO in CD-ROM steht für »Read-only«. Sie können die Informationen auf einer CD nur lesen, nicht löschen oder ändern. Es können auch keine neuen Informationen hinzugefügt werden.

Es gibt CDs, auf die geschrieben werden kann. Sie benötigen dazu ein CD-R-Laufwerk (CD recordable) oder ein CD-RW-Laufwerk (read-write). Diese verhalten sich wie normale CDs, aber es sind spezielle Programme erforderlich, um darauf zu schreiben.

Eine CD einlegen

Die erste Methode eine CD einzulegen, ist sie einfach in das Laufwerk zu schieben. Wenn Sie die CD einschieben, wird diese vom Laufwerk gegriffen und vollständig eingezogen.

Die zweite Methode ist, die CD in ein Fach zu legen, das aus dem Laufwerk kommt. Drücken Sie die Eject-Taste, damit das Fach auftaucht. Legen Sie die CD darauf und schubsen Sie das Fach ein bißchen an, damit es eingezogen wird.

Die dritte Methode ist, die CD mit der Beschriftung nach oben in einen Caddy oder Container zu legen. Schließen Sie den Container und schieben Sie ihn in das Laufwerk.

Wenn sich die CD im Laufwerk befindet, kann sie wie jeder andere Datenträger verwendet werden.

- ✔ Wenn Sie ein CD-ROM-Laufwerk mit einem Container haben, können Sie für jede CD einen eigenen Container kaufen, um beim Wechseln der CDs Zeit zu sparen.

Eine CD auswerfen

Gehen Sie wie folgt vor, um eine CD aus dem CD-ROM-Laufwerk zu entfernen:

1. **Suchen Sie nach dem CD-ROM-Laufwerk im Arbeitsplatz.**

   Doppelklicken Sie auf den Arbeitsplatz auf dem Desktop, um ihn zu öffnen. In einem Fenster werden alle Laufwerke des Computers und ein paar Ordner angezeigt.

2. **Zeigen Sie mit der Maus auf das CD-ROM-Symbol.**

3. **Klicken Sie die rechte Maustaste.**

Das Menü des CD-ROM-Laufwerks wird angezeigt (siehe Abbildung 7.5).

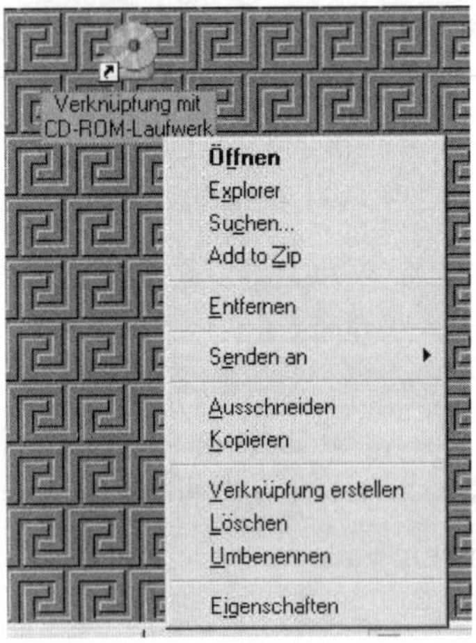

Abbildung 7.5: Das CD-ROM-Menü

4. **Wählen Sie Auswerfen im Menü.**

Zeigen Sie mit der Maus auf **Auswerfen,** und klicken Sie darauf.

Das CD-ROM-Laufwerk spuckt die CD aus.

- ✔ Diese Schritte funktionieren auch mit ZIP-Datenträgern, MO-Datenträgern und anderen entnehmbaren Datenträgern. Aber nicht mit Disketten.
- ✔ Sie können eine CD jederzeit auswerfen, indem Sie die Eject-Taste am Laufwerk drücken. Bei einigen Modellen müssen Sie zwei Tasten gleichzeitig drücken.

Ich habe DVD!

DVD ist der letzte Schrei, was Laufwerke betrifft. Wenn Ihr Computer kein DVD-Laufwerk hat, Ihr nächster hat es bestimmt. DVD-Laufwerke sind optional erhältlich, aber zukünftig bestimmt der Standard.

DVD ist ein Akronym für Digital Versatile Disk. Die Laufwerke sehen aus wie CD-ROM-Laufwerke, aber mit einem DVD-Logo darauf.

Obwohl DVD-Datenträger aussehen wie normale CDs, können darauf mehr als 4 GB an Informationen gespeichert werden. (Auf einer typischen Computer-CD können 600 MB gespeichert werden.) Es gibt Gerüchte, daß es bald DVD-Datenträger mit 17 GB Speicherkapazität gibt. (Wahrscheinlich gerade mal genug für Excel 2010.)

Und jetzt die schlechten Neuigkeiten: Es sind nicht viele DVD-Programme erhältlich. Es gibt Video-CDs, die den Videorecorder ersetzen können. Die einzigen DVD-CDs, die ich besitze, sind Videos. Mit dem in Windows 98 enthaltenen DVD-Player kann ich die Videos wiedergeben.

Zeug auf der Festplatte speichern

8

In diesem Kapitel

- Alles über die Festplattenorganisation
- Was ist ein Ordner?
- Dateiverwaltung (die Baumstruktur)
- Einen Ordner erstellen
- Eine Verknüpfung zu einem Ordner erstellen
- Ordner löschen
- Das Dialogfeld Öffnen
- Das Dialogfeld Speichern
- Pfadnamen

Soll ich Ihnen ein Geheimnis verraten? Sie können sich die Arbeit mit dem Computer erleichtern, wenn Sie Ihre Dateien in Ordnern organisieren. Hört sich einfach an, nicht wahr? Aber viele Leute denken, daß das Erstellen und Verwenden von Ordnern genauso schmerzhaft wie eine Wurzelkanalbehandlung beim Zahnarzt ist.

Dieses Kapitel versucht, Ihnen auf möglichst schmerzlose Weise das Organisieren von Dateien nahe zu bringen. Befolgen Sie einige Schritte, und schon bald werden Sie die Freuden einer organisierten Festplatte genießen.

Warum sollte ich mir die Mühe machen, meine Festplatte zu organisieren?

Die Wahrheit ist, Sie müssen Ihre Festplatte nicht organisieren. Sie könnten Ihren Computer monatelang benutzen, ohne sich mit Ordnern rumärgern zu müssen. Aber früher oder später würden Probleme auftauchen.

- ✔ Ohne Ordner befinden sich Dateien irgendwo. Vielleicht können Sie sie finden, aber wahrscheinlich nicht.
- ✔ Unterschiedliche Programme stecken Dateien in unterschiedliche Ordner. Wer weiß, wo Ihr Zeug ist?

- Schon mal beim Suchen nach einer Datei die Haare gerauft? Vermutlich, weil Sie sich nicht um Ordner geschert haben, als Sie die Dateien erstellt und gespeichert haben.
- In Ordnern können Ihre Dateien ordentlich mit anderen Dateien aufbewahrt werden. Sie können Ihren Kram nach Projekt, Dateityp oder was auch immer organisieren.

Das eigentliche Problem ist, daß es Windows schnuppe ist, ob Sie Ordner verwenden oder nicht. Wenn Sie es tun, sind Sie organisiert und können immer alles finden. Wenn Sie es nicht tun, wird zwar alles funktionieren, aber die Arbeit mit dem Computer nimmt mehr Zeit in Anspruch.

Ich persönlich würde die Festplatte lieber organisieren und meine Haare behalten.

Städte an der Grenze zum Wilden Westen (oder: Was ist ein Ordner?)

Ein Ordner ist ein Speicherplatz für Dateien im Computer, speziell auf der Festplatte. Ordner halten Dateien zusammen, wie ein kleiner Datenträger innerhalb eines Datenträgers. Alle Dateien in einem Ordner befinden sich an einer Stelle.

Zusätzlich zu Dateien können Ordner auch weitere Ordner enthalten. Das ist nur eine andere Ebene der Organisation. Sie können zum Beispiel einen Ordner Finanzen nennen und in diesem Ordner andere Ordner mit den Namen 1998, 1999 usw. anlegen.

- Egal, ob Sie Ihre Dateien benutzen oder nicht, Windows legt sie immer in Ordnern auf dem Datenträger ab. Wenn Sie also etwas in Windows speichern, speichern Sie es in einem bestimmten Ordner irgendwo auf der Festplatte.

In vergangenen Tagen wurden Ordner Verzeichnisse oder auch präpositionale Unterverzeichnisse genannt. Das ist eigentlich nicht wichtig, aber Sie werden in Programmen (einschließlich Windows) immer »Verzeichnis hier« oder »Unterverzeichnis dort« finden. Verzeichnis, Ordner, gleiche Sache.

Namen und Orte

Ein Ordner ist ein Ordner ist ein Ordner. Aber einige Ordner haben bestimmte Namen. Werfen Sie einen Blick auf Ihren Bildschirm, um sich mit der merkwürdigen Namensgebung von Windows vertraut zu machen. (Schalten Sie Ihren Computer ein, da diese Demonstration nur funktioniert, wenn das Ding an ist.)

Der Desktop: Das, worauf Sie starren, wenn Windows gestartet ist, wird der Desktop genannt. Möglicherweise müssen Sie einige Fenster schließen und Programme minimieren, um das ganze Ding zu sehen. Das ist die oberste Organisationsebene Ihres Computers. Was das bedeutet? Absolut nichts.

- Der Desktop ist nichts weiter als der Bildschirm, den Sie in Windows sehen.
- Alle Symbole auf dem Desktop, zum Beispiel Papierkorb, Internet, Arbeitsplatz usw. werden als Teil des Desktops betrachtet.
- Der Desktop ist nur die oberste Organisationsebene von Windows. Es hat nichts damit zu tun, ob Sie ein guter Mensch sind oder nicht.

Arbeitsplatz: Die nächste Organisationsebene ist Ihr Computer selbst, repräsentiert durch das Symbol **Arbeitsplatz** in der oberen linken Ecke des Desktop.

Doppelklicken Sie mit der Maus auf den **Arbeitsplatz**, um ihn zu öffnen. In einem Fenster werden alle Laufwerke des Computers und zwei Gastordner angezeigt: **Systemsteuerung** und **Drucker**.

- Im Arbeitsplatz wird angezeigt, was sich in Ihrem Computer befindet; im wesentlichen Laufwerke: Diskettenlaufwerke, Festplattenlaufwerke, CD-ROM-Laufwerke und was Sie sonst noch besitzen, um Dateien zu speichern.

Im Ordner **Systemsteuerung** können Sie mit Teilen Ihres Computers herumspielen. Er hat nichts mit dem Speichern oder Organisieren von Dateien zu tun.

Dasselbe gilt für den Ordner **Drucker**. Er enthält alle Drucker, die an Ihrem Computer angeschlossen sind (siehe Kapitel 16).

- Der Ordner **Geplante Vorgänge** enthält automatisierte Programme, z.B. ein Programm für die Datenträgerbereinigung, das wöchentlich ausgeführt wird. Windows 95 hat diesen Ordner nicht.
- Im Arbeitsplatz befindet sich der Ordner **DFÜ-Netzwerk**. Dieser Ordner wird in Teil VI beschrieben.

Der Stammordner: Jeder Datenträger hat mindestens einen Ordner. Dieser Ordner, der Hauptordner, wird Stammordner genannt. Wie bei einem Baum zweigen alle anderen Ordner auf der Festplatte vom Haupt- bzw. Stammordner ab.

- Dem Stammordner ist kein niedliches Symbol zugeordnet. Der Stammordner sieht im Arbeitsplatz und im Explorer aus wie ein Laufwerk.
- Wenn Sie im Arbeitsplatz oder im Explorer ein Laufwerk öffnen, werden alle Dateien und Ordner angezeigt, die im Stammordner gespeichert sind.
- Der Stammordner wird auch Stammverzeichnis genannt. Das ist lediglich ein Rückfall in die alten Tage von DOS (was wiederum ein Rückfall in die Tage von UNIX ist, das König Herod benutzt hat).

Der Ordner Eigene Dateien: Der Ordner **Eigene Dateien** in Windows 98 ist ein spezieller Ordner. Die meisten Programme in Windows versuchen zuerst in diesem Ordner neu erstellte Dokumente zu speichern. Es hat sechs Versionen von DOS und vier Versionen von Windows gedauert, bevor Microsoft dieses Konzept entwickelt hat.

- ✔ Wenn Sie Windows 95 verwenden, ist der Ordner **Eigene Dateien** möglicherweise vorhanden. (Er ist auf jeden Fall vorhanden, wenn Sie Microsoft Office installiert haben.) Sie können den Ordner Eigene Dateien auch erstellen.
- ✔ Alle neuen Dokumente sollten im Ordner **Eigene Dateien** erstellt werden.
- ✔ Sie können im Ordner **Eigene Dateien** auch untergeordnete Ordner erstellen, um Ihre Dateien zu organisieren.

Andere Ordner: Ordner auf Ihrer Festplatte, die Dateien oder auch andere Ordner enthalten.

- ✔ Idealerweise gibt Ihnen der Name eines Ordners einen Hinweis auf seinen Inhalt.
- ✔ Wenige spezielle Ordner, wie **Systemsteuerung** und **Drucker**, enthalten keine Dateien, die Sie auf einer Diskette speichern. Sie können sie leicht erkennen, da sie nicht wie die einfachen gelben Ordner aussehen. Legen Sie sich nicht mit diesen Ordnern an.

Die Baumstruktur

Das ganze Durcheinander von Dateien und Ordnern ist in dem organisiert, was Klugscheißer die Baumstruktur nennen. Die Ordner beginnen am Stamm, verzweigen in weiteren Ordnern und enden schließlich in Dateien wie die Blätter an einem Baum. In diesem Vergleich sind keine Blattläuse.

Warum Sie sich mit der Baumstruktur abgeben sollen? Weil sie Ihre Dateien organisiert. Um zu sehen, wie alles funktioniert, lesen Sie das folgende kurze Tutorial (das eigentlich kein Tutorial ist, weil »...für Dummies«-Bücher keine Tutorials enthalten sollten).

1. **Lassen Sie den Explorer hochgehen.**

   Der Explorer ist zum Herumhüpfen zwischen Ordnern wesentlich besser geeignet als der Arbeitsplatz. Wählen Sie **Programme/Windows Explorer** im Startmenü, um den Explorer zu starten.

   Wenn sich auf der Tastatur eine Windows-Taste befindet, können Sie den Explorer starten, indem Sie sie zusammen mit der E-Taste drücken.

   Der Explorer erscheint auf dem Bildschirm; siehe Abbildung 8.1.

- ✔ Wenn die Symbolleiste des Explorers nicht angezeigt wird, wählen Sie **Ansicht/Symbolleiste**. Vergrößern Sie das Fenster, um die ganze Symbolleiste anzuzeigen.
- ✔ Das Fenster des Explorers ist in zwei Ausschnitte eingeteilt. Die linke Seite enthält die Baumstruktur; wie Ihre Festplatte organisiert ist, vom Desktopk bis zum letzten Ordner. Im rechten Ausschnitt wird der Inhalt des Ordners angezeigt, der im linken Ausschnitt markiert ist.

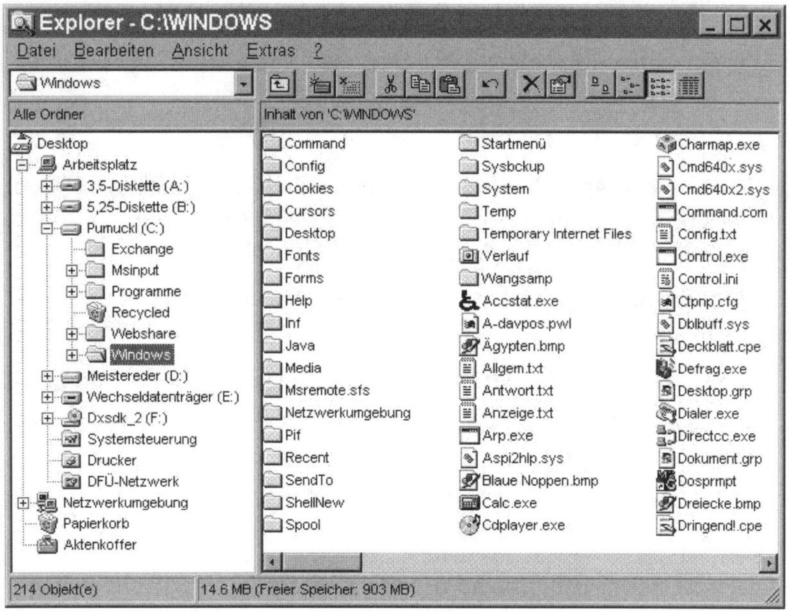

Abbildung 8.1: Der Explorer in Aktion

2. **Im linken Ausschnitt den Bildlauf nach oben durchführen.**

   Wenn der Desktop im linken Ausschnitt nicht angezeigt wird, führen Sie mit der Bildlaufleiste (dem Rauf-und-runter-Teil in der Mitte) einen Bildlauf nach oben durch. Der Desktop sollte als erstes angezeigt werden.

   Unter dem Desktop befindet sich der Arbeitsplatz.

   Unter dem Arbeitsplatz finden Sie alle Laufwerke im Computer und zwei seltsame Ordner.

3. **In Laufwerk C hineinschauen.**

   Klicken Sie auf Laufwerk C im linken Ausschnitt.

   Laufwerk C hat vielleicht einen Namen vor dem Laufwerkbuchstaben:

   `MICRON (C:)`

   Der Laufwerkbuchstabe und der Doppelpunkt werden möglicherweise in Klammern angegeben:

   `(C:)`

   Wie auch immer, klicken Sie auf das Laufwerk, um seinen Inhalt im rechten Ausschnitt des Explorers anzuzeigen.

Was Sie im rechten Ausschnitt sehen, den Inhalt von Laufwerk C, ist eigentlich der Stammordner.

- ✔ Mit der Schaltflächen Ansicht ganz rechts in der Symbolleiste können Sie Dateien und Symbole unterschiedlich anzeigen. Wenn Sie zu viel Zeit haben, klicken Sie auf jede Schaltfläche, um die verschiedenen Ansichten auszuprobieren.
- ✔ Windows hat vier Schaltflächen rechts in der Symbolleiste. Jede Schaltfläche zeigt eine andere Ansicht an.
- ✔ Meine Lieblingsansicht im Explorer ist »Kleine Symbole« (siehe Abbildung 8.1).
- ✔ Manche Leute bevorzugen »Große Symbole«, ähnlich dem, was im Arbeitsplatz angezeigt wird.
- ✔ Computerfreaks lieben die Ansicht »Details« (letzte Schaltfläche).
- ✔ Fragen Sie mich nicht, warum der Laufwerkbuchstabe (und der Doppelpunkt) in Klammern gesetzt ist. Ich dachte immer, der Doppelpunkt ist verwirrend genug. Aber nein, nicht für Microsoft.
- ✔ Laufwerk C ist das erste Festplattenlaufwerk Ihres Computers. In Kapitel 7 erfahren Sie, warum es nicht Laufwerk A ist.

4. **Laufwerk C öffnen.**

   Klicken Sie auf das kleine Pluszeichen neben dem Laufwerk. (Wenn Sie ein Minuszeichen neben dem Laufwerk sehen, ist es bereits offen).

   Wenn Sie auf das Pluszeichen klicken, um Laufwerk C zu öffnen, werden alle Ordner in Laufwerk C im linken Ausschnitt des Explorers angezeigt.

Im linken Ausschnitt des Explorers wird die Baumstruktur des Computers angezeigt: die Laufwerke und Ordner. Im rechten Ausschnitt wird der Inhalt angezeigt.

- ✔ Wenn ein Laufwerk oder ein Ordner geschlossen ist, erscheint daneben ein Pluszeichen. Klicken Sie auf das Pluszeichen, um das Laufwerk oder den Ordner zu öffnen.
- ✔ Wenn ein Laufwerk oder ein Ordner geöffnet ist, verwandelt sich das Pluszeichen in ein Minuszeichen.

5. **In den Windows-Ordner hineinschauen.**

   Führen Sie den Bildlauf im linken Ausschnitt durch, bis Sie den Windows-Ordner sehen. Klicken Sie auf den Ordner, um seinen Inhalt im rechten Ausschnitt anzuzeigen.

Möglicherweise müssen Sie die mittlere Bildlaufleiste im linken Ausschnitt verwenden, um den Windows-Ordner zu finden.

Wenn eine Warnung über das Ändern von Dateien im Windows-Ordner angezeigt wird, wählen Sie **Ansicht/Als Webseite** im Menü, um die Warnungen zu deaktivieren.

6. **Den Ordner Media öffnen.**

   Suchen Sie mit der Bildlaufleiste im rechten Ausschnitt nach dem Ordner **Media**. Wenn Sie ihn gefunden haben, doppelklicken Sie darauf. Er wird geöffnet, und sein Inhalt wird im rechten Ausschnitt angezeigt.

- ✔ Das Öffnen eines Ordners im rechten Ausschnitt funktioniert genauso wie im Arbeitsplatz. Es ist sehr unexplorerisch; sagen Sie Ihrem Computerguru nicht, daß Sie es versucht haben.
- ✔ In Ihrem Windows-Ordner befindet sich möglicherweise kein Ordner mit dem Namen **Media**. Öffnen Sie in diesem Fall einen anderen Ordner, der interessant aussieht. Vertrödeln Sie aber nicht den ganzen Tag damit.
- ✔ Haben Sie bemerkt, daß der Ordner **Media** im linken Ausschnitt ein bißchen geöffnet ist? Daran können Sie erkennen, in welchen Ordner Sie gerade hineinschauen. Es wird auch eine Titelzeile über dem rechten Ausschnitt angezeigt, in der steht »Inhalt von Media«. Toller Hinweis.

7. **Mit dem Ordner-wechseln-Ding zum Stammordner zurückkehren.**

   Klicken Sie auf den Pfeil neben der Dropdown-Liste Ordner wechseln, um die Liste anzuzeigen. Führen Sie, wenn nötig, einen Bildlauf durch, um den Stammordner bzw. Laufwerk C zu finden (siehe Schritt 3), und klicken Sie darauf (siehe Abbildung 8.2).

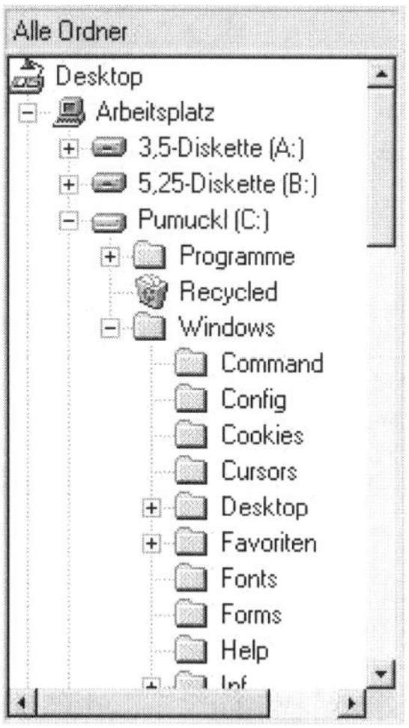

Abbildung 8.2: Mit der Dropdown-Liste Ordner wechseln zum Stammordner zurückkehren

Dieser Vorgang bringt Sie direkt zum Stammordner zurück oder zu einem anderen Ordner, auf den Sie klicken. Es ist eine schnelle Methode, um von einem Ordner zu einem anderen zu wechseln.

Wenn Sie nur einen Ordner nach oben hüpfen möchten, klicken Sie auf die entsprechende Schaltfläche in der Symbolleiste.

Das Hinunterkriechen in die Tiefen der Baumstruktur Ihres Systems ist nicht so kompliziert. Es ist notwendig, wenn Sie viele wichtige Ordner für Ihren Kram erstellen.

Nein, es hat nichts mit Höhlenforschung zu tun.

Ordner Freiübungen

Ordner sind nicht wie Schimmelpilze. Sie erscheinen nicht bei der entsprechenden Feuchtigkeit, den richtigen Temperaturverhältnissen und der Nähe von Seattle.

Sie müssen sich anstrengen, um Ordner auf Ihrer Festplatte zu erstellen.

Sie müssen sich anstrengen, um Ordner auf Ihrer Festplatte zu benutzen.

Sie müssen mir glauben, wenn ich Ihnen sage, daß es nicht so schlimm ist.

Genug mit dem Finger gedroht.

Wo Sie Ihre Ordner erstellen

Ordner können sich überall auf Ihrer Festplatte befinden. Deshalb können sie überall erstellt werden. Es gibt keine Regeln und keine Geschwindigkeitsbegrenzung, ähnlich wie beim Autofahren in Italien.

✔ Sie können natürlich alle Ordner im Stammordner (Stammverzeichnis) erstellen, die erste Liste mit Dateien und Ordnern auf der Festplatte. Aber das wäre nicht gerade gut organisiert. Außerdem ist in Windows die Anzahl der Ordner im Stamm beschränkt. Erstellen Sie Ihre Ordner besser woanders.

✔ Am besten erstellen Sie neue Ordner im praktischen Ordner **Eigene Dateien**. Dafür ist er da: Für Ihre Dokumente. Außerdem ist es so einfacher Dateien zu sichern, weil sie sich alle in einem Ordner befinden.

✔ Indem Sie Ordner in Kategorien einteilen, ist alles übersichtlich angeordnet. Ich habe zum Beispiel einen Ordner **Grafik** genannt. In diesem Ordner befinden sich Ordner für die verschiedenen Grafikformate. Das ist ein Beispiel dafür, wie Ihnen organisierte Ordner helfen, schnell alles zu finden.

✔ Ich persönlich erstelle Ordner immer nach Kategorien. Ich habe allgemeine Ordner mit den Namen Grafik, Video, Arbeit, Finanzen und Ramsch.

- ✔ Im Ordner **Finanzen** befinden sich Ordner, die nach Jahren eingeteilt sind. Sie könnten zum Beispiel im Ordner **1993** alles über meine finanziellen Verhältnisse im Jahr 1993 finden.
- ✔ Das Praktische an diesem System ist, daß ich immer alle Dateien finde, die ich gerade benötige.
- ✔ Meine Korrespondenz organisiere ich genauso. Im Ordner **Dokumente** befindet sich der Ordner Briefe, der wiederum die Ordner **Persönlich**, **Arbeit** und **Verschiedenes**. In jedem dieser Ordner sind weitere Ordner angelegt.
- ✔ Bin ich nicht gut organisiert? Das können Sie auch sein, wenn Sie Ihre Ordner in Windows organisieren.

Eine kurze Übung zum Erstellen von Ordnern

Das Erstellen eines Ordners ist einfach. Das Schwierige ist, wo er erstellt wird. Im folgenden Beispiel erstellen Sie den Ordner **Trödel** im Stammordner auf Laufwerk C.

1. **Öffnen Sie den Ordner Eigene Dateien auf dem Desktop.**

   Doppelklicken Sie auf das Symbol Eigene Dateien auf dem Desktop, um alle Dokumente anzuzeigen.

   Wenn sich das Symbol **Eigene Dateien** nicht auf dem Desktop befinden, gehen Sie wie folgt vor: Doppelklicken Sie auf den **Arbeitsplatz**, öffnen Sie Laufwerk C und dann den Ordner Eigene Dateien. Sie können den Ordner **Eigene Dateien** auch erstellen.

2. **Wählen Sie Datei/Neu/Ordner.**

   Im Fenster wird ein neuer Ordner angezeigt. (Wie der neue Ordner aussieht, ist abhängig von der im Menü **Ansicht** gewählten Option.)

   Ta-da! Hier ist Ihr neuer Ordner.

3. **Geben Sie dem Ordner einen anderen Namen als das dumme Neuer Ordner.**

   Geben Sie den neuen Namen ein. Denken Sie daran, daß dieser Ordner Dateien und vielleicht weitere Ordner enthalten wird, die alle irgendwie mit dem Namen des Ordners in bezug stehen. In dieser Übung geben Sie den nicht sehr beschreibenden Namen Trödel ein.

   - Löschen Sie Tippfehler ggf. mit der Rückschrittaste.
   - In Kapitel 9 werden Dateinamen erklärt. Diese Regeln sind auch für Ordnernamen gültig.

4. **Drücken Sie die Eingabetaste, um den Namen zu übernehmen.**

5. **Machen Sie etwas mit dem Ordner. Erstellen Sie weitere Ordner, kopieren und verschieben Sie Dateien oder was Ihnen sonst noch einfällt.**

   Doppelklicken Sie auf den Ordner, um ihn zu öffnen. Es wird ein leeres Fenster angezeigt, da es ein neuer Ordner ohne Inhalt ist.

   Jetzt können Sie weitere Ordner erstellen und Dateien oder Ordner in den neuen Ordner kopieren.

   Na, war das nicht einfach?

   - Sie können jederzeit einen neuen Ordner erstellen und Dateien in den Ordner verschieben. Verfallen Sie aber nicht in den Organisationswahnsinn!
   - Das Kopieren und Einfügen von Dateien wird im nächsten Kapitel beschrieben.
   - Wenn Sie für den gerade erstellten Ordner **Trödel** keine Verwendung haben, löschen Sie ihn wieder. Lesen Sie den Abschnitt »Einen Ordner löschen« in diesem Kapitel.

Auf dem Desktop eine Verknüpfung zu einem Ordner erstellen

Wird ein Ordner häufig verwendet, ist es praktisch, wenn er sich auf dem Desktop befindet. Kopieren Sie den Ordner nicht, um auf dem Desktop schnell auf ihn zugreifen zu können; das würde zu viel Speicherplatz auffressen. Erstellen Sie stattdessen eine Verknüpfung.

Um eine Verknüpfung auf dem Desktop zu erstellen, suchen Sie im Explorer oder im Arbeitsplatz nach dem gewünschten Ordner. Nehmen Sie einen Ihrer Lieblingsordner, zum Beispiel einen Ordner, der voll mit Zeug ist (Spiele, blöde Witze, noch blödere Bildschirmschoner), das Sie aufheitert, wenn Sie sich mies fühlen.

Klicken Sie auf den Ordner, um ihn zu markieren. Der Ordner wird in einer dunkleren Farbe angezeigt, was der Welt mitteilt, daß er gewählt wurde.

Wählen Sie den Befehl **Bearbeiten/Kopieren**. Der Ordner wurde kopiert.

Zeigen Sie mit der Maus auf den Desktop, und klicken Sie die rechte Maustaste. Schon erscheint ein Menü (siehe Abbildung 8.3). Wählen Sie den Befehl Verknüpfung einfügen. Voilà, eine Verknüpfung zu Ihrem Ordner hat sich auf dem Desktop niedergelassen.

- ✔ Verknüpfungen werden genauso wie der richtige Ordner benutzt. Doppelklicken Sie auf die Verknüpfung, um den Ordner zu öffnen und seine Dateien und Ordner anzuzeigen.
- ✔ Der Vorteil einer Verknüpfung ist, daß sie überall erstellt werden kann und Ihnen einfachen Zugriff auf Dateien ermöglicht.
- ✔ Kapitel 9 enthält weitere Informationen über Verknüpfungen.

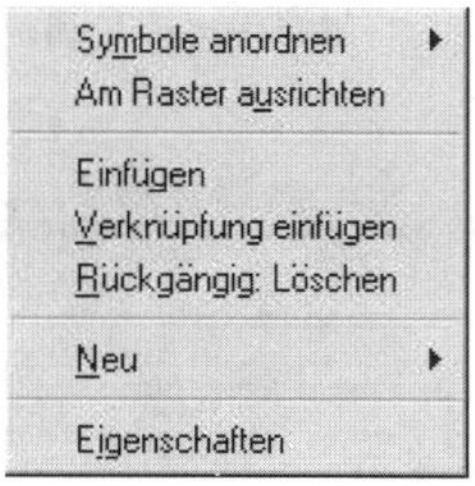

Abbildung 8.3: Das Desktop Popup-Menü

Einen Ordner löschen

Suchen Sie den Ordner, den Sie wegwerfen möchten, im Explorer oder im Arbeitsplatz. Ziehen Sie den Ordner über den Desktop, und legen Sie ihn auf dem Papierkorb ab.

Er ist verschwunden.

✔ Tod den Ordnern!

✔ Es wird eine Warnung angezeigt, die Ihnen mitteilt, daß Sie gerade dabei sind, einen Ordner zu löschen, und daß das nur böse Menschen tun. Außerdem werden Sie gefragt, ob Sie Ihre Meinung nicht doch noch ändern möchten. Klicken Sie auf **Ja**, um den Ordner zu beseitigen.

Sie können auch auf die Schaltfläche **Löschen** in der Symbolleiste klicken, um einen Ordner zu exekutieren.

Mit dem Befehl **Rückgängig** können Sie das Löschen eines Ordner widerrufen. Das funktioniert nur, sofort nachdem der Ordner gelöscht wurde, also beeilen Sie sich. Wählen Sie **Bearbeiten/Rückgängig Löschen**, drücken Sie Strg+Z, oder klicken Sie auf die Schaltfläche **Rückgängig** in der Symbolleiste.

Es wird ebenfalls alles, was sich im Ordner befindet, gelöscht: Dateien, Ordner und alle Dateien und Ordner in diesen Ordnern. Ein richtiges Gemetzel! Also seien Sie vorsichtig, damit Sie nicht vor ein Festplatten-Kriegsverbrechertribunal gestellt werden.

✔ Es ist möglich, alles, was in Windows gelöscht wird, zu retten. Dieses Thema wird in Kapitel 9 beschrieben.

Das Dialogfeld Öffnen

Mit dem Befehl **Öffnen** wandern Sie auf einem Datenträger herum und suchen nach einer Datei. Sie müssen wissen, in welchem Ordner sich was befindet und wie Sie den Ordner finden. Das alles wird im Dialogfeld **Öffnen** gemacht, das eine Standardfunktion in allen Windows-Programmen ist.

Abbildung 8.4 zeigt das typische Dialogfeld **Öffnen**. Im folgenden wird beschrieben, wie Sie in diesem Dialogfeld eine Datei öffnen.

Abbildung 8.4: Das Dialogfeld Öffnen

1. **Wenn Sie die Datei gefunden haben, öffnen Sie sie.**

   Wählen Sie **Datei/Öffnen** in der Anwendung. In der Mitte des Dialogfelds werden ein Haufen Symbole angezeigt. Wenn Ihre Datei darunter ist, doppelklicken Sie darauf, um sie zu öffnen.

   Mit der Bildlaufleiste am unteren Rand können Sie alle Dateien im Dialogfeld sehen.

2. **Wenn Sie Ihre Datei nicht finden, wechseln Sie das Laufwerk.**

   Klicken Sie auf den Pfeil rechts in der Dropdown-Liste **Suchen in** am oberen Rand des Dialogfelds, und wählen Sie ein Laufwerk, zum Beispiel Laufwerk C.

   Der Inhalt in der Mitte des Dialogfelds ändert sich und zeigt die Dateien auf Laufwerk C (im Stammordner) an.

   Wenn Sie Ihre Datei gefunden haben, öffnen Sie sie!

3. **Öffnen Sie einen Ordner, um nach der Datei zu suchen.**

   Wenn Sie Ihre Datei nicht finden können, doppelklicken Sie auf einen Ordner, um ihn zu öffnen und nach der Datei zu suchen.

   Öffnen Sie weitere Ordner, bis Sie die gewünschte Datei gefunden haben. (Wenn Ihre Festplatte organisiert ist und Sie Ihren Ordnern geistreiche Namen gegeben haben, sollte es ein Kinderspiel sein.)

   Wenn Sie Ihre Datei gefunden haben, öffnen Sie sie!

Wenn Sie zum vorherigen Ordner zurückkehren möchten, klicken Sie auf die praktische Schaltfläche **Einen Ordner zurück**.

Die Dialogfelder Öffnen und Speichern

In den Dialogfeldern **Öffnen** und **Speichern** wird eine Dateiliste angezeigt; wie im Explorer oder im Arbeitsplatz. Das ist offensichtlich. Was nicht offensichtlich ist, ist, daß diese Dateiliste genauso funktioniert wie die im Explorer oder im Arbeitsplatz angezeigte.

- ✔ Sie können z.B. einen Ordner oder eine Datei, die im Dialogfeld **Öffnen** oder **Speichern** angezeigt wird, umbenennen. Sie können mit der rechten Maustaste auf eine Datei klikken und diese kopieren oder ausschneiden. Sie können auf eine Datei doppelklicken, um sie zu öffnen. So ziemlich alles, was Sie mit Dateien in Windows anstellen können, können Sie auch in diesen Dialogfeldern machen.
- ✔ Unten im Dialogfeld befindet sich die Dropdown-Liste **Dateitypen**. Damit können Sie die im Dialogfeld angezeigten Dateitypen begrenzen. In Abbildung 8.4 werden zum Beispiel nur Dateien im Word für Windows 6.0 (*.DOC) angezeigt. Eine andere Option ist **Alle Dateien**, mit der alle verfügbaren Dateitypen angezeigt werden.
- ✔ Es gibt komplexere Dialogfelder als das in Abbildung 8.4 dargestellte. Das Dialogfeld **Öffnen** in Microsoft Word ist ziemlich primitiv. Es funktioniert noch genauso wie in früheren Versionen, nur mit mehr nervigen Optionen zum Ignorieren.
- ✔ Das Dialogfeld **Durchsuchen** funktioniert ähnliche wie das Dialogfeld **Öffnen**. Es erscheint, wenn Sie auf die Schaltfläche **Durchsuchen** klicken, um auf die Jagd nach einer Datei zu gehen.
- ✔ Sie können eine Datei auch öffnen, indem Sie zuerst auf die Datei und dann auf Öffnen klicken.

Sie können auch den vollständigen Pfadnamen der Datei (falls Sie ihn wissen) in das Feld **Dateiname** eingeben. Das ist aber ein DOSy-Ding. Halten Sie Ihrer Maus die Augen zu, damit sie nicht beleidigt ist.

Das Dialogfeld Speichern

Das Dialogfeld **Speichern** ist das wichtigste Dialogfeld in Windows. Es ist der Schlüssel zur Organisation. Wenn Sie dieses Dialogfeld ordnungsgemäß benutzen und die einzelnen Ordner richtig erstellt haben, sind Sie immer in der Lage, Ihr Zeug auf dem Datenträger zu finden. Benutzen Sie das Dialogfeld **Speichern** falsch, und die »Bösen« übernehmen den Wilden Westen. Miss Millie und die Waisenkinder schieben Kohldampf, oder verhungern sogar. Das möchten Sie sicher nicht auf dem Gewissen haben, oder?

Wählen Sie den Befehl **Datei/Speichern**, um das Dialogfeld **Speichern** zu öffnen. (Ich weiß, in Abbildung 8.5 steht Speichern unter. Dieses Dialogfeld wird angezeigt, wenn Sie eine Datei zum ersten Mal speichern.)

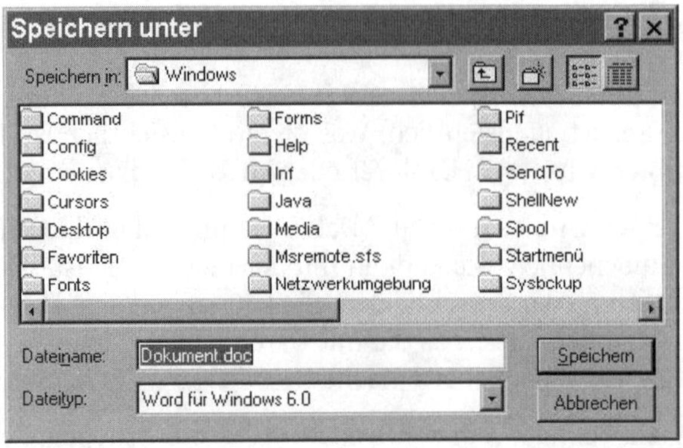

Abbildung 8.5: Das Dialogfeld Speichern

1. **Wichtig: Vergewissern Sie sich, daß es der richtige Ordner ist.**

   Das Dialogfeld **Speichern** legt Ihr Dokument sonst in irgendeinem Ordner ab, zum Beispiel im Ordner **Windows** oder im Stammordner auf Laufwerk C. Dort möchten Sie Ihre Datei sicher nicht speichern.

   Die Ordner sind in der Dropdown-Liste **Speichern in** aufgeführt. In Abbildung 8.5 ist es der Ordner Windows. (Würg!) Wenn der falsche Ordner angezeigt wird, fahren Sie mit Schritt 2 fort.

   Wenn der Ordner OK ist, machen Sie mit Schritt 4 weiter.

2. **Suchen Sie nach dem Ordner, in dem Sie die Datei speichern möchten.**

   Klicken Sie auf den Pfeil rechts neben der Dropdown-Liste **Speichern in**. Die Dropdown-Liste wird geöffnet. Klicken Sie auf das Laufwerk, auf dem Sie die Datei speichern möchten, zum Beispiel Laufwerk C.

   In der Mitte des Dialogfelds werden nun die Dateien im Stammordner auf Laufwerk C angezeigt.

   Speichern Sie Ihre Datei nicht im Stammordner; es ist nicht koscher.

3. **Öffnen Sie einen Ordner.**

   Suchen Sie nach dem Ordner, in dem die Datei gespeichert werden soll, oder den Ordner, der den Ordner enthält usw. Öffnen Sie zum Beispiel den Ordner **Arbeit** oder **Dokumente**.

   Jedesmal, wenn Sie einen Ordner öffnen, ändert sich der Inhalt der Dateiliste in der Mitte des Dialogfelds.

   Wenn Sie den gewünschten Ordner gefunden haben, fahren Sie mit dem nächsten Schritt fort. Öffnen Sie ansonsten weitere Ordner.

4. **Geben Sie einen Namen für die Datei ein.**

   Geben Sie einen Namen in das Eingabefeld **Dateiname** ein. Das ist der Name Ihrer gespeicherten Datei, den Sie später wiedererkennen sollten. Damit Sie sagen können: »Ja! Das ist meine Datei. Die, die ich haben wollte. Ich bin so glücklich, daß ich sie unter einem kurzen, geistreichen Namen gespeichert habe, der mir genau sagt, was in der Datei ist. Oh, Freude.«

   Weitere Informationen über Dateinamen erhalten Sie in Kapitel 9. Im Grunde genommen können Sie eine Datei benennen, wie Sie wollen. Aber es ist besser, wenn Sie sich kurz fassen und auf Buchstaben und Zahlen beschränken.

   Sie können die Datei nicht speichern, wenn Sie ihr einen ungültigen Namen geben. Windows ist damit ziemlich kleinlich.

5. **Klicken Sie auf die Schaltfläche Speichern.**

   Klick! Dieser letzte, offizielle Akt speichert die Datei auf dem Datenträger, mit einem ordentlichen Namen, im richtigen Ordner.

   Wenn die Schaltfläche **Speichern** nicht funktioniert, haben Sie vermutlich einen ungültigen Dateinamen eingegeben. Geben Sie der Datei einen anderen Namen (Schritt 4).

   Nachdem Sie Ihren Kram einmal gespeichert haben, wird er mit dem Befehl **Datei/Speichern** neu gespeichert, ohne daß das Dialogfeld **Speichern** angezeigt wird.

   Sie können den Befehl **Speichern unter** wählen, um das Dialogfeld **Speichern unter** anzuzeigen. Das ermöglicht Ihnen, etwas unter einem neuen Namen, in einem anderen Ordner oder als unterschiedlichen Dateityp zu speichern.

   Wie beim Dialogfeld **Öffnen** gibt es Dialogfelder **Speichern**, die komplexer als das in Abbildung 8.5 dargestellte sind.

Was zum Teufel ist ein Pfadname?

Ein Pfadname wird benutzt, um genau festzulegen, auf welchem Laufwerk und in welchem Ordner sich eine Datei befindet. Er ist lang. Er ist technisch. Er ist kompliziert. Es ist verwunderlich, warum sich jemand mit diesen Dingen abgibt.

Der vollständige, häßliche Pfadname der Datei Red Blocks.bmp, die sich im Ordner **Windows** auf Laufwerk C befindet, lautet wie folgt:

```
C:\WINDOWS\RED BLOCKS.BMP
```

Das bedeutet:

C:	Sie befindet sich auf Laufwerk C
\WINDOWS	Im Ordner Windows
RED BLOCKS.BMP	Name der Datei

Der Pfadname sagt Ihnen, wo sich die Datei befindet. Nehmen wir einmal an, Sie sollen die Datei mit dem folgenden Pfad suchen:

```
C:\DOKUMENTE\PRIVAT\BRIEFE\FAMILIE\KARIN.DOC
```

Sie würden den Arbeitsplatz öffnen, auf Laufwerk C doppelklicken, die Ordner **Dokumente**, **Privat**, **Briefe**, **Familie** öffnen und dann nach der Datei Karin.doc suchen.

- ✔ Der umgekehrte Schrägstrich wird in Pfadnamen als Trennzeichen benutzt. Er trennt den Laufwerkbuchstaben vom ersten Ordner, alle Ordner dazwischen und den letzten Ordner vom Dateinamen.
- ✔ Ein doppelter umgekehrter Schrägstrich (\\) bedeutet, daß Sie etwas auf einem Netzlaufwerk entdeckt haben. Gehen Sie in Deckung! (In Kapitel 10 finden Sie weitere Informationen über Netzwerke.)
- ✔ Verwechseln Sie den umgekehrten Schrägstrich (\) nicht mit dem normalen Schrägstrich (/).
- ✔ Weitere Informationen über Dateinamen finden Sie in Kapitel 9.

Ein vollständiger Pfadname enthält die Dateierweiterung: den Punkt und die letzten drei Zeichen des Dateinamens. Möglicherweise wird Ihnen diese Information von Windows vorenthalten, und die Dateierweiterung wird im Arbeitsplatz oder im Explorer nicht angezeigt. Sie benötigen diese Informationen aber für Pfadnamen. Sehen Sie? Es ist technisch.

Das Furchtbare bei Pfadnamen ist, daß Sie ihn oft selbst zusammenstellen müssen. Sie erhalten vielleicht in einem Programm die Meldung: »Geben Sie den Pfad zu Ihrer Datei ein«. In diesem Fall liegt es an Ihnen, den Pfadnamen rauszukriegen.

Mit Dateien rummachen

9

In diesem Kapitel

- Einer Datei einen Namen geben
- Wie Sie eine Datei nicht nennen dürfen
- Eine Datei umbenennen
- Dateisymbole wählen
- Dateien verschieben (ausschneiden und einfügen)
- Dateien kopieren (kopieren und einfügen)
- Eine Dateiverknüpfung erstellen
- Dateien löschen
- Das Löschen von Dateien rückgängig machen
- Dateien mit der Maus ziehen
- Dateien suchen

Dateien sind auf den Laufwerken Ihres Computers gespeichert. Wenn Sie etwas erstellen, speichern Sie es als Datei auf dem Datenträger. Um erneut daran zu arbeiten, öffnen Sie die Datei. Einfach genug.

Das Schwierige ist, die Dateien zu verwalten. Wie eine Kindergartentante, die eine Horde ausgelassener Fünfjähriger zu beaufsichtigen hat, müssen Sie sicherstellen, daß die Dateien nicht außer Kontrolle geraten. Zum Glück läßt Sie Windows Dateien organisieren; wie im Kindergarten können Sie ausschneiden und einkleben. Sie können Dateien neue Namen geben und sogar beseitigen. Und das alles, ohne moralische Bedenken haben zu müssen.

- ✔ In Windows werden Dateien als Symbole angezeigt. Das Symbol ist das Bild auf dem Desktop, im Arbeitsplatz oder im Explorer. Die Datei ist das, was sich auf dem Datenträger befindet.
- ✔ Alles auf dem Datenträger ist eine Datei. Einige Dateien sind Programme, andere sind Dokumente oder etwas anderes.

Regeln & Vorschriften für Dateinamen

Wenn es etwas gibt, in dem Menschen gut sind, ist es das Benennen von Dingen. Finden Sie einen unbekannten Käfer, geben Sie ihm einen Namen. Entdecken Sie einen Kometen, und Sie können ihm einen Namen verpassen. Wissenschaftler, die den Kosmos erforschen, geben Sternen und Planeten Namen. Sogar als Gott Adam die Tiere gezeigt hat (Genesis 1:19, 20), gab er ihnen allen clevere Namen. Adam sagte nicht: »Hier ist ein Hund! Da ist noch ein Hund! Das ist auch ein Hund!« Das führt mich zu der Annahme, daß Adam zu der Zeit bestimmt älter als drei Jahre war. Aber ich komme vom Thema ab.

Wenn Sie etwas auf Ihrem Computer erstellen und auf dem Datenträger speichern, sollten Sie es mit einem ordentlichen Namen versehen. Einem Namen mit Bezug zu dem Zeug, das Sie als Datei erstellt haben. Sie finden die Datei (als Symbol) im Arbeitsplatz, im Explorer und jedesmal, wenn Sie das Dialogfeld **Öffnen** oder **Durchsuchen** aufrufen. So ist im Computer Ihr Zeug organisiert.

- ✔ Der Dateiname teilt Ihnen mit, was die Datei enthält.
- ✔ Alle Regeln für Dateinamen in den folgenden Abschnitten gelten auch für Ordnernamen.
- ✔ Weitere Informationen über das Dialogfeld **Öffnen** finden Sie in Kapitel 8.
- ✔ Ich sehe ein, daß nicht jedem die Idee gefällt, daß Adam einen ganzen Tag lang da saß und allen Viechern Namen gegeben hat. Aber irgend jemand muß es irgendwann gemacht haben.

Dateinamentips

Halten Sie sich an das folgende, wenn Sie eine Datei benennen:

Fassen Sie sich kurz. Halten Sie den Dateinamen kurz, aber doch informativ. Das hier sind gute Beispiele:

```
Aktien
Skizzen
Hausplan
Urlaub
Plan zum Stürzen der Regierung
```

Verwenden Sie nur Buchstaben, Zahlen und Leerzeichen. Dateinamen können fast alle Zeichen, die Sie auf der Tastatur finden, enthalten. Trotzdem ist es das beste, sich auf Buchstaben, Zahlen und Leerzeichen zu beschränken.

Technisch gesehen, können Sie einer Datei einen 255 Zeichen langen Namen geben. Machen Sie es nicht.

- ✔ Die Zeilen in den Dialogfeldern **Öffnen** und **Speichern** werden länger, wenn ein langer Dateiname angezeigt wird.
- ✔ Wenn Sie einer Datei einen zu langen Namen geben, können Sie sich leichter vertippen, und Windows wird verwirrt, wenn Sie versuchen, die Datei zu öffnen.
- ✔ Groß- oder Kleinschreibung interessiert Ihren Computer nicht. Obwohl es richtig ist, zum Beispiel Finnland groß zu schreiben, ist es für den Computer dasselbe wie finnland, FINNLAND oder eine andere Kombination aus Groß- und Kleinbuchstaben.

Wie Sie eine Datei nicht nennen sollten

Windows wird sauer, wenn Sie eines der folgenden Zeichen in einem Dateinamen verwenden:

* / : < > ? \ |

Es passiert nicht Schlimmes, wenn Sie eines dieser Zeichen verwenden; Windows lehnt es einfach ab, die Datei zu speichern oder ihren Namen zu ändern. Außerdem wird eine Warnung angezeigt.

- ✔ Jedes dieser Zeichen hat eine besondere Bedeutung für Windows (oder DOS) und die Verwendung in einem Dateinamen kann Windows enorm verwirren.
- ✔ Obwohl Sie eine beliebige Anzahl Punkte in einem Dateinamen verwenden können, darf er nicht nur aus Punkten bestehen. Ich weiß, es hört sich komisch an, und ich bin vermutlich der einzige Mensch auf diesem Planeten, der es versucht hat, aber es will einfach nicht funktionieren.

Eine Datei umbenennen

Wenn Sie den Namen, den Sie einer Datei gegeben haben, nicht mögen, können Sie ihn ändern.

1. **Machen Sie die Datei ausfindig.**

   Suchen Sie im Arbeitsplatz oder im Explorer nach Ihrer Datei.

2. **Wählen Sie die Datei.**

   Wenn Sie die Datei gefunden haben, klicken Sie einmal mit der Maus darauf. Die Datei ist gewählt und wird in einer dunkleren Farbe auf dem Bildschirm angezeigt.

3. **Drücken Sie die F2-Taste.**

   Das ist die Abkürzung für den Befehl **Umbenennen**. Sie können auch **Datei/Umbenennen** aus dem Menü wählen.

Was ist eine Dateierweiterung?

Der letzte Teil eines Dateinamens ist ein Punkt, gefolgt von drei Zeichen. Das wird Dateierweiterung genannt. Sie wird in Windows zum Identifizieren des Dateityps verwenden. Die Erweiterung . BMP zeigt eine Grafikdatei und .DOC ein Dokument an.

Sie müssen beim Benennen bzw. Umbenennen einer Datei keine Erweiterung eingeben. Sie sollten es auch nicht. Windows benötigt diese Information, die Dateierweiterung, oder es bringt alles durcheinander, wenn Sie die Datei öffnen.

Eine Methode, Dateierweiterungen zu umgehen, ist es **Ansicht/Optionen** im Programmenü des Arbeitsplatzes oder Explorers zu wählen. Aktivieren Sie »Dateien vom folgenden Typ nicht anzeigen« und »Keine MS-DOS-Erweiterungen für registrierte Dateitypen« im Dialogfeld **Optionen**. Klicken Sie dazu auf beide Optionen, um sie zu markieren. Dadurch werden keine Dateierweiterungen mehr angezeigt, und Sie müssen sich nicht mehr darum kümmern.

Klicken Sie auf **OK**, um das Dialogfeld **Optionen** zu schließen.

4. **Geben Sie den neuen Namen ein.**

   Geben Sie den Namen ein. Mit der Rückschrittaste können Sie gegebenenfalls Tippfehler löschen.

   Sie werden bemerken, daß der alte Name markiert ist. Wenn Sie mit den Windows-Textbearbeitungstasten vertraut sind, können Sie damit den alten Namen bearbeiten. (Siehe »Bearbeitungstasten in Windows« in Kapitel 15.)

5. **Drücken Sie die Eingabetaste.**

   Das speichert den neuen Namen.

- ✔ Sie können jederzeit die Esc-Taste drücken, um den Schaden, den Sie angerichtet haben, rückgängig zu machen und den ursprünglichen Dateinamen beizubehalten.
- ✔ Windows läßt Sie eine Datei nicht umbenennen, wenn bereits eine Datei mit diesem Namen vorhanden ist.
- ✔ Sie müssen einer Datei einen Namen geben. Sie können eine Datei nicht einfach unbenannt lassen.
- ✔ Sie können eine Gruppe von Dateien nicht gleichzeitig umbenennen. Benennen Sie die Dateien eine nach der anderen um.
- ✔ Sie können eine Datei umbenennen, indem Sie mit der rechten Maustaste darauf klicken und im Kontextmenü **Umbenennen** wählen. Oder klicken Sie einmal auf die Datei, und wählen Sie **Datei/Umbenennen** im Menü. Aber ist die F2-Taste nicht schneller?

Dateien hierin, dorthin und darüber

Dateien stehen einfach nicht still, sie werden verschoben, kopiert, gelöscht usw. Wenn Sie die Dateien so lassen, wie sie sind, sieht Ihre Festplatte bald aus wie eine Müllhalde, und Sie sind gezwungen, den Computer auszuschalten, wenn Besuch kommt.

Dateien werden hauptsächlich im Arbeitsplatz und im Explorer verwaltet. Der Arbeitsplatz ist freundlicher und macht mehr Sinn, wenn Sie gerade anfangen, mit einem Computer zu arbeiten. Nach einer Weile ziehen Sie den Explorer möglicherweise vor, weil er den Bildschirm nicht mit Fenstern überschwemmt, eines für jeden Ordner.

Eine oder mehrere Dateien wählen

Bevor Sie etwas mit einer Datei anstellen können, müssen Sie sie wählen. Sie können einzelne Dateien oder mehrere Dateien auf einmal wählen.

Um eine einzelne Datei zu wählen, klicken Sie im Arbeitsplatz oder im Explorer einmal mit der Maus auf die gewünschte Datei. Die Datei wird markiert, was auf dem Bildschirm unterlegt aussieht. Die Datei ist jetzt bereit für alle möglichen Schandtaten.

Das Wählen mehrerer Dateien kann auf verschiedene Arten ausgeführt werden. Die einfachste Methode ist, die Strg-Taste gedrückt zu halten und auf alle gewünschten Dateien der Reihe nach zu klicken.

Wenn die Dateien als Symbole angezeigt werden, können Sie eine Dateigruppe mit dem Lasso einfangen. Ziehen Sie die Maus über die Dateien. Beginnen Sie in der oberen linken Ecke über den Dateien; halten Sie die Maustaste gedrückt, und ziehen Sie die Maus nach unten und nach rechts, um ein Rechteck um die gewünschten Dateien zu ziehen (siehe Abbildung 9.1). Lassen Sie die Maustaste los, und alle Dateien, die Sie mit dem Lasso gefangen haben, sind in einer Gruppe zusammengefaßt.

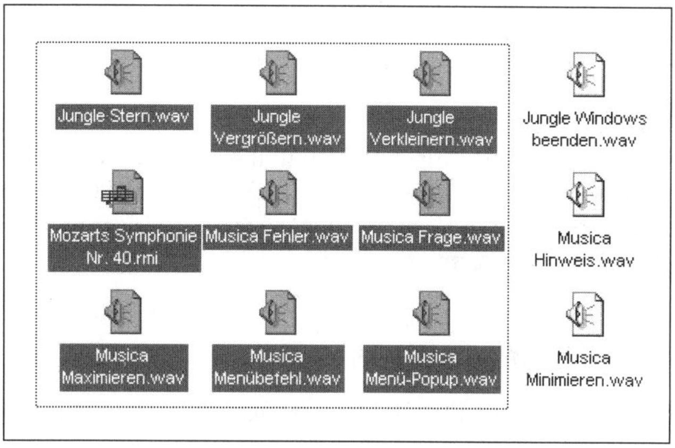

Abbildung 9.1: Eine Dateigruppe ist gewählt.

- ✔ Um mehrere Dateien zu wählen, halten Sie die Strg-Taste gedrückt, während Sie der Reihe nach auf jede Datei klicken.
- ✔ Wählen Sie **Bearbeiten/Alle markieren**, um alle Dateien in einem Ordner zu wählen. Der praktische Tastaturbefehl für diesen Vorgang ist Strg+A.
- ✔ Um eine Datei aus der Gruppe zu entfernen, halten Sie die Strg-Taste gedrückt, und klikken Sie nochmal darauf.

Dateien ausschneiden und einfügen

Früher wurde eine Datei nicht ausgeschnitten und eingefügt, sie wurde verschoben. In Windows, wo sowieso alles wie im Kindergarten ist, schneiden Sie Dateien aus und fügen sie wieder ein.

Um eine Datei auszuschneiden und einzufügen (zu verschieben), gehen Sie wie folgt vor:

1. **Suchen Sie nach den Dateien, die Sie verschieben möchten.**

   Öffnen Sie den Arbeitsplatz oder den Explorer, und machen Sie die gewünschte Datei ausfindig.

2. **Wählen Sie die Datei.**

   Klicken Sie einmal auf die Datei, um sie zu wählen. Sie können auch mehrere Dateien mit den beschriebenen Methoden wählen.

3. **Wählen Sie Bearbeiten/Ausschneiden.**

   Die Datei wird abgeblendet. Das bedeutet, sie ist ausgeschnitten und kann eingefügt werden. Daran ist nichts falsch; fahren Sie mit dem nächsten Schritt fort.

4. **Öffnen Sie den Ordner, in den Sie die Datei einfügen möchten.**

   Klicken Sie im Arbeitsplatz oder im Explorer auf den gewünschten Zielordner.

5. **Wählen Sie Bearbeiten/Einfügen.**

   Die Datei ist verschoben.

Sie können auch Ordner ausschneiden und einfügen, aber das ist nicht so einfach, weil Sie dabei auch den Inhalt des Ordners ausschneiden und einfügen. Machen Sie das nicht nur, weil Ihnen langweilig ist, warten Sie damit, bis Sie für eine große Neuorganisation der Festplatte bereit sind.

Dateien kopieren und einfügen

Das Kopieren und Einfügen einer Datei funktioniert fast wie das Ausschneiden und Einfügen. Es gibt zwei Unterschiede:

Die Originaldatei wird nicht gelöscht. Wenn Sie mit dem Kopieren und Einfügen fertig sind, besitzen Sie zwei identische Kopien der Datei: das Original und die Kopie.

Der zweite Unterschied ist, daß Sie den Befehl **Bearbeiten/Kopieren** statt **Bearbeiten/Ausschneiden** verwenden. Im vorherigen Abschnitt finden Sie die notwendigen Schritte und Einzelheiten.

Oft muß eine Datei nicht kopiert werden. Erstellen Sie stattdessen eine Verknüpfung zu dieser Datei. Wie das geht, erfahren Sie im Abschnitt »Verknüpfungen erstellen« in diesem Kapitel.

Eine Datei auf eine Diskette kopieren

Eine einfache Methode, eine oder mehrere Dateien auf eine Diskette zu kopieren, ist der Befehl **Senden**.

1. **Suchen Sie die Datei, die Sie auf eine Diskette kopieren möchten.**

   Verwenden Sie dazu den Arbeitsplatz oder den Explorer.

2. **Wählen Sie die Datei.**

   Klicken Sie auf die Datei, um sie zu wählen, oder wählen Sie mit der Strg-Taste mehrere Dateien.

3. **Vergewissern Sie sich, daß sich eine formatierte Diskette für die Datei in Laufwerk A befindet.**

   Weiter Informationen über Disketten erhalten Sie in Kapitel 7.

4. **Wählen Sie Datei/Senden/3,5-Zoll-Diskette (A)**

   Die Datei wurde kopiert.

✔ Im Untermenü des Befehls **Senden** sind die Diskettenlaufwerke Ihres Computers aufgeführt. Wenn zum Beispiel Laufwerk B das 3,5-Zoll-Laufwerk ist, steht im Menü »3,5-Zoll-Diskette (B)«. Wenn Laufwerk A ein 5,25-Zoll-Laufwerk ist, steht im Menü »5,25-Zoll-Diskette (A)«.

✔ Dateien können auch von einer Diskette auf die Festplatte kopiert werden. Dieser Vorgang funktioniert mit allen Datenträgertypen genauso, aber der Befehl **Senden an** kann nur zum Kopieren auf eine Diskette verwendet werden.

Verknüpfungen erstellen

Eine Verknüpfung ist eine zu 99% fettfreie Kopie einer Datei. Sie ermöglicht Ihnen den Zugriff auf die Datei, irgendwo im System, aber ohne daß diese kopiert werden muß.

Sie können zum Beispiel eine Verknüpfung zu WordPerfect auf dem Desktop erstellen, mit der Sie immer auf das Programm zugreifen können, schneller als mit dem Startmenü.

Das Erstellen einer Verknüpfung ist einfach: Befolgen Sie dieselben Schritte wie für das Kopieren einer Datei im vorherigen Abschnitt. Die einzige Ausnahme ist, daß Sie **Bearbeiten/Verknüpfung einfügen**, statt dem Befehl **Einfügen** zu wählen.

Um eine Verknüpfung auf dem Desktop einzufügen, zeigen Sie mit der Maus auf den Desktop, und klicken Sie die rechte Maustaste. Es wird ein Menü angezeigt, in dem Sie den Befehl **Verknüpfung einfügen** wählen können.

Verknüpfungssymbole haben einen kleinen Pfeil in einem weißen Kästchen in der unteren linken Ecke. Daran erkennen Sie, daß es sich um eine Verknüpfung und nicht um die echte Datei handelt.

- ✔ Sie können Verknüpfungen für häufig benutzte Ordner auf dem Desktop erstellen.
- ✔ Verknüpfungen können wie alle anderen Symbole geöffnet werden: Doppelklicken Sie darauf, um ein Dokument zu öffnen oder eine Anwendung auszuführen.
- ✔ Sie müssen keine Bedenken haben, eine Verknüpfung zu löschen. Das Entfernen des Symbols löscht nicht die Originaldatei.
- ✔ Windows gibt jeder Verknüpfung einen Namen, der mit »Verknüpfung zu« beginnt und mit dem Dateinamen endet. Sie können mit der in diesem Kapitel beschriebenen Methode die Verknüpfungen umbenennen.

Dateien löschen

Anders als Kreditkarten und Ausweise laufen Dateien nicht einfach ab. Sie müssen alte oder temporäre Dateien, die Sie nicht mehr benötigen, beseitigen. Sonst sammeln sich auf Ihrer Festplatte Dateien an wie Fusseln in einem Wäschetrockner.

Um eine Datei loszuwerden, markieren Sie sie, und wählen Sie **Datei/Löschen**. Dieser Vorgang entfernt die Datei nicht wirklich, sie wird lediglich in den Papierkorb verschoben. Dort kann das Löschen der Datei zu einem späteren Zeitpunkt rückgängig gemacht werden.

Wenn Sie eine Datei endgültig vernichten möchten, klicken Sie darauf, und drükken Sie Shift+Entf. Windows zeigt eine Warnung an, daß die Datei unwiderruflich gelöscht wird. Klicken Sie auf **Ja**, um sie ins Jenseits zu befördern.

- ✔ Sie können Dateien auch mit der Entf-Taste löschen.

Es gibt auch noch die Schaltfläche **Löschen** in der Symbolleiste. Wählen Sie **Ansicht/Symbolleiste** im Arbeitsplatz oder im Explorer, um die Symbolleiste anzuzeigen.

- ✔ Gehen Sie beim Löschen von Ordnern genauso vor wie beim Löschen von Dateien, aber denken Sie daran, daß der Inhalt des Ordners ebenfalls gelöscht wird (Symbole, Dateien, Ordner, Juwelen, kleine Kinder und Essen für die Heimatlosen). Seien Sie lieber vorsichtig damit.

Löschen Sie nie eine Datei oder einen Ordner im Ordner **Windows**.

Löschen Sie nie eine Datei im Stammverzeichnis der Festplatte.

Löschen Sie am besten nie eine Datei, die Sie nicht selbst erstellt haben.

Löschen Sie keine Programme! Verwenden Sie zum Entfernen von nicht mehr benötigten Anwendungen ein spezielles Dienstprogramm in der Systemsteuerung von Windows. Weitere Informationen erhalten Sie in Kapitel 20.

Das Löschen von Dateien rückgängig machen

Da Sie Ihre Datei vermutlich schnell zurückhaben möchten, komme ich gleich zur Sache:

1. **Öffnen Sie den Papierkorb auf dem Desktop.**

   Doppelklicken Sie auf den Papierkorb, um ihn zu öffnen. Er sieht aus wie ein kleiner Mülleimer.

   Wenn Sie das Plus!-Paket installiert haben, sieht der Papierkorb möglicherweise anders aus.

   Abbildung 9.2 zeigt den Papierkorb auf meinem Computer. Ich habe **Ansicht/Details** gewählt, da ich damit die Dateien in einer bestimmten Reihenfolge sortieren und auch andere Informationen anzeigen kann.

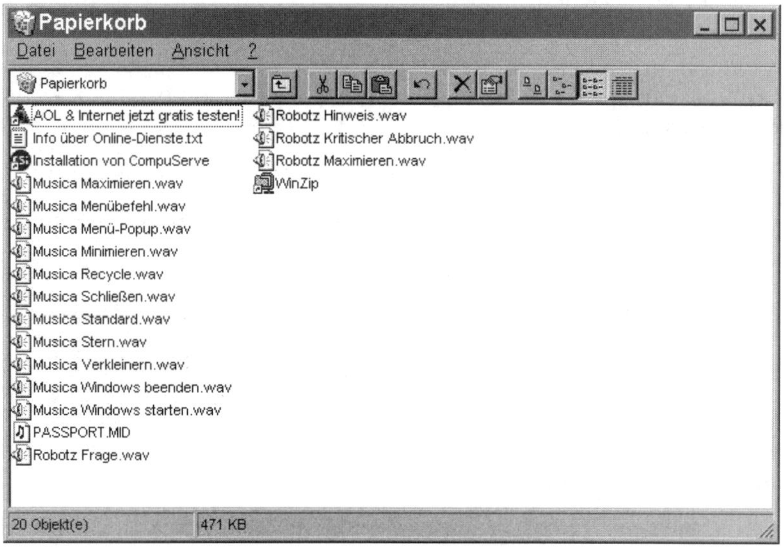

Abbildung 9.2: Müll im Papierkorb

2. **Wählen Sie die Datei, die wiederhergestellt werden soll.**

   Klicken Sie auf die Datei, um sie wieder zum Leben zu erwecken.

   Wählen Sie **Ansicht/Symbole anordnen/Nach Löschdatum**, um die Datei in der Reihenfolge in der sie gelöscht wurden anzuzeigen. Diese Anzeige hilft Ihnen dabei, kürzlich gelöschte Dateien zu finden.

3. **Wählen Sie Datei/Wiederherstellen.**

   Die Datei wird auf magische Weise aus dem Papierkorb entfernt und im Ordner, aus dem sie so brutal gerissen wurde, wiederhergestellt.

4. **Schließen Sie den Papierkorb.**

   Klicken Sie auf die Schaltfläche **X** in der oberen rechten Ecke des Fensters.

- ✔ Zum Wiederherstellen von Dateien gibt es keine Zeitbegrenzung; sie sind für ziemlich lange Zeit im Papierkorb verfügbar.
- ✔ Trotzdem: Lassen Sie sich durch den Papierkorb nicht zur Schlampigkeit verleiten. Löschen Sie eine Datei nur, wenn Sie sie wirklich loswerden möchten.

Verschwendung!

Der Papierkorb kann durch das Speichern von allen möglichen Zombie-Dateien eine Menge Speicherplatz belegen. Mein Papierkorb (siehe Abbildung 9.2) enthält 471 kg Müll.

Wenn Sie mehr Speicherplatz benötigen, können Sie den Papierkorb leeren. Wählen Sie **Datei/Papierkorb leeren** im Papierkorb.

Das Leeren des Papierkorbs vernichtet alle Dateien permanent; sie können nicht mehr wiederhergestellt werden. Seien Sie vorsichtig!

Das Arbeiten mit Dateien kann sich hinziehen

Es ist möglich, Dateien auszuschneiden, zu kopieren und einzufügen, ohne eine Menüoption zu wählen. Sie greifen sich die Datei einfach und verschieben oder kopieren sie mit der Maus.

Der einzige Nachteil ist, daß mindestens zwei Ordner auf dem Desktop geöffnet sein müssen, damit es funktioniert. Abbildung 9.3 zeigt zwei geöffnete Ordner.

Dateien verschieben: Um eine Datei von einem Ordner in einen anderen zu verschieben, ziehen Sie sie mit der Maus von einem Fenster in ein anderes, so wie in Abbildung 9.3 gezeigt. Die Maus zieht die Datei 21-3.BMP vom Ordner **pcfuerdummies** in den Ordner **Online1**.

Dateien kopieren: Um eine Datei von einem Ordner in einen anderen zu kopieren, halten Sie die Strg-Taste gedrückt, und ziehen Sie die Datei.

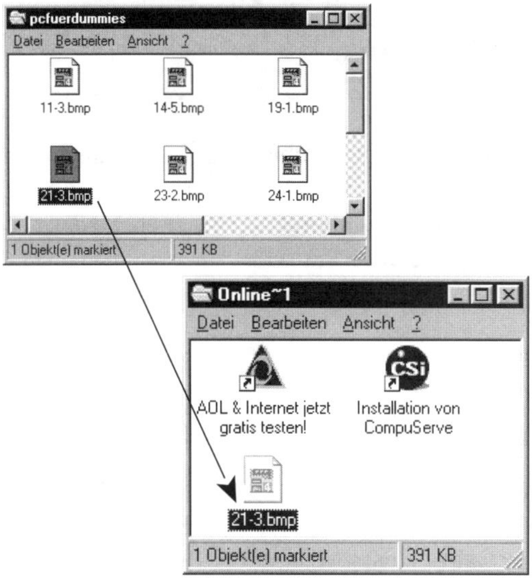

Abbildung 9.3: Dateien fliegen zwischen zwei Ordnern hin und her.

- ✔ Eine Datei wird verschoben, wenn sie von einem Ordner in einen anderen gezogen wird.
- ✔ Eine Datei wird kopiert, wenn sie von einem Ordner in einen anderen gezogen wird; ohne sie aus dem ursprünglichen Ordner zu entfernen.
- ✔ Windows verschiebt Dateien automatisch, wenn sie in einen anderen Ordner auf dem gleichen Laufwerk gezogen werden.
- ✔ Windows kopiert Dateien automatisch, wenn sie auf einen anderen Datenträger gezogen werden.
- ✔ Um eine Datei von einem Laufwerk auf ein anderes zu verschieben, halten Sie die Shifttaste gedrückt, bevor Sie auf die Datei klicken.

Eine sichere Methode, Dateien zu kopieren und zu verschieben (wenn Sie es sich merken können)

Kopieren. Verschieben. Ziehen. Was für ein Durcheinander! Ich merke mir den Unterschied zwischen Dateien kopieren und verschieben, indem ich mir überhaupt nichts merke. Ich verwende statt dessen die rechte Maustaste, um eine Datei oder eine Dateigruppe, die ich verschieben oder kopieren möchte, zu ziehen.

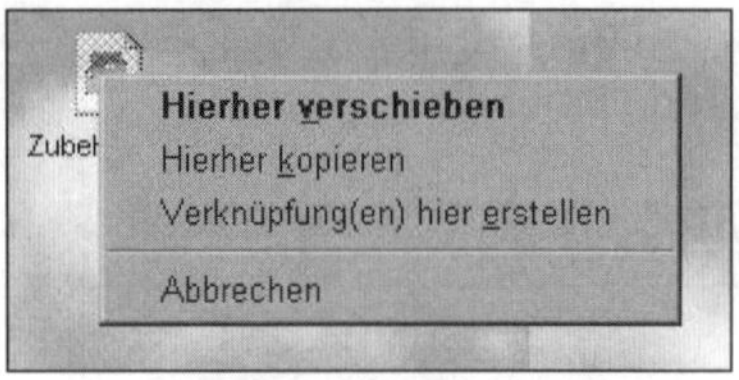

Wenn Sie eine Datei mit der rechten Maustaste ziehen und wieder loslassen, erscheint ein Popup-Menü. Dieses Menü hat vier Optionen: Verschieben, Kopieren, Verknüpfung erstellen und Abbrechen. Wählen Sie eine dieser Optionen, um den entsprechenden Befehl auszuführen.

Widerspenstige Dateien (und Programme) finden

Dateien kommen und gehen. Sie finden vielleicht die Datei nicht, die Sie gerade benötigen, vor allem dann nicht, wenn Sie eine unorganisierte Person sind. Möglicherweise haben Sie Ihre Dateien auch in Panik während eines Erdbebens gespeichert. Gehen Sie auf jeden Fall wie folgt vor, um eine widerspenstige Datei zu finden:

Wählen Sie **Extras/Suchen/Dateien** oder **Ordner** im Explorer. Wählen Sie **Datei/Suchen** im Arbeitsplatz. Das Dialogfeld **Suchen** wird angezeigt.

Wenn Sie eine Tastatur mit der Windows-Taste besitzen, können Sie jederzeit Win+F drücken, um das Dialogfeld **Suchen** anzuzeigen.

Das Dialogfeld **Suchen** wird angezeigt (Abbildung 9.4), in dem Sie mit den verschiedenen Steuerelementen jede Datei und jeden Ordner im Computer finden können, sogar wenn die Datei aus einem Loch an der Rückseite gefallen ist.

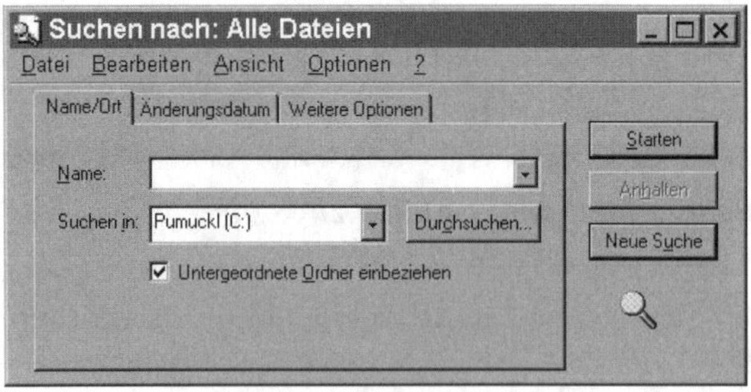

Abbildung 9.4: Das Dialogfeld Suchen

In diesem Abschnitt wird beschrieben, wie Sie im Dialogfeld **Suchen** vorgehen, um Dateien zu finden. Wenn die Suche beendet ist, wird auf jeden Fall eine Meldung angezeigt:

Kein Glück. Wenn keine Dateien gefunden wurden, wird die Meldung »0 Dateien gefunden« am unteren Rand des Dialogfelds Suchen angezeigt. Die Dateiliste bleibt leer. Weinen Sie bitterlich, und knirschen Sie mit den Zähnen.

Hurra! Wenn die Dateien gefunden wurden, werden sie in der Dateiliste im Dialogfeld **Suchen** aufgeführt. Abbildung 9.5 zeigt Dateien, die auf der Festplatte gefunden wurden.

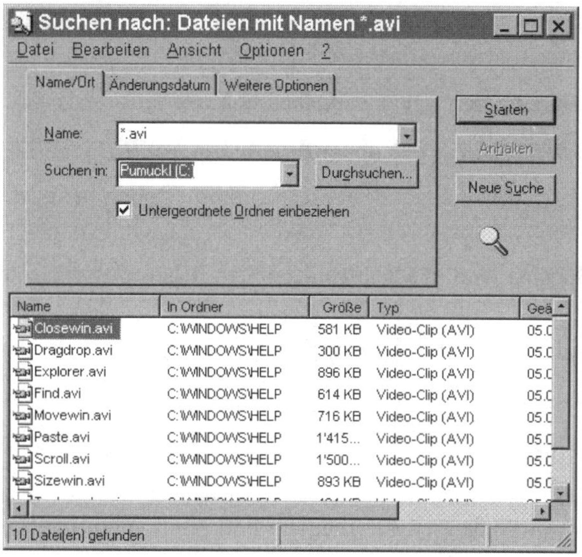

Abbildung 9.5: Die Dateien sind da!

Nachdem die Dateien gefunden wurden, können Sie folgendes damit machen:

✔ Doppelklicken Sie auf die Datei in der Dateiliste, um sie zu öffnen, zu bearbeiten oder das Programm auszuführen.

✔ Ziehen Sie die Datei auf den Desktop, damit Sie einfacher darauf zugreifen können, oder in den Ordner, in dem sie sein sollte.

✔ In der Spalte **In Ordner** ist der Ordner, in dem sich die Datei befindet, aufgeführt. In Abbildung 9.5 befinden sich die zweite, dritte und vierte Datei im Ordner **Help** im Ordner **Windows** auf Laufwerk C.

✔ Sie können das Dialogfeld **Suchen** auch im Startmenü öffnen. Wählen Sie **Suchen/Dateien** oder **Ordner**.

✔ Im Abschnitt »Was ist ein Pfadname?« in Kapitel 8 wird erklärt, was es mit der Spalte **In Ordner** im Dialogfeld **Suchen** auf sich hat.

Die Suchmethoden, die in den folgenden Abschnitten beschrieben werden, können vermischt werden. Je mehr Sie Windows über die Datei mitteilen, desto einfacher kann es sie finden.

»Schnell! Beeilung! Ich möchte eine verlorene Datei wiederfinden!«

Rufen Sie das Dialogfeld **Suchen** auf. Klicken Sie auf das Register **Name & Verzeichnis**, um dieses Feld nach vorne zu bringen (siehe Abbildung 9.4).

1. **Geben Sie den Dateinamen in das Eingabefeld Name ein.**
2. **Wählen Sie Laufwerk C in der Dropdown-Liste Suchen in.**

   Wenn sich die Datei auf einem anderen Laufwerk im System befindet, wählen Sie das entsprechende Laufwerk (oder wählen Sie ein Laufwerk nach dem anderen).

3. **Vergewissern Sie sich, daß das Kontrollkästchen neben Unterverzeichnisse einbeziehen markiert ist.**

   Falls nicht, klicken Sie auf das Kontrollkästchen.

4. **Klicken Sie auf Suchen.**

   Alle übereinstimmenden Dateien werden in der Liste im Dialogfeld angezeigt.

- ✔ Wenn Sie nur einen Teil des Dateinamens wissen, verwenden Sie Sternchen. Ich habe zum Beispiel mehrere Grafikdateien von meinem Sohn Simon auf Laufwerk C. Um sie alle zu finden, gebe ich folgendes ein:

  ```
  *SIMON*
  ```

- ✔ Die Sternchen ersetzen alle Zeichen vor und nach SIMON. Wenn alle Dateien mit SIMON beginnen würden, könnte ich folgendes eingeben:

  ```
  SIMON*
  ```

- ✔ Der Stern ersetzt alle Zeichen am Ende des Dateinamens. Dasselbe gilt für den Anfang.

  ```
  *SIMON
  ```

- ✔ Das Sternchen ersetzt alle Zeichen vor SIMON im Dateinamen.

»Wo zum Henker ist mein Programm?«

Das Suchen nach Programmen funktioniert genauso wie das Suchen nach Dateien. Befolgen Sie die Schritte im vorherigen Abschnitt, und geben Sie den Programmnamen statt des Dateinamens ein.

Wenn Sie den Programmnamen nicht wissen, klicken Sie auf das Register **Erweitert** im Dialogfeld **Suchen**, um das entsprechende Feld nach vorne zu bringen. Wählen Sie Anwendung in der Dropdown-Liste Typ. Klicken Sie auf **Suchen**. Im Dialogfeld **Suchen** werden alle Programme auf dem Computer angezeigt. Alle. Ihr Programm ist irgendwo in der Liste aufgeführt. Verwenden Sie die Bildlauffelder, um es zu finden.

»Ich habe den Namen der Datei vergessen, aber ich weiß, er enthält das Word ›abscheulich‹!«

Gehen Sie wie folgt vor:

1. **Klicken Sie auf Erweitert im Dialogfeld Suchen.**

   Klicken Sie auf das Register **Erweitert**, um das entsprechende Feld nach vorne zu bringen.

2. **Überprüfen Sie, ob Alle Dateien und Ordner im der Dropdown-Liste Typ aktiviert ist.**

   Falls nicht, wählen Sie diese Option. Klicken Sie auf den Pfeil rechts von der Liste. Wählen Sie **Alle Dateien und Ordner** (es sollte die erste Option sein).

   Sie sparen Zeit, wenn Sie wissen, mit welchem Programm das Dokument erstellt wurde. Wenn Sie zum Beispiel wissen, daß es ein Word-Dokument ist, wählen Sie »Microsoft Word Dokument« in der Dropdown-Liste.

3. **Drücken Sie die Tab-Taste.**

   Damit wechseln Sie zum Eingabefeld **Enthaltener Text**.

4. **Geben Sie den Text ein, nach dem Sie suchen.**

   Geben Sie den Text ein, vom dem Sie annehmen, daß er genau mit dem Text in der Datei übereinstimmt:

   ```
   abscheulich
   ```

   Geben Sie keinen Punkt am Ende ein.

5. **Klicken Sie auf Suchen.**

   Wenn Sie Glück haben, wird die Datei, nach der Sie suchen, in der Liste angezeigt. Wenn nicht, versuchen Sie es mit einem anderen Wort.

✔ Meine Frau hat kürzlich mit dieser Methode den Lebenslauf meines Schwagers gefunden. Sie hat seinen Nachnamen eingegeben. Unter den vielen gefundenen Dateien war die mit dem Namen DOKUMENT die richtige. Moral von der Geschichte: Nennen Sie Ihren Lebenslauf »Lebenslauf« und nicht Dokument.

»Ich habe den Dateinamen vergessen, aber ich weiß es war ein Arbeitsblatt!«

Die Suche nach Dateityp zeigt Unmengen von Dateien an, aber es ist eine bessere Methode, um eine abtrünnige Datei zu finden, als alle Dateien auf der Festplatte auszukundschaften.

1. **Öffnen Sie das Feld Erweitert im Dialogfeld Suchen.**

   Klicken Sie auf das Register **Erweitert**, um das entsprechende Feld in den Vordergrund zu bringen.

2. **Wählen Sie den Dateityp in der Dropdown-Liste Typ.**

   Klicken Sie zum Beispiel auf »Microsoft Excel Arbeitsblatt«. Wenn Sie nach einem anderen Dateityp suchen, wählen Sie diesen Typ in der Liste.

3. **Klicken Sie auf Suchen.**

   Ich garantiere Ihnen, daß eine Menge Dateien angezeigt werden. Ihre Aufgabe ist es, die richtige Datei aus der Liste herauszufinden. Viel Glück!

Sie können die Datei leichter finden, wenn Sie das genaue Datum wissen, an dem sie erstellt oder zuletzt gespeichert wurde. Dieser Trick wird im nächsten Abschnitt beschrieben.

»Alles was ich weiß, ist, daß ich sie letzten Dienstag erstellt habe!«

Um eine Datei zu finden, die an einem bestimmten Datum erstellt wurde, gehen Sie wie folgt vor:

1. **Öffnen Sie das Feld Änderungsdatum im Dialogfeld Suchen.**

   Klicken Sie auf das Register **Änderungsdatum**, um das entsprechende Feld in den Vordergrund zu bringen.

2. **Klicken Sie auf Alle erstellen oder geänderten Dateien suchen.**

   Sie können zwischen drei Optionen wählen, die im Feld angezeigt werden. Welche Option Sie wählen, ist abhängig davon, wie gut Sie sich an das Datum erinnern, an dem die Datei erstellt oder zuletzt gespeichert wurde.

3a. **Wenn Sie wissen, daß die Datei im letzten Monat erstellt wurde, klicken Sie auf Während der letzten X Monate.**

   Mit den Pfeilen können Sie die Anzahl der Monate ändern. 1 für einen Monat, 6 für sechs Monate usw.

   Dieser Vorgang ist die am wenigsten genaue Methode, um eine Datei nach Datum zu suchen. Es werden viele Dateien angezeigt.

3b. Wenn die Datei vor einigen Tagen erstellt wurde, klicken Sie auf Während der letzten X Tage.

Geben Sie mit Hilfe der Pfeile die Anzahl der Tage ein. Wenn heute zum Beispiel Donnerstag ist, und Sie glauben, Sie haben die Datei irgendwann diese Woche erstellt, geben Sie 4 in das Feld ein.

Diese Methode ist genauer als die Suche nach Monat.

3c. Wenn Sie das Erstellungsdatum der Datum ungefähr wissen, klicken Sie auf Zwischen X und X.

Geben Sie in die Felder das Datum ein, das frühere zuerst. Wenn Sie wissen, daß die Datei am 1. November 1998 erstellt wurde, geben Sie in beide Felder 1/11/98 ein. Oder noch besser, geben Sie in das erste Feld 31/10/98 und in der zweite Feld 2/11/98 ein.

4. Klicken Sie auf Suchen.

Windows zeigt einen Stapel von Dateien an. Warum so viele? Weil alle Dateien angezeigt werden, die an diesem Datum erstellt wurden. Und das könnte eine ganze Horde sein.

- ✔ Die Kombination der einzelnen Suchmethoden verringert die Anzahl der angezeigten Dateien.
- ✔ In Kapitel 8 finden Sie ausgezeichnete Methoden zum Speichern von Dateien in Ordnern, damit Sie nie wieder etwas verlieren.

Ode an den Netzwerksklaven

10

In diesem Kapitel

- Wie Netzwerke Ressourcen teilen
- Im Netzwerk anmelden
- Die Netzwerkumgebung
- Auf ein Netzlaufwerk oder einen Ordner zugreifen
- Ein Netzlaufwerk im Arbeitsplatz einfügen
- Laufwerke im Netzwerk freigeben
- Wenn das Netzwerk zusammenbricht

Am Anfang gab es diese klobigen Computer, die Großrechner genannt wurden. Sie standen in klimatisierten Zimmern mit Glaswänden und schluckten mehr Strom als eine Armee von Staubsaugern. Die Computer wurden von dünnen, blassen Menschen in Laborkitteln bedient. Diese verachteten die armen Anwender, die durch ein Kabel an den Großrechner gefesselt waren und an einem dummen Terminal arbeiten mußten – einem Computer ohne Gehirn. Wie wenig wußten sie doch von der kommenden Personal-Computer-Revolution. Bald würde jeder Anwender seinen eigenen Computer haben. Die Ära der Computerunabhängigkeit war angebrochen.

Der Großrechner existiert immer noch, aber statt der Elektronenröhren werden jetzt Computer-Netzwerke eingesetzt. Das heißt, ein ehemals eigenständiger Computer wird mit anderen PCs verdrahtet. Zwei oder mehr Computer, die miteinander verbunden sind, vielleicht mit einem Drucker dazwischen, sind ein *Netzwerk*. Sie können mehr Computer, Drucker und sogar Großrechner anschließen, als Satelliten die Erde umkreisen. Es ist der helle Wahnsinn.

Das Konzept eines Netzwerks zu beschreiben und zu erklären, wie es funktioniert, geht über den Rahmen von »PCs für Dummies« hinaus. Den technischen Kram müssen Sie in einem anderen Buch nachlesen. Falls Sie ein einsamer Computerbenutzer sind, der zu Hause in seiner Bude sitzt, können Sie dieses Kapitel als einen Extra-Bonus lesen. Ansonsten sollte jeder, der in einem Büro arbeitet oder schon mal was über Netzwerke gehört hat, wenigstens einen Blick auf ein paar der Abschnitte in diesem Kapitel werfen.

- ✔ Ein Knoten ist ein Computer in einem Netzwerk. Wenn Ihr Computer an einem Netzwerk angeschlossen ist, ist er ein Knoten.
- ✔ In diesem Kapitel werden nur schäbige Peer-Netzwerke in Windows beschrieben. Novell-Netzwerke? Kletterpflanzen? Schauen Sie woanders nach.

Die Kommunikation mit mehreren Computern

Es ist notwendig, Informationen zwischen Computern auszutauschen. Der Bildschirm zeigt Ihnen die Ergebnisse Ihrer Mühen. Der Drucker ist eine Erweiterung, er versorgt Sie mit wertvollen Hardcopys. Die Hardcopy – OK, das Papier – kann mit einer Anzahl von Anwendern geteilt werden, aber die Informationen sind trotzdem elektronisch im PC eingeschlossen.

Eines Tages bemerkte jemand, wie dumm es ist, eine Hardcopy von den Informationen zu machen, die dann ein anderer Anwender wieder eintippen muß. Letzten Endes waren die Informationen wieder im Computer. Warum konnte man sie nicht einfach zwischen Computern hin- und herschicken? Das wurde auf zwei Arten gelöst: durch den Austausch von Disketten und durch die Verbindung der Computer mit Kabeln.

- ✔ Die meisten Informationen werden auf Disketten zwischen Computern ausgetauscht. Es können aber auch ZIP-Datenträger zum Austauschen der Daten verwendet werden.
- ✔ Disketten zwischen verschiedenen Computertypen, sagen wir mal einem Macintosh und einem PC, auszutauschen, ist nicht möglich. Diese zwei Systeme benutzen unterschiedliche Diskettenformate. Ein DOS-PC kann keine Macintosh-Diskette lesen und auch nicht verstehen, was darauf ist.
- ✔ Zwei Computer, die mit einem seriellen Anschluß ausgestattet sind, können mit einem *Null-Modem-Kabel* miteinander verbunden werden, so daß ein Informationsaustausch möglich ist. Es ist auch möglich, daß verschiedene Systeme mit einem *Modem* über die Telefonleitung kommunizieren. Das Null-Modem-Kabel ist einfach eine direkte Verbindung, gewöhnlich für zwei Computer, die im selben Raum stehen.
- ✔ In Kapitel 17 erhalten Sie weitere Informationen über Modems. Genauere Einzelheiten über Null-Modem-Kabel können Sie im folgenden Abschnitt nachlesen.

Zusätzliche langweilige Informationen über das berüchtigte Null-Modem-Kabel

Nichts verursacht mehr Kopfschmerzen als der Umgang mit einem Null-Modem-Kabel oder mit seinem üblen Zwilling, dem *Null-Modem-Adapter*. Also hören Sie einen Moment auf, all Ihre Karten und Briefe zu schreiben, und hören Sie zu:

Ein Null-Modem-Kabel ist eigentlich eine spezielle Art von seriellem Kabel. Es wird auch »Twisted-Pair«, gedrehtes Pärchen, genannt. Es ist so entworfen, daß die Schnittstellen der beiden Computer über Kreuz miteinander verbunden sind: Die Ausgangsleitung des einen Computers ist mit dem Eingang des anderen verbunden und umgekehrt. Wäre das Kabel gerade durchverbunden, dann wären jeweils die Eingänge und die Ausgänge miteinander verbunden; das wäre wie bei den Vereinten Nationen: Alle reden und keiner hört zu, wodurch nichts zustande kommt. Der Null-Modem-Adapter ist nichts anderes als ein kleiner Kasten, der die Kreuzung der Kabel übernimmt, wenn ein normales serielles Kabel benutzt wird.

Wenn beide Computer verbunden sind, fängt der trickreiche Teil an. Auf beiden müssen besondere Kommunikationsprogramme laufen, die umfangreiche Einstellungen und Einrichtungen voraussetzen. Wenn irgendwann einmal alles richtig konfiguriert ist, können Sie nur einfache Textdateien (ASCII) zwischen den Systemen austauschen. Daher ist die gesamte Thematik eigentlich nur etwas für die verbohrtesten Klugscheißer und uninteressant für normale Leute wie Sie und ich.

Wenn Sie Dateien zwischen zwei Computern austauschen wollen, dann kaufen Sie eine spezielle Software, die extra für die Verbindung eines Desktop-Computers mit einem Notebook oder Laptop entwickelt wurde. Meistens wird ein besonderes Kabel mitgeliefert, das die Aufgabe zusätzlich vereinfacht.

Netzwerke im Überblick

Achtung: Das Bedienen von Maschinen und das Lenken von Kraftfahrzeugen ist während des Lesens der folgenden Information untersagt.

Computer haben Netzwerke – genau wie Ihr Fernseher. Computer haben Programme – genau wie Ihr Fernseher. Und Computer benutzen dieses komischen Kabel mit einem Draht in der Mitte – genau wie Ihr Fernseher. Also ist ein Computer wie ein Fernseher, wenn er Programme empfängt, nur viel produktiver.

Zunächst einmal bin ich glücklich, Ihnen mitteilen zu können, daß Netzwerke, Netzwerkkonfigurationen und der von IBM geprägte Modebegriff »Connectivity« am besten denjenigen überlassen werden, die dafür verantwortlich sind. Niemand beschäftigt sich gerne mit Netzwerken. Geistig gesunde Menschen zahlen jedes Jahr Millionen an unterernährte Netzwerk-Freaks, damit sie die Netzwerke einrichten und warten. Begnügen Sie sich daher mit den absolut notwendigen Kenntnissen. Hier sind die wichtigsten Begriffe:

- ✔ Netzwerke kümmern sich um drei Dinge: Dateien austauschen, Geräte gemeinsam benutzen und Programme gemeinsam anwenden.
  - *Dateien austauschen* bedeutet, daß Sie Dateien von anderen Teilnehmern des Netzwerks empfangen und an sie senden können, ohne Ihren Arbeitsplatz verlassen zu müssen. Entweder kommen die Daten von alleine über das Kabel an, oder Sie holen sie von einer zentralen Stelle ab. Dadurch vermeiden Sie es, daß Sie die Daten auf einer Diskette herumreichen müssen.
  - Die *gemeinsame Nutzung der Geräte* bezieht sich auf bestimmte Hardware, die allen Netzwerkbenutzern zur Verfügung steht. Beispielsweise kann dies der Drucker vorne

am Flur sein. Sie können damit drucken, genauso wie der Hans von der Buchhaltung und die Karla von der Auftragsbearbeitung. Sogar der Neue vom Marketing kann damit drucken. Auf große Festplattensysteme kann ebenfalls von allen zugegriffen werden; von dort werden Daten geholt, und dort werden sie wieder abgelegt.

  - Diese großen Festplattensysteme werden *Fileserver* genannt. Auf ihnen befinden sich die Daten und Programme, auf die jeder im Netzwerk zugreifen kann. Durch die *gemeinsame Nutzung der Anwendungen* können mehrere Leute die gleiche Arbeit erledigen, wobei sichergestellt ist, daß alle den gleichen Datenbestand haben.

- ✔ Netzwerke werden oft LANs genannt, diese Abkürzung steht für *Local Area Networks* (lokale Netzwerke).

»Was ist ein Client/Server?«

Ich habe nicht die geringste Ahnung.

Im Netzwerk anmelden

Bevor Sie ein Netzwerk benutzen können, müssen Sie sich anmelden. Sie melden sich an, wenn Sie Windows das erste Mal starten. Sie werden mit einem Dialogfeld konfrontiert, das Sie zum Anmeldung im Netzwerk auffordert.

Es steht natürlich nicht »Anmelden« oder »Melden Sie sich an« im Dialogfeld. Das würde es vielleicht, wenn Microsoft nicht gewollt hätte, daß Windows so verdammt freundlich ist. Statt dessen steht »Benutzername« da. Ein Wort. Viel freundlicher.

Sie melden sich an, indem Sie Ihren Benutzernamen (gewöhnlich eine furchtbare Zusammenziehung Ihres Vor- und Nachnamens) eingeben, die Tab-Taste drücken, um zum Feld **Kennwort** zu wechseln, und Ihr geheimes Kennwort eingeben (das vermutlich auf einem Zettel steht, der am Monitor klebt). Abbildung 10.1 zeigt das Dialogfeld zum Anmelden in Windows, das möglicherweise jedesmal angezeigt wird, wenn Sie Windows starten.

- ✔ Nachdem Sie sich angemeldet haben, können Sie das Netzwerk benutzen.
- ✔ Wenn Sie sich nicht anmelden möchten, drücken Sie die Esc-Taste, wenn das Dialogfeld angezeigt wird.
- ✔ Wenn Sie die Esc-Taste drücken, um das Dialogfeld auszublenden, können Sie nicht auf andere Netzwerkressourcen zugreifen.
- ✔ Falls Sie ein Kennwort haben, schreiben Sie es nicht auf. Behalten Sie es im Gedächnis, falls Ihre Papiere in feindliche Hände geraten.
- ✔ Nachdem Sie sich angemeldet haben, können Sie auf die Drucker und Laufwerke des Netzwerks zugreifen. Wie Sie das machen, steht in den nachfolgenden Abschnitten.

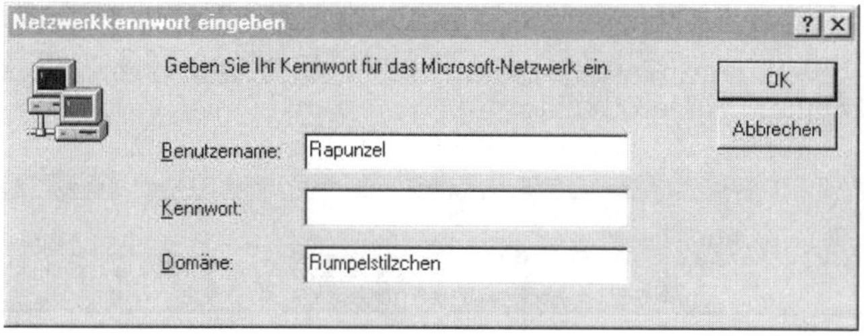

Abbildung 10.1: Das nervige Dialogfeld zum Anmelden

Netzdinge machen

Wenn Ihr Computer mit einem Netzwerk verbunden ist, heißt das, Sie können Netzdinge machen. Sie können andere Drucker und Laufwerke im Netzwerk benutzen. Und Sie können Dateien auf diesen Laufwerken klauen oder Programme ausführen. Ein Ordner mit dem Namen Finanzen auf einem Netzwerkcomputer ist ein gefundenes Fressen.

Ein Spaziergang durch die Netzwerkumgebung

Wenn Ihr Computer mit einem Windows-Netzwerk verbunden ist, befindet sich das Symbol **Netzwerkumgebung** auf dem Desktop. Das ist Ihr Schlüssel zu allen Computern und Druckern im Netzwerk.

Es gibt zwei Methoden, um in der Netzwerkumgebung auf das Netzwerk zuzugreifen. Die zweite Methode ist bescheuert, deshalb werde ich sie erst gar nicht beschreiben. Die erste Methode ist, die Netzwerkumgebung zu öffnen, indem Sie darauf doppelklicken. Es wird ein Fenster mit allen Computern im Netzwerk angezeigt (siehe Abbildung 10.2).

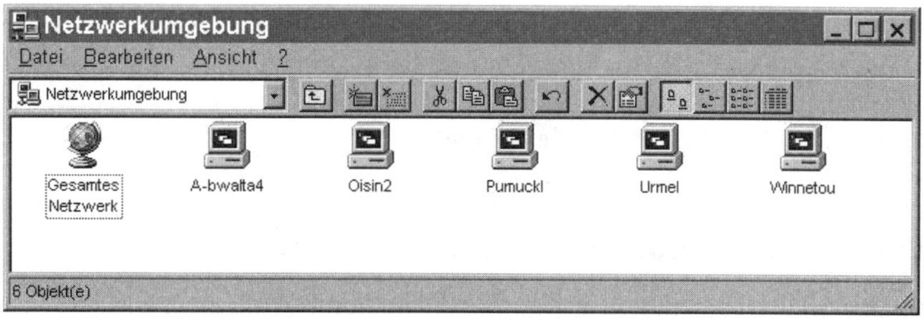

Abbildung 10.2: Computer im Netzwerk

Nicht jeder Computer im Netzwerk teilt alles. Der Computer mit dem Namen Urmel in Abbildung 10.2 teilt zum Beispiel nichts – keine Laufwerke und keine Drucker. Der Computer namens Winnetou teilt wenigstens ein paar Dinge.

Sie können sehen, was ein Computer teilt, indem Sie das Computersymbol öffnen; doppelklicken Sie im Ordner Netzwerkumgebung darauf. Abbildung 10.3 zeigt, wie Windows anzeigt, was der Computer Winnetou teilt.

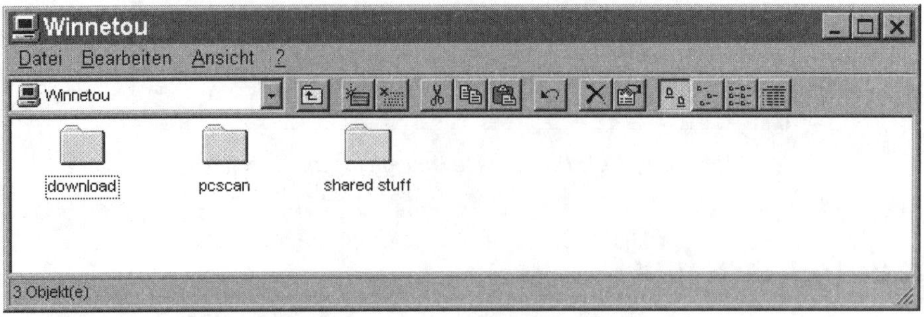

Abbildung 10.3: Freigegebene Objekte auf einem Computer

- Auf Ordner in einem Computerfenster können Sie zugreifen.
- Sie können auf Dateien in diesen Ordnern zugreifen, indem Sie die Ordner öffnen; genauso wie Sie es auf Ihrem Computer machen würden.
- Drucker in einem Computerordner, zeigen an, daß Ihr Computer auf diesen Netzwerkdrucker zugreifen kann. Doppelklicken Sie auf das Druckersymbol, um den Drucker einzurichten. (Das ist ein langer technischer Prozeß, den Sie am besten jemand anderem überlassen.)
- Die Netzwerkumgebung ist für einen nächtlichen Spaziergang ausreichend sicher.
- Möglicherweise wird das Symbol Netzwerkumgebung auch angezeigt, wenn Ihr Computer nicht mit einem Netzwerk verbunden ist. Das kann passieren, wenn Ihr Händler den Computer über ein Netzwerk installiert und konfiguriert hat, oder wenn der Computer für das Internet eingerichtet wurde.
- Sie können die Ansicht in der Netzwerkumgebung auf gleiche Art wie im Explorer oder Arbeitsplatz ändern. Wählen Sie eine neue Ansicht aus dem Menü **Ansicht**. Abbildung 10.2 zeigt die Option **Ansicht/Große Symbole**.

Laufwerke oder Ordner in einem Netzwerk benutzen

Der größte Vorteil eines Netzwerks ist der, daß Sie nicht mehr mit einer Diskette in der Hand Ihren Arbeitsplatz verlassen müssen, um sie woanders hinzubringen. Diese Methode des Datenaustauschs wird auch als Turnschuhnetzwerk bezeichnet; das heißt, Sie joggen von Schreibtisch zu Schreibtisch, um Ihre Informationen zu verbreiten. Es gibt Leute, die nennen dies tratschen.

Um eine Datei an einen anderen Computer im Netzwerk zu senden, müssen Sie auf ein Netzlaufwerk zugreifen, das sich auf einem anderen Computer im Netz befindet. In der Netzwerkumgebung können Sie dieses Laufwerk herausfischen. Eine bessere Methode ist es, das Laufwerk immer auf Ihrem Computer greifbar zu haben. Es befindet sich im Arbeitsplatz als Netzlaufwerk.

Abbildung 10.4 zeigt das Fenster des Arbeitsplatzes. Sie sehen darin zwei Netzlaufwerke: G und H. Das sind Laufwerke auf anderen Computern im Netzwerk. Diese Festplattenlaufwerke können genauso wie jedes andere Festplattenlaufwerk verwendet werden, obwohl sie sonstwo in der Netzwerkumgebung leben.

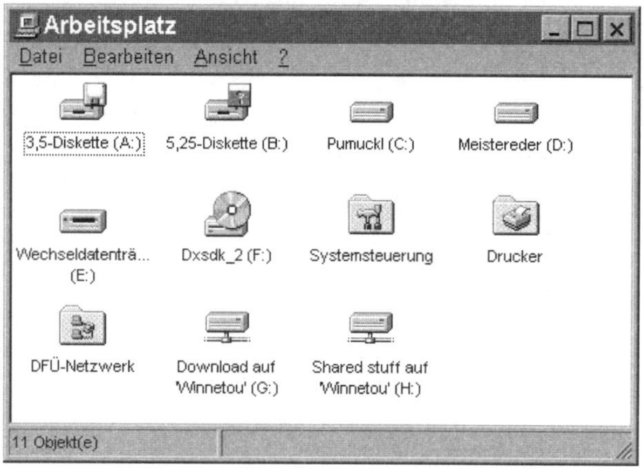

Abbildung 10.4: Die Netzlaufwerke G und H

Um ein Netzlaufwerk in den Arbeitsplatz einzufügen, gehen Sie wie folgt vor:

1. **Suchen Sie nach dem gewünschten Netzlaufwerk.**

   Öffnen Sie die Netzwerkumgebung, und suchen Sie in den Netzwerkcomputern nach einem freigegebenen Laufwerk (siehe Abschnitt »Ein Spaziergang durch die Netzwerkumgebung« in diesem Kapitel).

   Sie können in einem Netzlaufwerk auch nach einem bestimmten Ordner suchen.

2. **Klicken Sie mit der rechten Maustaste auf das Netzlaufwerk (oder den Ordner), das Sie im Arbeitsplatz hinzufügen möchten.**

   Klicken Sie mit der rechten Maustaste auf den gewünschten Ordner. Ein Kontextmenü wird angezeigt.

3. **Wählen Sie Netzlaufwerk zuordnen.**

   Das Dialogfeld **Netzlaufwerk verbinden** wird angezeigt (Abbildung 10.5).

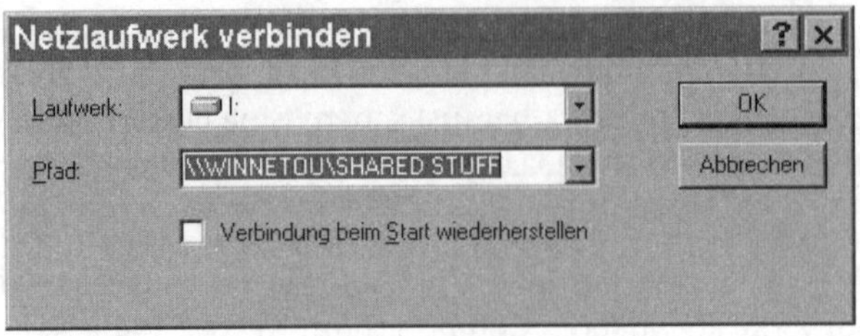

Abbildung 10.5: Das Dialogfeld Netzlaufwerk verbinden

4. **Wählen Sie einen Laufwerkbuchstaben für das Netzlaufwerk.**

   Sie können dem Netzlaufwerk einen beliebigen Buchstaben geben (nicht die Buchstaben A, B oder C, damit ist der Computer eigen). Wenn Sie ein Festplattenlaufwerk C und ein CD-ROM-Laufwerk D haben, können Sie dem Netzlaufwerk einen Buchstaben zwischen E und Z zuweisen. Was gerade verfügbar ist.

   Ich würde Winnetous Festplattenlaufwerk den Buchstaben I geben.

   Wählen Sie den Laufwerkbuchstaben in der Dropdown-Liste, oder drücken Sie die entsprechende Taste auf der Tastatur.

   Der von Ihnen zugewiesene Laufwerkbuchstabe bezieht sich auf Ihren Computer. Alle anderen Computer im Netzwerk werden davon nicht beeinflußt.

5. **Möchten Sie das Netzlaufwerk immer verwenden?**

   Wenn diese Netzwerkverbindung jedesmal, wenn Sie Ihren Computer starten, hergestellt werden soll, klicken Sie auf das Kontrollkästchen »Verbindung beim Start wiederherstellen«, um es zu markieren. Dieses Netzlaufwerk wird immer im Arbeitsplatz angezeigt, wenn der Computer gestartet wird. Raffiniert, was?

6. **Klicken Sie auf OK.**

   Klick. Sie können das Netzlaufwerk jetzt genauso einfach verwenden wie ein Laufwerk auf Ihrem Computer. Die Freuden des Netzwerks.

- ✔ Die Symbole von Netzlaufwerken sehen aus wie von anderen Laufwerken, haben aber ein kleines Rohr am unteren Rand (siehe Abbildung 10.4).
- ✔ Sie können auch ältere Windows-Systeme an einem Netzwerk anschließen; aber das funktioniert anders.
- ✔ Novell Netzwerke? Keine Ahnung. Darum verdienen die Typen bei Novell so gut.

Die Verbindung zu einem Netzlaufwerk trennen

Wenn Sie nicht länger mit einem Laufwerk im Netzwerk verbunden sein möchten, müssen Sie die Verbindung abbrechen. Das ist wie das Auflegen des Telefons; die Verbindung besteht nicht mehr, aber das andere Laufwerk ist noch vorhanden. (Das andere Laufwerk wird nicht gelöscht, genauso wie das Auflegen des Telefons Ihre Freunde nicht umbringt.)

Brechen Sie die Verbindung mit einem Ordner ab, indem Sie ihn wählen. Klicken Sie dazu einmal mit der Maus auf das Ordnersymbol. Wählen Sie **Datei/Verbindung abbrechen**, und der Ordner ist Geschichte.

»Ich will meine Laufwerke und Ordner im Netzwerk freigeben!«

Dem Netzwerk die lebenswichtigen Teile Ihres Computers auszuliefern, ist ein Klacks. Vermutlich möchten Sie das nicht tun, je nachdem, was sich auf Ihrem Computer befindet. Es gibt einige Sicherheitsmaßnahmen, aber nicht viele.

Um Ihre Laufwerke und Ordner auf dem Netzwerk freizugeben, gehen Sie wie folgt vor:

1. **Wählen Sie das Laufwerk oder den Ordner, das bzw. den Sie freigeben möchten.**

   Klicken Sie einmal auf das Laufwerk oder den Ordner im Arbeitsplatz oder im Explorer. Das Symbol wird in einem scheußlichen Blauton angzeigt.

2. **Wählen Sie Datei/Freigabe.**

   Das Dialogfeld **Eigenschaften von Laufwerk** oder **Eigenschaften von Ordner** wird angezeigt (siehe Abbildung 10.6). Klicken Sie auf das Register **Freigabe**, um das entsprechende Feld in den Vordergrund zu bringen.

3. **Klicken Sie auf Freigegeben als.**

   Das runde Optionsfeld wird markiert und der Rest des Dialogfelds aktiviert.

4. **Geben Sie einen Namen für das Laufwerk ein.**

   Das Eingabefeld neben Freigabename enthält den Laufwerkbuchstaben oder Ordnernamen. Sie können es so lassen oder etwas Kreativeres eingeben.

   Drücken Sie noch nicht die Eingabetaste!

5. **Vergessen Sie, etwas in das Feld Kommentar einzugeben.**

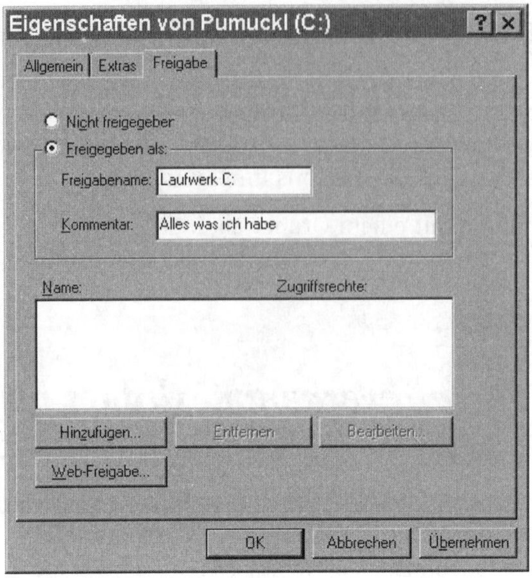

Abbildung 10.6: Das Dialogfeld Eigenschaften eines Laufwerks

6. **Wählen Sie eine Zugriffsart.**

   Es gibt drei Zugriffsebenen, die unter Zugriffsart aufgeführt sind:

   - »Nur Lesezugriff« bedeutet, daß andere sich Ihr Zeug nur anschauen können. Es kann nichts gelöscht, geändert oder hinzugefügt werden.
   - »Schreib-/Lesezugriff« heißt, jeder kann alles auf Ihrem Laufwerk machen, was Sie auch können – jede Datei löschen und Ihre lebenswichtigen Systemdateien umbenennen.
   - »Nur mit Kennwort« erlaubt entweder Lesezugriff oder Schreib-/Lesezugriff, abhängig vom Kennwort. Sie legen die Kennwörter in den beiden Eingabefeldern unten im Dialogfeld fest.

   Mein Rat: Wählen Sie »Nur Lesezugriff«. Wenn Sie Ihren Kollegen vertrauen, wählen Sie »Schreib-/Lesezugriff«. Ich gebe mich nicht mit Kennwörtern ab, weil ich sie sowieso immer vergesse. (Alle meine Computer haben dasselbe Kennwort: Keines.)

7. **Klicken Sie auf OK.**

   Ihr Laufwerk oder Ordner ist jetzt freigegeben. Es funktioniert noch genauso wie vorher, ist aber für andere über die Netzwerkumgebung verfügbar.

Wenn Sie etwas freigeben, erscheint unter dem Symbol eine kleine darreichende Hand.

Das Freigeben Ihres Druckers funktioniert ähnlich wie das Freigeben eines Laufwerks oder Ordners. Die Drucker, die an Ihrem Computer angeschlossen sind, finden Sie im Ordner Drucker, der im Hauptfenster des Arbeitsplatzes auf der Lauer liegt. Sie sollten sich vergewissern, daß die anderen Computer im Netzwerk ordnungsgemäß für den Drucker konfiguriert sind. Lassen Sie es jemand machen, der sich damit auskennt.

Blub, blub, weg war es

Netzwerke krachen öfter zusammen als Teenager mit dem Auto. Das bedeutet nicht, daß der Einsatz eines Netzwerks unstabil wäre. Es liegt daran, daß zu viele Sachen, die ansonsten gerade noch gehen, im Netzwerk nicht gut miteinander auskommen. Irgendwann genügt nur ein kleiner Hauch, und das ganze Kartenhaus bricht in sich zusammen.

- ✔ Wenn Sie Netzwerkprobleme befürchten, schreien Sie sofort nach Hilfe. Warten Sie die Katastrophe nicht erst ab, und versuchen Sie bloß nicht, etwas selber zu bereinigen.
- ✔ Wenn ein Netzwerkcomputer zusammenbricht, können Sie immer noch an Ihrem PC arbeiten; Sie können nur nicht auf Dateien oder Drucker zugreifen, die sich auf dem toten Computer befinden.
- ✔ Ziehen Sie nie die Netzwerkkabel aus Ihrem Computer, während das Netz an ist (außer Ihr Systemverantwortlicher hat es Ihnen schriftlich genehmigt). So können Netzwerke nämlich auch zusammenbrechen.
- ✔ Ein *Absturz* ist der technische Ausdruck dafür, daß ein Computer aufhört zu arbeiten. Nichts kracht oder scheppert; der echte Absturz ist eher wie die Eiszeit: Alles bleibt stehen, friert mitten beim Gehen ein, tödliche Stille kehrt ein. Und nach dem Auftauen finden Sie ein Mammut, das an Ihren Blumen nascht.
- ✔ Allgemeine Tips zur Fehlerbehebung und »Oh lieber Gott hilf mir« finden Sie in Teil VII.

Teil IV

Ein Leitfaden durch die Hardware, der Ihnen nicht den letzten Nerv raubt

»Kompatibilität? Kein Problem. Dieses Modell wird in mehr als einem Dutzend Designer-Farben ausgeliefert.«

In diesem Teil...

Sie können Ihren Computer nicht verwenden, ohne sich mit der Hardware zu befassen. Und Sie müssen mit der Terminologie vertraut sein, damit Sie sich nicht mit dem Tierschutzverein anlegen, wenn im Handbuch steht, Sie sollen etwas in den Mausanschluß stecken. In diesem Teil des Buchs werden die verschiedenen Hardwarekomponenten beschrieben, und erklärt wie alles zusammenpaßt.

Die wesentlichen Innereien Ihres Computers

11

In diesem Kapitel

- Eine kurze Beschreibung des Motherboards
- Der Mikroprozessor
- Welchen Mikroprozessor Ihr Computer hat
- Das BIOS
- Alles über Druckeranschlüsse, serielle Anschlüsse und SCSI-Anschlüsse
- Das Datum und die Uhrzeit einstellen
- Erweiterungssteckplätze
- Die Stromversorgung

Unter seiner glatten beigefarbenen Oberfläche ist Ihr Computer ein heilloses Durcheinander. Er besteht aus elektronischen Bauteilen und anderem technischen Kram. In diesem Elektrosalat befinden sich einige Komponenten, deren Namen Sie von Zeit zu Zeit hören werden. Es gibt das Motherboard, den Mikroprozessor, das BIOS, Anschlüsse und Erweiterungssteckplätze. Dieses Zeug können Sie nicht sehen, geschweige denn anfassen, aber vielleicht möchten Sie trotzdem wissen, was es ist. Außerdem haben Sie dafür bezahlt.

- ✔ Eine wichtige Komponente Ihres Computers, die in diesem Kapitel nicht erklärt wird, ist der Speicher. Er wird in Kapitel 12 beschrieben.

Das Motherboard

Das Motherboard ist der Hauptbestandteil Ihres Computers.

Das Motherboard ist wichtig, weil hier die meisten entscheidenden Dinge in Ihrem Computer stattfinden. Die Systemeinheit, von der wir schon gehört haben, ist eigentlich nur ein Gehäuse für das Motherboard und die Laufwerke. Sie finden die folgenden elektronischen Köstlichkeiten auf dem Motherboard (es gibt keinen Grund, diese Liste im Gedächtnis zu behalten):

- ✔ Den Mikroprozessor – das Gehirn des Computers
- ✔ Den Computerspeicher
- ✔ Erweiterungssteckplätze und die entsprechenden Erweiterungskarten, die darin eingesteckt werden

- Spezielle Chips, sogenannte ROM-Chips
- Das BIOS
- Andere Schaltungen
- Scharfe Gegenstände

Obwohl das Motherboard viele Dinge enthält, ist es eine Einheit. So wie ein Einkaufszentrum viele Geschäfte hat, aber von allen Einkaufszentrum genannt wird.

- Sie können nur zwei Dinge vom Motherboard entfernen oder dem Motherboard hinzufügen: zusätzlichen Speicher und Erweiterungskarten. Diese unangenehme Arbeit, die als *Aufrüsten* (Upgrading) bezeichnet wird, überlassen Sie am besten Ihrem Guru.
- Oh, einige Motherboards erlauben das Entfernen bzw. Hinzufügen eines Mikroprozessors. Allerdings würde ich das nicht empfehlen. Vielleicht erkläre ich später noch, warum.

Falls es Sie interessiert, ist hier eine technisch genauere Beschreibung

Das Motherboard ist ein Stück Fiberglas, gewöhnlich dunkelgrün, weil Computerwissenschaftler ein Haufen Machos und Pink oder Himmelblau endgültig out sind. Die Chips werden auf das Motherboard gelötet und dann mit winzigen Kupferdrähten verbunden, die aussehen wie kleine Straßen, die über das ganze Motherboard laufen. Über diese »Straßen« können sich die verschiedenen Chips, Widerstände und Kondensatoren miteinander verständigen.

Alles wird über ein Blech, das in der Mitte des Motherboards eingezwängt ist, mit Strom versorgt. Irgendwie, durch das Wunder der Elektronik, funktioniert es, und das Endergebnis ist ein arbeitender Computer. Natürlich benötigen Sie auch eine Stromversorgung, einen Monitor, eine Tastatur, Laufwerke usw.

Der Mikroprozessor

Das Herz eines jeden Computers ist der Mikroprozessor. Das ist der Hauptchip in einem Computer. Nein, er ist nicht das Gehirn des Computers. (Die Software ist das Gehirn.) Der Mikroprozessor ist eigentlich ein kleiner, schneller Taschenrechner. Er addiert, subtrahiert, multipliziert und dividiert.

Der Mikroprozessor beschäftigt sich mit anderen Elementen im Computer. Diese Elemente behandeln entweder die Eingabe oder Ausgabe, was von Compujockeys E/A genannt wird.

Die *Eingabe* sind Informationen, die in den Mikroprozessor fliegen.

Die *Ausgabe* sind Informationen, die der Mikroprozessor generiert und ausspuckt.

Der Computer ist total von diesem Eingabe- und Ausgabezeug besessen.

- ✔ Der Hauptchip im Computer ist der Mikroprozessor, der eigentlich eine winziger Taschenrechner mit einem großen Preisschild ist.
- ✔ Der Mikroprozessor wird auch CPU (*Central Processing Unit*) genannt.
- ✔ Wenn Ihnen Mikroprozessor zu lang ist, können Sie auch nur Prozessor sagen.
- ✔ Äußerlich ähnlich der Mikroprozessor einem After Eight – mit 200 Beinen.
- ✔ Die Leistung des Computers wird an seinem Mikroprozessor gemessen. Deshalb wäre es nett, wenn er einen eindrucksvollen Namen wie Herkules, Samson oder Parzival hätte. Leider sind Mikroprozessoren nach eindrucksvollen Nummern benannt, 80386, 486 oder auch Pentium.
- ✔ Es gibt noch andere Namen außer Pentium: Pentium II, Pentium Pro, Pentium MMX, Celeron, AMD und Cyrix (Sextium war wohl zu riskant).
- ✔ Zusätzlich zu den ihnen zugeordneten Nummern, werden Mikroprozessoren auch danach beurteilt, wie schnell sie denken können. Dieser Wert wird in MHz (Megahertz) angegeben. Um so mehr MHz der Mikroprozessor hat, desto schneller ist er; was eigentlich alles ist, was Sie wissen müssen.
- ✔ Die Eingabe für den Mikroprozessor kommt von mehreren Elementen des Computers: dem Arbeitsspeicher, den Laufwerken, der Tastatur, der Maus, dem Modem usw. usw.
- ✔ Der Mikroprozessor sendet seine Ausgabe an den Arbeitsspeicher, die Laufwerke, den Bildschirm, den Drucker, das Modem usw. usw.
- ✔ Die Software koordiniert das ganze Eingabe-/Ausgabechaos für Sie. Wie ein gequälter Assistent in einem Kindergarten, wenn die Kinder alle high von den Klebestiften sind.

»OK, Besserwisser, was für einen Mikroprozessor hat mein Computer?«

Wer weiß, welcher Mikroprozessor sich im Inneren Ihres Computers verbirgt? Holen Sie besser einen großen Schraubenschlüssel. Noch besser, klicken Sie mit der rechten Maustaste auf den Arbeitsplatz in der oberen linken Ecke des Desktops. Dadurch wird ein Kontextmenü für Ihren Computer angezeigt.

Wählen Sie die letzte Option: **Eigenschaften**. Das Dialogfeld **Eigenschaften für System** wird angezeigt (siehe Abbildung 11.1).

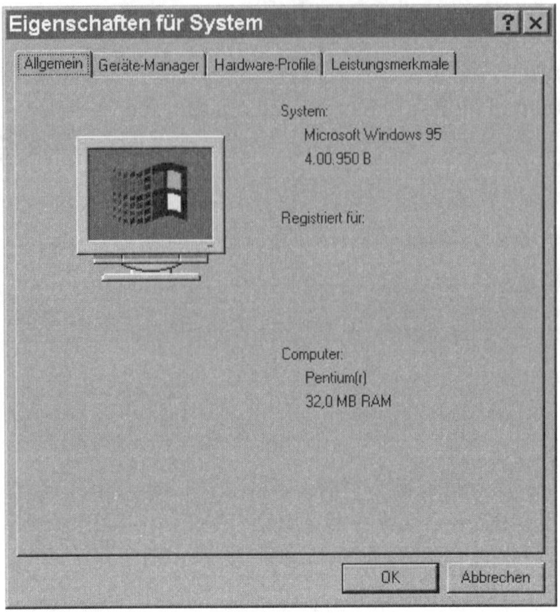

Abbildung 11.1: Das Dialogfeld Eigenschaften für System

Details! Details! Das erste Register in Dialogfeld **Eigenschaften für System** (Allgemein) enthält Informationen über Windows, Sie und Ihren Computer. Sie können auch sehen, welchen Mikroprozessor und wieviel Arbeitsspeicher Ihr Computer hat.

- ✔ In Abbildung 11.1 hat der Computer einen Pentium Mikroprozessor und 32 MB Arbeitsspeicher.
- ✔ Ja, ich habe eine Menge für all den Speicher bezahlt.
- ✔ Das (r) nach Pentium sollte eigentlich ein ® sein, das Eingetragenes-Warenzeichen-Ding. Es bedeutet nicht, daß Sie den Namen des Mikroprozessors »Pentiumer« aussprechen.
- ✔ Wenn Sie ein 486-System besitzen, erscheint die Nummer des Mikroprozessors dort, wo Sie in Abbildung 11.1 Pentium(r) sehen. Bei einem 486 Mikroprozessor würde dort 80486 stehen. Diese Nummer ist der Mikroprozessor in Ihrem Computer, kein geheimer Code.
- ✔ In Kapitel 14 erhalten Sie weitere Informationen über das Klicken mit der rechten Maustaste. Sie werden das in Windows oft machen müssen.

Familienangelegenheiten (»Wir sind alle nach berühmten Nummernschildern benannt«)

Mikroprozessoren sind in Familien zusammengefaßt. Mit der 386-Familie der Mikroprozessoren hat alles angefangen. Dann kam die 486-Familie, gefolgt vom Pentium. Es sollte eigentlich der 586 werden, aber da Intel kein Copyright für eine Nummer bekommen konnte, haben sie sich den Begriff Pentium einfallen lassen.

Der 686 wird dann Pentium Pro genannt. Es gibt auch noch den Pentium MMX und Pentium II-Systeme. 786? Pentium Pro Pro vielleicht?

Mikro-prozessor	Relative Leistung (Bits)	PC-Typ und Bemerkungen
8088	8/16	Frühe PCs, PC XT und einige Laptops. Das war eine richtige Schnecke.
8086	16/16	Der 8086 war schneller als der 8088, aber teurer.
80286	16/16	AT PCs und Kompatible und einige Laptops. Dieser Mikroprozessor tauchte zuerst im IBM AT PC auf.
80386	32/32	Der Vater der 386-Computerfamilie
80386SX	16/32	Laptops und preiswerte Systeme
80486	32/32	Wird auch i486 oder 486DX genannt.
80486SX	32/32	Nicht ganz so teuer, ist er eine billigere Version des aufgeblasenen 80486.
80486DX2	32/32	Eine etwas billigere Alternative zum normalen 486DX.
80486DX4	32/32	Ein noch schnellerer 486DX
586/ Pentium	32/64	Es ist einfacher einen Namen zu schützen als eine Nummer.
Pentium Pro	32/64	Super-Dooper-Pentium
Pentium MMX	32/64	Ein leistungsfähiger Pentium für Computerspiele und Grafik.
Pentium II	32/64	Besser als ein Pentium Pro, auch als MMX-Verison erhältlich.
Celeron	32/64	Ein billige Version des Pentium für »Home«-Computer; nicht so leistungsfähig wie der Pentium II.

Tabelle 11.1: Mikroprozessor-Zahlenquiz

Probleme mit dem Pentium?

Ungefähr ein Jahr, nachdem der erste Pentium-Mikroprozessor auf den Markt kam, wurde ein kleines Problem entdeckt. Ähnlich wie der Autor dieses Buchs hatte der Pentium ein Problem mit der Mathematik, genauer gesagt, ein Divisionsproblem. Wenn zwei bestimmte Zahlen dividiert wurden, war das Ergebnis nicht richtig. Für die siebte Klasse Grundschule wäre es in Ordnung gewesen. Aber um Leute auf den Mars zu schicken, war es doch ein klein wenig zu ungenau.

Intel gestand den Fehler schnell ein (vielleicht nicht so schnell) und bot Ersatzprozessoren an. Sie behoben das Problem, und alle Pentiums, die jetzt aus der Fabrik kommen, sind wesentlich besser im Rechnen. Die Intel-Aktien stiegen auf das Doppelte, und es zog Freude durch das Land. Jetzt gibt es nichts mehr, worüber man sich Sorgen machen müßte.

Das »und später«-Syndrom

Sie werden wahrscheinlich öfter dergleichen lesen wie »diese Software funktioniert nur mit einem 80386- oder späteren Mikroprozessor«. Woher sollen Sie wissen, was später als ein 80386 ist? Das folgende sollte Ihnen helfen:

- ✔ Früher: 8088, 8086, V20 und V30
- ✔ Etwas später: 80286
- ✔ Später: 80386, 386SX usw.
- ✔ Noch später: 80486, 486SX
- ✔ Extrem unpünktlich: Pentium
- ✔ Abwesend: Pentium Pro
- ✔ In einigen Beschreibungen steht vielleicht »höher« statt »später«. »Später« bezieht sich auf die Chronologie der Einführung eines Prozessors, »höher« auf die Reihenfolge seiner Numerierung. »Größer« ist wie Jürgen der Große in der Bibel. Er war größer und mächtiger als Jürgen der Kleine, der angeblich Buchhalter war.
- ✔ Sie benötigen einen MMX oder einen Pentium II, wenn das für die Software verlangt wird (siehe nächster Abschnitt).
- ✔ Wenn für die Software ein Pentium erforderlich ist, tut es auch jeder andere Pentium-Mikroprozessor, einschl. dem billigen Celeron.
- ✔ Alle Mikroprozessoren sind *abwärtskompatibel*. Das bedeutet, daß Software, die für einen früheren Mikroprozessor geschrieben wurde, auch auf einem späteren Modell läuft.

Was ist ein MMX?

Vor einigen Jahren hat Intel den Pentium MMX entwickelt. Der MMX ist ein gewöhnlicher Pentium, aber der neue Prozessor enthält zusätzliche Anweisungen zum Optimieren von Video, Sound und anderen Funktionen für Spiele und Multimedia. Das hört sich nicht außergewöhnlich an, aber für diese Art von Anwendung ist jede Leistungsverbesserung eine große Hilfe.

Der Nachteil des MMX ist, daß Sie Software benötigen, die speziell für den Pentium MMX geschrieben wurde, damit er voll genutzt wird.

- ✔ Alle Pentium II-Mikroprozessoren können das, was der MMX kann.

Den Mikroprozessor aufrüsten

Bei fast jedem modernen Computer kann der Mikroprozessor ersetzt werden. Entfernen Sie einfach den Mikroprozessor auf dem Motherboard und stecken Sie den neuen darauf. Einfach, und teuer!

Nur wenn Sie einen Computer mit dem falschen Mikroprozessor gekauft haben, sollten Sie aufrüsten. Nach zwei oder drei Jahren, wenn ein schnellerer Mikroprozessor erhältlich ist, macht es mehr Sinn, einen neuen Computer zu kaufen. Außerdem müssen andere Komponenten, z.B. die Festplatte und Anschlüssen, ebenfalls erneuert werden.

Warum nicht alles auf einmal ersetzen?

- ✔ Wenn Sie Ihren Mikroprozessor wirklich ersetzen möchten, lassen Sie das jemand anderen machen. Das Austauschen ist oft im Preis inbegriffen.

Ein neuer Computer ist manchmal billiger als ein neuer Mikroprozessor, da diese von den Herstellern und Händlern im Großen gekauft werden.

Das BIOS

Zusätzlich zu einem Mikroprozessor und zum Speicher benötigt Ihr Computer Anweisungen, die ihm sagen, was er tun soll. Diese Anweisungen befinden sich auf einem speziellen ROM-Chip, dem BIOS. BIOS ist die Abkürzung von irgend etwas Unwichtigem, aber es wird Beioss ausgesprochen.

Die Aufgabe des BIOS ist die Kommunikation. Es erlaubt dem Mikroprozessor, andere Teile Ihres Computers wie zum Beispiel den Bildschirm, den Drucker, die Tastatur usw. zu steuern oder mit ihnen zu »reden«. Diese Anweisungen wurden von den Leuten, die Ihren Computer bauten, geschrieben und sind auf einem BIOS-Chip (oder -Chips), der auf das Motherboard gelötet ist, fest eingeprägt.

- ✔ Das nächste Kapitel enthält Informationen über ROM-Chips.
- ✔ Das BIOS ist das, was Ihren Computer startet. Wahrscheinlich sehen Sie das BIOS-Copyright jedesmal, wenn Sie den Computer einschalten.
- ✔ Das Betriebssystem (Windows) ist das Programm, das Ihren PC steuert. Es teilt dem Mikroprozessor mit, was er tun soll, steuert die Laufwerke, verwaltet Ihre Dateien und kommuniziert mit dem BIOS, damit bestimmte Dinge ausgeführt werden.
- ✔ Zusätzlich zum Haupt-BIOS hat Ihr Computer noch andere. Zum Beispiel steuert das Video-BIOS die Grafikanzeige Ihres Systems, das Festplatten-BIOS kontrolliert die Festplatte usw. Vielleicht hat Ihr Netzwerkadapter sein eigenes BIOS. Der Begriff BIOS bezieht sich normalerweise auf das Haupt-BIOS des PCs.

OK, BIOS steht für *Basic Input/Output System*. Sind Sie jetzt glücklich?

Was sind Anschlüsse?

Der Ausdruck Anschluß bezeichnet ein »Loch« an der Rückseite des Computers. Sie können eines der zahlreichen Geräte, mit denen der Computer kommunizieren kann, in einem Anschluß einstecken.

Die meisten neuen Computer haben vier Anschlüsse:

- ✔ Den Druckeranschluß
- ✔ Den seriellen Anschluß
- ✔ Den Joystickanschluß
- ✔ Den USB-Anschluß

In jeden dieser Anschlüssen können unterschiedliche Geräte eingesteckt werden. In diesem Abschnitt werden die einzelnen Geräte, und alles was Sie damit machen können, beschrieben.

- ✔ Der erste IBM PC hatte keine Anschlüsse. Der Druckeranschluß oder ein serieller Anschluß mußten über eine spezielle Erweiterungskarte hinzugefügt werden.
- ✔ Seit ca. 1984 haben die meisten Computer zwei serielle Anschlüsse und einen Druckeranschluß.
- ✔ Seit ca. 1993 haben die meisten Computer auch einen Joystickanschluß.
- ✔ Moderne Computer haben zusätzlich einen USB-Anschluß (Universal Serial Bus). Durch seine Leistung und Vielseitigkeit wird er möglicherweise die anderen Anschlüsse ersetzen.
- ✔ Außerdem gibt es noch einen Maus- und einen Tastaturanschluß, in denen nur die Maus und die Tastatur angeschlossen werden.
- ✔ Ein weiterer Anschluß ist der SCSI-Anschluß (siehe SCSI-Anschlüsse später in diesem Kapitel).

Der Druckeranschluß

Mysteriös genug, ist der Druckeranschluß das, woran Sie Ihren Drucker anschließen. Das Druckerkabel hat eine Steckverbindung für den Drucker und eine für den Computer. Die beiden Steckverbindungen sind verschieden, so daß es unmöglich ist, einen Drucker verkehrt herum anzuschließen.

- ✔ Weitere Informationen über Drucker erhalten Sie in Kapitel 16.
- ✔ Druckeranschlüsse werden auch parallele Anschlüsse oder (von Wichtigtuern) Centronics-Schnittstellen genannt. Leute, die auf diese Art von Anschlüssen sprechen, sollten eine Ohrfeige bekommen.
- ✔ Es können auch andere Geräte in den Druckeranschluß eingesteckt werden, obgleich Sie wahrscheinlich nur einen Drucker besitzen. Andere Geräte können sein: Synthesizer, Netzwerkverbindungen, zusätzliche Tastaturen und Modelleisenbahnen.

Surreale Anschlüsse

Der serielle Anschluß ist weitaus flexibler als der Druckeranschluß. Er unterstützt eine Vielzahl von interessanten Dingen.

Am häufigsten werden die folgenden Komponenten in einen seriellen Anschluß eingesteckt: ein Modem, ein serieller Drucker, eine Maus oder etwas anderes, das eine bidirektionale Kommunikation erfordert. Die meisten Computer haben zwei serielle Anschlüsse.

Das Folgende können Sie ganz bestimmt überspringen

Serielle Anschlüsse sind kompliziert, weil sie konfiguriert werden müssen. Druckeranschlüsse werden auf eine bestimmte Art eingerichtet und brauchen nicht konfiguriert zu werden. Aber bei einem seriellen Anschluß müssen Sie, wie gesagt, den Anschluß an Ihrem Computer wie auch das Gerät, das Sie anschließen möchten, konfigurieren.

Es gibt vier Punkte, die Sie beim Konfigurieren eines seriellen Anschlusses beachten müssen: die Geschwindigkeit, mit der der Anschluß arbeitet, das Dateiformat, die Anzahl der Stop-Bits und die Parität. Damit müssen Sie sich aber nur auseinandersetzen, wenn Sie einen seriellen Drucker anschließen möchten. Aber da diese heute nicht mehr hergestellt werden, werde ich es auch nicht näher beschreiben.

Serielle Anschlüsse werden für Kommunikationssoftware benötigt (siehe Kapitel 17).

- ✔ Ein serieller Anschluß kann auch Modemanschluß genannt werden.
- ✔ Serielle Anschlüsse werden auch RS-232-Anschlüsse genannt. Nein, das ist keine Versandhaus-Bestellnummer. Es bedeutet *Recommended Standard 232*. Ich vermute, daß das der 232. Standard war, den das Komitee in diesem Jahr verabschiedet hat. Tüchtig, tüchtig!

- Sie können auch eine Maus im seriellen Anschluß einstecken. In diesem Fall wird die Maus serielle Maus genannt. Die Maus kann auch in ihrem eigenen Anschluß, dem Mausanschluß, eingesteckt werden. (Gehen Sie in die nächste Zoohandlung, um sich über Mäuse zu informieren, oder lesen Sie Kapitel 14.)
- Es können auch Scanner und digitale Kameras in seriellen Anschlüssen eingesteckt werden.
- Leider müssen die SCSI-Geräte konfiguriert werden. Dabei sind zwei Punkte zu beachten: Jedes Gerät in einem SCSI-Anschluß muß seine eigene ID-Nummer haben, da die Geräte miteinander verbunden sind, und das letzte Geräte in der Kette muß einen Terminator haben.
- Es handelt sich dabei nicht um Arnold Schwarzenegger. Es ist ein kleiner Schalter, der hinzugefügt wird, um dem SCSI-Anschluß mitzuteilen, daß es sich um das letzte Gerät handelt.

SCSI-Anschlüsse (sagen Sie skassi)

Der SCSI-Anschluß ist ein besonderer serieller Anschlußtyp, wobei SCSI »skassi« ausgesprochen wird. Ich habe mir das nicht ausgedacht. Was es heißt? Wen interessiert das schon. Es ist einfach ein sehr schneller serieller Anschluß. Das Schöne am SCSI-Anschluß ist, daß Sie eine Menge Dinge daran anschließen können. Hier sind nur einige davon:

- Bis zu sechs Festplattenlaufwerke
- Einen Scanner
- Ein Bandlaufwerk
- Ein CD-ROM-Laufwerk
- Eine Wechselplatte oder ein magneto-optisches Laufwerk
- Ich könnte noch weitere nennen, aber das sind die wesentlichen.

Joystickanschlüsse

Ob Sie es glauben oder nicht, eine der ersten Erweiterungen für den IBM PC war der Joystickanschluß. IBM nannte ihn A-to-D-Anschluß, für Analog-to-Digital. Hört sich sehr wissenschaftlich an, nicht wahr? Aber die Wahrheit ist, dieser Anschluß war für einen Joystick gedacht.

Zusätzlich zu einem Joystick, kann mit einem 5-Pin Kabel ein MIDI-Instrument in diesen Anschluß eingesteckt werden. Die meisten MIDI-Tastaturen werden mit diesem Kabel geliefert.

Wenn Sie möchten, können Sie den Joystickanschluß auch für »wissenschaftliche Anwendungen« verwenden. Ich habe z.B. einen Windmesser auf meinem Dach über den Joystickanschluß mit meinem Computer verbunden. Daher weiß ich immer, ob es windig ist.

USB-Anschlüsse

Der USB-Anschluß wird die Weltherrschaft übernehmen. Wenn Sie ein USB-Gerät anschließen, wird dieses von Windows 98 sofort erkannt und konfiguriert. Sie müssen den Computer nicht einmal neu starten.

Ich habe z.B. eine Videokamera gekauft, die auf dem Monitor angebracht ist. Nachdem ich sie in den USB-Anschluß eingesteckt habe, während der Computer eingeschaltet war, wurde sie von Windows erkannt, die richtige Software wurde installiert, und ich konnte sie sofort verwenden. Ich mußte nur die Kamerasoftware installieren, aber der ganze Vorgang war erheblich vereinfacht.

Eines Tages besitzen Sie vielleicht einen Computer mit einer USB-Tastatur, einem USB-Joystick, einem USB-Scanner, einer USB-Maus und einem Gerät für Elektroschocks. (Sogar der Macintosh hat einen USB-Anschluß.)

- ✔ USB steht für Universal Serial Bus. Ein anspruchsvollerer serieller Anschluß.

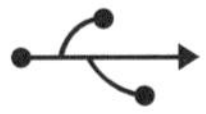

Neben dem USB-Anschluß befindet sich das USB-Symbol.

- ✔ USB-Geräte können nach Bedarf angeschlossen werden. Wenn Sie einen Scanner und einen Joystick haben, stecken Sie einfach ein Gerät aus, und stecken Sie eine Kamera ein.
- ✔ USB ist nicht die optimale Lösung. Der Anschluß ist für externe Laufwerke zu langsam. Vielleicht wird dieses Problem in der Zukunft noch behoben.

Er weiß das Datum und die Uhrzeit!

Die meisten Computer haben eine interne Uhr. Tick, tack. Die Uhr ist batteriebetrieben, dadurch läuft sie weiter, ob der Computer eingeschaltet ist oder nicht. Um die aktuelle Zeit zu kontrollieren, werfen Sie einen Blick auf die rechte Ecke der Task-Leiste. In der Systemanwendung wird die aktuelle Zeit angezeigt.

Wenn Sie mit der Maus auf die Zeit zeigen, erscheint eine Langform des Datums und der Zeit (siehe Abbildung 11.2).

- ✔ Wenn die Zeit nicht angezeigt wird, klicken Sie auf **Start**, und wählen Sie **Einstellungen/ Task-Leiste**. Klicken Sie im Dialogfeld **Eigenschaften von Task-Leiste** auf das Kontrollkästchen neben **Uhr anzeigen**, um es zu markieren. Klicken Sie auf **OK,** und in der Task-Leiste wird die Zeit angezeigt.

Abbildung 11.2: Das aktuelle Datum und die aktuelle Zeit (als ich die Abbildung gemacht habe)

- ✔ Das Format des Datums und der Zeit ist abhängig davon, wie Ihr Computer eingerichtet ist. Windows zeigt das Datum- und Zeitformat Ihres Landes an.
- ✔ Wen kümmert es, ob der Computer weiß, welcher Tag ist? Wenn Ihre Dateien mit der Zeit und dem Datum versehen werden, können Sie sehen, welche die aktuelle Version von zwei ähnlichen Dateien ist oder welche die spätere Version von zwei Dateien mit demselben Namen auf verschiedenen Disketten ist.

»Die Uhr meines Computer geht falsch«

Bei der Olympiade stehen keine PCs am Ende des Pools, um die Zeit der Schwimmer zu stoppen. Sie werden auch nicht bei anderen Wettbewerben benutzt. Warum? Weil Computer lausige Uhren sind. Sie sind in Ordnung für zwei oder drei Tage, aber nach ungefähr einer Woche geht die Uhr im Computer falsch. Machen Sie sich keine Gedanken darüber, das ist normal.

Um das Datum oder die Zeit in Ihrem Computer einzustellen, doppelklicken Sie auf die Zeitangabe in der Task-Leiste: Zeigen Sie mit der Maus auf die Zeit am rechten Ende der Task-Leiste, und doppelklicken Sie darauf. Klick-klick. Das Dialogfeld **Eigenschaften von Datum/Uhrzeit** wird angezeigt (siehe Abbildung 11.3). Stellen Sie das Datum und die Uhrzeit mit Hilfe der Steuerelemente im Dialogfeld ein. Klicken Sie auf **OK**, wenn Sie fertig sind.

Abbildung 11.3: Das Dialogfeld Eigenschaften von Datum/Uhrzeit

- Um einen neuen Monat einzustellen, wählen Sie den gewünschten Monat in der Dropdown-Liste.
- Um ein neues Jahr einzustellen, geben Sie die Jahreszahl in das Feld Jahr ein, oder klicken Sie auf die Pfeile, um das Jahr zu ändern.
- Wählen Sie einen neuen Tag, indem Sie auf die entsprechende Zahl klicken.
- Die Uhr stellen Sie ein, indem Sie einen neuen Wert für Stunden, Minuten oder Sekunden eingeben. Doppelklicken Sie auf die Stunden, Minuten oder Sekunden und geben Sie einen neuen Wert ein.

Um die Zeit einzustellen, geben Sie die neue Zeit ein. Geben Sie zum Beispiel 10:00 ein, wenn es 9:58 ist. Wenn dann die Dame von der Zeitansage sagt, es ist 10:00 Uhr, klicken Sie auf **Übernehmen**.

- Einige Leute plagen sich damit rum, die Sekunden einzustellen. Aber wofür soll das gut sein, wenn das Ding in einer Woche sowieso wieder falsch geht?

Erweiterungssteckplätze

Auf dem Motherboard, der Hauptplatine, befinden sich mehrere lange dünne Steckplätze. Das sind Erweiterungssteckplätze, in die Sie spezielle andere Platinen oder Erweiterungskarten einstecken können. Mit diesen können Sie Ihrem System Optionen hinzufügen, die nicht standardmäßig enthalten sind.

- Ihr PC kann drei bis zwölf Erweiterungssteckplätze haben. Der Durchschnitt liegt bei fünf. Oder acht. Es ist davon abhängig wie groß die Systemeinheit ist.
- Obwohl es jedermann möglich ist, eine Karte einzustecken und ein Computersystem zu erweitern, ist das eine Arbeit, die man am besten denjenigen überläßt, denen es nichts ausmacht, ihr Leben und das der Maschine zu riskieren. (Nein, es ist nicht lebensgefährlich – jedenfalls nicht, wenn Sie vorher den Stecker aus der Steckdose ziehen –, aber es ist kompliziert.)
- Die meisten Erweiterungskarten sind in Kabel eingewickelt. Das läßt das eigentlich elegante Motherboard eher wie ein elektronisches Nudelgericht aussehen. Einige Kabel winden sich durch das Innere des PCs, andere hängen schlaff zur Rückseite heraus. Es sind die Kabel, die das Aufrüsten und den Installationsprozeß so schwierig machen.
- Erweiterungskarten werden manchmal »Daughterboards« genannt. Niedlich, nicht? Aber merken Sie sich, daß der Erweiterungssteckplatz auch als »Bus« bezeichnet wird. Ja, die Computersprache ...
- Nachdem Sie eine neue Erweiterungskarte hinzugefügt haben, müssen Sie Windows Bescheid sagen. Wenn Windows einen guten Tag hat, erkennt es die Erweiterungskarte und konfiguriert die neue Hardware automatisch beim Neustart des Computers. Wenn nicht,

müssen Sie die Systemsteuerung öffnen und auf **Hardware** klicken. Die Einzelheiten sind einfach zu langweilig, um sie hier aufzulisten.

- ✔ Das Hinzufügen von Erweiterungskarten ist eine Qual, aber es ist nicht unmöglich. In »Hardware für Dummies« erfahren Sie, wie es gemacht wird.
- ✔ Einige verteufelt schnelle Pentium-Computer haben verteufelt schnelle PCI-Steckplätze. Eine normale Karte funktioniert gut in einem unbenutzen PCI-Steckplatz, aber denken Sie um Himmels willen nie darüber nach, eine Local-Bus-Karte in einen PCI-Steckplatz zu stecken!

Ich würde dieses Zeug über Erweiterungssteckplätze nicht lesen, wenn ich Sie wäre

Es gibt unterschiedliche Systeme für Erweiterungssteckplätze und Karten in einem PC. Das Häufigste ist ISA (*Industry Standard Architecture*). Wenn Sie ein IBM PS/2-System haben, ist es wahrscheinlich, daß Sie das MCA-System (Micro Channel Architecture) benutzen.

Ein dritter Standard, der nur in sehr fortgeschrittenen und kostspieligen Ingenieur- und Netzwerk-Serversystemen eingesetzt wird, ist EISA.

Warum gibt es verschiedene Systeme? Weil ISA nicht immer den technischen Anforderungen genügt. Und es ist langsam. Moderne Systeme verwenden die schnellen PCI-Steckpläte für anspruchsvolle Videografik und rasend schnelle Festplattenlaufwerke. Alles andere wird in den alten doofen ISA-Steckplätzen angeschlossen.

Die Stromversorgung – das Ding, das knallt!

Das letzte geheimnisvolle Ding »in der Kiste« ist die Stromversorgung, die – zu Ihrer Beruhigung – fast nie in die Luft geht. Die Stromversorgung macht drei Dinge: sie bringt den Strom aus der Steckdose, versorgt das Motherboard und die Laufwerke mit Strom und enthält den Ein-/Ausschalter.

- ✔ Die Stromversorgung verursacht die meisten der Geräusche, wenn Ihr PC läuft. Sie enthält einen Lüfter, der die Temperatur in der Systemeinheit reguliert und alles kühl hält. (Elektronikteile werden heiß, wenn Elektrizität hindurchströmt. Darum wird eine Kühlung benötigt.)
- ✔ Bei der Stromversorgung spricht man von *Watt*. Je mehr Zeug Ihr Computer hat – je mehr Laufwerke, Speicher, Erweiterungskarten usw. –, um so mehr Watt sollte die Stromversorgung bereitstellen. Der typische PC hat eine Stromversorgung von 150 oder 200

Watt. Leistungsfähigere Systeme machen möglicherweise eine Stromversorgung von 220 oder 250 Watt erforderlich.

- ✔ Bumm! Wenn der Blitz einschlägt oder etwas anderes die Stromzufuhr unterbricht, brennt Ihre Stromversorgung durch. Keine Panik, sie ist eigens so eingerichtet. Das Durchbrennen zieht den Rest Ihres Computers nicht in Mitleidenschaft. Sie müssen lediglich eine neue Stromversorgung kaufen und die alte ersetzen lassen. Alles andere in Ihrem System hat das Unglück überlebt.

Speicher, in dem gearbeitet wird

12

In diesem Kapitel

- Arbeitsspeicher im Computer
- Fragen und Antworten zum Arbeitsspeicher
- Ihrem Computer Arbeitsspeicher hinzufügen
- Die Wahrheit über Kilobytes und Megabytes

Der Arbeitsspeicher oder RAM (*Random Access Memory*) ist der Lagerplatz in einem Computer, ähnlich der Festplatte. Der Unterschied besteht darin, daß im Arbeitsspeicher die eigentliche Arbeit gemacht wird. Je mehr Arbeitsspeicher Sie haben, desto mehr können Sie arbeiten. Aber nicht nur das, mehr Arbeitsspeicher bedeutet auch, daß der Computer imstande ist, komplexere Aufgaben auszuführen, beispielsweise Grafik, Animation und Musik – und Ihr Computer kann sich an jeden erinnern, den er einmal trifft, ohne zweimal auf das Namensschild schauen zu müssen.

Was ist Arbeitsspeicher?

Alle Computer benötigen Arbeitsspeicher. Das ist der Ort, an dem die eigentliche Arbeit getan wird. Der Mikroprozessor speichert nur Informationen, die er selbst gerade zur Bearbeitung braucht. Er benötigt zusätzlichen Speicher, so wie Menschen Notizblöcke und Bibliotheken benötigen.

Wenn Sie zum Beispiel ein Dokument mit Ihrer Textverarbeitung erstellen, wird jedes Zeichen, das Sie tippen, an einer bestimmten Stelle im Arbeitsspeicher positioniert. Einmal dort, muß der Mikroprozessor nicht wieder darauf zugreifen, es sei denn, daß Sie den Text bearbeiten, etwas suchen oder etwas anderes damit machen.

Nachdem etwas im Arbeitsspeicher erstellt wurde, ein Dokument, eine Tabellenkalkulation oder eine Grafik, wird es auf der Festplatte gespeichert. Die Laufwerke stellen dauerhaften Speicher zur Verfügung. Wenn Sie die Daten wieder benötigen, holen Sie sie vom Datenträger zurück in den Arbeitsspeicher. Von dort kann der Mikroprozessor wieder darauf zugreifen.

Das einzig Unangenehme am Arbeitsspeicher ist, daß er flüchtig ist. Wenn Sie den Computer ausschalten, geht der Inhalt des Arbeitsspeichers verloren. Das ist in Ordnung, wenn Sie die Daten auf der Festplatte oder auf Diskette gespeichert haben, wenn nicht, ist alles im Eimer. Sogar das Neustarten Ihres Computers vernichtet den Inhalt des Arbeitsspeichers. Speichern Sie darum immer (wenn Sie können), bevor Sie Ihren Computer neu starten oder ihn ausschalten.

- Je mehr Speicher Sie haben, desto besser. Mit mehr Speicher können Sie mit größeren Dokumenten oder Tabellenkalkulationen und mit Anwendungen, die Grafik und Ton einsetzen, arbeiten und damit vor Ihren Freunden angeben.
- Alle Computer haben eine begrenzte Menge an Speicher, das heißt, daß er ihnen eines Tages vielleicht ausgeht. Wenn das passiert, erhalten Sie eine Fehlermeldung: »Nicht genügend Speicher!« Aber keine Panik. Der Computer hat die Situation im Griff. Wenn Sie wollen, können Sie Ihrem System mehr Speicher hinzufügen. Lassen Sie sich von Ihrem Computerguru beraten.
- Ein sicheres Zeichen, daß der Computer mehr Arbeitsspeicher benötigt, ist, wenn er nur noch dahin kriecht. Ich habe einen Laptop mit 8 MB Arbeitsspeicher. Für Windows 98 reicht das einfach nicht aus. Obwohl der Computer funktioniert, verbringe ich eine Menge Zeit mit warten.
- Wenn Sie den Computer ausschalten, ist der Inhalt des Arbeitsspeichers verschwunden. Die Speicherchips werden dabei nicht zerstört.
- Wenn Sie etwas auf einem Datenträger öffnen, kopiert der Computer diese Information in seinen Arbeitsspeicher. Nur im Arbeitsspeicher kann diese Information angeschaut oder verändert werden. Wenn Sie Informationen zurück auf den Datenträger speichern, werden sie aus dem Arbeitsspeicher kopiert.
- RAM und Arbeitsspeicher ist dasselbe. (RAM ist das Akronym für *Random-Access Memory*; nur für den Fall, wenn Sie es einmal in einem Kreuzworträtsel benötigen.)

Arbeitsspeicher ist ein Bestandteil des Motherboards, der sich nahe am Mikroprozessor in einer Reihe von winzigen Chips, den RAM-Chips, befindet. RAM-Chips sind als Gruppen auf ein Stück Fiberglas gelötet. Die ganze Bande wird als SIMM bezeichnet.

- Sie können Ihrem Computer mehr Speicher hinzufügen, indem Sie mehr RAM-Chips (oder SIMMs) einstecken, entweder am Motherboard selbst oder über eine reizende Speichererweiterungskarte. Überlassen Sie das aber einem Profi.

Häufige Speicherfragen

Wieviel Speicher brauche ich?

Ihr Gehirn hat genug Speicher für ein ganzes Leben.

Nein, ich meine, wieviel Speicher braucht mein Computer?

Der von Ihrem Computer benötige Arbeitsspeicher hängt von zwei Faktoren ab: Der erste und wichtigere ist die Speicheranforderung Ihrer Software. Einige Programme wie Tabellenkalkulationen und Grafikanwendungen erfordern sehr viel Arbeitsspeicher. Zum Beispiel verlangt Adobe Photoshop (ein Grafikpaket) 16 Mbyte Arbeitsspeicher!

Der zweite Faktor sind die Kosten. Arbeitsspeicher kostet Geld. Er ist zwar nicht mehr so teuer wie in der Steinzeit der Computerei, kostet aber immer noch einiges. Die 16 MB Arbeitsspeicher, die Adobe Photoshop gerne hätte, würde Sie ca. DM 300,– kosten. (Das sind fast 3700 Hundedollar!)

Generell sollten alle Computer mindestens 16 MB Arbeitsspeicher haben. Ältere Modelle haben möglicherweise weniger, aber um heutige Software auszuführen, benötigen Sie mindestens 16 MB, vorzugsweise 32 MB, 64 MB oder mehr.

Kann ich meinem Computer mehr Speicher hinzufügen?

Ja. Das wird hauptsächlich gemacht, wenn eine Anwendung mehr Arbeitsspeicher benötigt. Das Programm läuft sonst nicht oder nur sehr widerwillig.

✔ Siehe »Ihrem Computer mehr Arbeitsspeicher hinzufügen« später in diesem Kapitel.

Kann der Arbeitsspeicher verlorengehen?

Nein. Ihr Computer hat nur einen begrenzten Arbeitsspeicher, aber der kann nicht verlorengehen. Programme benutzen den Arbeitsspeicher, wenn sie ausgeführt werden. Zum Beispiel belegt WordPerfect eine bestimmte Menge Speicher, wenn Sie damit arbeiten. Aber wenn Sie WordPerfect schließen, ist dieser Speicher für das nächste Programm wieder verfügbar. Also, während ein Programm ausgeführt wird, belegt es Speicher, und wenn es beendet wird, gibt es den Speicher wieder frei.

Was ist mit dem Kopieren von Programmen?

Das Kopieren eines Programms oder einer Datei belegt etwas Speicher. Aber verwechseln Sie den Plattenspeicher nicht mit dem Arbeitsspeicher oder RAM. Sie können ein gewaltiges Programm von einem Datenträger auf einen anderen kopieren, ohne daß Sie sich über den Arbeitsspeicher Gedanken machen müßten. Das Betriebssystem (Windows) kümmert sich um die Einzelheiten. (Vielleicht geht Ihnen der Speicherplatz aus, aber das ist ein anderes Problem.)

Arbeitsspeicher kann nicht verbraucht werden. Auch wenn Sie ein sehr umfangreiches Programm installieren oder eine sehr große Datei kopieren, Ihr System hat trotzdem noch dieselbe Menge RAM wie zuvor.

Plattenspeicher ist der Speicherplatz auf der Festplatte. Es ist möglich, ein riesiges Programm – Hunderte von Megabytes groß – auf der Festplatte zu speichern, mehr als vielleicht in den Arbeitsspeicher passen. Wie das funktioniert? Einige sagen, das ist Zauberei. Andere behaupten, es geht, weil Windows nur einen kleinen Teil der Datei auf einmal in den Arbeitsspeicher (RAM) lädt. Wer weiß das schon genau?

Wieviel Arbeitsspeicher hat mein Computer?

Das mag für Sie ein Geheimnis sein, aber nicht für Ihren Computer. Wieviel Arbeitsspeicher sich im Computer befindet, können Sie herausfinden, indem Sie das Dialogfeld **Eigenschaften für System** anzeigen. Die Anzahl der Mbyte RAM wird unterhalb des Mikroprozessors angezeigt.

- ✔ Wie Sie das Dialogfeld **Eigenschaften für System** öffnen, erfahren Sie im Abschnitt »OK, Besserwisser, was für einen Mikroprozessor hat mein Computer?« in Kapitel 11.
- ✔ Abbildung 11.1 zeigt das Dialogfeld **Eigenschaften für System**.
- ✔ Was ein Megabyte oder Mbyteyte ist, wird im Abschnitt »Speicher messen« später in diesem Kapitel erklärt.

Ihrem Computer mehr Arbeitsspeicher hinzufügen

Wenn der Computer nicht genügend Arbeitsspeicher hat oder wenn der Arbeitsspeicher müde ist, können Sie mehr hinzufügen.

Das Hinzufügen von Speicher ist so einfach wie das Bauen mit Legosteinen. Das einzige Problem ist, daß das typische Legoset, die Raumstation oder der Rettungshubschrauber unter 30 Mark kostet. Ihr Computer aber etwas 100 Mal so teuer ist. Das sollten Sie nicht auf die leichte Schulter nehmen.

Das Aufrüsten von Speicher erfolgt in fünf langweiligen Schritten:

1. **Stellen Sie fest, wieviel zusätzlichen Speicher Sie benötigen.**

   Wenn Sie zum Beispiel 8 Mbyte haben, brauchen Sie weitere 8 Mbyte, um die volle Leistungsfähigkeit von Windows nutzen zu können. Wenn Sie genug Moneten haben, können Sie auf 32 Mbyte oder sogar auf 64 Mbyte aufrüsten. Mehr! Mehr! Mehr!

2. **Stellen Sie fest, wieviel Speicher Sie einbauen können.**

   Das ist ein technischer Vorgang. Er setzt voraus, daß Sie wissen, wie und in welchen Größenabstufungen Speicher eingebaut wird. Sie sollten einfach Ihrem Händler oder Ihrem Lieblingstechniker sagen, wieviel Speicher Sie wollen, und die werden Ihnen sagen, wieviel Sie tatsächlich haben können.

3. **Kaufen Sie etwas.**

   In diesem Fall kaufen Sie die Speicherchips oder eine Erweiterungskarte, in der die Speicherchips installiert sind.

4. **Bezahlen Sie jemanden, damit er die Aufrüstung vornimmt und die Chips einbaut.**

   Sie können es auch selbst machen, aber an Ihrer Stelle würde ich lieber zahlen.

5. **Wenn Sie den Speicher einmal haben, geben Sie ruhig bei Ihren Freunden damit an.**

   Zum Donnerwetter, früher konnte man schon Eindruck schinden, wenn man die vollen 640 KB RAM hatte. Am beeindruckendsten war es natürlich, wenn man sagen konnte:

»Ich habe 4 Mbyte Arbeitsspeicher in meinem 386er.« Aber heute? Weniger als 128 Mbyte und Ihre Kinder werden nur die Augen verdrehen.

- ✔ Arbeitsspeicher hat vorgegebene Größen: 4 Mbyte, 8 Mbyte, 16 Mbyte, 32 Mbyte usw. Das sind seltsame Größen, aber alles kann durch 2 geteilt werden.
- ✔ Eine böse Überraschung: Sie denken vielleicht, daß Sie 12 Mbyte Speicher kaufen müssen, wenn Sie von 4 Mbyte auf 16 Mbyte aufrüsten. Falsch! Es kann heißen, daß Sie die vollen 16 Mbyte kaufen müssen und die ursprünglichen 4 Mbyte wegwerfen. Es hat damit zu tun, wie der Speicher in einen Computer paßt, was selbst die Götter nicht ganz begreifen.
- ✔ Wenn Sie versuchen möchten, den Speicher selbst aufzurüsten, nur zu. Es gibt viele Bücher und Artikel in Magazinen über das Aufrüsten von Arbeitsspeicher. Ich empfehle trotzdem, es jemand anderen machen zu lassen.

Langweilige technische Details über den Unterschied zwischen RAM und ROM

RAM steht für *Random-Access Memory*, das ist der Arbeitsspeicher, aus dem der Mikroprozessor lesen und in den er schreiben kann. Wenn Sie etwas im Arbeitsspeicher erstellen, dann tun Sie es im RAM.

ROM steht für *Read-Only Memory*. Der Mikroprozessor kann aus dem ROM lesen, aber nicht in ihn schreiben oder ihn ändern. ROM ist unveränderbar. Oft enthalten die ROM-Chips spezielle Anweisungen für den Computer – wichtiges Zeug, das nie geändert wird. Da diese Information in einem Speicherchip gespeichert ist, kann der Mikroprozessor darauf zugreifen. Die Instruktionen sind immer vorhanden, weil sie unlöschbar sind.

Speicher messen

Viele interessante Fachbegriffe umkreisen den Speicherplaneten. Die grundlegendsten Begriffe beziehen sich auf die Größe des Speichers.

Begriff	Abkürzung	Ungefähr	Genau
Byte		1 Byte	1Byte
Kilobyte	KByte	1.000 Byte	1.024 Byte
Megabyte	Mbyte	1.000.000 Byte	1.048.576 Byte
Gigabyte	GByte	1.000.000.000 Byte	1.073.741.824 Byte

Tabelle 12.1. Speichergrößen

Speicherkapazität wird in Bytes gemessen. Stellen Sie sich ein Byte als ein einzelnes Zeichen vor, einen Buchstaben in einem Wort. Zum Beispiel ist das Wort »Spachtel« 8 Bytes groß.

Eine halbe Seite Text ist ungefähr 1000 Bytes groß. 1.000 Bytes sind 1 Kilobyte oder 1 KB.

Ein Megabyte ist 1.000 KB oder eine Million Bytes. Für Megabyte wird die Abkürzung Mbyte (oder MB) verwendet. 8 Mbyte bedeutet also 8 Megabyte Arbeitsspeicher.

Nach dem Megabyte kommt das Gigabyte. Wie Sie sicher erraten haben, ist das eine Billion Bytes oder 1.000 Megabytes. Das Terabyte ist eine Trillion Bytes oder genug RAM, um die Lichter ausgehen zu lassen, wenn Sie den Computer einschalten.

Weitere Belanglosigkeiten:

Bytes bestehen aus 8 Bits. Das Wort Bit ist eine Zusammenziehung von *binary digit* (binäre Ziffer). Binär basiert auf der Zahl 2, das heißt, es ist ein Zählsystem, in dem nur 0 und 1 verwendet werden. Computer zählen binär, und wir fassen diese Bits in Gruppen zu 8 Stück (1 Byte) zusammen, um etwas einfacher mit den Computerzahlen umgehen zu können.

- ✔ Der Begriff Giga kommt aus dem Griechischen und bedeutet riesig.
- ✔ Der Begriff Tera kommt ebenfalls aus dem Griechischen. Er bedeutet Monster.
- ✔ Es gibt keinen Grund, sich Gedanken darüber zu machen, wieviel ROM (*Read-Only Memory*) Ihr Computer besitzt.
- ✔ Einige Hardware-Komponenten befinden sich bei einer bestimmten Speicheradresse im Computer. Diese Adresse wird oft mit einer Hexadezimalzahl (basierend auf 16) angegeben, die oft überhaupt nicht wie eine Zahl aussieht, zum Beispiel C800 oder A400. Was das bedeutet? Wer weiß? Aber die Nummern sind wichtig für denjenigen, der Ihre Hardware installiert und einrichtet.

Was zum Teufel ist »Erweiterungsspeicher«?

Früher wurden dutzende von Begriffen für den Speicher in einem Computer benutzt: konventioneller Speicher, DOS-Speicher, oberer Speicher, hoher Speicher, HMA-Speicher. Expansionsspeicher, usw.

Der einzige Begriff, der heutzutage noch verwendet wird, ist Erweiterungsspeicher. Der gesamte Speicher in Ihrem Computer ist Erweiterungsspeicher.

Warum müssen Sie das wissen?

Wenn auf einem Softwarepaket steht, daß es 16 MB Erweiterungsspeicher benötigt, heißt das einfach, es sind 16 MB Arbeitsspeicher erforderlich. Der gesamte Arbeitsspeicher in Ihrem Computer ist bereits erweitert.

Alles über den Monitor (den Fernseher am Computer)

13

In diesem Kapitel

- PC-Monitore und Grafik
- Grafikkarten
- Den Monitor einstellen
- Den Bildschirm und den Monitor reinigen
- Den Hintergrund des Desktops ändern
- Die Grafikauflösung und Farben anpassen
- Einen Bildschirmschoner in Windows aktivieren
- Zwei Monitore in Windows verwenden

Das erste, was Sie an einem Computer bemerken, ist der Bildschirm. (Ein Klugscheißer nennt ihn Video-Monitor oder sogar Kathodenstrahlröhre). Früher konnten einem vom falschen Bildschirmtyp tatsächlich die Augen schmerzen. Ich erinnere mich, daß ich eines Tages den Aufzug mit froschäugigen Leuten hinunterfuhr, die alle verzweifelt nach Augentropfen suchten. Die Bildschirme heute sind benutzerfreundlicher und können tollere Bilder produzieren. Der Verkauf von Augentropfen ist drastisch zurückgegangen.

Dieses Kapitel ist über Video-Monitore, Computerbildschirme, Kathodenstrahlröhren oder das Ding, in das Sie schauen, wenn Sie einen Computer benutzen.

Monitor und Grafik 1x1

Während Sie auf den Monitor starren und verzweifelt auf Windows warten, sollten Sie wissen, daß zwei Dinge das Videosystem ausmachen: der Monitor und die Grafikkarte.

Der Monitor ist das physische, fernseher-ähnliche Ding, das sich auf oder neben der Systemeinheit befindet. Wie ein Fernseher hat er verschiedene Regler. Aber damit endet die Ähnlichkeit auch schon. Ihr Computer-Monitor ist kein Fernseher.

Die Grafikkarte ist eine Erweiterungskarte, die im Motherboard steckt. Sie enthält eine spezielle Schaltung, die Informationen von Ihrem Computer auf dem Bildschirm erscheinen läßt. Die Grafikkarte sagt dem Monitor, was er wo anzeigen und welche Farben er benutzen soll, wie ein elektronischer Innenarchitekt.

Was ist ein Bildschirmausdruck?

Bildschirmausdruck ist ein plumper, aber beliebter Begriff. Bei einem Bildschirmausdruck werden die Informationen auf dem Bildschirm an den Drucker gesendet. In DOS wurde dieser Vorgang mit der magischen Druck-Taste auf der Tastatur ausgeführt. In Windows müssen Sie ebenfalls die Druck-Taste drücken, aber es wird nichts gedruckt.

Wenn Sie in Windows die Druck-Taste drücken, machen Sie einen Schnappschuß des Desktops. Alle Informationen werden in der Zwischenablage gespeichert. Sie können diese Informationen in ein Programm einfügen, das Bilder anzeigen kann. Auch wenn nichts gedruckt wird, bekommen Sie doch einen Ausdruck von dem, was auf dem Bildschirm ist.

Obwohl die Grafikkarte im Computer versteckt ist, ist sie wichtiger als der Monitor. Sie bestimmt, wie viele Farben Sie sehen und wie ansehnlich die Grafiken sind, die auf dem Monitor erscheinen. Monitore? Die sind dumm.

- ✔ In gewisser Weise sind Monitore wie der Mund eines Computers. Sie zeigen Information als eine Art visuelle Rückmeldung an und ermöglichen Ihnen, das Ergebnis eines Vorgangs zu sehen. Wenn man es so nimmt, verbringt mein Computer die meiste Zeit mit Gähnen.
- ✔ Sie benötigen einen Monitor und eine Grafikkarte.
- ✔ Informationen über Motherboards und Erweiterungskarten erhalten Sie in Kapitel 11.
- ✔ Der Begriff »Monitor« bezieht sich auf das physische Gerät – der Monitor, der sich oben oder an der Seite Ihrer Systemeinheit befindet. Der Begriff »Bildschirm« wird benutzt, um zu beschreiben, was auf dem Bildschirm des Monitors erscheint – Informationen, die Ihnen der Computer zeigt.
- ✔ Die Grafikkarte wird auch als Videokarte, Grafikadapter oder als Bildschirmkarte bezeichnet.

Alles über Grafikkarten

Der interne Teil eine Videosystems ist die Grafikkarte. Es ist eine Erweiterungskarte die im Monitor eingesteckt wird, um Text und Grafik auf dem Bildschirm anzuzeigen.

Grafikkarten sind in verschiedenen Preisklassen erhältlich, und haben die unterschiedlichsten Funktionen. Hier ein schneller Überblick:

- ✔ Alle heutzutage verkauften Grafikkarten sind besser als der alte SuperVGA-Standard. Es gibt andere Standard und Bezeichnungen, aber ziemlich alle Grafikkarten sind mit der erhältlichen Software kompatibel. Die Wahl der richtigen Grafikkarte ist eine Kosten- und keine Kompatibilitätsfrage.

- ✔ Grafikkarten mit mehr Funktionen kosten auch mehr. Die primäre Funktion einer Grafikkarte ist der Videospeicher. Grafikkarten sollten ca. 2 MB oder 4 MB Speicher haben. Die besseren Karten haben mindestens 8 MB, das heißt sie haben eine höhere Auflösung, und es können mehr Farben angezeigt werden.

Benötigen Sie mehr Farben und eine höhere Auflösung? Nur wenn es für Ihre Software erforderlich ist. Sie können die Grafikkarte jederzeit gegen eine neue austauschen.

- ✔ Das Wichtigste bei einer Grafikkarte sind die Farben und die Auflösung. Die Farbe bezieht sich auf die Anzahl der Farben, die gleichzeitig dargestellt werden können. Die Auflösung bezieht sich auf die Anzahl der vertikalen und horizontalen Bildpunkte.

- ✔ Wenn Ihr Computer ein DVD-Laufwerk hat, benötigen Sie eine Grafikkarte, die DVD-Bilder auf dem Monitor anzeigen kann. Grafikkarten haben einen S-Videoanschluß für den Fernseher.

Einige Grafiksystem mit hoher Auflösung können nur mit bestimmter Software verwendet werden, z.B. CAD und Animation. Für »normale« Anwendungen wie eine Textverarbeitung benötigen Sie kein teures Grafiksystem.

Den Monitor kennen und lieben lernen

Die meisten Monitore, die heute erhältlich sind, können eingestellt werden. Mein erster Monitor hatte einen Ein-/Ausschalter, einen Kontrast- und einen Helligkeitsregler. Mein zweiter Monitor (ein Farbmonitor) hatte zusätzliche Knöpfe zum Einstellen der Farbe. Moderne Monitore haben so viele Knöpfe und Tasten, daß sie wie zweite Tastaturen aussehen.

Schauen Sie sich den Monitor einmal genau an. Er hat vermutlich eine Reihe winziger Knöpfe am unteren Rand. Wenn Sie die Knöpfe nicht sehen können, sind diese vermutlich hinter einer Klappe verborgen (siehe Abbildung 13.1).

Für jede Einstellung gibt es einen Knopf. Wenn das Bild z.B. zu weit rechts ist, drücken Sie den entsprechenden Knopf, um es nach links zu verschieben.

- ✔ Einige Monitore zeigen während des Einstellens Informationen an. Machen Sie sich nichts draus.

- ✔ Sie können das Bild auf dem Monitor so einstellen, daß es den gesamten Bildschirm ausfüllt.

- Bei den meisten Monitoren können die vorgenommenen Einstellungen gespeichert werden.
- Möglicherweise wird beim Starten des Monitors Text (z.B. »Invalid Sync«) oder die Monitorfrequenz angezeigt. Diese Angaben sollten von selbst wieder verschwinden.

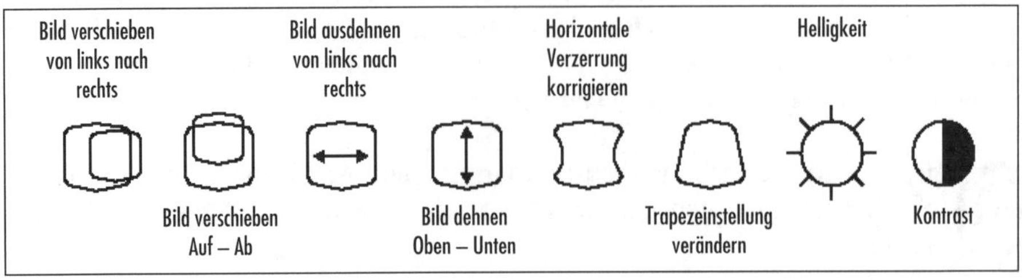

Abbildung 13.1: Symbole, die Sie auf einem typischen PC-Monitor finden werden.

Technische Begriffe, um Sie vollends aus der Fassung zu bringen

Die technischen Einzelheiten rund um einen PC-Monitor werden Sie erschaudern lassen. Tun Sie es jetzt: Erschaudern Sie. Oh, Gott! Hier sind einige Fachausdrücke, die die verschiedenen Teile eines Monitors beschreiben.

Eine letzte Warnung: Sie müssen diesen Abschnitt wirklich nicht lesen. An Ihrer Stelle würde ich ihn überspringen.

Analog: Dieser Monitor ist das Gegenteil von einem digitalen Monitor. VGA-Karten benötigen einen analogen Monitor. Einige Monitore können umgeschaltet werden und analoge und digitale Signale verarbeiten. Mein Rat: Vergewissern Sie sich, daß Ihre Grafikkarte und Ihr Monitor dieselbe Melodie singen.

Bandbreite: Das ist die Geschwindigkeit, in der Informationen vom Computer (eigentlich von der Grafikkarte) an den Monitor geschickt werden. Die Bandbreite ist ein Wert, der in Megahertz (MHz) gemessen wird; der Monitor muß die Bandbreite der Grafikkarte akzeptieren. Je höher die Bandbreite, umso besser.

Composite: Das ist ein Monitortyp, der einem Fernsehgerät ähnlich ist. Früher kauften die Besitzer von PCs oft einen Composite-Monitor als eine billige Alternative zu den teureren RGB-Monitoren. Diese Monitore wurden hauptsächlich mit CGA-Systemen benutzt und stellten Bilder in (verschwommenem) Grün auf Schwarz dar.

Digital: Ein digitaler Monitor muß zusammen mit älteren Grafikkarten, zum Beispiel mit monochromen, Hercules, CGA oder EGA, eingesetzt werden. Diese Monitore erhalten vom PC digitale Signale und sind in der Bandbreite der darstellbaren Farben beschränkt. Der gebräuchlichste digitale Monitor war der RGB-Monitor.

Pixelabstand: Das bezieht sich auf den Abstand zwischen den einzelnen Pixeln oder Bildpunkten auf dem Bildschirm (vom Mittelpunkt des Pixels aus gemessen). Je geringer der Abstand, desto besser das Bild. Ein Pixelabstand von 0,28 mm ist sehr gut, ein kleinerer Abstand ist besser.

Interlacing: Dies ist eine Methode, den Bildschirm auszutricksen, damit er ein Bild anzeigt, das besser ist, als er es eigentlich anzeigen kann. Interlacing benötigt zweimal so viel Zeit, um ein Bild auf dem Bildschirm anzuzeigen, da es nur die Hälfte davon auf einmal aufbaut. Da das Bild flackert, ist ein anderes Grafiksystem besser.

Multiscanning: Das bezeichnet die Möglichkeit eines einzelnen Monitors, zwischen verschiedenen analogen und digitalen Modi umzuschalten. Diesen Monitortyp benötigen Sie, wenn Ihre Grafikkarte mehrere Grafikmodi unterstützt, die von Ihrer Software oft gewechselt werden. (Einige Hersteller nennen das Multisync.)

Bildschirmdiagonale: Das ist die diagonale Abmessung der Bildröhre Ihres Monitors von einer Ecke zur gegenüberliegenden Ecke. Größere Monitore haben größere Anzeigebereiche und sind teurer. Üblich sind 14-Zoll- bis 17-Zoll-Monitore, aber Sie können spezielle Monitore mit 21 Zoll und mehr kaufen, abhängig von Ihrem Ego und Ihrer Sehkraft.

Bildwiederholrate: Das ist die Geschwindigkeit, mit der das Bild auf dem Bildschirm aufgebaut wird. Es wird in Hertz gemessen; je höher der Wert, desto besser.

Daumenabdruck: Ich wollte nur sehen, ob Sie aufpassen.

Flachbildschirme

Flachbildschirme sind den Bildschirmen, die für Laptops verwendet werden, ähnlich. Diese Monitore sind leicht und dünn. Außerdem machen sie jeden neidisch. Die schlechten Neuigkeiten? Sie sind sehr teuer.

- ✔ Flachbildschirme sind digital, das heißt, sie benötigen eine spezielle Karte für SuperVGA oder eine digitale Karte.
- ✔ Der größte Flachbildschirm, den ich gesehen habe, ist nur 17 Zoll.

Den Monitor reinigen

Nichts zieht mehr Staub an als ein Computermonitor. Zusätzlich zum Staub finden Sie auch immer Fingerabdrücke und Spuren vom Niesen auf Ihrem Bildschirm. Monitore sind schmutzig.

Um Ihren Monitor zu säubern, sprühen Sie etwas Fensterreiniger auf einen weichen Lappen oder auf ein Papiertuch. Dann wischen Sie den Bildschirm sanft ab. Sie können auch Essig benutzen, wenn Sie wollen, daß Ihr Computer den Geruch von frischem Salat hat.

Sprühen Sie Fensterreiniger nie direkt auf den Bildschirm. Er läuft vielleicht in den Monitor hinein und verursacht ein elektronisches Desaster.

- ✔ Zum Reinigen des Monitorgehäuses können Sie irgendeinen Haushaltsreiniger verwenden, der das Plastik nicht angreift (ohne Lösungsmittel). Geben Sie das Reinigungsmittel wiederum auf ein Tuch, und wischen Sie damit den Monitor ab. Auf diese Art können Sie auch den Computer säubern, wenn Sie dazu in der Stimmung sind.
- ✔ Ein liebevollerer Ausdruck für die Staubschicht, die Ihren Monitor bedeckt, ist *Pixelstaub*. Ah, Computer können manchmal so furchtbar nett sein.

Den Monitor einstellen

Neben dem Drehen der Regler, um die Helligkeit und den Kontrast einzustellen, können Sie noch andere komische Sachen mit dem Monitor anstellen. Es wird alles in der Systemsteuerung von Windows gemacht.

In der Systemsteuerung befindet sich ein Symbol zum Einstellen Ihres Monitors. In den folgenden Abschnitten wird beschrieben, was Sie damit alles machen können. Als erstes müssen Sie die Systemsteuerung öffnen:

1. **Öffnen Sie die Systemsteuerung.**

   Wählen Sie **Einstellungen/Systemsteuerung** im Startmenü. Das Hauptfenster der Systemsteuerung wird angezeigt.

2. **Öffnen Sie das Symbol Anzeige.**

   Anzeige

   Doppelklicken Sie auf das Symbol **Anzeige**. Das Dialogfeld **Eigenschaften von Anzeige** wird angezeigt.

3. **Pfuschen Sie im Dialogfeld Eigenschaften von Anzeige herum.**

   Sie können den Desktop-Hintergrund, die Systemfarben und die Bildschirmauflösung ändern oder einen Bildschirmschoner aktivieren. In den folgenden Abschnitten wird erklärt, wie das gemacht wird.

4. **Schließen Sie das Dialogfeld Eigenschaften von Anzeige.**

   Wenn Sie fertig sind, können Sie auf **OK** klicken, um Ihre Änderungen zu übernehmen, oder auf **Abbrechen**, um die Dinge so zu lassen, wie sie waren.

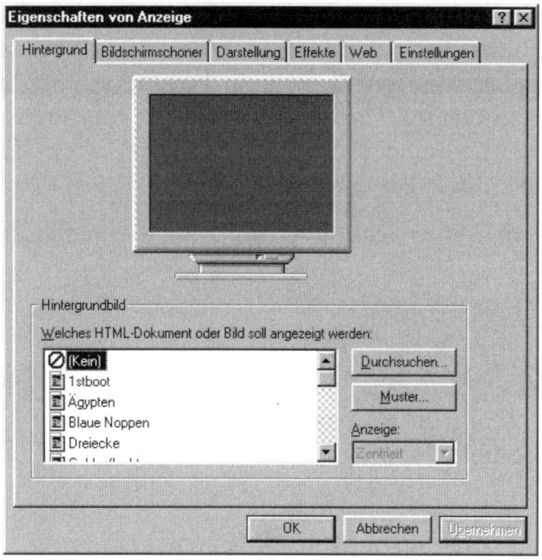

Abbildung 13.2: Das Dialogfeld Eigenschaften von Anzeige

Das Dialogfeld **Eigenschaften von Anzeige** hat sechs Register: **Hintergrund**, **Bildschirmschoner**, **Darstellung**, **Effekte**, **Web** und **Einstellungen**. Jedes Register enthält andere Steuerelemente zum Ändern der Anzeige. Klicken Sie auf ein Register, um das entsprechende Feld anzuzeigen.

Den Hingergrund ändern

Der Hintergrund ist das, was Sie auf dem Desktop sehen. Sie können ein Muster, ein hübsches Bild oder einfach etwas anderes als das schmutzige Grau anzeigen, das Windows so liebt.

Öffnen Sie das Dialogfeld **Eigenschaften von Anzeige**, wie im vorherigen Abschnitt beschrieben. Klicken Sie auf das Register **Hintergrund** (siehe Abbildung 13.2).

Es gibt zwei Möglichkeiten, wie Sie etwas auf dem Desktop anzeigen: Sie können entweder ein Muster oder einen Hintergrund wählen.

Die Muster sind im Kombinationsfeld **Muster** aufgelistet. Alle Muster sind gleich langweilig.

Im Kombinationsfeld **Hintergrundbild** können Sie eine Grafikdatei für den Desktop wählen. Wenn das Muster groß genug ist, kann es den gesamten Bildschirm bedecken. Wenn es zu klein ist, klicken Sie auf das runde Optionsfeld neben dem Wort **Fläche**.

Jedesmal wenn Sie ein neues Muster oder einen neuen Hintergrund wählen, wird es bzw. er im Minimonitor angezeigt. Dieses Voransichtsfeld ist ziemlich klein, deshalb ist der Effekt nicht gerade niederschmetternd. Wenn Sie sehen möchten, wie es wirklich aussieht, klicken Sie auf **Übernehmen**.

Sie können auch eine eigene Grafikdatei als Hintergrund verwenden. Die Grafik muß eine Bitmap- bzw. BMP-Datei sein. Wenn Sie also eine BIKINI.GIF oder eine JPEG-Datei haben, müssen Sie diese in das BMP-Format konvertieren. (Das müssen Sie schon selber machen.) Klicken Sie dann auf **Durchsuchen**, um Ihr Bild auf dem Datenträger ausfindig zu machen. Nachdem Sie das Bild geöffnet haben, wird es im Minimonitor angezeigt.

Klicken Sie auf **OK**, wenn Sie Ihr neues Bild behalten möchten; klicken Sie auf **Abbrechen**, um es zu vergessen.

Die Auflösung und die Farbe einstellen

Öffnen Sie das Dialogfeld **Eigenschaften von Anzeige**, wie früher in diesem Kapitel beschrieben wurde. Klicken Sie auf das Register **Einstellungen**, um das Feld nach vorne zu bringen (siehe Abbildung 13.3).

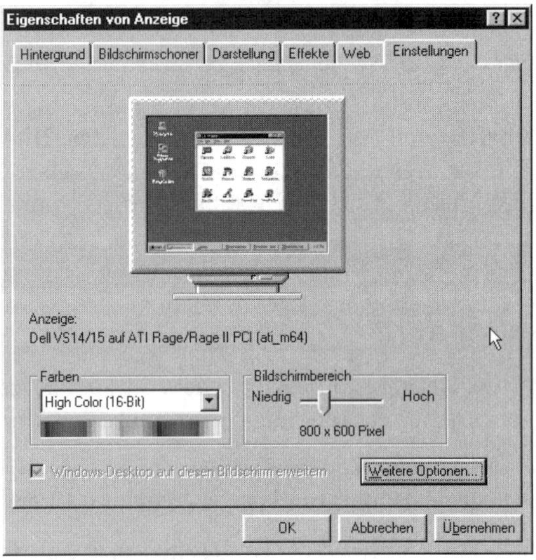

Abbildung 13.3: Das Feld Einstellungen im Dialogfeld Eigenschaften von Anzeige

Im Feld **Einstellungen** des Dialogfelds **Eigenschaften von Anzeige** stellen Sie die Farben und die Auflösung Ihres Monitors ein. Sie können nur soviel haben, wie in diesem Teil des Dialogfelds angezeigt wird.

Ich werde mich hier nicht in Einzelheiten auslassen. Wählen Sie zuerst die Farben von 256 bis 16-Bit oder 32-Bit, abhängig davon, was aufgeführt ist. Die Auflösung ändert sich mit der Anzahl der Farben, die Sie wählen.

Als nächstes wählen Sie die Auflösung. Die Voransicht im Minimonitor ändert sich mit Ihrer Auswahl. Seien Sie nicht überrascht, wenn sich die Anzahl der Farben bei einer höheren Auflösung verringern. Diese beiden Dinge sind verknüpft, nur für den Fall, daß Sie nicht selbst draufkommen.

Wenn Sie zu den Glücklichen gehören, die mindestens einen 21-Zoll-Monitor besitzen, führen Sie Windows in der Auflösung 1024x768 aus. Das zeigt eine Tonne von Informationen gleichzeitig in mindestens 256 Farben auf dem Bildschirm an. Sie können fast alle Programme (meistens mit einer Art Zoom-Befehl) anpassen, um Text auf dem Bildschirm größer anzuzeigen.

Die Anzahl der Farben und die Auflösung hängen von Ihrer Grafikkarte ab. Geben Sie nicht mir die Schuld, wenn es nicht so viele sind.

Einen Bildschirmschoner aktivieren

Früher gab es etwas Böses, was passierte, wenn der Monitor zu lange an war: das sogenannte Phosphoreinbrennen. Es war heimtückisch. Nach einer Weile wurde das Bild auf Ihren Bildschirm »geätzt«. Sie sahen 1-2-3 oder Word sogar, wenn der Monitor ausgeschaltet war! Das passierte, weil das Anzeigen desselben Bildes über eine lange Zeitspanne die Phosphorbeschichtung auf der Innenseite Ihres Bildschirms einbrannte. Überflüssig zu sagen, daß das schäbig aussah.

Um das Phosphoreinbrennen zu vermeiden, konnten Sie Ihren Monitor ausschalten, wenn Sie den Computer nicht benutzten. Oder noch besser, Sie konnten einen der in Windows integrierten Bildschirmschoner benutzen, der den Job erledigte.

Glücklicherweise ist das böse Phosphoreinbrennen heute Geschichte. Die heutigen Monitore laufen kaum noch Gefahr, geätzt zu werden ... Die Bildschirmschoner haben sich allerdings gehalten, sorgen sie doch für Abwechslung und einen schönen Anblick, wenn Sie mal Pause machen.

Öffnen Sie das Dialogfeld **Eigenschaften von Anzeige,** und klicken Sie auf das Register **Bildschirmschoner** (siehe Abbildung 13.4).

Dieses Dialogfeld ist unordentlich, und es macht Spaß, darin herumzuspielen. Aus diesem Grund gehe ich nicht zu sehr ins Detail. Wählen Sie einen Bildschirmschoner in der Dropdown-Liste **Bildschirmschoner**. Windows bietet mehrere an.

Klicken Sie auf **Einstellungen**, um den gewünschten Bildschirmschoner Ihren Wünschen entsprechend anzupassen.

Klicken Sie auf **Testen**, um zu sehen, wie der Bildschirmschoner aussieht. (Bewegen Sie die Maus, um den Bildschirmschoner zu deaktivieren.)

Geben Sie im Feld **Wartezeit** die Anzahl der Minuten ein, nach der der Bildschirmschoner aktiviert werden soll. Der Bildschirmschoner in Abbildung 13.4 wird zum Beispiel nach 20 Minuten im Leerlauf (ohne Tippen oder Mausaktivität) eingeschaltet; der Computer wartet darauf, daß eine Taste gedrückt oder die Maus bewegt wird.

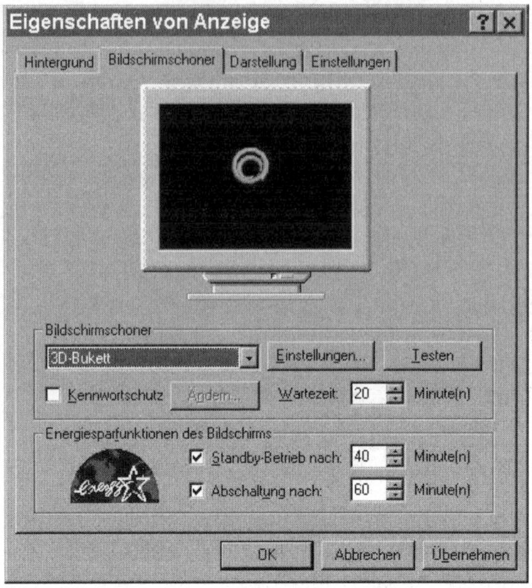

Abbildung 13.4: Das Feld Bildschirmschoner im Dialogfeld Eigenschaften von Anzeige

Ärgern Sie sich nicht mit einem Kennwort rum. Wenn Sie ein Kennwort festlegen, wird Windows Sie nicht wieder reinlassen, nachdem der Bildschirmschoner aktiviert ist. Statt dessen müssen Sie das Kennwort eingeben. Das Kennwort vergessen? In diesem Fall müssen Sie den Computer neu starten.

- ✔ Strg ist eine sichere Taste zum Ausschalten des Bildschirmschoners. Anders als andere Tasten auf der Tastatur, mischt sich diese Taste nicht in Anwendungen, die erscheinen, nachdem der Bildschirmschoner verschwunden ist.
- ✔ Der Bildschirmschoner wird nicht wirklich ausgeschaltet, er wird vielmehr versteckt, damit Sie den Desktop wieder sehen können.
- ✔ Um den Bildschirmschoner auszuschalten, können Sie auch mit der Faust auf den Tisch hauen. Dadurch wird Ihre Maus angerempelt und der Bildschirmschoner deaktiviert.

Duell der Monitore

Eine der Funktionen von Windows 98 ist die Unterstützung von zwei oder mehreren Monitoren für einen Computer. Allerdings ist das nichts wirklich neues. Alle Computer können zwei Monitore haben: einen Farbmonitor und einen monochromen Monitor.

Mit Windows 98 und der richtigen Hardware, können Sie mehrere Monitore anschließen. Haben Sie bemerkt, daß ich »richtige Hardware« sagte? Sie können nicht einfach losziehen und eine zweite Grafikkarte kaufen. Es muß eine der wenigen sein, die von Windows erkannt wird.

Die beiden Monitore werden im Dialogfeld **Eigenschaften von Anzeige** eingestellt. Klicken Sie mit der rechten Maustaste auf den Desktop, und wählen Sie **Eigenschaften** im Kontextmenü. Klicken Sie auf **Einstellungen**, um das Register anzuzeigen. Beide Monitore werden angezeigt.

Sie können das Monitorsymbol im Dialogfeld nach rechts, links, oben oder unten ziehen. Die Zahl auf den Monitoren entspricht der in der Dropdown-Liste angezeigten Monitore.

Wozu das gut ist? Mit zwei Monitoren haben Sie mehr Arbeitsfläche. Sie können auf einem Monitor Ihr E-Mail lesen und auf dem anderen im Internet surfen.

- ✔ Im Ordner **Windows** auf Laufwerk C finden Sie die Datei Anzeige.txt, in der Sie weitere Informationen über Grafikkarten finden, die mehrere Monitore unterstützen.
- ✔ Wenn der zweite Monitor erkannt wurde, wird beim Starten des Computers eine Meldung angezeigt.
- ✔ Um einen Monitor zu aktivieren, klicken Sie auf sein Symbol im Dialogfeld **Eigenschaften von Anzeige**. Klicken Sie auf **Ja**, um den Monitor zu aktivieren.
- ✔ Jeder Monitor kann eine unterschiedliche Auflösung und verschiedene Einstellungen haben. Wählen Sie den Monitor in der Dropdown-Liste **Anzeige**, und nehmen Sie die erforderlichen Einstellungen vor.
- ✔ Der Desktop wird auf beiden Monitoren angezeigt.
- ✔ Windows kann von einem Monitor auf den anderen gezogen werden. Es sieht wirklich niedlich aus.
- ✔ Spiele werden nur auf dem Hauptmonitor ausgeführt (dem Monitor, der beim Starten des Computers aktiv ist). DOS-Programme werden ebenfalls nur auf dem Hauptmonitor ausgeführt. Vielleicht gibt es in der Zukunft Spiele, die auf beiden Monitoren laufen, aber ich würde mich nicht darauf verlassen.
- ✔ Wenn Sie ein Fenster maximieren, wird es nur auf einem Monitor angezeigt. Sie können ein Fenster aber über mehrere Monitore ziehen.
- ✔ Der Bildschirmschoner wird auf beiden Monitoren angezeigt. (Ich habe noch keinen Bildschirmschoner gefunden, der nur auf einem Monitor funktioniert.)

Viel Spaß mit der Maus!

14

In diesem Kapitel

- Die Maus des Computers
- Die verschiedenen Maustypen
- Eine Maus am Computer anschließen
- Die Maus benutzen
- Mausterminologie
- Die Maus reinigen
- Die Maus in Windows anpassen
- Die Maus für Linkshänder
- Mäusedreck

Der PC war nicht immer ein mäusefreundlicher Computer. Der Macintosh war der Computer mit der Maus. Computermäuse waren einfach zu viel Spaß, um mit einem seriösen IBM-Computer in Verbindung gebracht zu werden. Benutzer von Macs? Die waren sowieso ein alberner Haufen.

Heute ist es schwierig, einen PC zu finden, der nicht mit seiner eigenen Maus verkauft wird. Einige Mäuse sind lustig, wie zum Beispiel die verrückten Modelle von Logitech. Andere Mäuse wie von IBM sind nur für ernsthafte Arbeiten gedacht. Wie auch immer, eine Maus ist praktisch, besonders wenn Sie ein grafisches Betriebssystem wie Windows haben.

- ✔ Gerüchte besagen, daß der Gründer von Apple, Steve Jobs, an den ersten Macintosh ursprünglich gar keine Tastatur anschließen wollte. Anscheinend glaubte er, daß alles mit der Maus gemacht werden kann. (Klar: »Klicken Sie zwanzigmal, um ein A zu tippen; klicken Sie einundzwanzigmal, um ein B zu tippen...«)
- ✔ Der Plural von Maus ist Mäuse. Ein Computer hat eine Maus. Zwei Computer haben zwei Mäuse.

Eine Maus im Computerhaus

Eine Computermaus ist ein kleines Plastiknagetier, das auf Ihrem Schreibtisch herumrennt. Sie sieht aus wie ein Stück Seife mit einer großen Rollkugel an der Unterseite. Auf der Oberseite befinden sich mindestens zwei Drucktasten. Ein Schwanz (oder Kabel) läuft von der Maus in den Rücken Ihres PCs. Abbildung 14.1 zeigt eine typische Maus.

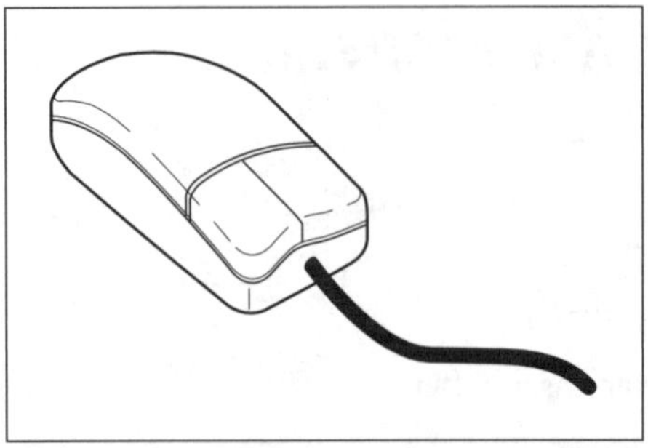

Abbildung 14.4: Eine typische Computer-Maus

- Auch wenn Ihr Computer mit seiner eigenen Maus verkauft wurde, können Sie ein anderes Modell kaufen (siehe »Maustypen« in diesem Kapitel).

- Sie benötigen eine Maus für Windows.

Sie müssen einen speziellen »Mausbereich« auf Ihrem Schreibtisch einrichten und ihn von dem üblichen Schrott freihalten, so daß Sie Platz haben, um die Maus zu bewegen. Ein Bereich in der Größe dieses Buchs sollte ausreichen, um die Maus herumzurollen.

- Eine Maus funktioniert am besten, wenn sie ein *Mauspad* als Unterlage hat. Das ist ein kleiner Gummi- oder Plastikteppich, der auf Ihrem Schreibtisch liegt. Ein Mauspad hat einen besseren Objektkontakt als Ihr glatter Schreibtisch, so daß die Mausbewegungen genauer sind.

Die besten Mauspads haben eine rauhe Oberfläche, die die Maus gut fassen kann. Schlechte Mauspads sind glatt und sollten nicht benutzt werden. Es ist cool, ein PC-Logo, ein Foto von Ihrem Lieblingsstar oder ein fraktales Muster auf dem Mauspad zu haben. Uncool sind Mauspads mit Computerwerbung oder Katzenbildern.

Maustypen

Es gibt viele Spezien von Computermäusen. Das beliebteste Modell sieht aus wie ein Stück Seite mit zwei Tasten. Es gibt auch Mäuse mit mehr Tasten. Ich haben einmal eine gesehen, die hatte 52 Tasten, so daß man tatsächlich mit ihr tippen konnte. Ich wundere mich, warum sich diese Maus nie durchsetzen konnte.

Neben dem Standardmodell, der Maus mit den zwei Tasten, gibt es noch andere Varianten. Einige der bekanntesten werden im nächsten Abschnitt beschrieben.

Die Radmaus

Die Radmaus für den Macintosh hat weniger Tasten als die Version von Bill Gates. Microsoft hat drei neue Tasten für Windows auf der Tastatur hinzugefügt und eine neue Taste auf der Microsoft IntelliMouse, die auch Radmaus genannt wird.

Die Radmaus hat eine zusätzliche Taste zwischen den zwei Standardtasten (siehe Abbildung 14.2). Diese Taste ist ein Rädchen, das Sie drehen können, um die Bildlaufleiste in Windows-Programmen zu bewegen. Sie können das Rad auch gedrückt halten, um das Dokument in die gewünschte Richtung zu verschieben.

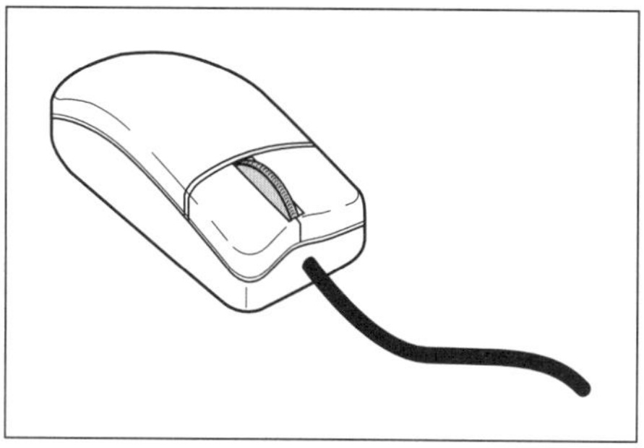

Abbildung 14.2: Die Radmaus. Von Microsoft auch IntelliMouse genannt

Nachdem ich die IntelliMouse eine Weile verwendet habe, kann ich sagen, ich mag sie. Ich führe den Bildlauf in Dokumenten immer mit dem Rad aus. Und das hat nichts damit zu tun, daß ich die Maus kostenlos von Microsoft bekommen habe. Absolut nichts.

- ✔ Machen mehr Tasten die Maus wirklich einfacher in der Handhabung? Wenn mehr Leute beobachten würden, was Microsoft tut, anstatt zuzuhören, was Bill Gates sagt, würden wir vielleicht die Wahrheit wissen.
- ✔ Sie benötigen keine Radmaus.
- ✔ Nur bestimmte Anwendungen unterstützen die Radmaus: Alle Microsoft Office 97-Programme und alle Windows-Programme.
- ✔ Außer der zusätzlichen Bildlauffunktion hat die Radmaus gegenüber der Standardmaus keinen Vorteil.

Der Trackball – die umgedrehte Maus

Ein Trackball sieht aus wie eine normale Maus, die umgedreht wurde. Anstatt die Maus rumzurollen, rollen Sie mit dem Daumen oder dem Zeigefinger die Kugel selbst. Dieses komische Gebilde ist feststehend, so daß es nicht viel Platz braucht und sich das Kabel nicht verwirren kann.

Trackballs sind nicht jedermanns Sache. Die einzigen Leute, die Trackballs aufgrund ihrer Präzision bevorzugen, sind Künstler. Tragen Sie eine Baskenmütze? Wenn ja, werden Sie den Trackball lieben.

- ✔ Ein Trackball hat Tasten, genau wie eine Maus. Ihre Software weiß nicht, ob Sie eine Maus oder einen Trackball benutzen.
- ✔ Die Tasten sind ein Grund, warum viele Benutzer den Trackball hassen: Sie müssen die Taste mit dem Daumen drücken. Igitt!
- ✔ Nein, Sie können Ihre Maus nicht einfach umdrehen, um einen Trackball daraus zu machen. Sie müssen einen Trackball kaufen.
- ✔ Trackballs sind teurer als normale Mäuse.

Schnurlose Mäuse

Schnurlos ist jetzt die große Mode, obwohl ich mir nur schwer einen schnurlosen Toaster vorstellen kann. Eine schnurlose Maus sieht wie eine normale Maus aus (vielleicht ein bißchen fetter), hat aber kein Kabel. Anstatt ein Signal durch ihren Schwanz an den Computer zu leiten, sendet die schnurlose Maus durch die Luft – entweder über Radiowellen, Infrarot-Technologie oder Gehirnwellen. Die Maus des 21. Jahrhunderts wurde geboren!

Die schnurlose Maus sendet ihre Signale zu einer kleinen »Empfangseinheit« irgendwo auf dem Schreibtisch. Die Empfangseinheit überträgt das Signal über ein Kabel, das in der Rückseite Ihres Computers steckt.

- ✔ Eine funkgesteuerte schnurlose Maus kostet gewöhnlich mehr als eine Infrarot-Maus, und beide kosten jeweils mehr als eine Maus mit Schwanz.
- ✔ Die Empfangseinheit für eine funkgesteuerte Maus kann sich irgendwo in einem Radius von zwei Metern von der Maus befinden. Die Empfangseinheit für eine Infrarot-Maus kann ebenfalls bis zu zwei Meter entfernt sein, aber der Bereich zwischen ihr und der Maus darf nicht verstellt sein. (Das Radiosignal kann durch Objekte hindurchgehen, das Infrarotlicht nicht.)
- ✔ Beide Maustypen benötigen Batterien. Haben Sie immer Ersatzbatterien zur Hand, damit Sie weiterarbeiten können, wenn die Batterien im entscheidenden Augenblick ausfallen.
- ✔ Wenn Ihre Infrarot-Maus anfängt, sich sonderbar zu benehmen, haben Sie wahrscheinlich etwas vor die Empfangseinheit gestellt. Das kann leicht passieren, da dies der einzige freie Bereich auf Ihrem Schreibtisch sein muß.
- ✔ Das folgende ist für Peter V., München: Nein, Peter, Du kannst die Fernbedienung Deines Fernsehers nicht für die Infrarot-Maus benutzen. Und es ist nicht die Maus, die den Fernseher ständig auf Lindenstraße umschaltet. An Deiner Stelle würde ich einen Fernsehnotdienst anrufen.

Der Unterschied zwischen einer Maus und einem Mousse!

Eine Maus ist entweder ein pelziges, kleines Nagetier – wie Micky – oder ein praktisches Peripheriegerät für Ihren PC. Andererseits ist ein Mousse entweder dieses blöde französische Dessert, das vorgibt, ein Pudding zu sein, oder etwas, das sich die Leute in die Haare schmieren, damit es wie eine New Wave-Frisur aussieht. Schaun Sie nach, was was ist, bevor Sie es kaufen.

Die Maus anschließen

Stecken Sie die Maus in das Mauseloch an der Rückseite Ihres Computers.

Einige Computermodelle, wie zum Beispiel die, für die Sie viel zu viel Geld ausgeben, haben einen eigenen Mausanschluß. Dieser Anschluß ist ein kleines rundes Loch, das ähnlich aussieht wie der Tastaturanschluß. (Genau genommen sind sie gleich.)

Wenn Ihr Computer keinen Mausanschluß hat, stecken Sie die Maus in einen seriellen Anschluß, COM1 oder COM3.

- ✔ Es ist eine gute Idee, den Computer auszuschalten, bevor Sie die Maus anschließen. In Kapitel 5 wird das Ausschalten des Computers beschrieben.
- ✔ Möglicherweise haben Sie Software mit der Maus erhalten, die Sie mit dem praktischen Windows-Installationsprogramm installieren können (siehe Kapitel 20).
- ✔ Verwenden Sie eine serielle Maus nur, wenn Sie unbedingt müssen. Die serielle Maus kann einen Konflikt mit dem Modem auslösen. Um sicherzusellen, daß es funktioniert, stecken Sie die Maus in COM1 und das Modem in COM2.

Wenn Sie die Maus benutzen, zeigt der Schwanz der Maus von Ihnen weg. (Ich könnte jetzt eine Geschichte über meinen früheren Chef erzählen, aber ich werde es nicht tun.)

Ihre Maus benutzen

Die Maus steuert einen Zeiger oder Mauscursor auf dem Bildschirm, Wenn Sie die Maus bewegen, bewegt sich der Zeiger auf dem Bildschirm. Rollen Sie die Maus nach links, bewegt sich der Zeiger auch nach links; ziehen Sie Kreise mit der Maus, und der Zeiger macht es nach; lassen Sie die Maus vom Tisch fallen, und Ihr Computer schreit »Au!«

Die Maus sollte mindestens zwei Tasten haben. Halten Sie die Maus in der Handfläche, und legen Sie den Zeige- und den Mittelfinger auf die beiden Tasten.

Es ist nicht nötig, die Maus zu quetschen; ein sanfter Griff tut es auch.

Sie drücken die linke Maustaste mit dem Zeigefinger. Die Taste ist empfindlich, deshalb müssen Sie sie nur leicht antippen. Dasselbe gilt für die rechte Taste; ein leichtes Tippen ist genug.

Mit der Maus werden zahlreiche Elemente auf dem Bildschirm manipuliert. Es geht folgendermaßen: Sie verschieben den Cursor auf dem Bildschirm mit der Maus auf etwas Interessantes. Sie klicken mit der Maustaste darauf, und etwas noch Interessanteres passiert.

- ✔ Wenn Sie eine lebendige Maus in der Hand halten, zeigt Ihre Handfläche nach oben. Eine mechanische Maus wird mit der Handfläche nach unten über den Schreibtisch bewegt; ihr Schwanz geht in die Rückseite Ihres Computers.
- ✔ Die meisten Leute drücken den Daumen gegen die linke Seite und den Ringfinger gegen die rechte Seite der Maus, wenn Sie sie in der Handfläche halten. Der Zeigefinger und der Mittelfinger können dann über den Tasten auf der Oberseite schweben.
- ✔ Computerfreaks greifen Chips mit dem Mittelfinger und dem Daumen ihrer rechten Hand, damit sie mit ihrem Zeigefinger kein fettiges Zeug auf der Maustaste verteilen.
- ✔ Ihre Maus kann linkshändig oder rechtshändig sein. Standardmäßig ist die Maus für Rechtshänder eingestellt, außer Sie teilen Windows etwas anderes mit. Lesen Sie den Abschnitt »Ich bin Linkshänder, und die Tasten sind andersrum!« später in diesem Kapitel.
- ✔ Wenn Sie das erste Mal eine Maus verwenden, lassen Sie sie vermutlich wild über den Schreibtisch kreisen, um die Zeigerspirale auf dem Bildschirm zu sehen. Es dauert lange, sich das abzugewöhnen (wenn überhaupt).
- ✔ Wenn das Mauskabel verwickelt ist, haben Sie die Maus hoch, und schütteln Sie sie.
- ✔ Wenn der Mauszeiger auf dem Bildschirm festsitzt, hauen Sie mit der Maus auf die Mausunterlage.

Mit der Maus zeigen

Wenn Sie aufgefordert werden »Zeigen Sie mit der Maus«, heißt das, Sie verschieben mit der Maus den Mauszeiger auf dem Bildschirm, um auf etwas Interessantes (oder auch nicht) zu zeigen.

Versuchen Sie nicht, die Maus hochzuheben und wie mit der Fernbedienung auf den Fernseher zu zeigen. Es würde nicht funktionieren.

Maustasten

Die Maus hat mindestens zwei Drucktasten an der Oberseite; an der Rückseite kommt das Kabel raus. Jede Taste macht beim Drücken ein klickendes Geräusch. Klick!

Meistens wird die linke Taste gedrückt; sie ist die Haupttaste der Maus. Wenn Sie angewiesen werden, mit der Maus zu klicken, drücken Sie die linke Taste mit dem Zeigefinger.

Die rechte Taste wird für bestimmte Aufgaben verwendet, insbesondere in Windows. Wenn Sie die rechte Maustaste drücken sollen, heißt es in Anweisungen »Klicken Sie mit der rechten Maustaste«.

- ✔ Das Klicken mit der linken Maustaste wird nur als »Klicken« bezeichnet.
- ✔ Bei einer Radmaus befindet sich das Rad, das Sie ebenfalls drücken können, in der Mitte. In Windows müssen Sie das Rad nie klicken.

Mit der Maus klicken

Ein Klick ist ein Druck auf die Maustaste.

Oft lesen Sie »Klicken Sie mit der Maus auf Nein«. Das bedeutet, irgendwo auf dem Bildschirm ist eine Schaltfläche mit dem Wort **Nein**. Verschieben Sie den Zeiger mit der Maus auf **Nein**. Klicken Sie mit dem Zeigefinger die linke Maustaste. Das wird als *mit der Maus auf etwas klicken* bezeichnet. (Wenn Sie möchten, können Sie die Maus auch auf der Stirn herumrollen und klicken – vergewissern Sie sich aber vorher, daß niemand zusieht.)

Wenn Sie die Maustaste drücken, hören Sie ein klickendes Geräusch. Deshalb werden Sie meistens aufgefordert, zu »klicken«, wenn Sie eigentlich die Maustaste drücken sollen.

- ✔ Wenn Sie mit der Maus klicken, drücken Sie die Taste einmal kurz und lassen sie wieder los. Halten Sie die Maustaste nicht gedrückt. (Genau genommen klickt die Maustaste zweimal: einmal, wenn sie gedrückt wird, und einmal, wenn sie wieder losgelassen wird. Hören Sie so gut?)
- ✔ Sie werden möglicherweise aufgefordert, eine Taste zu drücken und gleichzeitig mit der Maus zu klicken. Eine häufige Kombination ist Strg-Klicken, was bedeutet, Sie halten die Strg-Taste gedrückt, während Sie mit der Maus klicken.

Mit der Maus doppelklicken

Ein Doppelklick sind zwei schnelle Klicks hintereinander. In Windows wird mit einem Doppelklick etwas geöffnet.

- ✔ Die Zeit zwischen den Klicks variiert, aber es muß nicht so schnell sein.
- ✔ Bewegen Sie die Maus zwischen den Klicks nicht; beide Klicks müssen auf derselben Stelle gemacht werden.
- ✔ Das Klicken und das Doppelklicken sind zwei unterschiedliche Vorgänge. Wenn Sie aufgefordert werden zu klicken, drücken Sie einmal die linke Maustaste. Doppelklicken bedeutet, die linke Maustaste zweimal zu drücken.

Wenn Sie mit der Maus doppelklicken und nichts passiert, klicken Sie möglicherweise nicht schnell genug. Versuchen Sie so schnell zu klicken, wie Sie können. Wenn diese Geschwindigkeit zu schnell für Sie ist, können Sie sie einstellen. Lesen Sie den Abschnitt »Das Doppelklicken funktioniert nicht!« später in diesem Kapitel.

Mit der rechten Maustaste klicken

Meistens klicken Sie die linke Maustaste, was einfach als Klicken bezeichnet wird. Wenn Sie mit der rechten Maustaste klicken sollen, werden Sie ausdrücklich dazu aufgefordert.

In Windows müssen Sie oft mit der rechten Maustaste klicken.

Mit der Maus ziehen

Um etwas mit der Maus zu ziehen, gehen Sie wie folgt vor:

1. **Zeigen Sie mit dem Mauscursor auf das, was Sie ziehen möchten.**
2. **Halten Sie die Maustaste gedrückt.**

   Drücken Sie die linke Maustaste. Halten Sie die Taste gedrückt, klicken Sie nicht. Dadurch halten Sie das fest, worauf der Cursor auf dem Bildschirm zeigt.

   Sie können auch Objekte auswählen, indem Sie ein Rechteck darum ziehen.
3. **Bewegen Sie die Maus an eine andere Stelle.**

   Mit diesem Vorgang wird eigentlich etwas verschoben. Sie starten an einem Bildschirmpunkt und ziehen (verschieben) etwas an einen anderen Punkt.
4. **Lassen Sie die Maustaste los.**

   Nehmen Sie den Zeigefinger von der linken Maustaste. Das Ziehen ist beendet.

- ✔ Beim Ziehen wählen Sie zuerst etwas (drücken die Maustaste) und verschieben (ziehen) es dann auf dem Bildschirm. Wenn Sie die Maustaste loslassen, wird das, was Sie gezogen haben, an einer anderen Stelle positioniert.
- ✔ Sie können auch mehrere Elemente wählen, indem Sie ein Rechteck über die gewünschten Elemente ziehen.
- ✔ Manchmal werden Sie aufgefordert, eine Taste zu drücken, während Sie etwas ziehen. Das wird zum Beispiel als Strg-Ziehen bezeichnet. Drücken Sie die Taste – Strg, Shift, Alt oder was auch immer –, bevor Sie mit der Maus klicken, um etwas zu ziehen.

Mit der rechten Maustaste etwas ziehen

Das Ziehen mit der rechten Maustaste geht genauso wie das Ziehen mit der linken Maustaste. Der einzige Unterschied ist, daß Sie die rechte Maustaste drücken und nicht die linke.

Wenn Sie etwas mit der rechten Maustaste ziehen sollen, werden Sie ausdrücklich dazu aufgefordert.

Mit der Maus etwas wählen

Beim Wählen wird etwas für einen bestimmten Vorgang markiert. Wenn Sie zum Beispiel mit der Maus auf eine Datei klicken, die Sie kopieren möchten, wählen Sie diese Datei. Sie können Text wählen, indem Sie den Mauszeiger über den gewünschten Text ziehen. Grafiken werden gewählt, indem Sie darauf klicken oder ein Rechteck um den gewünschten Bereich ziehen.

Wählen ist dasselbe wie Klicken. Wenn im Handbuch steht »Wählen Sie das Dings da dort!«, bewegen Sie den Mauszeiger und klicken auf das Dings. Simpel.

Wenn Sie etwas Falsches wählen, oder es sich einfach anders überlegt haben, klicken Sie auf den Desktop, um die Markierung aufzuheben.

Maushygiene: Das Reinigen der Mauskugel

Ihr Schreibtisch sammelt unaufhörlich eine Schicht aus Staub und Haaren an, insbesondere, wenn Sie eine Katze haben oder wenn auf der Mausunterlage eine Katze abgebildet ist. Wenn Ihre Maus nicht mehr so läuft, wie sie soll, müssen Sie wahrscheinlich die Kugel reinigen. Das ist einfach; es besteht keine Notwendigkeit, sie in die Werkstatt zu bringen.

Stellen Sie die Maus auf den Kopf, und Sie werden eine kleine runde Platte sehen, in der eine Kugel angebracht ist. Schieben Sie die Platte in Richtung »offen«. Die Platte sollte aufgehen und der Ball herausfallen.

Entfernen Sie die Haare und den anderen Schmutz aus dem Loch, und bürsten Sie den Ball ab. Legen Sie den Ball wieder in das Loch, befestigen Sie die Platte, und Sie können weiterarbeiten.

Versuchen Sie gleichfalls, das Mauspad sauberzuhalten; wischen Sie es hin und wieder ab, um Chips, Kuchenkrümel und anderen Unrat, der sich angesammelt hat, zu entfernen.

Die Maus einstellen

Wenn Sie Ihre Maus näher betrachten, werden Sie feststellen, daß sie keine Regler oder etwas anderes zum Einstellen hat. Es gibt keine Möglichkeit, an der Maus die Bewegungen und die Darstellung auf dem Bildschirm anzupassen.

In der Systemsteuerung ist das Maussymbol verborgen, mit dem das Dialogfeld **Eigenschaften von Maus** geöffnet wird. In diesem Dialogfeld, das in den folgenden Abschnitten beschrieben wird, können Sie die Maus einstellen. Öffen Sie das Maussymbol wie folgt:

1. **Öffnen Sie die Systemsteuerung.**

   Wählen Sie **Einstellungen/Systemsteuerung** im Startmenü. Das Hauptfenster der Systemsteuerung wird angezeigt.

2. **Öffnen Sie das Maussymbol.**

Maus

   Lustig, daß das Maussymbol zufälligerweise genauso aussieht wie die Maus, die von Microsoft verkauft wird. Ach, was soll's. Doppelklicken Sie auf das Maussymbol. Dadurch erscheint das Dialogfeld **Eigenschaften von Maus** auf dem Bildschirm (siehe Abbildung 14.3).

   Wenn Sie eine Microsoft IntelliMouse (eine Radmaus) installiert haben, wird ein anderes Dialogfeld mit weiteren Optionen angezeigt.

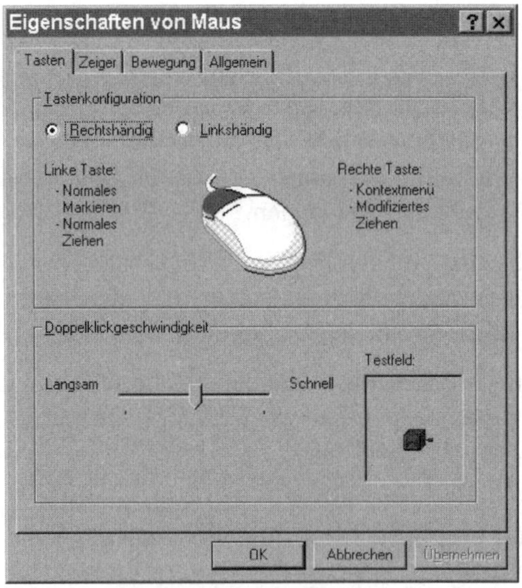

Abbildung 14.3: Das Dialogfeld Eigenschaften von Maus

3. **Pfuschen Sie im Dialogfeld Eigenschaften von Maus herum.**

   Im Dialogfeld **Eigenschaften von Maus** können mehrere raffinierte Dinge gemacht werden. Einige davon werden in den folgenden Abschnitten beschrieben.

4. **Schließen Sie das Dialogfeld.**

   Wenn Sie genug Unsinn getrieben haben, stehen Ihnen zwei Möglichkeiten zur Auswahl: Klicken Sie auf **OK**, um Ihre Änderungen zu übernehmen, oder klicken Sie auf **Abbrechen**, um alles so zu lassen, wie es war.

Das Dialogfeld **Eigenschaften von Maus** hat mehrere Register: **Tasten**, **Zeiger**, **Bewegung** und **Allgemein**. Wenn Sie auf ein Register klicken, wird das entsprechende Feld angezeigt.

»Der Mauszeiger bewegt sich zu langsam/schnell«

Besonders wenn Sie einen großen Bildschirm haben, sollten Sie die Mausgeschwindigkeit an die vielen Pixel anpassen. Wenn Ihre Mausunterlage zu groß oder zu klein ist, können Sie die Reaktionszeit und die Geschwindigkeit der Maus im Dialogfeld **Eigenschaften von Maus** anpassen.

Öffnen Sie das Dialogfeld **Eigenschaften von Maus,** wie im vorherigen Abschnitt beschrieben. Klicken Sie auf das Register **Bewegung**, um das entsprechende Feld anzuzeigen (siehe Abbildung 14.4).

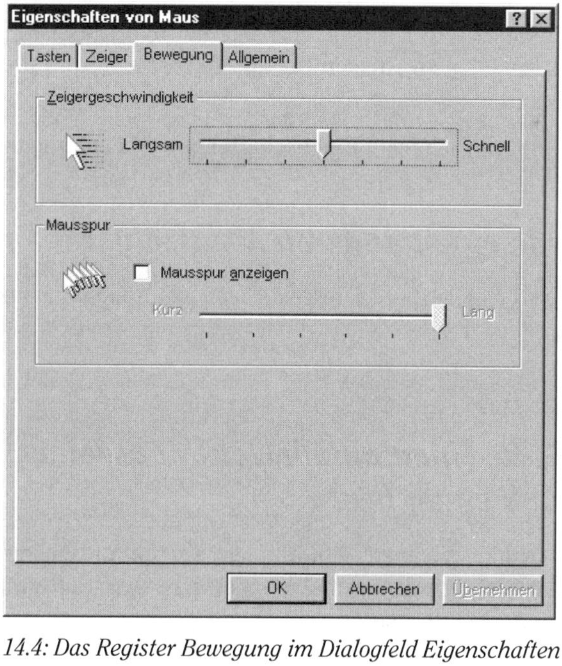

Abbildung 14.4: Das Register Bewegung im Dialogfeld Eigenschaften von Maus

Das Ding im Bereich *Zeigergeschwindigkeit* wird Schieberegler genannt. Ziehen Sie ihn mit der Maus nach links, um die Maus zu verlangsamen bzw. um die Reaktionszeit zu verringern. Ziehen Sie den Schieberegler nach rechts, um die Maus schneller zu machen.

Sie können es ausprobieren, indem Sie die Geschwindigkeit mit dem Schieberegler einstellen und auf **Übernehmen** klicken. Wenn der Zeiger die gewünschte Geschwindigkeit hat, klicken Sie auf **OK**.

»Das Doppelklicken funktioniert nicht!«

Wenn Sie nicht doppelklicken können, gibt es zwei Möglichkeiten. Entweder bewegen Sie den Mauszeiger zwischen den Klicks ein bißchen, oder die Doppelklickrate ist zu schnell eingestellt.

Öffnen Sie das Dialogfeld **Eigenschaften von Maus,** wie in diesem Kapitel beschrieben.

Normale Maus: Klicken Sie auf das Register **Tasten**, um das entsprechende Feld anzuzeigen.

Im Bereich **Doppelklickgeschwindigkeit** befindet sich ein Schieberegler. Das Ziehen des Schiebereglers nach rechts macht das Doppelklicken einfacher. Ziehen Sie den Schieberegler nach links, wenn Sie das Doppelklicken noch mehr erschweren möchten.

Klicken Sie auf **Übernehmen**, damit Ihre Angaben von Windows übernommen werden und um die Einstellung zu testen. Doppelklicken Sie auf die Schachtel im Testfeld. Wenn der alberne Clown auftaucht, ist die richtige Doppelklickgeschwindigkeit eingestellt.

Radmaus: Klicken Sie auf Basis. Doppelklicken Sie im Feld **Einstellungen**, um die Doppelklickgeschwindigkeit festzulegen. Klicken Sie auf den Schirm, um die Geschwindigkeit zu testen.

Klicken Sie auf **OK**, um das Dialogfeld **Eigenschaften von Maus** zu schließen.

»Ich hätte gerne einen anderen Mauszeiger«

Wenn Sie auf das Register **Zeiger** im Dialogfeld **Eigenschaften von Maus** klicken, werden andere Mauszeiger angezeigt. Ich werde das nicht weiter beschreiben, weil es einfach Zeitverschwendung wäre.

»Mein Freund hat einen animierten Mauszeiger. Wo bekomme ich einen her?«

Im Microsoft Plus!-Paket gibt es haufenweise animierte Cursor für Windows 95 und Windows 98. Möglicherweise finden Sie auch da welche, wo Sie Shareware-Software runterladen: online oder über Versandfirmen im Internet.

Animierte Cursor werden im Register **Zeiger** im Dialogfeld **Eigenschaften von Maus** eingestellt. Gehen Sie wie folgt vor:

1. **Öffnen Sie das Dialogfeld Eigenschaften von Maus und klicken Sie auf das Register Zeiger.**

2. **Wählen Sie den gewünschten Zeiger.**

   Dieser Stundenglaszeiger sieht wirklich bescheuert aus.

3. **Klicken Sie auf Durchsuchen.**

   Das Dialogfeld **Durchsuchen** wird geöffnet. Weitere Informationen über dieses Dialogfeld erhalten Sie in Kapitel 8.

   Der Ordner mit den Mauszeigern sollte angezeigt werden. Falls nicht, wechseln Sie zum Ordner **\Windows\Cursors** auf Laufwerk C.

4. **Klicken Sie auf einen Cursor im Dialogfeld.**

   Einige der Cursor sind als Symbole dargestellt, andere als Dateisymbol.

5. **Testen Sie den Cursor.**

   Wenn Sie auf den Cursor klicken, können Sie im Testfeld sehen, ob es sich um einen animierten Cursor handelt. Animierte Cursor bewegen sich. (Mußte ich das wirklich sagen?)

6. **Wenn Ihnen der Cursor nicht gefällt, wiederholen Sie die Schritte 4 und 5.**

7. **Klicken Sie auf Öffnen.**

   Der Cursor ersetzt den von Windows vorgeschlagenen Cursor.

8. **Klicken Sie auf OK.**

   Ihre Änderungen werden übernommen.

Wenn Sie animierte Cursor runterladen oder auf Diskette erhalten, sollten Sie die Dateien im Ordner Cursor im Hauptordner von Windows speichern. (Der Pfadname ist: C:\Windows\Cursors.) Die Cursor werden in der Cursorliste im Dialogfeld **Eigenschaften von Maus** aufgeführt.

»Ich bin Linkshänder, und die Tasten sind andersrum!«

He, Lefty, wenn Du die Vorstellung nicht ertragen kannst, eine Maus in der Rechte-Hand/linke-Gehirnhälfte-Welt zu benutzen, dann stell die Maus einfach anders ein. Du kannst die Mausunterlage sogar links neben die Tastatur legen. (Oh, Gott...)

Öffnen Sie das Dialogfeld **Eigenschaften von Maus,** und klicken Sie auf das runde Optionsfeld **Linkshändig** im Feld **Tasten**. Diese Vorgang wechselt die Tasten im Gehirn von Windows um: Die rechte Taste übernimmt die Aufgaben der linken Taste und umgekehrt.

- ✔ In diesem Buch und in allen Handbüchern wird vorausgesetzt, daß die linke Maustaste die Haupttaste ist. Das Klicken mit der rechten Maustaste wird ausdrücklich verlangt. Wenn Sie Windows anweisen, die Maus linkshändig zu verwenden, werden die Tasten ausgetauscht. Denken Sie daran, daß das in Ihrer Dokumentation nicht umgesetzt wird.
- ✔ Es gibt keine Einstellung für beidhändige Leute.

Mausnöte

Mäuse sind die unschuldigsten Dinge, wenn es um Computerprobleme geht. Mäuse sind zwar zuverlässig, können einem aber trotzdem auf den Wecker fallen, wenn sie nicht richtig funktionieren. Im Folgenden werden einige Probleme beschrieben, die mit der Maus auftreten können.

Die Maus ist eine Schnecke

Mäuse werden mit der Zeit langsam. Warum? Wer weiß. Ich glaube, daß der Schmutz in der Maus schuld ist. Nicht einmal das Reinigen der Maus hilft.

Es gibt nur eine drastische Lösung: Kaufen Sie eine neue Maus. Mäuse funktionieren gewöhnlich für zwei oder drei Jahre. Bevor Sie die Maus auf den Schreibtisch schlagen, kaufen Sie eine neue. Sie werden überrascht sein, wie das Ihre Nerven beruhigt.

Die flüchtende Maus

Nach einer produktiven Sitzung, in der Sie Ihre Dateien verwaltet haben, bemerken Sie plötzlich, daß die Maus verschwunden ist.

Nein! Warte, hier ist sie!

Aber dann ist sie wieder verschwunden. Ich habe keine Ahnung warum das passiert.

Die Lösung: Starten Sie den Computer neu (siehe Kapitel 4).

Die steckengebliebene Maus

Da sitzt der Zeiger auf dem Bildschirm. Sie bewegen die Maus. Nichts passiert. Sie motivieren die Maus mit einigen Flüchen. Sie hauen mit der Maus auf den Schreibtisch. Nichts. Nichts. Nichts.

Eine tote Maus bedeutet gewöhnlich auch einen toten Computer. Versuchen Sie, die Tastatur zu verwenden. Drücken Sie Strg+Esc, um das Startmenü zu öffnen. Die Chancen stehen gut, daß nichts mehr geht. In diesem Fall müssen Sie den Computer neu starten (siehe Kapitel 4).

Mäusedreck

Wie alles andere in einem PC auch, wird die Maus gelegentlich das System lahmlegen. Beispielsweise durch das Erzeugen einer Spur auf dem Bildschirm, allgemein als Mausspur bekannt. Das kommt vor, wenn Sie die Maus bewegen und den Cursor über den ganzen Bildschirm verteilt sehen, das heißt, wenn mehr als ein Zeiger der Maus nachläuft.

Wenn Sie eine Mausspur sehen, bedeutet das gewöhnlich eines: Der Computer flippt aus. Es gibt eine Lösung: Starten Sie den Computer neu (siehe Kapitel 4).

Die Tastatur gebrauchen und mißbrauchen

15

In diesem Kapitel

- Allgemeines über die Tastatur
- Wichtige Tasten
- Wo die »beliebige« Taste ist
- Die anderen Shifttasten
- Der Umgang mit der Tastatur
- Die Bearbeitungstasten in Windows
- Häufige Probleme mit der Tastatur
- Tastaturlayouts für andere Sprachen
- Das Dvorak-Tastaturlayout

Nichts übertrifft die Arbeit mit einer richtigen Tastatur, wenn der Anschlag der Tasten gleichmäßig, leicht und geräuschvoll ist. Klack-klack-klack. Eine laut klickende Tastatur vermittelt den Eindruck, daß Sie eine Menge arbeiten. (Wenn nur die Maus so laut wäre....)

✔ Dieses Kapitel erklärt alles, was es über die Tastatur zu wissen gibt, mit Ausnahme einer Taste: Druck. Die Taste Druck wird im Abschnitt »Was ist ein Bildschirmausdruck?« in Kapitel 13 beschrieben. In Kapitel 16 finden Sie weitere Informationen über die Taste Druck.

Lernen Sie Ihre Tastatur kennen

Über die Tastatur kommunizieren Sie direkt mit Ihrem Computer. Der Computer kann nicht hören. Sie können schreien oder mit den Armen wedeln, aber der Computer reagiert nicht, bevor Sie ihm etwas schreiben. Die typische PC-Tastatur wird in Abbildung 15.1 gezeigt. Besserwisser nennen sie *erweiterte 102-Tasten-Tastatur*. Jawohl, die Tastatur hat 102 Tasten. Wenn Sie genug Zeit haben, können Sie sie nachzählen.

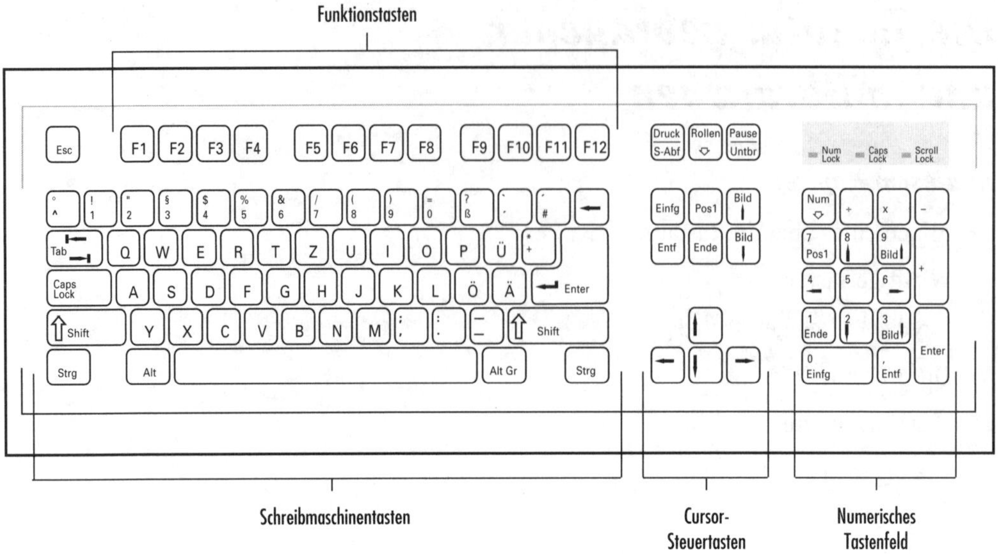

Abbildung 15.1: Die erweiterte Tastatur mit 102 Tasten

- ✔ Warum Tastaturen Namen haben? Weil ältere Computer unterschiedliche Tastaturtypen mit verschiedenen Tastaturlayouts verwendet haben. Mittlerweile befinden sich diese Modelle in Garagen oder auf Müllhalden.
- ✔ Die meisten Tastaturen haben 104 Tasten. Es gibt drei zusätzliche Windows-Tasten, die später beschreiben werden.

Das Tastaturlayout

Die Tastatur ist in vier Hauptbereiche eingeteilt (siehe Abbildung 15.1).

Schreibmaschinentasten: Diese Tasten sind die normal aussehenden weißen Tasten in der Mitte der Tastatur. Sie enthalten Buchstaben, Zahlen und Satzzeichen.

Funktionstasten: Diese Tasten befinden sich in der obersten Reihe der Tastatur. Sie sind beschriftet mit F1, F2, F3 bis zu F11 und F12.

Cursor-Steuertasten: Diese vier Tasten werden auch Pfeiltasten genannt. Sie bewegen den Textcursor in die den Pfeilen entsprechende Richtung. Über den Pfeiltasten befinden sich weitere Cursor-Steuertasten: Einfg, Entf, Pos1, Ende, Bild↑ und Bild↓.

Numerisches Tastenfeld: Beliebt bei Bankkassierern mit flinken Fingern, enthält das numerische Tastenfeld die Taschenrechnertasten.

- ✔ Das numerische Tastenfeld hat eine gespaltene Persönlichkeit. Manchmal generiert es Zahlen, ein anderes Mal dupliziert es die Cursor-Steuertasten. Weitere Informationen darüber finden Sie im Abschnitt »Statustasten« später in diesem Kapitel.
- ✔ Die Tasten mit der Beschriftung F1, F2 usw. werden Funktionstasten genannt.
- ✔ Die Cursor-Steuertasten werden benutzt, um den Textcursor zu verschieben, der wie ein blinkender Zahnstocher aussieht, wenn Sie in Windows Text eingeben oder bearbeiten. Der Mauszeiger wird oft Cursor genannt, obwohl er nicht von den Cursor-Tasten gesteuert wird.
- ✔ Die Tasten Bild↑ und Bild↓ verschieben das Bild nach oben bzw. nach unten.
- ✔ Einfüg und Entf sind Bearbeitungstasten, die oft zusammen mit den Cursor-Steuertasten benutzt werden.

Also, wo ist die »beliebige« Taste?

Nichts ist frustrierender als die vergebliche Suche nach dieser »beliebigen« Taste. Schließlich steht auf dem Bildschirm »Eine beliebige Taste drücken, um fortzufahren«. Also, wo ist sie?

»Eine beliebige Taste« bedeutet buchstäblich eine beliebige Taste auf der Tastatur. Aber warum um den heißen Brei reden: Wenn es heißt, drücken Sie eine beliebige Taste, drücken Sie die Leertaste.

- ✔ Wenn Sie die Leertaste nicht finden können, drücken Sie die Eingabetaste.
- ✔ Warum wird »Eine beliebige Taste drücken« anstatt »Drücken Sie die Leertaste« gesagt? Ich vermute, weil das die Sache, indem Sie die ganze Tastatur zur Auswahl haben, vereinfachen soll. Falls das tatsächlich der Grund ist, warum heißt es dann aber nicht »Mit der flachen Hand auf die Tastatur schlagen, um fortzufahren?«

Was sind das für seltsame Windows-Tasten?

Die meisten neuen Tastaturen haben drei zusätzliche Tasten: Die Windows-Taste, die Kontextmenütaste und eine weitere Windows-Taste. Diese befinden sich zwischen den Alt- und Strg-Tasten auf beiden Seiten der Leertaste (siehe Abbildung 15.2).

Abbildung 15.2: Die seltsamen Windows-Tasten

Die Windows-Taste hat dieselbe Funktion wie die Tastenkombination Strg+Esc. Sie öffnet das Startmenü und wird für einige Tastenbefehle verwendet: Win+E startet den Windows-Explorer, Win+F zeigt das Dialogfeld Suchen an und Win+R öffnet das Dialogfeld Ausführen.

Die Kontextmenütaste zeigt das Kontextmenü für das gewählte Objekt an. Das ist dasselbe wie mit der rechten Maustaste auf etwas klicken.

Ich kenne niemanden, der diese Tasten verwendet. Ich habe sie nur ausprobiert, um hier darüber zu schreiben.

»Muß ich tippen lernen, um mit einem Computer zu arbeiten?«

Niemand muß tippen lernen, um mit einem Computer zu arbeiten. Viele Computerbenutzer tippen mit zwei Fingern. Die meisten Programmierer können nicht tippen. Sie sitzen gekrümmt vor der Tastatur und hacken mit fettigen, von Kartoffelchips verschmierten Fingern auf der Tastatur rum. Aber das ist nicht gerade produktiv.

Der Computer kann Ihnen das Tippen beibringen. Es gibt verschiedene Programme, die Sie in die hohe Kunst des Tippens einführen.

Kleine Geschichte: Der Chef einer Software-Firma stoppte einmal die gesamte Entwicklung und ließ seine Programmierer das Tippen lernen. Es dauerte zwei Wochen, aber danach erledigten alle ihre Arbeit schneller und hatten mehr Zeit, um Computerspiele zu machen.

Wo ist die Hilfetaste?

Es gibt keine Taste mit der Beschriftung Hilfe. Es gibt eine auf der Macintosh-Tastatur, aber dies ist »PCs für Dummies« nicht »Macs für Dummies.« Die Mac-Tastaturen machen alle Spaß. Aber wir wollen alle ernsthaft arbeiten.

Wann immer Sie in Windows Hilfe benötigen, drücken Sie die F1-Taste. F1 ist gleich Hilfe. Wenn Sie sich das nicht merken können, schneiden Sie eine Tastenkappe aus einem Blatt Papier aus, und kleben Sie sie auf die F1-Taste auf der Tastatur. Auf diese Art erhalten Sie eine praktische Hilfetaste, genau wie diese Macintosh-Spaßvögel.

Nur für mathematische Koryphäen (als ob eine dieses Buch lesen würde)

Dicht gedrängt um das numerische Tastenfeld, wie Camper um ein Lagerfeuer, befinden sich mehrere Tasten, die Ihnen bei der Arbeit mit Zahlen helfen. Wenn Sie mit einer Tabellenkalkulation arbeiten, sind diese Tasten besonders praktisch. Sehen Sie sich das numerische Tastenfeld einmal genau an.

Was? Sie haben eine x- oder ÷-Taste erwartet? Vergessen Sie es! Das ist ein Computer. Er verwendet für mathematische Vorgänge besondere Zeichen:

- ✔ + für Addition
- ✔ – für Subtraktion
- ✔ * für Multiplikation
- ✔ / für Division

Das einzig seltsame Zeichen ist das Sternchen für die Multiplikation. Verwenden Sie nicht das kleine X! Es ist nicht dasselbe.

Der / (Schrägstrich) für die Division ist OK, aber verschwenden Sie Ihre Zeit nicht mit der Suche nach dem Symbol ÷. Sie werden es nicht auf der Tastatur finden.

Die Statustasten (oder Tasten, um die Stimmung der Tastatur zu ändern)

Mehrere Tasten beeinflussen das Verhalten der Tastatur: die Statustasten. Es sind die Shifttaste, die Feststelltaste, die Num-Taste und die Rollen-Taste.

Shifttaste: Hier gibt es keine Überraschung. Die Shifttaste funktioniert genauso wie bei der Schreibmaschine. Halten Sie sie gedrückt, um Großbuchstaben zu schreiben. Durch Drücken der Shifttaste können Sie auch die Zeichen %&$?§ erzeugen, was für Flüche in Comics praktisch ist. Wenn Sie die Shifttaste loslassen, ist alles wieder wie immer, wie bei einer Schreibmaschine.

Feststelltaste: Wenn Sie diese Taste drücken, werden nur noch Großbuchstaben produziert. Es werden nur die Buchstabentasten umgeschaltet. Drücken Sie die Feststelltaste nochmal, und die Buchstaben werden wieder klein geschrieben. Weitere Informationen über die Feststelltaste finden Sie im Abschnitt »Die Feststelltaste funktioniert nicht genauso wie die Feststelltaste auf der Schreibmaschine« später in diesem Kapitel.

Eins und Null

Bei einer Schreibmaschine sehen das kleine L und die Zahl 1 oft gleich aus. Ich erinnere mich, daß auf meiner alten Olympia die 1-Taste fehlte. Leider besteht bei einem Computer ein großer Unterschied zwischen einer Eins und einem kleinen L.

Wenn Sie zum Beispiel 1.001 tippen, geben Sie nicht l.00l ein. Insbesondere in einer Tabellenkalkulation kann es Ihnen passieren, daß der Computer überhaupt nicht mehr weiß, was Sie von ihm wollen.

Dasselbe gilt für das große O und die Zahl 0. Die beiden sind verschieden. Verwenden Sie die Null für Zahlen und das große O für große O-Dinge.

Num-Taste: Wenn Sie diese Taste drücken, produziert das numerische Tastenfeld auf der rechten Seite der Tastatur Zahlen. Drücken Sie diese Taste nochmal, und Sie können mit dem numerischen Tastenfeld den Cursor auf dem Bildschirm bewegen.

Rollen-Taste: Diese Taste hat keine Lebensberechtigung. Sie wurde von einigen alten DOS-Tabellenkalkulationen benutzt. Wenn die Rollen-Taste gedrückt wurde, konnte mit den Pfeiltasten die gesamte Tabellenkalkulation verschoben werden. Ansonsten machte die Rollen-Taste nichts Wichtiges.

- ✔ Die Feststelltaste, die Num-Taste und die Rollen-Taste haben eine Leuchtanzeige. Ist das Licht an, ist auch die Funktion der Taste an.
- ✔ Wenn die Leuchtanzeige der Num-Taste an ist, produziert das numerische Tastenfeld Zahlen. Denken Sie daran, wenn Sie mit einer Tabellenkalkulation arbeiten. Sonst wechseln die Zahlen, die Sie gerade eingetippt haben, von einer Zelle zu anderen.

Diverse Shiftähnliche Tasten

Sie schreiben ein großes S, indem Sie die Shift+S drücken. Es muß nirgends stehen »Drükken Sie Shift+S«, weil die meisten Leute wissen, wie es funktioniert. Aber auf den Tastaturen von Computern befinden sich zwei weitere Shift-Tasten: Alt und Strg. Warum? Die Antwort ist: pure Habgier.

Wie die Shifttaste werden die Strg- und Alt-Tasten nie allein benutzt. Statt dessen geben sie einer zweiten Taste eine neue Bedeutung.

Alt: Die Alt-Taste wird wie die Shifttaste benutzt. Wenn Sie zum Beispiel die Alt-Taste gedrückt halten und die F4-Taste drücken (Alt+F4), wird ein Fenster auf dem Desktop geschlossen. Sie halten die Alt-Taste gedrückt, tippen die F4-Taste und lassen beide Tasten wieder los.

Strg: Die Steuerungstaste, auf der Tastatur Strg abgekürzt, wird ebenfalls wie die Shifttaste benutzt. In den meisten Windows-Programmen wird etwas gesichert, wenn Sie die Strg-Taste gedrückt halten und S drücken (Strg+S). Desgleichen drücken Sie in den meisten Programmen Strg+P, um etwas zu drucken.

Auch wenn Sie Strg+S oder Alt+S mit einem großen S sehen, heißt das nicht, daß Sie Strg+Shift+S oder Alt+Shift+S drücken müssen. Das S wird nur deshalb groß geschrieben, weil Strg+s aussieht wie ein Tippfehler.

- ✔ Seien Sie nicht überrascht, wenn die Shifttasten in Kombination benutzt werden. Ich habe schon Shift+Strg+C und Strg+Alt gesehen. Sie drücken Strg+Esc, um das Startmenü zu öffnen. Denken Sie daran, die Shifttasten zuerst zu drücken und gedrückt zu halten, bevor Sie auf die Buchstabentaste tippen.

In einigen Handbüchern steht ^V statt Strg-V. Beides bedeutet dasselbe: Halten Sie die Strg-Taste gedrückt, drücken Sie den Buchstaben V, und lassen Sie die Strg-Taste wieder los.

- ✔ OK, ich habe gelogen. Bei einigen Programmen hat die Alt-Taste auch allein eine Funktion. Sie können zum Beispiel die Alt-Taste drücken, um die Menüleiste in einem Windows-Programm zu aktivieren. Sie können auch die Strg-Taste drücken, um den Windows-Bildschirmschoner auszuschalten.

Die Feststelltaste funktioniert nicht genauso wie die Feststelltaste auf der Schreibmaschine

Obwohl es Ihnen die Feststelltaste ermöglicht, nur Großbuchstaben zu schreiben, funktioniert sie nicht wie die Feststelltaste auf der Schreibmaschine. Hier die Unterschiede:

- ✔ Die Feststelltaste beeinflußt nur Buchstaben; alle anderen Tasten werden davon nicht betroffen.
- ✔ Die Feststelltaste schaltet die Satzzeichen nicht um.
- ✔ Wenn Sie tippen »Dieser Text ist eine zufällige Nachricht« und es aussieht wie »dIESER tEXT IST EINE ZUFÄLLIGE nACHRICHT«, haben Sie aus Versehen die Feststelltaste gedrückt. Drücken Sie sie nochmal, damit alles wieder richtig dargestellt wird.
- ✔ Wenn Sie die Shifttaste drücken, während die Feststelltaste an ist, werden die Buchstaben wieder normal angezeigt. (Die Shifttaste hebt die Feststelltaste wieder auf.)

Die Eingabetaste, Enter und Return

Fast alle PC-Tastaturen haben zwei Eingabetasten. Beide Tasten sind identisch; mit der zweiten Eingabetaste beim numerischen Tastenfeld wird die schnelle Eingabe von Zahlen erleichert.

Und was ist die Enter- oder Return-Taste? Enter-Taste ist nur ein anderer Begriff für Eingabetaste. Viele Computer hatten früher eine Return-Taste. Im Grunde ist sie mit der Eingabetaste, oder Enter-Taste, identisch. Der Macintosh hat beide, eine Enter- und eine Return-Taste.

Ich erwähne die Unterschiede hier, weil ich kürzlich in einem Handbuch gelesen habe »Drükken Sie Return.« Es gibt keine Return-Taste! Drücken Sie die Eingabetaste, wenn in einem dämlichen Handbuch steht, Sie sollen Return drücken. (Sie können auch losmarschieren, einen Macintosh kaufen und Return drücken.)

- ✔ Das Drücken der Eingabetaste ist dasselbe wie das Klicken auf **OK** in einem Dialogfeld.
- ✔ In einer Textverarbeitung drücken Sie die Eingabetaste am Ende eines Absatzes.
- ✔ Drücken Sie die Eingabetaste nicht, nachdem Sie etwas in ein Textfeld in einem Dialogfeld eingegeben haben. Wechseln Sie mit der Tab-Taste von einem Textfeld in ein anderes. Dasselbe gilt für einige Datenbankprogramme; verwenden Sie die Tab-Taste, um fröhlich zwischen den Feldern herumzuspringen. La. la, la.

Der Unterschied zwischen Eingabetaste, Enter und Return ist nur semantisch. Enter hat seinen Ursprung in der Taschenrechnerindustrie. Mit Enter wurden Zahlen oder Formeln eingegeben. Return kommt dagegen von der elektrischen Schreibmaschine. Das Drücken der Return-Taste auf einer Schreibmaschine löste den Wagenrücklauf aus. Ebenso hat sie das Papier um eine Zeile vorgeschoben.

Die Tab-Taste

Wie bei einer Schreibmaschine wird der Cursor mit der Tab-Taste zum nächsten Tab-Stop bewegt. (Bei einigen Computern bringt das Drücken der Tab-Taste den Computer dazu, eine Kanne Limonade zu produzieren.)

- ✔ Um die Angelegenheit zu komplizieren, ist die Tab-Taste manchmal nicht mit »Tab« beschriftet. Statt dessen befinden sich zwei Pfeile darauf – einer zeigt nach links und einer nach rechts. Seltsames Zeug.
- ✔ Der Computer behandelt einen Tab als ein einzelnes Zeichen für sich. Wenn Sie in einem Textverarbeitungsprogramm einen Tab mit der Rückschritt-Taste löschen, verschwindet er auf einmal – nicht Zeichen um Zeichen.

Verwenden Sie die Tab-Taste, um Absätze einzurücken; drücken Sie nicht die Leertaste fünfmal. Sie werden sich später selbst dankbar sein, wenn Ihr Programm die Absätze nicht übel zurichtet (zumindest gibt es Ihrer Textverarbeitung weniger Gelegenheit, das zu tun).

Das Geheimnis des Schrägstrichs und des umgekehrten Schrägstrichs

Auf der Tastatur befinden sich zwei Tasten mit einem Schrägstrich, und Sie können leicht verwirrt werden.

Der nach rechts gerichtete Schrägstrich sieht aus, als würde er nach rechts fallen. Dieser Schrägstrich wird hauptsächlich verwendet, um Divisionen anzuzeigen; zum Beispiel 52/13 (52 geteilt durch 13). Er wird auch als nicht korrekter Ersatz für einen Bindestrich benutzt.

Der umgekehrte Schrägstrich (\) ist nach links gerichtet. Dieses Zeichen wird in Pfadnamen benutzt. Es ist kompliziert und wird am Ende von Kapitel 8 beschrieben, wo es niemand finden kann.

Verwechseln Sie die beiden nicht! Wenn Sie es machen, bekommt der Computer Angst und hinterläßt möglicherweise einen Fleck auf dem Schreibtisch.

Die Abbruch-Tasten

Es gibt drei »He! Hör auf damit!«-Tasten auf der PC-Tastatur. Nur eine davon funktioniert in Windows; die anderen beiden sind Überbleibsel von DOS und bewirken in Windows nichts (Sie können es ruhig ausprobieren).

Esc: Die Escape-Taste – auf den meisten PCs steht Esc drauf – soll es Ihnen ermöglichen, aus einer mißlichen Lage zu entkommen. Wenn Sie zum Beispiel das Dialogfeld in Windows nicht mögen, drücken Sie die Esc-Taste, und es ist verschwunden. Probieren Sie zuerst Esc aus, wenn etwas schiefläuft.

Untbr: Allein bewirkt die Untbr-Taste nichts. Aber wenn Sie die Strg-Taste gedrückt halten und dann Untbr drücken (Strg+Untbr), können Sie oft die Selbstbetrachtung von DOS unterbrechen und wieder etwas Konstruktives machen. Diese Tastenkombination ist in Windows nutzlos.

Strg+C: Diese Tastenkombination war die Handbremse in DOS. Mit der Tastenkombination Strg+C können Sie DOS fast von allem abhalten. (Wenn es nicht funktioniert, drücken Sie Strg+Untbr).

- ✔ Vielleicht haben Sie schon bemerkt, daß Ihre Tastatur keine wirkliche Untbr-Taste hat. Diese Taste ist oft als Rollen-Taste oder Pause-Taste getarnt. Das Wort Untbr kann in einer anderen Farbe oder in Hebräisch vorne auf der Taste stehen.
- ✔ Warum wird die Taste »Unterbrechung« genannt? Warum nicht Brems-Taste? Würde das nicht mehr Sinn machen? Wer will einen Computer schon unterbrechen? Donnerwetter.

Das Geheimnis der S-Abf-Taste

Tun Sie einfach so, als ob die S-Abf-Taste nicht da wäre. Legen Sie sich nicht mit ihr an. Windows benutzt sie nicht, DOS hat es nie getan.

Vor vielen Jahren fügte IBM der Tastatur die S-Abf-Taste hinzu, um sie in einer zukünftigen DOS-Version einzusetzen. Alle warten immer noch. Obwohl S-Abf-Taste ein cooler Name ist, bedeutete er nie wirklich etwas. Drücken Sie diese Taste, wann immer Sie nicht wirklich etwas bewirken möchten (Strg+Druck).

Oh: S-Abf steht für System-Abfrage; für den Fall, daß Sie sich gewundert haben.

Kümmern Sie sich nicht um die Pause-Taste

Ehrlich, die Pause-Taste funktioniert in Windows nicht. In DOS hält sie eine Ausgabe an. Wenn Sie zum Beispiel eine umfangreiche Datei auf dem Bildschirm anzeigen, können Sie die Pause-Taste drücken, um alles anzuhalten. Nachdem Sie einige Zeilen gelesen haben, drücken Sie die Pause-Taste erneut, und alles beginnt von vorne. Dieser Vorgang ist in Windows nicht notwendig.

Die Tastenkombination Strg+S wird ebenfalls benutzt, um Informationen einzufrieren, die auf dem Bildschirm angezeigt werden. Die einzige Gelegenheit, Strg+S zu drücken, haben Sie, wenn Sie mit Ihrem Modem online sind und von einem anderen System Text erhalten. Dann ist es in Ordnung, Strg+S zu drücken, um die Anzeige anzuhalten. Drücken Sie Strg+Q, um die Textübertragung fortzusetzen.

- ✔ Ich nehme an, Bill Gates wird uns erzählen, daß nichts Windows anhalten kann.
- ✔ Strg+S hält Online-Text an.
- ✔ Strg+Q setzt Online-Text fort.

Bearbeitungstasten in Windows

Beinahe jedesmal, wenn in Windows Text gewählt wird, kann er auch bearbeitet werden. Für diese Aufgabe müssen Sie die Bearbeitungstasten in Windows kennen. Diese sind ziemlich einfach zu merken, zumindest verglichen mit dem häßlichen alten Cursor-Tastenfeld in WordStar. Der Gedanke daran läßt mich schaudern.

Genug geschaudert! In Tabelle 15.1 sind die Tastenbefehle aufgeführt, die verwendet werden, wenn in Windows Text gewählt wurde.

Taste	Funktion
←	Bewegt den Textcursor ein Zeichen nach links (zurück)
→	Bewegt den Textcursor ein Zeichen nach rechts (vorwärts)
Strg+←	Bewegt den Textcursor ein Wort nach links
Strg+→	Bewegt den Textcursor ein Wort nach rechts
POS1	Bewegt den Textcursor an den Anfang der Zeile
Ende	Bewegt den Textcursor an das Ende der Zeile
Entf	Löscht das aktuelle Zeichen
Rückschritt	Löscht vorhergehende Zeichen
↑	Bewegt den Textcursor eine Zeile nach oben
↓	Bewegt den Textcursor eine Zeile nach unten
Bild↑	Bewegt den Textcursor eine Bildschirmseite nach oben
Bild↓	Bewegt den Textcursor eine Bildschirmseite nach unten
Strg+↑	Bewegt den Textcursor einen Absatz nach oben
Strg+↓	Bewegt den Textcursor einen Absatz nach unten
Strg+Rückschritt	Löscht das aktuelle Wort (oder Strg+Entf)

Tabelle 15.1: Tastenbefehle für die Textbearbeitung in Windows

Was mit der Tastatur alles passieren kann

Tastaturen sind nicht problemlos. Die folgenden Abschnitte sollen Ihnen über nervtötende Zeiten, wenn Sie mit der Tastatur Schwierigkeiten haben, hinweghelfen.

Meine Tastatur piepst!

Häufiges Problem. Viele Ursachen und Heilmittel.

Grund 1: Sie können nichts eingeben! Egal in welchem Programm Sie es versuchen, Sie können nichts tippen. Denken Sie daran, daß Sie in Windows nur ein Fenster auf einmal benutzen können.

Grund 2: Sie tippen zu schnell. Die Tastatur kann nur eine bestimmte Anzahl Tasten auf einmal schlucken. Wenn ihr Magen voll ist, fängt sie an zu piepsen, bis sie alles verdaut hat.

Grund 3: Der Computer ist hinüber! In Kapitel 5 finden Sie Informationen über das Neustarten.

Tastaturschablonen

Viele Leute kleben Notizzettel auf ihre Tastaturen, um sich zu erinnern, welche Taste was macht. Unternehmer erkannten eine Marktlücke und stellten Tastaturschablonen her. Eine Schablone ist ein Stück Pappe oder Plastik, das um die Tastatur herum angebracht wird. Die Tasten gucken durch strategisch in der Mitte angebrachte Löcher.

- ✔ Eine Schablone enthält für jede Funktion eine Beschreibung neben der entsprechenden Taste.
- ✔ Weil sich die Tastenbefehle mit jedem Programm ändern, benötigen Sie für jedes eine andere Schablone.
- ✔ Niemand auf diesem Planeten hat jemals die 48 merkwürdigen Tastenkombinationen von WordPerfect auswendig gewußt.

Die Abhängigkeit von Schablonen kann gefährlich sein, besonders wenn die Reinigungsleute Ihre versehentlich wegwerfen und Sie keine Ahnung haben, wie Ihr Computer funktioniert. Stellen Sie eine Kopie der Schablone her, und bewahren Sie sie zusammen mit einer Schere an einem sicheren Ort auf.

Mist! Ich habe meinen Kaffee über die Tastatur geschüttet!

Früher oder später werden Sie etwas Unappetitliches in die Tastatur schütten. Die ekelhaftesten Flüssigkeiten sind süß und klebrig: Cola, Fruchtsaft, billiger Sherry und Hundesabber (nicht süß, aber klebrig). Diese Dinge können die Tastatur ernsthaft beschädigen. Hier steht, was Sie tun müssen:

1. **Heben Sie das Glas auf, oder schieben Sie den Bernhardiner zur Seite.**
2. **Sichern Sie Ihre Arbeit (falls die Tastatur noch funktioniert), schalten Sie den Computer aus, und stecken Sie die Tastatur aus.**
3. **Stellen Sie die Tastatur auf den Kopf, und schütteln Sie sie aus (wenn möglich nicht über der Tastatur eines Kollegen).**
4. **Saugen Sie mit einem Schwamm so viel von dem Zeug auf wie möglich, und lassen Sie die Tastatur dann austrocknen.**

   Das dauert gewöhnlich 24 Stunden.

- ✔ Überraschenderweise funktioniert die Tastatur vermutlich noch, insbesondere dann, wenn in dem Drink nicht viel Zucker war.
- ✔ Leider haben Sie die Lebenserwartung der Tastatur wahrscheinlich um die Hälfte verkürzt. Das getrocknete Zeug unter den Tasten wird Staub und Schmutz anziehen und die Tastatur schneller verschmutzen lassen als normal.

- Sollten die Tasten klemmmmmmmen, wenn Sie versuchen zu tippen, vergleichen Sie den Preis einer neuen Tastatur mit den Kosten, die entstehen, wenn Sie die alte fachmännisch reinigen lassen.

Einige Firmen verkaufen Tastaturhüllen aus Plastik. Diese Hüllen sind für die Tastatur maßgeschneidert und funktionieren ziemlich gut. Besonders Raucher sollten in Erwägung ziehen, eine zu kaufen. (Eine einfache Plastikfolie tut es genauso, aber es hat sich gezeigt, daß sie nur wenige Tage hält.)

Aua! Mein Handgelenk schmerzt!

Da Schreibmaschinenschreiber ihre Finger in einem schnellen Tempo bewegen, bekommen sie oft Muskelschmerzen. Und tatsächlich zeigen Statistiken, daß sich die Finger eines Maschinenschreibers in einer Stunde weiter bewegen als die Finger eines nasebohrenden Pendlers auf der Autobahn.

Aufgrund von Veranlagung leiden viele Maschinenschreiber an Sehnenscheidenentzündung; Schmerzen, die entstehen, wenn Muskeln im Handgelenk aneinanderreiben. Einige Betroffene tragen teure verstärkte Handschuhe, die, wenn sie auch nicht wirklich den Schmerz lindern helfen, wenigstens mitfühlende Blicke von Kollegen auf sich ziehen.

- Der Stuhlsitz und die Rückenlehne sollten eine bequeme Haltung fördern; am besten ist ein Stuhl, den Sie selbst einstellen können. Wenn Ihre Hände auf der Tastatur ruhen, sollten der Ober- und der Unterarm einen rechten Winkel bilden; die Hände sollten in einer ziemlich geraden Linie mit dem Unterarm sein. Viele Tastaturen haben an der Unterseite ausklappbare Füßchen, um die Tasten in einem komfortablen Winkel zu positionieren.
- Falls Sie Ihren Schreibtisch oder Ihre Tastatur nicht auf die richtige Höhe einstellen können, kaufen Sie sich einen verstellbaren Stuhl.
- Probieren Sie eine Handauflage aus. Diese Schaumstoff- oder Gummidinger liegen vor der Tastatur und stützen die Hände, während Sie tippen.
- Heuern Sie Mrs. Grimwold, meine alte Klavierlehrerin an, um im Büro herumzuwandern und den Leuten mit einem Lineal auf die Finger zu hauen, wenn diese keine ordentlich Haltung haben.

Oui! Oui! Je Veux Taper en Francais!

Eines der Zauberkunststücke des Computers ist die Chamäleon-Tastatur. In der Systemsteuerung in Windows können Sie die Tastatur so einstellen, daß sie sich wie eine Tastatur in einem Pariser Café benimmt – ohne die Marxisten.

Um in einer anderen Sprache zu tippen, gehen Sie wie folgt vor:

1. **Öffnen Sie die Systemsteuerung.**

   Wählen Sie **Einstellungen/Systemsteuerung** im Startmenü. Das Hauptfenster der Systemsteuerung erscheint auf dem Bildschirm.

2. **Öffnen Sie das Tastatursymbol.**

Tastatur

   Doppelklicken Sie auf das Tastatursymbol, um es zu öffnen. Das Dialogfeld **Eigenschaften von Tastatur** wird angezeigt.

3. **Klicken Sie auf das Register Sprache, um das entsprechende Feld anzuzeigen.**

   Das Feld **Sprache** sieht aus wie in Abbildung 15.3.

4. **Klicken Sie auf Hinzufügen.**

   Das Dialogfeld **Sprache hinzufügen** wird angezeigt.

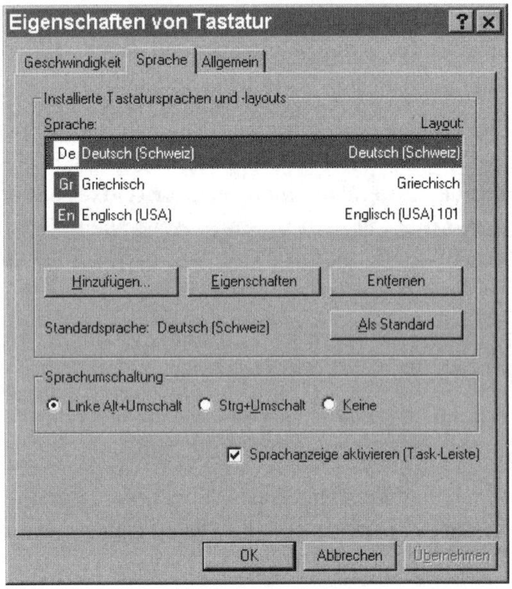

Abbildung 15.3: Das Feld Sprache im Dialogfeld Eigenschaften von Tastatur

5. **Wählen Sie die gewünschte Sprache in der Dropdown-Liste.**

   Es werden ziemlich viele Sprachen, unter denen Sie wählen können, angezeigt, einschließlich einiger, von denen ich noch nie gehört habe. Es gibt fünf Varianten von Französisch und neun von Englisch. Allerdings kein Klingonisch.

   Wählen Sie die gewünschte Sprache. Klicken Sie auf **OK**.

6. **Zurück im Dialogfeld Eigenschaften von Tastatur...**

   Die zweite Sprache wurde hinzugefügt. Beachten Sie den Bereich **Sprachumschaltung**. Dort sehen Sie, mit welchen Tasten Sie zwischen den verschiedenen Sprachen umschalten.

   Drücken Sie zum Beispiel die Tastenkombination Alt+Shift, um von einem Tastaturlayout zu einem anderen zu wechseln. Wenn Sie lieber Strg+Shift drücken möchten, klicken Sie auf das entsprechende runde Optionsfeld.

7. **Schließen Sie das Dialogfeld.**

   Klicken Sie auf **OK**.

   Möglicherweise bettelt Windows um eine Installationsdiskette oder eine CD. Sie müssen den richtigen Datenträger in das Laufwerk einlegen, um den Vorgang zu beenden.

   Möglicherweise müssen Sie sogar den Computer neu starten.

- ✔ Leider wechselt Ihre Tastatur nur das Tastaturlayout. Ihr Text erscheint nicht auf magische Weise in einer anderen Sprache.
- ✔ Sie können zwischen den beiden Tastaturlayouts umschalten, indem Sie Alt+Shift drükken. Eine kleine zweibuchstabige Statusanzeige in der Task-Leiste teilt Ihnen mit, welches Tastaturlayout aktiv ist.
- ✔ Ich habe keine Ahnung, wo Microsoft die Liste mit den Tastaturlayouts versteckt hat. Sie waren im Windows-Handbuch, aber da sind sie jetzt nicht mehr. Die Tastaturlayouts zeigen Ihnen, welche Tasten wo sind. Das ist nicht wichtig, wenn Sie nur herumspielen, aber wenn Sie wirklich in einer fremden Sprache tippen müssen, ist es unglaublich praktisch.

Was ist mit Dvoraks Tastatur?

Die ersten Schreibmaschinen waren Ungeheuer von der Größe eines Klaviers mit ein paar mechanischen Problemen. Wenn jemand versuchte, mehr als zehn Wörter in der Minute einzutippen, klemmten die Tasten fest.

Um die Leute noch mehr zu behindern, machten die Entwickler die Schreibmaschinentastatur so unpraktisch wie nur möglich. Sie positionierten die gebräuchlichsten Tasten entlang den Außenkanten der Tastatur und überanstrengten damit die Finger der Maschinenschreiber. Die ganze zusätzliche Fingerarbeit verlangsamte die Arbeit der Leute; niemand konnte so die Tasten mehr festklemmen, und die Mechaniker waren glücklich.

- ✔ Die antike Tastenanordnung, die Sie jetzt am Ende des 20. Jahrhunderts immer noch auf der Tastatur haben, wird QWERTZ genannt, weil die Tasten Q, W, E, R, T und Z in der oberen Reihe von links nach rechts angeordnet sind.

- ✔ Wahrscheinlich denkt niemand darüber nach, aber die Tasten auf der PC-Tastatur müssen nicht wie auf einer Schreibmaschine angeordnet sein.

Dann kam Dvorak

In den 30er Jahren hatten die Ingenieure die Schreibmaschinenmechanik voll im Griff. Sie mußten niemanden mehr bremsen. Ein Typ namens August Dvorak entwarf ein neues Tastaturlayout.

Bei Dvoraks neuem Tastaturlayout waren die am häufigsten benutzten Tasten direkt unter den Fingern der rechten Hand positioniert (siehe Abbildung 15.4). Keine verbogenen Finger mehr!

- ✔ Mit Dvoraks Layout konnten die Leute viel schneller tippen und überanstrengten die Finger weniger.
- ✔ Die Dvorak-Tastatur wird nicht wie die QWERTZ-Tastatur DVORAK buchstabiert. August Dvorak ist ein Cousin des berühmten Komponisten Antonin Dvorak. Aber niemand weiß ja auch, daß Alfred Nobel nicht nur das Dynamit, sondern auch das Sperrholz erfand.
- ✔ Aber obwohl die große Mehrheit den Plattenspieler durch einen CD-Spieler ersetzt hat, waren nur wenige Leute bereit, ihre alte Tastatur für eine neue, effizientere aufzugeben.

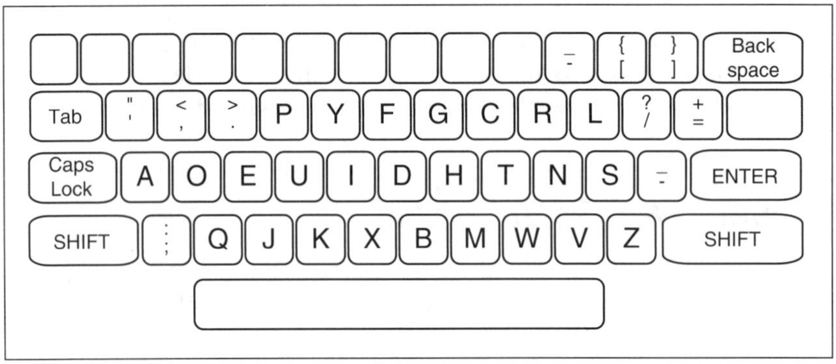

Abbildung 15.4: Das Dvorak-Tastaturlayout

He! Ich möchte dieses Dvorak-Ding ausprobieren!

Wenn Sie darauf scharf sind, können Sie Windows Ihre Tastatur im Dvorak-Layout neu konfigurieren lassen. Öffnen Sie das Dialogfeld **Eigenschaften von Tastatur,** und klicken Sie auf das Register **Sprache**. Klicken Sie in der Liste **Sprache** zuerst auf **Englisch** und dann auf **Eigenschaften**. Das Dialogfeld **Eigenschaften von Sprache** wird angezeigt (siehe Abbildung 15.5).

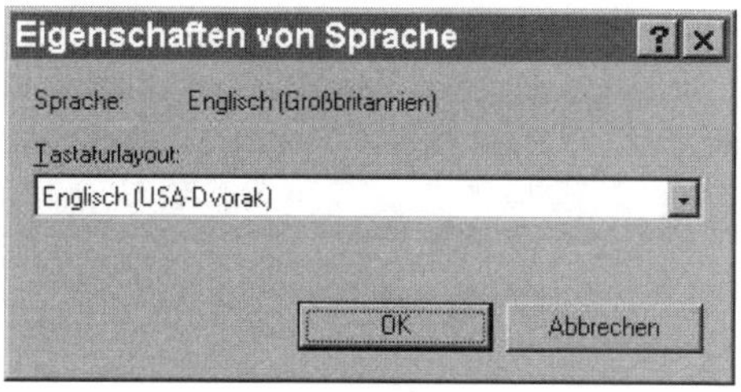

Abbildung 15.5: Das Dialogfeld Eigenschaften von Sprache

Wählen Sie **USA – Dvorak** in der Dropdown-Liste. Klicken Sie auf **OK**, um das Dialogfeld **Eigenschaften von Sprache** zu schließen. Klicken Sie nochmal auf **OK**, um das Dialogfeld **Eigenschaften von Tastatur** zu schließen.

Sie werden möglicherweise aufgefordert, die Windows-Disketten oder die CD einzulegen. Machen Sie es.

Wenn der Vorgang beendet ist, hat Windows eine neue Tastatur für Sie programmiert. Sie müssen das Tippen neu lernen und alle Tastenkappen umsetzen. Oder Sie kaufen eine neue Dvorak-Tastatur.

Abbildung 15.3 zeigt das neue Layout; die Tasten, die gleich bleiben (zum Beispiel die Zahlen) sind nicht beschriftet.

- ✔ Sollten Sie sich entscheiden, die Dvorak-Tastatur zu lernen, lernen Sie trotzdem auch die QWERTZ-Methode, oder Sie sind verloren, wenn Sie versuchen, die Tastaturen in Bibliotheken oder Büros zu benutzen (bzw. wenn Sie auf eine der Tastaturen stoßen, die 99% aller Tastaturen ausmachen).
- ✔ Anders als beim Tastaturlayout einer anderen Sprache gibt es keine Tastenkombination um zwischen Dvorak und QWERTZ umzuschalten. Mann, werden Sie beschäftigt sein.
- ✔ Um Ihre ursprüngliche Tastatur wiederherzustellen, führen Sie die beschriebenen Schritte aus, aber wählen Sie **Deutsch**.
- ✔ Ich weiß nicht, ob es ein Lernprogramm für die Dvorak-Tastatur gibt.

Der Drucker

16

In diesem Kapitel

- Druckertypen
- Kompatible Drucker und PostScript
- Den Drucker einrichten
- Den Drucker in Windows installieren
- Den Drucker benutzen
- Seitwärts drucken (Querformat)
- Den Bildschirm drucken
- Seitenvorschub
- Wichtige Hinweise

Die Technologie der Computerdrucker hat sich in den letzten Jahren einschneidend verändert. Niemand macht viel Aufhebens davon, vermutlich weil Drucker nicht so auffallend wie Monitore oder schnelle Mikroprozessoren sind. Im Gegensatz zu den teuren Kästen von Gestern mit ihren häßlichen Ausdrucken, wurden moderne Drucker wesentlich verbessert.

Dieses Kapitel gibt Ihnen einen kurzen Einblick in die Welt der Computerdrucker.

Willkommen im Druckerland

Vergessen Sie für einen Moment die Markennamen und all das technische Kauderwelsch. Es gibt zwei wesentliche Druckertypen: *Tinten-* und *Laserdrucker*. Der Unterschied zwischen diesen beiden liegt in der Bildqualität und im Preis.

Laserdrucker sind teurer als Tintenstrahldrucker, aber schneller. Die teuren Markendrucker können in Farbe drucken.

Die Qualität von Tintenstrahldruckern hat sich in den letzten Jahren erheblich verbessert. Inzwischen sind sie in den meisten Fällen Farbdrucker, können fast Photoqualität liefern und sind preislich für jeden erschwinglich.

Es gibt noch eine dritte Art von Druckern, die allerdings inzwischen veraltet ist und fast als antik bezeichnet werden kann: Anschlagdrucker.

- Anschlagdrucker werden auch *Matrixdrucker* genannt. Der Name bezieht sich auf die Punktmatrix, mit der das Bild erzeugt wird.
- Ein älterer Typ der Anschlagdrucker war der *Typenraddrucker*. Dieser Drucker ist eigentlich eine elektronische Schreibmaschine, und seine Ausgabe sieht ähnlich aus; er ist nicht grafikfähig. Der Laserdrucker hat den Typenraddrucker im kommerziellen Bereich abgelöst.
- Für Laptop-Computer sind kleine, niedliche Drucker erhältlich. Sie werden *Thermodrucker* genannt, weil sie, wie viele Faxgeräte, mit Einsatz von Hitze auf gewachstes Papier drucken. Diese Drucker wurden durch kleine Tintenstrahldrucker ersetzt.

An der Vorderseite des Druckers (auf seinem Bedienfeld, wo immer das auch sein mag) befinden sich drei wichtige Schalter: Online, Seitenvorschub und Zeilenvorschub. Die Funktionen dieser Schalter werden später in diesem Kapitel erklärt.

Der Drucker produziert *Hardcopys*. Das ist das, was Sie auf Ihrem Bildschirm erstellen und was schließlich auf dem Papier landet.

Was ist PostScript?

PostScript-Drucker ist kein Name für einen Markendrucker. Es ist ein Druckertyp. PostScript-Drucker – egal von welchem Hersteller – funktionieren mit allen Anwendungen, die die PostScript-Druckersprache unterstützen. Das macht den PostScript-Drucker zu einem universellen Drucker.

- PostScript ist eigentlich eine Druckersprache, ähnlich einer Programmiersprache, die dem Drucker genau sagt, was er drucken und wie es aussehen soll. Die Druckersprache kann sehr genau sein, darum unterstützen sie viele Drucker, und die meisten Anwendungen schicken ihre Ausgabe an einen PostScript-Drucker.
- Alle Apple-(Macintosh)-Laserdrucker benutzen PostScript (wenigstens die guten, teuren). Wenn Sie mit einem PC arbeiten, benötigen Sie einen PostScript-Drucker nur für bestimmte Anwendungen.
- PostScript-Drucker sind teuer.

Das Druckerbedienfeld

Jeder Drucker hat ein Bedienfeld. Die neueren Modelle haben LCD-Anzeigen mit viel Text: Papierstau, Kein Papier, Dies ist ein Plagat, usw. Mein erster Drucker hatte gerade mal drei Tasten. Schauen Sie sich das Bedienfeld Ihres Druckers genauer an.

Suchen Sie zuerst nach folgenden Tasten:

- ✔ Der Onlinetaste
- ✔ Der Taste für den Seitenvorschub

Auf meinem Tintenstrahldrucker befinden sich nur zwei Tasten: Online und Seitenvorschub.

Einige Laserdrucker haben eine Onlinetaste, aber keine Taste für den Seitenvorschub. In diesem Fall finden Sie Informationen über den Seitenvorschub im Druckerhandbuch. Üblicherweise muß ein Menübefehl gewählt oder eine bestimmte Tastenkombination gedrückt werden, um einen Seitenvorschub auszuführen.

Mit der Onlinetaste teilen Sie dem Drucker mit, ob er den Computer ignorieren soll. Wenn der Drucker offline ist, kann der Computer nicht drucken. Schalten Sie den Drucker offline, um z.B. einen Papierstau zu entfernen oder ein Blatt Papier auszuwerfen.

Nur wenn der Drucker online ist, kann der Computer drucken.

Der Seitenvorschub ist oft erforderlich, um ein Blatt Papier auszuwerfen.

Gutenberg hatte es nicht so schwer (Den Drucker einrichten)

Das ist der einfache Teil: Um Ihren Drucker einzurichten, schließen Sie ihn an Ihren PC an.

- ✔ Der Druckeranschluß wird auch paralleler Anschluß genannt.
- ✔ Ihr Computer hat vielleicht mehrere Druckeranschlüsse; in diesem Fall werden sie als LPT1, LTP2 oder LPT3 bezeichnet.
- ✔ Falls Sie mehrere Druckeranschlüsse haben, stecken Sie Ihren Drucker in LPT1, den ersten Druckeranschluß.
- ✔ Ein Computer kann mit zwei Druckern arbeiten, aber Sie müssen eine ziemlich starke Persönlichkeit sein, um damit zurechtzukommen.
- ✔ Wenn Sie einen Netzwerkdrucker benutzen, muß dieser nicht an Ihren PC angeschlossen werden. Sie greifen über das Netzwerk auf diesen Drucker zu. Das Drucken im Netzwerk wird später in diesem Kapitel beschrieben.

Papier in den Drucker einlegen

Ihr Drucker braucht Papier. Das Drucken auf Luft liegt noch in der Zukunft.

Bei Anschlagdruckern müssen Sie entweder Endlospapier oder, wie bei einer Schreibmaschine, ein Blatt nach dem anderen einlegen.

Laserdrucker enthalten, ähnlich einem Kopierer, ein Papierfach. Tintenstrahldrucker haben ebenfalls ein Papierfach.

- ✔ Stellen Sie sicher, daß Sie immer genug Druckerpapier haben.
- ✔ Für Ihren Laserdrucker können Sie gewöhnliches Kopierpapier kaufen.
- ✔ Für einige Tintenstrahldrucker ist spezielles Papier für gute Bilder erforderlich. Dieses Papier ist unheimlich teuer, am besten kaufen Sie es in großen Mengen. Kaufen Sie kein dünnes Papier, weil die Tinte zerläuft.
- ✔ Endlospapier, das für einen Anschlagdrucker benötigt wird, ist wie Klopapier: Die einzelnen Blätter sind durch eine Perforation getrennt. Reißen Sie sowohl jedes einzelne Blatt als auch die löcherigen Streifen an den Seiten ab, nachdem das Papier bedruckt wurde. Sie können auch mit einem Laserdrucker auf Endlospapier drucken, aber dann sitzen Sie den ganzen Tag herum und diskutieren darüber, wie die kleinen Löcher genannt werden.

Tinte nachfüllen

Ihr Drucker ist wie ein Banker. Der Banker nimmt Ihr Geld und steckt es in eine Stahlkammer (oder legt es in protzigen Immobilien von Politikern an). Ihr Drucker bezieht Tinte aus einer Art Speicher und überträgt sie auf Papierimmobilien.

Für Laserdrucker sind Tonerkassetten erforderlich. Blasen Sie nicht in den Toner hinein, oder Sie werden an Krebs sterben.

Bei Tintenstahldruckern werden kleine Tinten-Kartuschen benutzt, die einfach einzusetzen sind.

Ich empfehle, Gummihandschuhe oder Einweghandschuhe zu tragen. Damit sehen Sie aus wie Batman, wenn Sie ein Farbband oder eine Tonerkassette wechseln.

- ✔ Anschlagdrucker benötigen ein Farbband. Beim Einlegen des Farbbands werden Sie sich die Hände vollschmieren, egal, wie vorsichtig Sie sind.
- ✔ Eine andere Möglichkeit ist, die leeren Tonerkassetten nachzufüllen. Manche Geschäfte reinigen die alte Kassette und füllen sie wieder auf. Das funktioniert und ist oft billiger, als ein neue Kassette zu kaufen.

- ✔ In einer früheren Ausgabe dieses Buchs, habe ich empfohlen, eine Tonerkassette nur einmal nachzufüllen. Einer meiner Leser hat mir jedoch versichert, daß Tonerkassetten heutzutage mehrmals wiederverwendet werden können. Ich hoffe, das ist richtig, da das Wiederverwenden praktisch und billig ist.

Erzählen Sie Windows von Ihrem neuen Drucker

Windows mag beim Hinzufügen von Plug & Play-Erweiterungskarten geschickt sein, aber der Plug & Play-Drucker ist noch Lichtjahre entfernt. Sie müssen einen Drucker ordnungsgemäß einrichten.

Wahrscheinlich haben Sie den Drucker während der Windows-Konfiguration eingerichtet. Sie haben die Marke und das Modell Ihres Druckers angegeben und die Anweisungen auf dem Bildschirm befolgt. Keine Zauberei.

Wenn Sie einen neuen Drucker kaufen, müssen Sie diesen manuell einrichten. Schließen Sie den Drucker am Computer an. Stellen Sie sicher, daß sich Papier im Drucker befindet und der Drucker eingeschaltet ist. Gehen Sie wie folgt vor, um Windows alle Einzelheiten über Ihren Drucker mitzuteilen.

1. **Öffnen Sie den Arbeitsplatz.**

   Doppelklicken Sie auf den Arbeitsplatz. Das Fenster, das angezeigt wird, enthält Symbole für die Laufwerke des Computers und mindestens zwei Ordner.

   Einer dieser Ordner heißt **Drucker**.

Drucker

2. **Öffnen Sie den Ordner Drucker.**

   Doppelklicken Sie auf den Ordner **Drucker**. Es wird ein Fenster angezeigt, in dem alle bereits mit dem Computer verbundenen Drucker, Netzwerkdrucker und das Symbol **Neuer Drucker** aufgeführt sind.

Neuer Ordner

3. **Öffnen Sie das Symbol Neuer Drucker.**

   Doppelklicken Sie auf das Symbol **Neuer Drucker**, um es zu öffnen.

   Mama, schau! Es ist der Assistent für die Druckerinstallation.

4. **Klicken Sie auf Weiter.**

5. **Wenn Sie keine Netzwerkdrucker einrichten, klicken Sie auf Weiter.**

   Wenn Sie einen Netzwerkdrucker einrichten, klicken Sie zuerst auf **Netzwerkdrucker** und dann auf **Weiter**.

6. **Teilen Sie Windows die Marke und das Modell Ihres Druckers mit.**

   Klicken Sie zuerst auf den Hersteller und dann auf das Modell Ihres Druckers (siehe Abbildung 16.1).

Wenn Ihr Drucker nicht aufgeführt ist, benötigen Sie die Installationsdiskette, die Sie mit dem Drucker erhalten haben (hoffentlich). Legen Sie die Diskette in das Laufwerk ein, und klicken Sie auf **Diskette**.

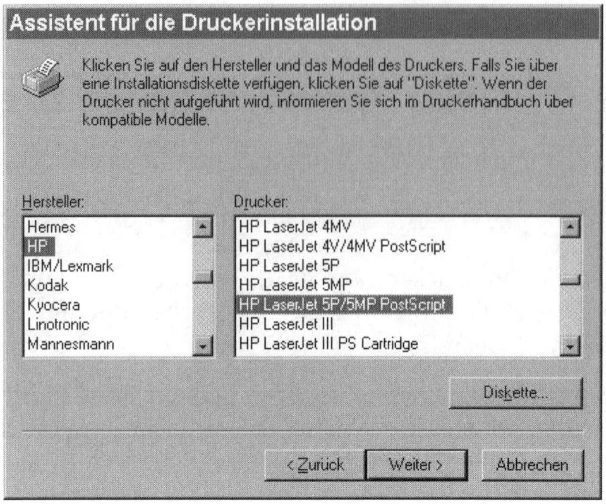

Abbildung 16.1: Wählen Sie die Marke und das Modell Ihres Druckers.

7. **Klicken Sie auf Weiter.**
8. **Wählen Sie den Druckeranschluß.**

   Vermutlich ist es LPT1, der erste Druckeranschluß.

9. **Klicken Sie auf Weiter.**
10. **Klicken Sie nochmal auf Weiter.**
11. **Klicken Sie auf Fertigstellen.**

    Sie sind fertig.

Wenn Sie möchten, können Sie eine Testseite drucken. Ich war enttäuscht, daß es sich bei der Testseite nicht um einen Katalog und ein Bestellformular für Microsoft-Produkte handelt. Anhand der Testseite können Sie feststellen, ob Ihr Drucker ordnungsgemäß angeschlossen ist und alles funktioniert.

- ✔ Anders als in DOS, wo der Drucker für jede mickrige Anwendung installiert werden mußte, ist dieser Vorgang in Windows nur einmal erforderlich.
- ✔ Netzwerkdrucker? Lassen Sie das jemand anderen machen.

Den Drucker benutzen

Um den Drucker einzuschalten, gehen Sie wie folgt vor:

Drücken Sie den Schalter.

- ✔ Vergewissern Sie sich immer, daß Ihr Drucker eingeschaltet ist, bevor Sie drucken.
- ✔ Ihr Drucker muß nicht die ganze Zeit über eingeschaltet sein. Schalten Sie ihn nur ein, wenn Sie drucken. Wenn das Drucken beendet ist, können Sie ihn wieder ausschalten. (Das ist bei Laserdruckern, die bis zu 1000 Watt verbrauchen, wirtschaftlich.)
- ✔ Eine Ausnahme sind die Energy Star-Drucker, die in den Standby-Modus schalten, wenn nicht gedruckt wird. Sie können einen Energy Star-Drucker immer eingeschaltet lassen; ich mache es.

Etwas drucken

Unter Windows zu drucken ist ein Kinderspiel. Alle Anwendungen unterstützen den gleichen Druckbefehl: Wählen Sie **Datei/Drucken**, und klicken Sie auf **OK** im Dialogfeld **Drucken**. Schon haben Sie eine Hardcopy. Darum hat Bill (wie in Gates) der Menschheit Windows gegeben.

Der Tastaturbefehl zum Drucken ist Strg+P. Das gilt für alle Windows 95-Programme; in einigen älteren Windows-Programmen ist es möglicherweise eine andere Tastenkombination.

- ✔ Speichern Sie Ihren Kram, bevor Sie ihn drucken. Nicht daß etwas Schlimmes passieren könnte; es ist nur eine gute Gelegenheit zum Speichern.

Viele Anwendungen haben in der Symbolleiste ein Drucksymbol. Auf dieses können Sie klicken, um Ihr Dokument schnell zu drucken.

Es ist gewöhnlich eine gute Idee, das Dokument vor dem Drucken nochmal zu prüfen, bevor ein weiterer Baum zum Tode verurteilt wird. In vielen Windows-Programmen können Sie mit dem Befehl **Druckansicht** im Menü **Datei** die Seite ansehen, bevor sie auf einem Teil eines Baumes gedruckt wird. Retten Sie eine Eule. (Oder ein anderes Vieh.)

Ich möchte seitwärts drucken

Beinahe alle Windows-Programme unterstützen das Drucken in Querformat.

Klicken Sie auf **Eigenschaften** im Dialogfeld **Drucken**. Ein Register im Dialogfeld mit den Eigenschaften Ihres Druckers ist **Papier** (siehe Abbildung 16.2). Klicken Sie auf die Option **Querformat**. Klicken Sie zuerst auf **Übernehmen** und dann auf **OK**, um das Dialogfeld zu schließen. Klicken Sie auf **OK** im Dialogfeld **Drucken**, um in Querformat zu drucken.

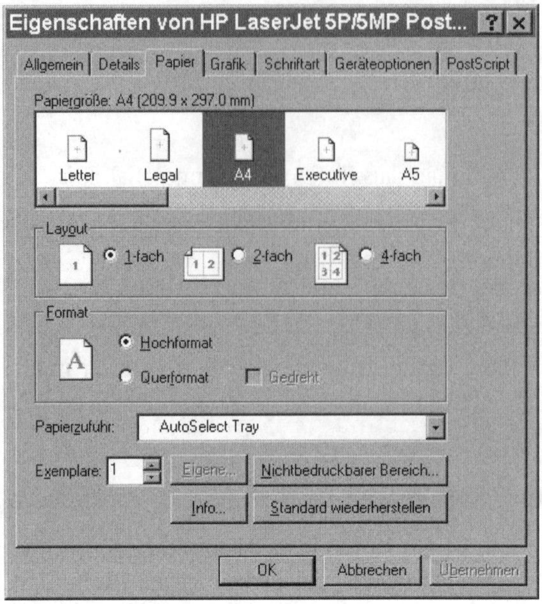

Abbildung 16.2: Das Register Papier im Dialogfeld Eigenschaften

Den Bildschirm drucken

Auch wenn auf der Tastatur eine Taste mit der Aufschrift »Druck« ist, können Sie damit keine Kopie des Bildschirms an den Drucker senden. Wenigstens nicht direkt. Wenn Sie eine gedruckte Kopie des Desktops oder eines Fensters auf dem Bildschirm benötigen, gehen Sie wie folgt vor:

1. **Ordnen Sie den Bildschirm so an, wie Sie ihn drucken möchten.**
2. **Wenn Sie einen Schnappschuß des gesamten Bildschirms möchten, drücken Sie die Druck-Taste.**

   Wenn Sie nur einen Ausdruck von einem Fenster möchten, drücken Sie Alt+Druck.

3. **Öffnen Sie das Paint-Programm.**

   Wählen Sie im Startmenü **Programme/Zubehör/Paint**.

   Das Paint-Programm erscheint auf dem Bildschirm.

4. **Wählen Sie Bearbeiten/Einfügen.**

   Das Bild wird in Paint eingefügt.

   Wenn eine Warnung angezeigt wird, daß das Bild zu groß ist, klicken Sie auf **Ja**.

5. **Drucken Sie das Bild.**

   Wählen Sie **Datei/Drucken**.

   Klicken Sie auf **OK** im Dialogfeld **Drucken**.

Wenn das Bild sehr groß ist, können Sie mit dem Befehl **Datei/Druckvoransicht** prüfen, wie es gedruckt aussieht und wie viele Seiten gedruckt werden (wenn es riesig ist).

Einen Umschlag einlegen

Die meisten modernen Drucker haben einen speziellen Einzug für Umschläge. Früher gab es keine Möglichkeit einen Umschlag in einen Drucker einzulegen. Wenn es trotdem versucht wurde, mußte der Drucker oft auseinandergenommen werden, um den Umschlag wieder heraus zu bekommen.

Bei den neuen Druckern muß der Umschlag einfach in den dafür vorgesehenen Einzug eingelegt werden. Manchmal ist der Einzug hinter einer Klappe versteckt, auf der die Einzugsrichtung abgebildet ist. Wenn Sie den Umschlag eingelegt haben, können Sie ihn mit einer Adresse bedrucken.

- ✔ Der Umschlageinzug ist von Drucker zu Drucker unterschiedlich.
- ✔ Jedes Programm hat einen anderen Befehl, um einen Umschlag zu drucken. Üblicherweise müssen Sie dem Programm die Ausrichtung des Umschlags mitteilen.
- ✔ Bei einigen Druckern müssen Sie die Online-Taste drücken, um den Umschlag zu drukken. Ich richte z.B. meinen Drucker ein, lege den Umschlag in den Einzug und drucke mit meiner Software. Nach ein paar Sekunden wird die Meldung »Einug« angezeigt und ich muß die Online-Taste drücken.

Wichtige Dinge, die Sie sich merken sollten

Drucker werden nicht mit Kabeln geliefert! Sie müssen die Kabel zusätzlich kaufen.

Das Druckerkabel darf nicht länger als 8 Meter sein. Das ist natürlich lächerlich, da der beste Platz für Ihren Drucker in Reichweite ist.

Drucker werden auch nicht mit Papier geliefert. Kaufen Sie immer das richtige Papier für Ihren Drucker. Kaufen Sie Papier auf Vorrat; das ist preisgünstiger.

Wechseln Sie den Toner oder die Tintenpatrone, bevor sie alt werden und eingetrocknen. Sie denken vielleicht, das spart Ihnen Geld, aber der Drucker nutzt sich schneller ab, wenn Sie auch noch den letzten Tintentropfen rauspressen wollen.

Laserdrucker haben ein »Nicht genügend Toner«-Licht, oder es wird eine Warnung angezeigt. Beim ersten Mal können Sie die Tonerkassette aus dem Drucker nehmen und seitwärts schütteln. Dadurch wird der Toner neu verteilt. Machen Sie das aber nur einmal! Ersetzen Sie die alte Tonerkassette durch eine neue, sobald die Meldung erneut angezeigt wird.

Auf den meisten Druckern befinden sich kleine Bilder, die zeigen, wie das Papier in den Drukker eingelegt wird. Hier ist die Übersetzung der Symbole ins Deutsche:

Das Papier wird nach unten, bedruckte Seite oben, eingelegt.

Das Papier wird nach unten, bedruckte Seite unten, eingelegt.

Das Papier wird nach oben, bedruckte Seite oben, eingelegt.

Das Papier wird nach oben, bedruckte Seite unten, eingelegt.

Auf der Verpackung des Papiers befindet sich ein Pfeil, der anzeigt, welche Seite nach oben eingelegt wird. (Vielleicht wäre es einfach besser, wieder alles in Stein zu meißeln.)

Das Modem-Kapitel

17

In diesem Kapitel

- Was ein Modem alles kann
- Interne und externe Modems
- Die Modemgeschwindigkeit
- Ein internes Modem anschließen
- Ein externes Modem anschließen

Die Kommunikation über Modem hat sich schneller fortentwickelt als jeder andere Bereich der Computerei. In alten Zeiten war der Umgang mit einem Modem und das Anrufen eines Computers kompliziert und mit zahlreichen Fachbegriffen verbunden. Wenn die Verbindung zu einem anderen Computer endlich hergestellt war, konnte man sich nur mit nicht umzubringenden, rauhbeinigen Computerfreaks unterhalten. Es war nicht gerade ermutigend.

Aber die Dinge ändern sich. Jetzt ist das Modem und die Teilnahme am Online-Universum (Cyberspace, Internet usw.) der Grund, warum sich viele Leute einen Computer kaufen. Die Fachbegriffe gibt es immer noch. Und auch die Computerfreaks von 1982 surfen noch im Netz, spielen Gott und beleidigen alle anderen. Auch wenn Sie nicht sonderlich interessiert sind, sollten Sie dieses Kapitel lesen.

Warnung: Telekommunikation ist nicht einfach und es ist nicht möglich, sie leicht verständlich zu erklären.

- ✔ Früher mußten Sie mit einem Modem Kommunikations-Software verwenden. Die Kommunikations-Software hat die Verbindung mit einem anderen Computer oder einem Onlinedienst hergestellt. Heute stellen die meisten Leute mit einem Modem die Verbindung mit dem Internet her.
- ✔ Das Internet wird in Teil VI beschrieben.
- ✔ Modems können zickig sein, und die Kommunikation kann eine Menge Kopfschmerzen verursachen. Tips zu Problemlösungen finden Sie in Kapitel 24, in dem der Todeskampf des Computers eingehend beschrieben wird.

Was macht ein Modem?

Ein Modem ist ein Gerät, das die digitalen Informationen von Ihrem Computer in Tonsignale, die über gewöhnliche Telefonleitungen gesendet werden, übersetzt (siehe Abbildung 17.1).

Gewissermaßen schickt der Computer Bits und Bytes an das Modem, das diese dann in Signale umwandelt und über die Telefonleitung weiterleitet (ich erzähle Ihnen keinen Unsinn). Mit einem Modem können Sie Informationen an einen anderen Computer schicken, indem Sie sein Modem anwählen.

Damit Sie ein Modem betreiben und mit einem anderen Computer kommunizieren können, benötigen Sie Kommunikations-Software. Sie steuert das Modem, wählt andere Computer an, verschickt Informationen und verrichtet fast alles auf eine komplizierte und verwirrende Art und Weise.

- ✔ Das am häufigsten in einem seriellen Anschluß eingesteckte Gerät ist das Modem. Tatsächlich wird der serielle Anschluß auch oft als Modemanschluß bezeichnet (siehe Kapitel 11).

Modem ist eine Zusammenziehung der Wörter *Mo*dulator-*De*modulator. Aber anstatt es Lator-Lator zu nennen, heißt es Mo-Dem.

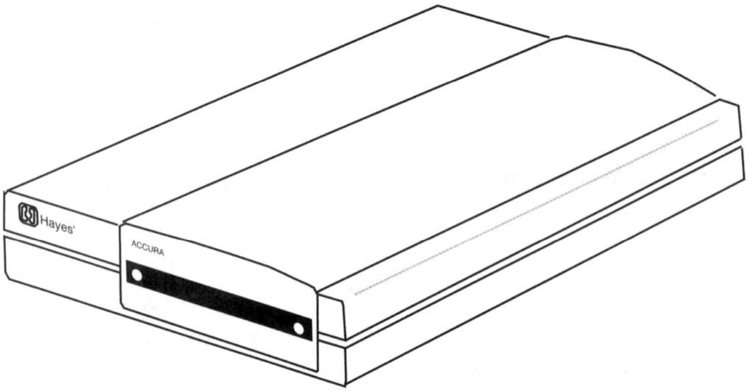

Abbildung 17.1: Ein externes Modem für PCs

Modemtypen

Es gibt Hunderte von verschiedenen Modemtypen: interne und externe Modems, Modelle mit unterschiedlicher Geschwindigkeit und unterschiedlichen Eigenschaften, verschiedene Markennamen und Preise (von superbillig bis sauteuer). Modemwahnsinn!

Der wichtigste Modemtyp ist der Hayes-kompatible. So wie es bei einem Computer wichtig war, daß er IBM-kompatibel ist, war die Hayes-Kompatibilität für ein Modem ausschlaggebend. Heute spielt es keine Rolle mehr, da jetzt alle Modems Hayes-kompatibel sind. Hayes-kompatibel bedeutet, daß das Modem die gleichen Befehle verwendet und versteht wie das Hayes-Modem.

- ✔ Müssen Sie die Hayes-Modembefehle wissen? Nein. Ihre Kommunikations-Software kennt die Befehle. Sie verwendet diese Befehle zum Steuern des Modems. Modems, die nicht Hayes-kompatibel sind, ignorieren häufig die Kommunikationsprogramme.
- ✔ Nur wirklich teure Modems unterstützen die Hayes-Befehle nicht. Diese Modems werden von Klugscheißern benutzt, die wissen, was sie tun und es sich leisten können, nicht kompatibel zu sein.

Wo befindet sich das Modem?

Es gibt zwei Modemarten:

Intern: Dieser Modemtyp wird in der Systemeinheit eingebaut.

Extern: Dieses Modem befindet sich in einem Kästchen außerhalb der Systemeinheit.

Beide Modemtypen funktionieren genauso, aber der Mechanismus des externen Modems ist in einem kleinen Plastikgehäuse untergebracht. Außerdem hat es ein extra Stromkabel und ein Kabel für den seriellen Anschluß.

- ✔ Interne Modems sind billiger. Sie werden in einen Erweiterungssteckplatz im Computer eingebaut. In den sichtbaren Teil der Karte an der Rückseite des Computers werden die Telefonleitungen eingesteckt.
- ✔ Externe Modems kosten mehr, weil Sie für das kleine Plastikgehäuse bezahlen müssen. Sie müssen auch ein serielles Kabel kaufen, um es im seriellen Anschluß einzustecken; genau wie bei einer seriellen Maus.

Obwohl externe Modems ein bißchen teurer sind und mehr Platz brauchen, haben sie folgende Vorteile:

- ✔ Externe Modems haben kleine Leuchtanzeigen an der Vorderseite, die den Online-Vorgang anzeigen. Wenn das Modem zum Beispiel mit einem anderen Computer verbunden ist, ist eine der Leuchtanzeigen an.
- ✔ Die Lautsprecher der meisten externen Modems sind besser. Sie hören, wenn das Modem wählt und die Leitung besetzt ist. (Das ist besonders praktisch für die schnelle Wahlwiederholung bei der Teilnahme an Wettbewerben von Radiosendern.)
- ✔ Da sich das externe Modem auf dem Schreibtisch befindet, läßt sich sein Lautstärkeregler einfacher bedienen.

- Externe Modems sind transportabel und können leichter zum Reparieren gebracht werden. Außerdem können Sie ein externes Modem zu einem Freund mitnehmen und mit dessen Computer benutzen. (Obwohl das der erste Schritt zum Klugscheißertum ist.)
- Da externe Modems in den seriellen Anschluß eingesteckt werden, müssen Sie sich nicht mit Gerätetreibern oder Interrupts abgeben. Interne Modems sind schwierig zu installieren und einzurichten.
- Und zu guter Letzt kann jeder ein externes Modem installieren: Nehmen Sie es aus der Schachtel, und stellen Sie es auf den Schreibtisch. Stecken Sie das Stromkabel in die Steckdose. Stecken Sie das Telefonkabel in die Telefonsteckdose. Stecken Sie ein Ende des Modemkabels in das Modem. Stecken Sie das andere Ende in den PC. Stecken, stecken, stecken.

Interne Modems haben ebenfalls einige Vorteile:

- Sie verwandeln Ihren Schreibtisch nicht in einen Kabelsalat. Anders als die Außenbordmodems haben interne Modems nur ein Kabel, das in die Telefonsteckdose kommt (und vielleicht noch eines zu Ihrem Telefon). Interne Modems haben keine Stromkabel und keine seriellen Kabel.
- Interne Modems sind immer betriebsbereit. Ein externes Modem müssen Sie erst einschalten.
- Interne Modems werden gewöhnlich zusammen mit cooler Software verkauft, zum Beispiel einem Kommunikationsprogramm, einem Faxprogramm und manchmal sogar mit irgendwelchem Internetzeug.

Ich habe das Verlangen nach Geschwindigkeit

Wie einige Computer sind auch einige Modems schneller als andere. Aber alle Modems sind weitgehend kompatibel: Das schnellste kann noch mit den langsamsten kommunizieren.

Die Modemgeschwindigkeit wird in Bits pro Sekunde (bps) gemessen; diese Modemgeschwindigkeit gibt an, wie viele Bits das Modem in einer Sekunde über die Telefonleitung schicken kann. Dieser ganze Unsinn ist in Tabelle 17.1 aufgeführt.

- Welche Modemgeschwindigkeit ist die beste? Die schnellste natürlich. Ein 28,8-kbps-Modem ist Durchschnitt. Ein 57,6-kbps-Modem ist so ziemlich das schnellste, das Sie kaufen können.
- Das schnellste Modem ist ein Kabelmodem. Es wird am TV-Kabelsystem angeschlossen.
- Geben Sie sich nicht mit einem Modem unter 9600 bps ab.

Einige Leute beschreiben die Modemgeschwindigkeit mit dem Wort *Baud*. Das ist unrichtig. Der richtige Begriff ist *bps*. Korrigieren Sie sie begeistert, wenn Sie als Besserwisser gelten wollen.

Geschwindigkeit	Möglicherweise hilfreiche Information
300 bps	Fast alle Modems können in dieser Schneckengeschwindigkeit kommunizieren, fast keines macht es.
1200 bps	Obwohl diese Geschwindigkeit viermal so schnell wie 300 bps ist, wird sie noch als zu langsam für heutige Standards betrachtet.
2400 bps	Einige Online-Dienste verwenden noch diese langsame Geschwindigkeit, aber es ist nicht die reine Freude.
9600 bps	Der frühere Weltmeister und an zweiter Stelle der beliebtesten Geschwindigkeiten. Beinahe alle Online-Dienste wie Prodigy und CompuServe kommunizieren in dieser Geschwindigkeit – außer Sie leben in Bonn.
14,4 kbps	Der derzeitige Weltmeister, auch wenn die Online-Systeme diese Geschwindigkeit noch überbieten. Das ist die Mindestgeschwindigkeit, die Sie für die Verbindung mit dem Internet benötigen.
19,6 kbps	Ein älterer schneller Standard, der von einigen Internet-Servern verwendet wird.
28,8 kbps	Der schnellste Standard; er wird nur vom Internet unterstützt.
57,6 Kbps	Die derzeit schnellste Modemgeschwindigkeit.

Tabelle 17.1: Modemgeschwindigkeiten

Faxmodem

Vor mehreren Jahren haben die Entwickler von Modems die Ähnlichkeit zwischen der Modem- und der Faxtechnologie festgestellt. Beide Technologien wurden miteinander kombiniert, und das Ergebnis was das Faxmodem.

Mit der richtigen Software kann ein Faxmodem nicht nur mit anderen Modems kommunizieren, sondern auch mit Faxgeräten.

Heutzutage können fast alle Modems Faxe senden und empfangen.

Damit Sie Ihr Modem wie ein Faxgerät verwenden können, benötigen Sie spezielle Faxsoftware. Windows 95 enthält diese Funktion, Windows 98 nicht. Glücklicherweise erhalten Sie mit Ihrem Modem vermutlich auch die erforderliche Faxsoftware, die bestimmt viel einfacher zu verwenden ist, als das Programm von Microsoft.

Die Freuden bei der Arbeit mit einem Modem

Die Arbeit mit dem Modem selbst ist ein Kinderspiel. Es ist die Kommunikations-Software, die Sie in den Wahnsinn treiben wird.

- ✔ Das Einrichten eines Modems ist so einfach, daß es sogar ein 65jähriger machen kann. Es wird in den folgenden Abschnitten beschrieben.

Am besten lassen Sie für das Modem eine eigene Telefonleitung einrichten. Warum? Weil...

Sie können nicht telefonieren, während das Modem die Leitung belegt. Wenn Sie den Hörer abnehmen, wird das Signal gestört und möglicherweise die Verbindung unterbrochen. Abgesehen davon bläst Ihnen das entsetzliche Kreischen die Ohren weg.

Was machen Sie mit Ihrem Modem?

Die meisten Leute benutzen ihr Modem für zwei Dinge: um Online-Dienste anzurufen und um im Internet zu surfen.

Ein Online-Dienst ist ein gewaltiger Computer, der an einem ganzen Haufen Modems angeschlossen ist. Für Sie sieht ein Online-Dienst aus wie ein beliebiges Programm. Aber im Gegensatz zu den meisten Programmen, die Sie mit Informationen füttern müssen, sendet der Online-Dienst Ihnen Informationen. Wie eine Zeitschrift müssen Sie einen Online-Dienst abonnieren. Dieser Spaß kostet Sie zwischen 15 Mark im Monat bis zu 30 Mark pro Stunde.

Internet: Siehe Teil VI.

BBS: Ein Mailbox-Anbieter oder BBS (*Bulletin Board Service*) kann als winziges Online-Dienstleistungsunternehmen angesehen werden. Es handelt sich gewöhnlich um einen PC, den irgendein Hobbyist in seinem Wohnzimmer an ein Modem angeschlossen hat. Die meisten bieten Foren wie die kommerziellen Online-Dienste an, aber sie berechnen nichts.

Ein internes Modem anschließen

Lassen Sie jemand anderen das interne Modem in einen der Erweiterungssteckplätz im Computer einbauen. Ihr Job ist lediglich, ein Ende des Telefonkabels in die Telefonsteckdose oder das Telefon und das andere in das Modem zu stecken.

In Abbildung 17.2 können Sie sehen, wie die Rückseite eines internen Modems aussieht. Es hat zwei Telefonanschlüsse. Stecken Sie das Telefonkabel in den Anschluß **Line**. Stecken Sie das andere Ende in die Telefonsteckdose.

Telefonstecker haben einen kleinen Feststellknopf. Wenn er richtig angeschlossen wird, hören Sie ein Klicken. Es besteht keine Gefahr, daß er wieder rausfällt.

Es spielt keine Rolle, wierum das Kabel angeschlossen wird; ein Modem anzuschließen funktioniert genauso, wie ein Telefon anzuschließen. Wenn ein Telefon in der Telefonsteckdose steckt, ziehen Sie es raus. Stecken Sie es in den Anschluß **Phone** an der Rückseite Ihres Modems.

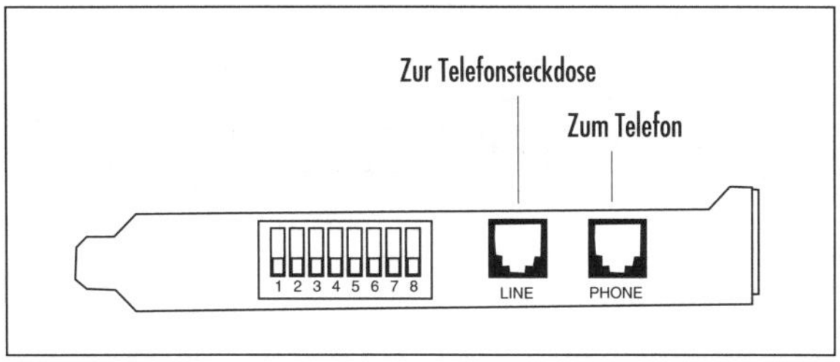

Abbildung 17.2: Die Rückseite eines internen Modems

In Tabelle 17.2 finden Sie eine kurze Übersicht der Anschlüsse. Möglicherweise sind die Bezeichnungen an Ihrem Gerät auch durch Symbole ersetzt.

Anschluß	Wie es geht
Line	Stecken Sie eine Ende des Telefonkabels in diesen Anschluß und das andere Ende in die Telefonsteckdose.
Line in	Derselbe Anschluß wie Line
Phone	Schließen Sie Ihr Telefon hier an.
Line out	Derselbe Anschluß wie Phone
DTE	Stecken Sie in diesen Anschluß ein serielles Kabel; stecken Sie das andere Ende in einen seriellen Anschluß an der Rückseite Ihres Computers.
Power	Stecken Sie das Stromkabel hier ein; das andere Ende kommt in die Steckdose.

Tabelle 17.2: Was Sie wo einstecken

Ein externes Modem anschließen

Im Gegensatz zu einem internen Modem kann jeder ein externes Modem anschließen. Es ist nicht einmal ein Schraubenzieher erforderlich. Sie müssen zwar mehr Kabel verbinden, aber das sollte kein Problem sein. Außerdem müssen Sie sich nie mehr damit abgeben, wenn alles einmal angeschlossen ist.

Es gibt vier Anschlüsse an der Rückseite eines externen Modems. Die in Abbildung 17.3 gezeigten können sich von den Anschlüssen an Ihrem Modem etwas unterscheiden.

Beginnen Sie damit, ein Ende des seriellen Kabels in die Rückseite Ihres Computers zu stekken; entweder in COM1 oder in COM2. Stecken Sie das andere Ende in das Modem. Sie können nichts falsch machen, weil die Stecker unterschiedlich sind.

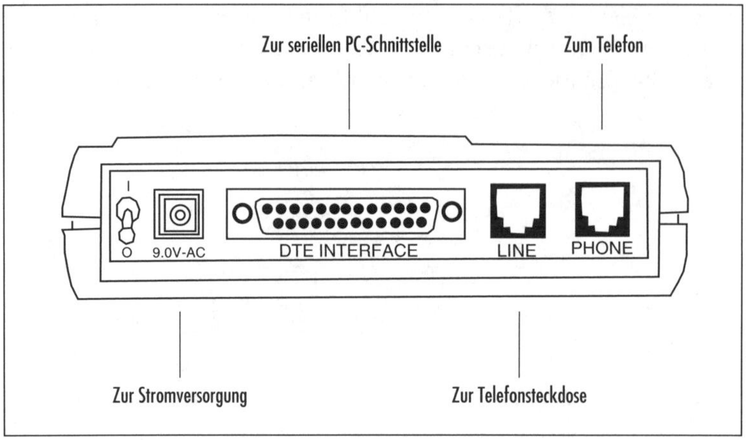

Abbildung 17.3: Die Rückseite eines externen Modems

Als nächstes verbinden Sie das Modem mit der Telefonsteckdose. Stecken Sie ein Ende des Telefonkabels in die Telefonsteckdose und das andere in den Anschluß **Line** an der Rückseite des Modems. Sie können hören, wie der Stecker einschnappt.

Wenn ein Telefon in der Telefonsteckdose angeschlossen ist, stecken Sie das Kabel in den Anschluß **Phone** am Modem. Wenn Sie eine eigene Leitung für das Modem haben, muß im Anschluß **Phone** nichts eingesteckt werden.

Vergewissern Sie sich, daß das Modem eingeschaltet ist. (Der Schalter befindet sich an der Seite oder an der Rückseite.) Stecken Sie das Netzkabel in das Modem und in die Steckdose.

- ✔ Tabelle 17.2 enthält eine Übersicht der Anschlüsse.

Der serielle Anschluß an der Rückseite des Computers hat 9 Löcher, der serielle Anschluß am Modem hat 25. (Sie brauchen es nicht nachzuzählen, das habe ich bereits getan.) Das Modem benötigt nur 9 Löcher. Es hat aus Traditionsgründen 25.

- ✔ Bei manchen Modems sind die Anschlußbezeichnungen durch Symbole ersetzt.
- ✔ Manchmal befinden sich die Namen oder Symbole an der Unterseite des Modems anstatt an der Rückseite.
- ✔ Suchen Sie nach dem Ein-/Ausschalter des Modems und nach dem Lautstärkeregler, der sich möglicherweise an der Unterseite befindet.
- ✔ Es ist in Ordnung, das externe Modem immer eingeschaltet zu lassen. Sie können es ausschalten, um Strom zu sparen, aber vergessen Sie nicht, es wieder einzuschalten, bevor Sie es benutzen. Sollten Sie es doch vergessen, blickt Ihr Kommunikationsprogramm nicht mehr durch.

Das Modem mit Windows installieren

Nachdem Sie Ihr Modem angeschlossen haben, müssen Sie es in Windows installieren. Diese Aufgabe ist dank des Assistenten für die Hardware-Installation einfacher geworden.

Der Assistent für die Hardware-Installation wird in Kapitel 18 beschrieben. Dort erfahren Sie, was Sie als nächstes tun müssen.

Einige Tips

Jeder, der Ihnen erzählt, er hatte nie Probleme mit seinem Modem, lügt oder versucht Ihnen eines zu verkaufen (oder beides).

Da ich schon seit Ewigkeiten ein Modem benutze, habe ich eine Liste mit hilfreichen Tips und Vorschlägen zusammengestellt, um Ihnen das Leben etwas zu erleichtern. Es ist besser, sich vorher zu informieren, als später in einem Hotelzimmer im Bayrischen Wald festzusitzen und sich mit einer Telefonsteckdose herumärgern zu müssen, die aussieht wie die Geldrückgabe an einem Spielautomaten.

In Kapitel 27 erfahren Sie, wie Sie am besten mit Modemproblemen umgehen.

Das Modem finden, wenn es nicht von Windows erkannt wird

Aus unerfindlichen Gründen kann es passieren, daß Windows das Modem nach einem Neustart des Computers nicht mehr erkennt. Wenn Sie z.B. den Computer neu gestartet oder eingeschalten haben, behauptet Windows, daß es das Modem nicht finden kann.

Die Lösung? Versuchen Sie es einfach nochmal, und es sollte funktionieren.

- ✔ Geben Sie sich nicht selbst die Schuld, wenn das passiert.
- ✔ Wenn Sie ein externes Modem verwenden, stellen Sie sicher, daß es eingeschaltet ist, bevor Sie wählen. (Manchmal tritt dieses Problem auf, wenn ein externes Modem ein- und ausgeschalten wird.)

Es wählt zu schnell

Modems wählen Telefonnummern selbständig und möglicherweise langsam. Aber das ist kein Problem. Es kann jedoch zu einem Problem werden, wenn Sie eine 9 oder 8 für eine Amtsleitung wählen müssen. Das bedeutet, daß Mr. Modem nach der 9 oder 8 warten muß, bevor er die Nummer wählt, oder Sie sind wieder mit der netten Dame in der Telefonzentrale verbunden.

Um das Modem zu verlangsamen, fügen Sie nach der 8 oder 9 ein Komma ein. Zum Beispiel:

```
8,11-202-555-7892
```

Das ist die Nummer, die ich wählen würde, um die Kommandozentrale im Pentagon anzurufen. Da mein Hotel in Budapest eine langsame Verbindung hat, füge ich nach der 8 ein Komma ein.

Den Standort für einen Laptop ändern

Wenn Sie unterwegs sind und einen Laptop benutzen, müssen Sie Windows Ihren neuen Standort mitteilen, damit Sie mit dem Modem wählen können.

1. **Öffnen Sie die Systemsteuerung.**

   Wählen Sie **Einstellungen/Systemsteuerung** im Startmenü.

2. **Doppelklicken Sie auf das Modemsymbol.**

   Doppelklicken Sie auf das Modemsymbol, um das Dialogfeld mit den Modemeigenschaften anzuzeigen.

3. **Klicken Sie auf Wählparameter.**

   Das in Abbildung 17.4 angezeigte Dialogfeld wird geöffnet.

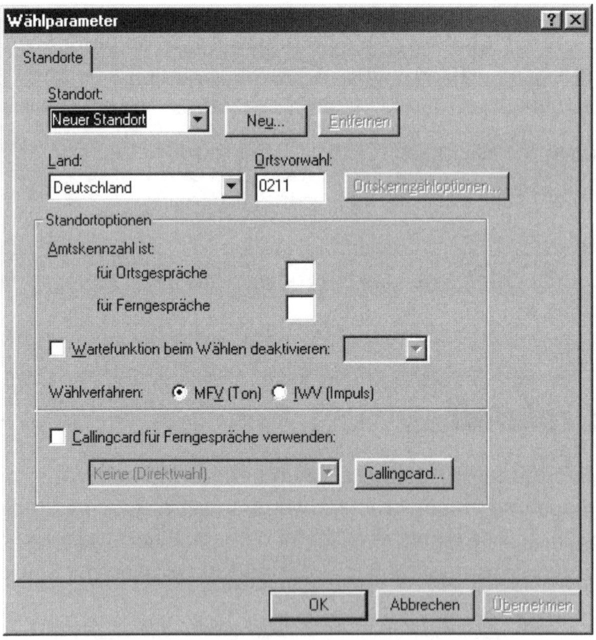

Abbildung 17.4: Die Dialogbox Wählparameter

4. **Klicken Sie auf Neu. Das Dialogfeld Neuer Standort wird angezeigt.**

5. **Geben Sie einen Namen für Ihren Standort ein.**

   Wenn ich mich z.B. in San Diego aufhalte, habe ich einen Eintrag für das Hilton und einen für meine Mutter.

6. **Geben Sie die Ortskennzahl und andere Informationen ein.**

   Sie teilen Windows nur mit, wie unterschiedliche Nummern an einem neuen Standort gewählt werden. (Windows ist klug und kennt sich mit Ferngesprächen aus.)

7. **Klicken Sie auf OK, um die Informationen zu speichern.**

Wenn Sie das Dialogfeld **Verbindung herstellen** das nächste Mal öffnen, können Sie Ihren Standort in der Dropdown-Liste wählen. Sie müssen die Informationen nicht erneut eingeben.

Wenn Sie keinen Laptop benutzen und in einer dieser Gegenden wohnen, wo Sie eine Vorwahl wählen müssen, um einen Nachbarn auf der anderen Straßenseite anzurufen, klicken Sie nach Schritt 3 auf Ortskennzahl. Ein Dialogfeld wird angezeigt, in dem Sie angeben, wie und wann Ortskennzahlen gewählt werden. Das funktioniert, egal ob Sie unterwegs oder Zuhause sind.

- ✔ Sie können im Dialogfeld **Verbindung herstellen** die Verbindung mit dem Internet oder einem lokalen System herstellen.
- ✔ Wenn Sie Windows die Ortskennzahl und den Standort mitteilen, müssen Sie diese Informationen nicht immer erneut eingeben.
- ✔ Speichern Sie den Standort, von dem aus Sie am meisten wählen, als Standard.

Peripherie (das, was dranhängt)

18

In diesem Kapitel

- Was ist ein Peripheriegerät?
- Neue Hardware in Windows 98 installieren
- Alles über Scanner
- Alles über Soundkarten
- Alles über Bandlaufwerke
- Wie, wann und was am PC aufrüsten
- Gebrauchtes Computerzeug kaufen und verkaufen

Die Hauptbestandteile eines IBM-kompatiblen Computers sind ganz schön langweilig: der Monitor, das Gehäuse und die Tastatur. Die interessanten Teile gehören zur Peripherie: Das sind faszinierende Dinge, die Sie an Ihren Computer anschließen können, um ihn nützlicher und lustiger zu machen. Und mit Sicherheit teurer.

Wenn Sie Ihre Karten richtig ausspielen, kann Ihr PC zu einem Faxgerät, einer Jukebox, einem Videospielgerät oder zu allen dreien (sogar zur selben Zeit) werden. Dieses Kapitel befaßt sich mit den bekannteren Peripheriegeräten, die an einem PC angeschlossen sind.

✔ Obwohl alles außerhalb der Systemeinheit als Peripherie bezeichnet werden kann, sind in diesem Kapitel nur diejenigen beschrieben, die in den anderen Kapiteln nicht erwähnt wurden.

Zusätzliches Zeug für Ihren Computer

Peripherie bezieht sich auf alles außerhalb der Hauptsache. Zum Beispiel bezeichnet das periphere Nervensystem alle Nerven, die sich in Ihrem Körper außerhalb des Gehirns (dem zentralen Nervensystem) befinden. Periphere Visionen umfassen Dinge, die Sie erkennen können, ohne sie direkt anzusehen. Und nervöse periphere Visionen sind das, was der Computerkäufer bekommt, wenn er zum ersten Mal einen Computerladen betritt. Wie auch immer, bei einem Computer umfaßt die Peripherie alles Zubehör oder die Hilfsausstattung, die Sie kaufen und an den Computer anschließen können.

Peripheriegeräte ermöglichen es Ihnen, Ihr System zu erweitern, ohne daß Sie einen vollständig neuen Computer kaufen müssen. Diese zusätzliche Hardware kann von Ihnen selbst angeschlossen werden; Sie können es auch von einem Guru, einem Spezialisten oder einem anderen hochbezahlten Individuum machen lassen.

Die Liste der Peripheriegeräte, die Sie kaufen können, ist endlos. Beliebte Peripheriegeräte sind: ein Drucker, obgleich er mehr oder weniger Teil von jedem Standardcomputer ist; ein Modem, um andere Computer oder das Pentagon über das normale Telefonnetz zu erreichen; ein Scanner zum Lesen von Text oder Bildern; eine spezielle Computer-Faxkarte; ein Gerät, mit dem der Computer Musik wiedergeben kann, und zahlreiche andere seltsame – und teure – Gegenstände.

- ✔ Wären Sie ein Computer, dann wären Ihre Arme und Beine die Peripherie. Durch Ihr Design, nur zwei Arme und Beine, sind Ihre Nachrüstoptionen stark eingeschränkt (zumindest was Ihre »Peripherie« angeht).
- ✔ Alle Peripheriegeräte sind Hardware.
- ✔ Obwohl sich das Wort Peripherie auf Dinge außerhalb des Computers bezieht, können Sie Peripheriegeräte auch intern anbringen – in der Systemeinheit. (Peripherie ist also alles, was nicht standardmäßig im Computer enthalten ist.)

All dieses Zeug in Windows installieren (Das Wunder von Plug & Play)

Das Einbauen einer Erweiterungskarte hört sich einfach an. Einen Scanner einzustecken ist ein Kinderspiel. Sie schalten den Computer einfach aus, schrauben hier ein bißchen und da ein bißchen, und das war's auch schon.

Leider erfordert nur der physische Teil keine Gehirnakrobatik. Die Software zu installieren ist wesentlich schwieriger. Sie müssen dafür sorgen, daß sich die Erweiterungskarte mit anderen Erweiterungskarten und mit der Software verträgt.

Angeblich liegt das Zeitalter von Plug & Play vor uns. Mehr und mehr Erweiterungskarten und Komponenten werden damit angeboten, und Windows 95 enthält Plug & Play als Funktion.

Jedesmal wenn Sie eine neue Hardware-Komponente hinzufügen, wird diese von Windows erkannt, wenn Sie Ihren Computer einschalten. Die neue Komponente wird mit dem Assistenten für die Hardware-Installation konfiguriert.

Neue Hardware

In Ausnahmefällen müssen Sie den Hardware-Assistenten selbst ausführen. Wenn Sie zum Beispiel ein externes Modem hinzufügen, müssen Sie es in Windows installieren. Öffnen Sie die Systemsteuerung, indem Sie Einstellungen/Systemsteuerung im Startmenü wählen. Doppelklicken Sie auf **Hardware**, um den Assistenten für die Hardware-Installation auszuführen. Nach wenigen Minuten sollte Ihre neue Hardware konfiguriert und betriebsbereit sein.

Und dabei gab es Computer erst 40 Jahre, bevor die Programmierer darauf gekommen sind!

- ✔ Suchen Sie nach Plug & Play-freundlichen Peripheriegeräten. Die meisten neuen Computer unterstützen Plug & Play, und in wenigen Jahren wird vermutlich auch jede Hardware-Komponente Plug & Play unterstützen.
- ✔ Wenn Ihr Computer einen USB-Anschluß hat, kaufen Sie möglichst USB-Hardware: Lautsprechern, Joystick, Scanner, usw. USB-Hardware ist die Beste und am einfachsten zu installieren. Punkt.
- ✔ Gemäß Microsoft kann Windows 95 90 Prozent aller erhältlichen Erweiterungskarten und Peripheriegeräte erkennen und richtig konfigurieren. Es kann weitere 9 Prozent erraten. Und nur 1Prozent läßt Windows im Dunkeln tappen.
- ✔ Jawohl, vermutlich werden Sie zu diesem einen Prozent gehören.
- ✔ Plug & Play ist nicht narrensicher. Aus diesem Grund wird es oft »Plug & Pray« genannt.

»Scan, scan, scan«, sagte der Scanner

Wenn Sie auf Grafik stehen, können Sie Ihrem PC ein raffiniertes Gerät hinzufügen: einen Scanner. Ein Scanner funktioniert wie ein Kopierer. Aber anstatt ein Duplikat eines Blattes Papier herzustellen, setzt der Scanner das Bild in Bits und Bytes um und speichert es in Ihrem Computer.

Das ist für zwei Dinge sehr nützlich. Zum einen können Sie grafische Darstellungen für die Einbeziehung in Dokumente und für DTP scannen. Zum anderen kann die Software Dokumente »lesen« und das Bild in Text, der vom Computer bearbeitet werden kann, konvertieren. Das ist wirklich erstaunlich.

Es gibt zwei Scannertypen: *Handscanner* und *Tischscanner*.

Ein Handscanner sieht aus wie ein Miniaturstaubsauger. Sie schieben den Scanner über ein Bild, und das Bild erscheint auf Ihrem Bildschirm. Nachdem es sich auf dem Bildschirm befindet, kann es in Einladungen, Faxe, Bücher oder ähnliches eingebunden werden.

Die größeren Flachbett- oder Tischscanner funktionieren mehr wie Kopierer. Sie legen das Papier auf die Oberseite des Scanners, schließen den Deckel, drücken einen Knopf, und das Bild erscheint auf Ihrem Bildschirm, um gespeichert zu werden.

- ✔ Handscanner importieren am besten kleine Bilder, Logos oder Unterschriften.
- ✔ Wenn Sie den Handscanner nicht gleichmäßig über das Bild schieben, sieht das Ergebnis aus wie in einem dieser Spiegel in einem Spiegelkabinett.
- ✔ Tischscanner können Bilder klarer und teurer importieren.
- ✔ Scanner werden gewöhnlich in einen SCSI-Anschluß, einen USB-Anschluß oder einen speziellen Scanneranschluß eingesteckt.

Mit einem Scanner Text einzulesen ist nicht so einfach, wie es sich anhört. Scanner verstehen nur das Bild, das sie scannen. Um dieses Bild in Text umzuwandeln, benötigen Sie spezielle *OCR-Software* (*Optical Character Recognition*), Software für die optische Zeichenerkennung. Aber auch diese Software kann nur bestimmte Zeichensätze erkennen. Obwohl OCR-Software immer besser wird – sie ist sogar in der meisten Fax-Software enthalten, um Text von eingehenden Faxen einzulesen –, lassen Sie besser hinterher Ihre Rechtschreibprüfung darüber laufen.

Wie Sie Ihren PC singen lassen

Do, re, mi, fa, so, la, ti, DOS!

IBM- und kompatible Computer haben Audio immer als etwas betrachtet, das vermieden werden sollte. Wenn Sie den falschen Knopf gedrückt haben, oder die Zahlen in Ihrer Tabellenkalkulation nicht stimmen, piepst der Computer unhöflich. Die winzigen Lautsprecher des PCs sind schlecht hörbar; es gibt keine Möglichkeit, die Lautsprecher einzustellen. Glücklicherweise begannen ein paar Firmen, *Soundkarten* herzustellen – hauptsächlich damit die Spieler Musik und das Grunzen der Vogonen hören konnten.

Zusätzlich zur Soundkarte benötigen Sie Lautsprecher für die Wiedergabe. Die meisten Computer enthalten neben der Soundkarte auch billige Lautsprecher. Geben Sie das Geld für neue Lautsprecher aus, und wecken Sie die Nachbarn auf!

- ✔ Die meisten Soundkarten können auch Musik erzeugen. Wenn eine Soundkarte Musik spielt, benutzt sie gewöhnlich ihren eigenen eingebauten Synthesizer, so als ob sie eine elektronische Orgel wäre. Anstatt die digitale Musik wiederzugeben, erzeugt sie die Musik selbst.
- ✔ Ein Standard beherrscht den Soundkartenmarkt: Sound Blaster. Die meisten Spiele funktionieren jedoch mit allen bekannten Soundkarten.

Wenn Sie Lautsprecher auf Ihren Schreibtisch stellen, denken Sie daran, daß sie Magnete enthalten. Falls den Lautsprechern herumliegende Disketten zu nahe kommen, können die Daten auf den Disketten verlorgengehen.

- ✔ Digitale Klänge belegen unheimlich viel Speicherplatz auf einer Platte; darum sind digitale Audiosignale meistens auf kurze Geräusche wie Rülpsen oder ähnliches beschränkt.

Woher weiß ich, ob mein Computer eine Soundkarte hat?

Viele Leute fragen mich, wie sie feststellen können, ob ihr Computer eine Soundkarte hat. Ganz einfach: Werfen Sie einen Blick auf die Rückseite der Systemeinheit.

Der Computer sollte drei Steckverbindungen haben, wenn eine Soundkarte installiert ist. Diese sind beschriftet: Mic, Line in, Line out oder Speakers.

Wenn die Steckverbindungen vorhanden sind, kann der Computer Sound wiedergeben. Wenn die Audiowiedergabe nicht funktioniert, handelt es sich um ein Softwareproblem. (Fragen Sie bei Ihrem Händler nach.)

Audiospaß in Windows

Wenn Sie Zeit zum Verschwenden haben, können Sie Ihren intelligenten Computer in einen bekloppten Computer verwandeln, indem Sie ihm Audiosignale hinzufügen. Ich werde hier nicht ins Detail gehen, aber ich zeige Ihnen den Spielplatz.

1. **Öffnen Sie die Systemsteuerung.**

   Wählen Sie Einstellungen/Systemsteuerung im Startmenü.

2. **Öffnen Sie das Symbol Akustische Signale.**

Akustische Signale

   Doppelklicken Sie auf das Symbol, um es zu öffnen. Das Dialogfeld **Eigenschaften von Akustische Signale** wird angezeigt (siehe Abbildung 18.1).

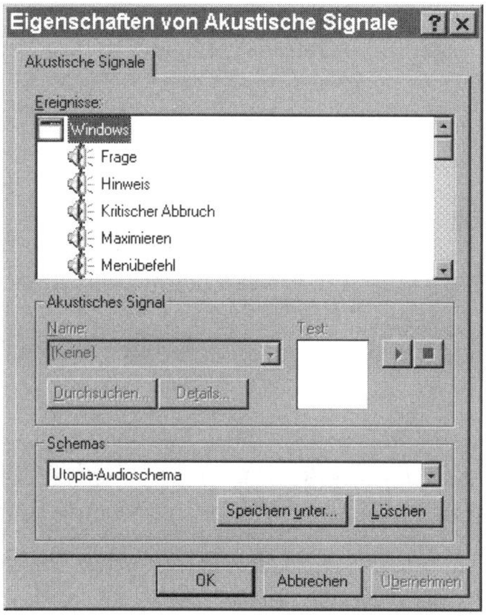

Abbildung 18.1: Das Dialogfeld Eigenschaften von Akustische Signale

3. **Murksen Sie im Dialogfeld herum.**

   In der Liste **Ereignisse** sind viele Dinge aufgeführt, die Windows und Ihre Anwendungen machen. Sie können jedem Ereignis ein Audiosignal zuordnen. Wenn zum Beispiel in Windows ein Fenster geöffnet wird, kann sich das anhören wie ein Reißverschluß, ein platzender Luftballon oder ein einschnappendes Schloß.

Oh, ja. Spaß.

Wählen Sie die Audiosignale im Bereich **Akustische Signale** im Dialogfeld. Dieser Bereich ist ideal zum Herumspielen und um Zeit zu vergeuden.

Im Bereich **Schemas** können Sie ein Audioschema wählen. Schemas sind Sammlungen von Audiosignalen, die in Windows oder im Plus!-Paket enthalten sind. Ich mag das Audioschema Robotz, aber ich mische es mit ein bißchen Musica und Utopia.

4. **Klicken Sie auf OK, um wieder zu arbeiten.**

Sie können mit einem Mikrophon und einer Soundkarte eigene Audiosignale erstellen. Wenn Sie Zeug von einer CD oder Stereoanlage aufzeichnen möchten, verwenden Sie den Anschluß **Line** in der Soundkarte; nicht **Microphone**.

Es gibt genügend Audioprogramme, um ein ganzes Buch zu füllen. »Audio für Dummies«? Wer weiß.

✔ Sie müssen sich nicht wie ein Idiot vorkommen, wenn Sie aus irgendeinem Grund den Kundendienst anrufen und Mary Poppins jedesmal »Spit-spot« sagt, wenn Sie aufgefordert werden, ein Fenster zu öffnen.

Wählen Sie niemals, unter keinen Umständen, den Microsoft Sound. Sie werden sonst verblöden.

Bandsicherungen

Erinnern Sie sich an die alten Computer aus den 60ern? Ich wette, Sie denken dabei an einen Raum voll mit kühlschrankgroßen Geräten, jedes mit zwei riesigen sich drehenden Bandspulen in der Mitte. Blinkende Lichter überall. Männer und Frauen in Laborkitteln. Das waren noch Zeiten...

Tut mir leid, Ihren Traum zu zerstören, aber diese riesigen Geräte mit den Bandspulen waren nicht die Computer, sondern die Laufwerke. Damals speicherten Computer alle Informationen auf magnetischen Aufzeichnungsbändern – ein langsamer und mühevoller Prozeß.

Schließlich wurden die Bänder durch Disketten ersetzt, aber Bänder werden immer noch für Sicherungskopien eingesetzt. Ein Bandsicherungsgerät steckt im Rücken Ihres PCs (wie alles andere) und kopiert die Informationen von der Festplatte auf Band.

Warum? Aus Sicherheitsgründen. Sollte der Festplatte irgendetwas Schreckliches zustoßen, – wenn sie zum Beispiel erschossen wird oder die Kinder der Nachbarn alle Dateien löschen – können Sie Ihren Kram mit der Sicherungskopie retten. Eine gute Idee, im wirklichen Leben aber nur selten in die Praxis umgesetzt.

✔ Bandlaufwerke sind für alle PCs erhältlich. Die meisten benötigen keine eigene Erweiterungskarte; sie verwenden die Erweiterungskarte des Diskettenlaufwerks.

- ✔ Einige Bandlaufwerke sind extern und einige intern. Die externen sind teurer, aber haben den Vorteil, daß sie für verschiedene Computer benutzt werden können.
- ✔ Ab Windows 98 ist die Sicherung mit einem ZIP-, Jaz- oder Bandlaufwerk die einzige realistische Methode. Sie können keine Sicherung mehr auf Disketten erstellen, da für eine vollständige Sicherung unzählige Diskette erforderlich wären.
- ✔ Ich empfehle, die Sicherungssoftware zu verwenden, die Sie mit dem Bandlaufwerk erhalten haben, und nicht das Windows-Programm. Das Windows-Sicherungsprogramm stinkt.
- ✔ Die meisten Netzwerk-Fileserver haben ein Bandlaufwerk. Damit können alle Dateien des Netzwerks auf einem Gerät gesichert werden.

»Ich habe etwas Geld übrig und möchte meine Hardware aufrüsten.«

Die meisten Leute geben ihre Autos nicht jedes Jahr in Zahlung. Und Videorecorder, Mixer und Radiowecker behält man gewöhnlich so lange, bis sie kaputtgehen. Sogar die Büroschreibmaschinen sind in der Regel mehrere Jahre alt; es gibt keinen Grund, ständig neue zu kaufen.

In der Welt der Computer werden monatlich, wenn nicht sogar wöchentlich, Updates und Upgrades angeboten. Es gibt etwas Neues und Besseres! Und Sie haben immer noch DM 1.500 Kredit auf Ihrer Visa-Karte!

Peripheritis: etwas, das Sie wahrscheinlich nie bekommen

Eine Krankheit, die viele Besitzer von Computern bekommen, ist Peripheritis. Das ist das überwältigende Verlangen, mehr und mehr Geld für den Computer auszugeben, typischerweise durch den Kauf von Peripheriegeräten. PC-Anfänger sind relativ immun gegen diese Krankheit; die meisten ziehen es vor, das lästige Ding zu benutzen und dann schnell auszuschalten. Dennoch ist es erstaunlich, was Computer aus einem Anwender machen können, vorausgesetzt, daß er über genügend Bargeld bzw. das entsprechende Bankkonto verfügt.

Was Sie zuerst kaufen sollten

Manchmal ist es einfacher, einen alten Computer aufzurüsten, als einen neuen zu kaufen. Am besten suchen Sie sich jemanden, der es für Sie macht. Aber was sollen Sie als erstes kaufen?

Zu viele verlockende Dinge machen eine sinnvolle Entscheidung schwierig. Lassen Sie mich helfen:

Arbeitsspeicher: Der Arbeitsspeicher sollte die höchste Priorität beim Aufrüsten haben. Er ist teuer, aber immer noch die billigste Komponente und diejenige, die am wenigsten Kopfschmerzen verursacht. Fast alle Ihre Programme werden sich freuen, mehr Arbeitsspeicher zur Verfügung zu haben.

- ✔ Zusätzlicher Arbeitspeicher kann Ihre Programme schneller machen und mehr Informationen verwalten. Der Computer kann auch mehr Grafik und Audiosignale verarbeiten.
- ✔ Mehr Arbeitspeicher ist das beste, das Sie für Ihren PC kaufen können.
- ✔ Weitere Informationen über den Arbeitsspeicher finden Sie in Kapitel 12.

Festplattenlaufwerk: Kaufen Sie ein zweites Festplattenlaufwerk. Ein großes. Die meisten Computer können mit zwei Festplattenlaufwerken umgehen.

- ✔ Sie können eines der vorhanden Laufwerke durch ein neues Festplattenlaufwerk ersetzen, wenn im Computer nicht genügend Platz ist. Das ist kompliziert, weil Sie alle Daten von der alten Festplatte auf die neue kopieren müssen. Sie können auch das folgende machen:
  - Kaufen Sie ein externes Festplattenlaufwerk, wenn Sie ein SCSI-Festplattensystem haben. Sie können mit einem SCSI-System bis zu sechs Festplattenlaufwerke anschließen. Die Chancen stehen gut, daß Ihr CD-ROM und vielleicht sogar Ihre Laufwerke SCSI sind, deshalb ist das Hinzufügen einers externen Festplattenlaufwerks kein Problem.
  - Nebenbei gesagt: Größere Festplattenlaufwerke brauchen nicht mehr Platz in der Systemeinheit; Sie müssen also kein neues Gehäuse kaufen.

Monitor: Kaufen Sie einen großen Monitor, zum Beispiel 21 Zoll. Diese Dinger sind großartig. Sie können Unmengen von Fenstern auf dem Bildschirm anzeigen, ohne Platzangst zu bekommen. Meistens ist es einfach, den alten Monitor zu ersetzen. Sie können es sogar selbst machen, aber lassen Sie jemanden mit breiten Schultern das Ding hochhieven.

- ✔ Weitere Informationen über Monitore finden Sie in Kapitel 13.

Wann ein neuer Computer fällig ist

Ersetzen Sie Ihren PC alle vier oder fünf Jahre. Die Kosten für ein neues System werden dann geringer sein, als alles aufzurüsten.

Ihr PC ist bereits in dem Moment veraltet, in dem Sie ihn kaufen. In diesem Moment werden in Silicon Valley neue Mikroprozessoren und bessere Motherboards entwickelt, die weniger kosten. Vielleicht nicht gerade in der Minute, in der Sie Ihren PC gekauft haben, aber früher oder später wird Ihr High-Tech-Computer der alte Schnee von gestern sein.

Aber müssen Sie wirklich einen neuen Computer kaufen? Möglicherweise nicht. Für was haben Sie den Computer gekauft? Erfüllt er noch seinen Zweck? Wenn ja, ist alles in Ordnung. Rüsten Sie nur auf, wenn Sie es unbedingt müssen. Ansonsten macht es keinen Sinn, noch mehr Geld in das Monster zu stecken.

✔ Die Computertechnologie wächst schneller, als Fliegen eine saubere Windschutzscheibe verschmutzen können. Aber wenn sich Ihre Anforderungen nicht drastisch geändert haben, kann Ihr Computer die Aufgaben, für die Sie ihn gekauft haben, trotzdem erfüllen.

✔ Die meisten Leute kaufen neue Computer, weil sie schneller sind. Jedoch bedeutet erhöhte Geschwindigkeit nicht immer erhöhte Produktivität. Zum Beispiel wird die meiste Zeit bei der Textverarbeitung damit verbracht, nach den richtigen Worten zu suchen. Ein schnellerer Computer kann dabei auch nicht helfen. Schnellere Computer unterstützen Programme, die die zusätzliche Leistung nutzen können: Grafik, Animation, DTP und ähnliche.

✔ Vergleichen Sie den Preis eines neuen Computers mit der Zeit, die Sie mit einer schnelleren Verarbeitungsgeschwindigkeit sparen. Wenn Sie eine Menge Zeit damit verbringen, auf Ihren Computer zu warten, mag eine Aufrüstung in Ordnung sein.

✔ Erliegen Sie nicht der Verführung in Computermagazinen, die Sie drängen zu kaufen. Kaufen! Kaufen! Den neuesten Computer. Denken Sie daran, wer die meisten Anzeigen in diesen Magazinen bezahlt.

Gebrauchtes Computerzeug kaufen und verkaufen

Wenn Computer nach und nach aufgerüstet werden, erscheint das alte Zeug in den Kleinanzeigen. Dort finden Sie auch Sonderangebote, aber kaufen Sie sie nur, wenn Sie wirklich wissen, was Sie tun. Letzten Endes ist der alte Kram nicht so gut wie etwas Neues. Und ziemlich oft ist das neue Zeug billiger als das alte.

Sollen Sie ein gebrauchtes Gerät kaufen? Nur wenn es genau das ist, was Sie brauchen. Sie haben zum Beispiel jahrelang einen bestimmten Drucker benutzt, der kaputtgegangen ist. Wenn derselbe Drucker irgendwo angeboten wird und wenn er zu Ihrer Zufriedenheit funktioniert, dann kaufen Sie ihn.

✔ Machen Sie eine Probefahrt, bevor Sie kaufen. Das ist wie gegen die Reifen zu treten, aber es stellt sicher, daß das, was Sie kaufen, auch funktioniert (wenigstens einmal).

✔ Bei gebrauchten Geräten, mit denen Sie nicht vertraut sind, kann es Ihnen durchaus passieren, daß Sie möglicherweise keine Handbücher bekommen und daß es keinen technischen Support und keine Garantie gibt. Erwarten Sie nicht den Service oder Support, den Sie bei neuen Geräten haben.

Kaufen Sie nie einen gebrauchten Computer, wenn es Ihr erster ist. Es ist besser, für den Service und den Support, den Sie benötigen, zusätzlich etwas zu bezahlen. (Und kaufen Sie auch nicht unbedingt zum niedrigsten Preis! Service und Support sind wichtig und es wert, daß Sie ein bißchen mehr dafür berappen.)

- ✔ PCs haben keinen Wiederverkaufswert; also schminken Sie sich die Vorstellung ab, Ihr gebrauchtes System für mehr als 10 bis 30 Prozent des Einkaufspreises zu verkaufen. Das neue Zeug ist besser und billiger.
- ✔ Eine bessere Lösung ist es, die gebrauchten Geräte einer wohltätigen Organisation oder einer Schule zu spenden. Die Steuerabschreibung wird größer sein als der Preis, den Sie noch damit erzielen.
- ✔ Wenn Sie gebrauchte Computerteile verkaufen, dann versuchen Sie, alle Handbücher zusammen mit der Support-Software – alles was Sie mit dem Produkt erhalten haben – mitzugeben. Akzeptieren Sie nur Bargeld. Bei größeren Gegenständen können Sie auch einen Euroscheck nehmen.
- ✔ Manches Zeug werden Sie niemals loswerden. Legen Sie eine Sammlung an! Machen Sie Modeschmuck daraus! Ich habe genug Schrott in meiner Garage, um mindestens sechs Computer daraus zu machen. Ich habe tatsächlich einen PC für meinen Sohn daraus zusammengebastelt. Es ist das einzige System im Haus, das kein Gehäuse hat, aber dafür Gummibänder, die das Festplattenlaufwerk festhalten. Es sollte einen Preis für soviel Kreativität geben.

Teil V

Ein Führer durch die Software, der Ihnen nicht den letzten Nerv raubt

»Moment mal, das ist kein Programmfehler. Hier hängt ein Staubfussel auf dem Bildschirm.«

In diesem Teil...

Wenn Software so wichtig ist, warum kommt dieser Teil dann nach dem Teil über Hardware? Das ist einfach: Weil Sie erst das eine benötigen, bevor Sie mit dem anderen etwas machen können. Die Software benötigt die Hardware, wie eine Symphony ein Orchester.

In diesem Teil dreht es sich um PC-Software. Software ist unvermeidlich. Sie brauchen Software. Ihr Computer braucht Software. Verdammt, die Umwelt braucht sie auch, wegen der ganzen Luft in der Verpackung.

Software: Das eigentliche Gehirn

19

In diesem Kapitel

- Textverarbeitungen
- Tabellenkalkulationen
- Datenbanken
- Grafik-Software
- Multimedia
- Dienstprogramme
- Büro-Software
- Shareware und Public-Domain-Software

Computer benötigen Software wie das Frankenstein-Monster elektrischen Strom. Die Software verleiht dem Koloß Leben. Ohne Software wäre der Computer nur eine Ansammlung von, hm, Teilen.

In diesem Kapitel werden die unterschiedlichen Software-Pakete beschrieben. Es gibt mehr als eine Möglichkeit, den Computer zum Leben zu erwecken.

- ✔ Die Software braucht den Computer genauso wie der Computer die Software. Es ist eine Art Yin/Yang-Ding, aber ich verspreche, mich an dieser Stelle des Buchs nicht in östliche Philosophien zu vertiefen.
- ✔ Der Plural von Software ist *Software*. Wenn Sie »Softwares« sagen, werden Sie sich wie ein Idiot anhören.
- ✔ Mary Shelly schrieb *Frankenstein* im Alter von 19 Jahren. Es war ihr erstes Buch.

Alles fürs Schreiben

Fast jeder will mit seinem Computer etwas schreiben. Ob es sich um ein Dankschreiben an Tante Trude, einen Brief an den verrückten Redakteur der Lokalzeitung oder um einen mitreißenden Liebesroman über zwei Entomologen in Paraguay handelt, Computer machen das Schreiben viel einfacher.

- ✔ Textverarbeitung ist Schreiben.
- ✔ Es gibt drei Software-Arten für das Schreiben: Textverarbeitungen, Texteditoren und DTP-Programme.

- Wenn das »Die Zeit« wäre, könnten Sie jetzt eine Statistik lesen, die besagt, daß 70 Prozent aller Computer für die Textverarbeitung benutzt werden.
- Das Schönste beim Schreiben auf einem Computer ist, daß Sie das, was Sie geschrieben haben, nachträglich ändern können. Das Editieren auf dem Bildschirm bedeutet, daß jede gedruckte Seite perfekt ist. Oder zumindest so perfekt, wie Sie und der Computer es hinkriegen.

Texteditoren

Texteditoren sind einfache Textverarbeitungen. Sie können in einem Texteditor keine Ränder einstellen, den Text nicht formatieren und keine verschiedenen Schriftarten verwenden. Warum sich also mit einem Texteditor abgeben?

Texteditoren sind einfach und schnell. Anstatt eine riesige Abhandlung über die Geschichte der Büroklammer zu schreiben, können Sie mit einem Texteditor eine reine Textdatei (oder ASCII) auf dem Datenträger erstellen bzw. bearbeiten. Hört sich das blöd an? Nun, es gibt viele Textdateien auf Ihrem Datenträger, von denen Sie etliche von Zeit zu Zeit bearbeiten werden müssen.

Abbildung 19.1 zeigt den Editor in Windows, mit dem eine HTML-Datei bearbeitet wird, die im Internet als Webseite erscheint. Es gibt andere Programme zum Erstellen von Webseiten, aber wenn Sie verrückt genug sind, können Sie es auch mit dem Editor machen.

- Ein Texteditor ist im Grunde eine Textverarbeitung ohne Besonderheiten.
- Texteditoren speichern Dokumente als einfachen Text oder als ASCII-Dateien.

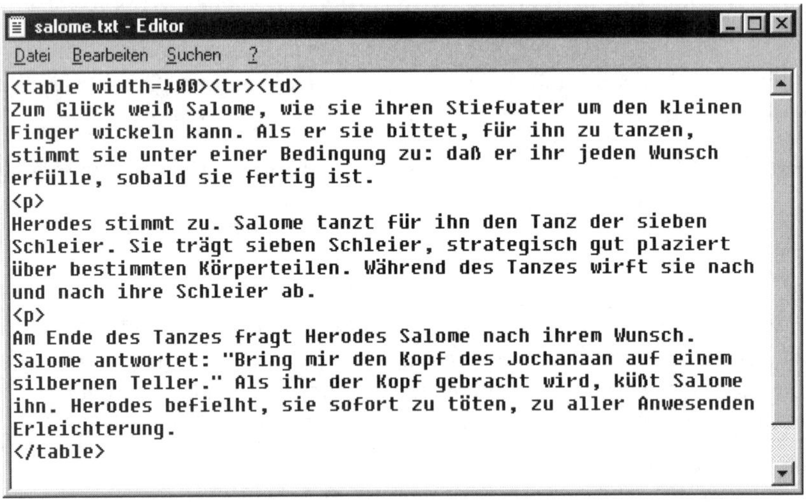


```
<table width=400><tr><td>
Zum Glück weiß Salome, wie sie ihren Stiefvater um den kleinen
Finger wickeln kann. Als er sie bittet, für ihn zu tanzen,
stimmt sie unter einer Bedingung zu: daß er ihr jeden Wunsch
erfülle, sobald sie fertig ist.
<p>
Herodes stimmt zu. Salome tanzt für ihn den Tanz der sieben
Schleier. Sie trägt sieben Schleier, strategisch gut plaziert
über bestimmten Körperteilen. Während des Tanzes wirft sie nach
und nach ihre Schleier ab.
<p>
Am Ende des Tanzes fragt Herodes Salome nach ihrem Wunsch.
Salome antwortet: "Bring mir den Kopf des Jochanaan auf einem
silbernen Teller." Als ihr der Kopf gebracht wird, küßt Salome
ihn. Herodes befielht, sie sofort zu töten, zu aller Anwesenden
Erleichterung.
</table>
```

Abbildung 19.1: Editor ist ein kleines, niedliches Textprogramm in Windows.

Genaugenommen kann jede Textverarbeitung ein Texteditor sein. Das Geheimnis ist, die Datei im *Nur-Text*-Format zu speichern. In Kapitel 8 erhalten Sie weitere Informationen über das Speichern von bestimmten Dateitypen.

Textverarbeitungen

Die Textverarbeitung ist die natürliche Evolution der Schreibmaschine. Die Wörter werden nicht mehr direkt auf Papier geschrieben, sondern auf dem Bildschirm angezeigt, wo sie nach Belieben herumgeworfen und neu angeordnet werden können. Bearbeiten, Fehler ausbessern, Rechtschreibprüfung, Formatieren – Computer sind dafür geschaffen. Kein Wunder, daß IBM die Herstellung von Schreibmaschinen eingestellt hat.

- ✔ Die Dateien, die von Textverarbeitungen gespeichert werden, werden gewöhnlich *Dokumente* genannt.
- ✔ Anfang dieses Jahrhunders schrieb Vladimir Nabokov mit der Hand, während er an einem Pult stand. Hätte er damals schon einen Computer gehabt, hätte er höchstwahrscheinlich eine Textverarbeitung benutzt (allerdings im Stehen).
- ✔ Windows enthält die Textverarbeitung WordPad, die einer früheren Version von Microsoft Word ähnlich ist. Tatsächlich hat WordPad Funktionen, die vor zehn Jahren undenkbar waren.

DTP-Pakete

Die zweite Phase der Textverarbeitungsrevolution war das Hinzufügen von Bildern und Grafik. Neue Textverarbeitungen konnten Text in Spalten anordnen, Kopf- und Fußzeilen einfügen und allen möglichen typographischen Unsinn anstellen. Bald wurde aus diesen High-End-Textverarbeitungen eine neue Software-Kategorie: Desktop Publishing.

Heute können Sie mit DTP-Programmen formvollendete Seiten gestalten, wie Sie sie in Zeitschriften, Magazinen und in hilfreichen Rundschreiben, die mit der Stromrechnung kommen, finden. Die Früchte dieser Anwendungen sind überall zu finden.

- ✔ Wenn Sie cool sind, sagen Sie DTP anstatt Desktop Publishing.
- ✔ Üblicherweise wird der Text in einer Textverarbeitung erstellt und dann ins DTP-Programm importiert. Desktop Publishing wird hauptsächlich zum Anordnen der Wörter und Grafik benutzt. Das Erstellen des Textes und der Grafik wird mit anderen Programmen gemacht.
- ✔ Heute enthalten die teureren Textverarbeitungen viele Eigenschaften der DTP-Programme. Wenn Sie nicht gerade im Verlagswesen arbeiten, befriedigt wahrscheinlich eine Textverarbeitung Ihre DTP-Bedürfnisse.

Dieses Buch wurde mit PC-Software erstellt. Der Text wurde in Word für Windows, die Grafik in HiJaak, Adobe Illustrator und PC Paint erstellt. Die DTP-Arbeit wurde in PageMaker erledigt.

Tabellenkalkulationen

Da die Textverarbeitungen die Wörter an sich gerissen haben, wurde andere Software für die Zahlen benötigt. Diese Software wird als Tabellenkalkulation bezeichnet.

Eine Tabellenkalkulation legt ein großes Gitter aus rechteckigen Zellen auf dem Bildschirm an (siehe Abbildung 19.2). In diesen Zellen können Sie Text, Zahlen oder Formeln eingeben. Die Formeln machen die Tabellenkalkulation so leistungsfähig: Sie können Werte vergleichen und beliebig viele knifflige mathematische Operationen ausführen. Das gesamte Ding wird auch sofort aktualisiert, wenn Sie einen Wert ändern. Millionen von Mark wurden auf diese Art veruntreut.

	A	B	C	D
1	**Paper route income**			
2	**Household**	**Rate**	**Vig**	**Total**
3	Thompson	61%	$ 10.00	$ 18.15
4	Davis	77%	$ 10.00	$ 19.67
5	Jones	18%	$ 10.00	$ 13.77
6	Brown	6%	$ 10.00	$ 12.55
7	Matthews	45%	$ 10.00	$ 16.50
8	Burns	15%	$ 10.00	$ 13.48
9	Simpson	72%	$ 10.00	$ 19.25
10	Johnson	19%	$ 10.00	$ 13.91
11	Roberts	71%	$ 10.00	$ 19.12

Abbildung 19.2 Eine typische Tabellenkalkulation

- ✔ Die Dateien einer Tabellenkalkulation werden *Arbeitsblätter* genannt. Ein Arbeitsblatt wird immer von einer Tabellenkalkulation erstellt. Manche Leute nennen ein Arbeitsblatt auch Tabellenblatt. Das ist nicht strafbar.
- ✔ Die meisten Tabellenkalkulationen können die Zahlen in Grafiken und Diagramme umwandeln und machen es leichter zu erkennen, wieviel der Vorstandsvorsitzende wirklich verdient.
- ✔ Normalerweise sind Arbeitsblätter leer und müssen ausgefüllt werden. Aber es gibt für bestimmte Aufgaben vordefinierte Arbeitsblätter, sogenannte Vorlagen.
- ✔ Mit einer Tabellenkalkulation können auch alle Datentypen organisiert, Diagramme, Illustrationen und Grafiken erstellt werden. (Ich kenne eine Frau, die Strickmuster damit entwirft.)

Datenbanken

Weil ihnen die Bearbeitung von Wörtern und Zahlen von Textverarbeitungen und Tabellenkalkulationen weggeschnappt wurde, organisieren Datenbankprogramme alle anderen Daten.

Datenbanken machen zwei Dinge: sortieren und berichten. Sie können mit jeder Information umgehen, egal ob sie aus Wörtern, Zahlen oder trivialem Quiz-Wissen besteht.

- ✔ Wie Tabellenkalkulationen können Datenbanken angepaßt werden, um bestimmten Anforderungen gerechtzuwerden. Heuern Sie einen Programmierer an, der eine Datenbank erstellt, die perfekt an Ihre Bedürfnisse angepaßt ist.
- ✔ Stellen Sie den Programmierer am besten fest ein; diese Typen werden nie mit ihrer Arbeit fertig.
- ✔ Datenbanken und Tabellenkalkulationen können manchmal ihre Arbeit tauschen. Wenn die Felder in einer Datenbank hauptsächlich Zahlen enthalten, ist eine Tabellenkalkulation eher geeignet. Umgekehrt funktioniert eine Datenbank besser, wenn eine Tabellenkalkulation mehr Bezeichnungen und Text aufweist.

Datenbankprogramme gibts in drei unwichtigen Varianten

Freiform-Datenbanken: Wahrscheinlich die einfachste Datenbank; sie funktioniert am besten, wenn Sie große Datenmengen aller Art organisieren möchten. Wenn Sie nach »Eiern« suchen, holt die Datenbank alle Einträge, in denen »Eier« vorkommen, egal ob es sich dabei um eine Einkaufsliste, um ein Rezept oder um eine Anleitung zum Bau von Handgranaten handelt.

Sequentielle Datenbanken: Diese Datenbank speichert Daten, die in Abschnitten, Felder genannt, abgelegt wurden. Sie können eine Anfrage eingeben und die Datenbank liefert alle Ottos, die Enten fahren und eine Kuh namens Emma besitzen. Diese Datenbank ist leistungsfähiger als die Freiform-Datenbank, erfordert jedoch, daß Sie Ihre Daten vorher organisiert haben.

Relationale Datenbanken: Die leistungsfähigste Datenbank, über die ich nicht viel weiß; aber es wurde mir gesagt, daß sie teuer ist.

Für unterschiedliche Aufgaben gibt es auch unterschiedliche Datenbanken. In einigen Datenbankprogrammen sind z.B. bereits Formulare enthalten, die Sie nur ausfüllen müssen. In anderen Datenbanken müssen die Formulare erst erstellt werden. Für komplexere Datenbanken müssen Sie sogar das Programm schreiben, das die Datenbank ausführt.

Grafik-Software

Wie alle Eltern von einem Kindergartenkind wissen, verursacht nichts mehr Durcheinander als das Zeichnen. Bei einem PC befindet sich die ganze Unordnung wenigstens auf dem Bildschirm – es gibt keine Farbkleckse oder Flecken von Wachsmalstiften. Es haben schon Hunderte von Grafikern ihre Stifte gegen einen Computer eingetauscht. Es gibt Grafikprogramme für alle Ansprüche, wovon jedes für eine bestimmte Zielgruppe entwickelt wurde:

Einfache Malprogramme: In Windows ist zum Beispiel ein solches Programm enthalten. Sie können interessante und auch nützliche Bilder zeichnen, aber die Möglichkeiten sind begrenzt.

Zeichenprogramme: Diese Programme erstellen Bilder als Objekte. Sie können ein Quadratobjekt, ein Kreisobjekt und ein Textobjekt erstellen. Die Objekte können bearbeitet und geändert werden, anders als in einem Malprogramm, in dem Sie nur Pixel auf den Bildschirm sprühen können.

Fortgeschrittene Malprogramme: Diese Malprogramme haben viele Hilfsmittel, um alle möglichen Effekte zu generieren. Abbildung 19.3 zeigt Ihnen, was man zum Beispiel damit machen kann.

Abbildung 19.3: Diese Grafik wurde mit einem fortgeschrittenen Malprogramm erstellt.

Illustrationsprogramme: Diese Programme kombinieren die Hilfsmittel der Zeichenprogramme und fortgeschrittenen Malprogramme. Sie werden hauptsächlich von Grafikern benutzt, um Illustrationen zu erstellen (wie die auf Weinflaschen oder Postern von Kunstaustellungen. Sie wissen schon).

CAD: Diese Software fertigt äußerst detaillierte oder technische Zeichnungen an. Mit *CAD* können Ingenieure so wissenschaftliche Dinge entwerfen wie dreilagige, mikrowellengeeignete Behälter für gefrorene Hähnchen und Broccoli.

- ✔ In Windows ist ein einfaches Zeichenprogramm enthalten, das Paint heißt. Mit Paint wurden einige der Bilder in diesem Buch erstellt.
- ✔ Die meisten der besten Zeichen- und Malprogramme wurden für den Macintosh entwikkelt, weshalb er von den Typen mit den Baskenmützen bevorzugt wird. Die Software ist auch für Windows erhältlich.

Spiele und Unterhaltung (Multimedia)

Die Kategorie wurde *Multimedia* genannt. Da Multimedia alle Arten von Grafik mit Sound beschreibt, bezieht sich dieser Begriff gewöhnlich auf Unterhaltungs- oder Lernprogramme.

- ✔ Multimedia vereinigt zwei Medien – der Computer gibt Ton wieder, während er gleichzeitig etwas auf dem Bildschirm anzeigt.
- ✔ Multimedia-Anwendungen erfordern einen leistungsfähigen Computer, einen Qualitätsmonitor, eine große Festplatte, eine Audiokarte und ein CD-ROM-Laufwerk (siehe Kapitel 7).
- ✔ Da jeder Computer heute eine große Festplatte, eine Soundkarte und ein CD-ROM-Laufwerk hat, ist Multimedia keine Ausnahme mehr. Tatsächlich ist ein Computer ohne Multimedia die Ausnahme.

Lust auf ein Spiel?

Nintendo, Sega und Sony sollten sich keine Gedanken über die Marktführung bei Videospielen machen. Die Schlacht ist vorbei. Der Computer hat gewonnen! Da heutzutage alle Computer multimediafähig sind, sind sie die besten Geräte für Spiele.

Sie können verschiedene Spielekategorien auf Ihrem Computer ausführen:

Arcade: Dies sind die klassischen Spiele. Die Puzzles, Schießspiele und Labyrinthe. Es ist meine Lieblingskategorie, aber auch die kleinste.

Simulation: Das beliebteste Spiel in dieser Kategorie ist der Flugsimulator. Sie starten, gehen in eine bestimmte Höhe, sehen alles Interessante und krachen beim Landen in das Einkaufszentrum. Andere beliebte Spiele sind Golf, Schlachtensimulationen, Sportspiele und Spiele, in denen Sie eine künstliche Welt schaffen und verwalten können.

Virtual Reality: Früher waren dies die »Kleiner Mann«-Spiele, in denen Sie ein Männchen über den Bildschirm wandern ließen, das verschiedene Hindernisse bewältigen und bestimmte Gegenstände finden mußte, um sein Ziel zu erreichen. Heute sind Sie das Männchen. Sie sehen, was er sieht, Sie wandern durch seine Welt, Sie leiden unter seinen Feinden und sehen, wie diese überwältigt werden. Spiele wie Doom, Duke Nukem, Descent, Quake und Myst sind ziemlich beliebt. Aber diese Spiele können sehr gewalttätig sein.

- ✔ Für viele Spiele benötigen Sie zusätzlich zu einem CD-ROM-Laufwerk und einer Soundkarte einen Joystick. Er ist allerdings nicht unbedingt erforderlich, da Sie die meisten Spiele mit der Tastatur oder der Maus spielen können.
- ✔ Meine Lieblingsspiele sind die Arcades. Ich liebe es, die kleinen Aliens auszublasen; insbesondere nachdem ich mit meinem Verleger telefoniert habe.
- ✔ Sie können Spiele auch online ausführen. Es gibt viele Sites mit interaktiven Spielen, die Sie zusammen mit anderen spielen.
- ✔ Spiele belegen viel Speicherplatz. Lesen Sie, wieviel Speicherplatz benötigt wird, bevor Sie ein Spiel kaufen. Auch wenn Sie eine Festplatte mit 2 GB haben, wird der Speicherplatz dahinschwinden, nachdem Sie zwei oder drei Spiele installiert haben.

Lernprogramme

Es gab schon immer Lernprogramme für Computer. Diese waren möglicherweise nicht so aufwendig wie heute, aber es ist eine alte Tradition. Und denken Sie bloß nicht, daß ein Lernprogramm nichts anderes kann, als Ihnen das ABC beizubringen. Lernprogramme können Sie unter anderem lehren, Musiknoten zu lesen oder einen 24000 Watt Transformator an Ihr Telefon anzuschließen.

Wie bei den Spielen, gibt es auch verschiedene Lernprogrammtypen. Mavis Beacon lehrt Tippen durch eine Reihe von Übungen, die als Spiele aufgemacht sind. Dr. Seuss's ABCs ist ein Computerbuch zum Mitlesen, das sehr unterhaltsam ist. Am wenigsten mag ich die Buch-auf-dem-Bildschirm-Software. Wer mag es schon, da zu sitzen und Text auf dem Bildschirm zu lesen. Es macht einfach keinen Spaß.

- ✔ Die beste Art ein gutes Lernprogramm zu finden, ist herumzufragen. Fragen Sie, was Schulen empfehlen. In Magazinen finden Sie Bewertungen und Empfehlungen.
- ✔ Vermeiden Sie Spielprogramme, die als Lernprogramme ausgegeben werden. Viele Programme, die für kleine Kinder entwickelt wurden, sind in Wirklichkeit blödsinnige Spiele. Ihr Kind hat vielleicht Spaß damit, aber es lernt nichts.
- ✔ Eine weitere Art von Lernprogramm ist die Referenz. Das beste Beispiel, das mir einfällt, ist Microsoft Encarta. Es ist wie eine richtige Enzyklopädie, aber mit animierten Referenzen, Sound und Links zu verwandten Themen.

Dienstprogramme

Die meisten Programme wurden entwickelt, um Sie bei der Arbeit zu unterstützen, *Dienstprogramme* helfen dagegen Ihrem Computer bei der Arbeit. Im Grunde hilft ein Dienstprogramm einem Computer, eine unangenehme Aufgabe zu erledigen, ob es um die Organisation der Festplatte geht oder um die Diagnose, warum sie nicht richtig funktioniert. Die meisten Dienstprogramme sind Datenträgerprogramme.

Windows enthält viele der Dienstprogramme, die Sie benötigen. Um die Datenträgerprogramme anzuzeigen, klicken Sie mit der rechten Maustaste auf ein Laufwerk, und wählen Sie **Eigenschaften** im Popup-Menü. Klicken Sie auf das Register **Programme**, um drei Datenträgerprogramme anzuzeigen, die Sie von Zeit zu Zeit ausführen können (siehe Abbildung 19.4).

- ✔ Windows enthält einige praktische Dienstprogramme, aber das heißt nicht, daß Sie keine weiteren kaufen sollen. Eine Menge Dienstprogramme von anderen Herstellern sind wesentlich besser als das Zeug in Windows.
- ✔ Windows hat kein Virusprogramm. Diese Dienstprogramme überprüfen Ihre Festplatte auf heimtückische Programme und löschen diese, bevor sie Schaden anrichten können (siehe Kapitel 27).
- ✔ Obwohl Windows ein Sicherungsprogramm zum Erstellen von Sicherungskopien der Dateien auf der Festplatte enthält, empfehle ich, ein anderes Sicherungsprogramm zu kaufen. Wenn Sie ein Bandlaufwerk kaufen, erhalten Sie auch die Software.
- ✔ Obwohl Windows angeblich Software deinstallieren kann, sollten Sie in Erwägung ziehen, ein Deinstallationsprogramm zu kaufen. Diese Programme erledigen den Job besser als Windows und sparen oft eine Menge Speicherplatz.

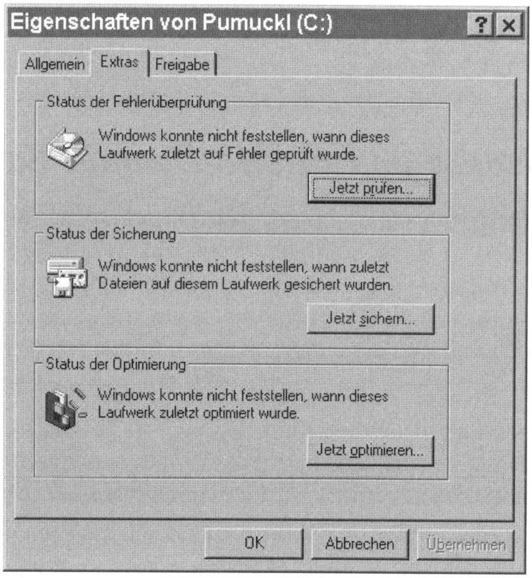

Abbildung 19.4: Die Datenträgerprogramme von Windows

Integrierte Pakete

Um noch mehr Geld zu verdienen, haben sich die Software-Entwickler sogenannte Integrierte Pakete einfallen lassen. Diese bestehen aus mehreren Programmen, die als eine Einheit verkauft werden. Integrierte Paket kosten weniger, aber der Software-Hersteller macht eine Menge Geld mit dem Verkauf von neuen Versionen. Weitere Informationen über das Aktualisieren erhalten Sie in Kapitel 20.

Integrierte Pakete sind großartig, wenn Sie gerade mit der Computerei beginnen. Aber Sie sollten es nicht kaufen, wenn Sie nur ein Stück vom Kuchen benötigen. Wenn Sie zum Beispiel Microsoft Office kaufen, nur um Excel oder Word auszuführen, kaufen Sie die Programme einzeln. Es macht keinen Sinn, Ihre Festplatte mit Zeug vollzustopfen, das Sie nie benutzen.

- ✔ Die meisten Leute kaufen Microsoft Office, um Word auszuführen. Sie zahlen für die anderen Programme, aber benutzen diese nie.
- ✔ Außerdem wird Speicherplatz verschwendet, wenn nicht benötigte Programme installiert werden.
- ✔ Die meisten Pakete erlauben Ihnen, zu wählen, welche Anwendungen installiert werden. Sie können die anderen Anwendungen später immer noch installieren.

  Ein gutes Paket enthält eine Textverarbeitung, eine Tabellenkalkulation, eine Datenbank, ein Grafik- und Präsentationsprogramm und – sehr wichtig – die Möglichkeit alles miteinander zu integrieren. Die einzelnen Programme sollten reibungslos funktionieren.

Was ist Shareware und Public-Domain-Software?

Einige vom System frustrierte Programmierer geben ihre Programme umsonst her. Ehrlich! Aber es gibt einen Haken: Sie werden aufgefordert, Geld zu schicken, wenn Ihnen das Programm gefällt. Da die Programmierer den herkömmlichen, teuren Weg, Software zu verkaufen, umgehen, verlangen sie nicht viel für ihre *Shareware*: meistens zwischen 10 und 70 Mark. Wenn Sie bezahlen, schickt Ihnen der Programmierer die neueste Version der Software und ein Handbuch.

Andere Programmierer geben Ihre Programme her, aber fragen nicht nach Geld. Sie glauben, daß sie einen bescheidenen Beitrag leisten, um die Welt zu einem besseren Platz für Computer zu machen. Diese kostenlose Software wird *Public-Domain-Software* genannt.

Von Ihrem Computerguru können Sie mehr über Shareware und Public-Domain-Programme erfahren. Sie können sich auch in Anwendergruppen erkundigen. Wenn Sie besonders abenteuerlustig sind, kaufen Sie ein Modem, und melden Sie sich in einem Online-Dienstleistungsunternehmen an, oder surfen Sie im Internet nach Software.

Sich an Software gewöhnen

20

In diesem Kapitel

- Software kaufen
- Das Zeug in der Schachtel
- Software installieren
- Software deinstallieren
- Software aktualisieren
- Windows aktualisieren oder nicht aktualisieren
- Software-Tips

Die Software zu benutzen heißt, den Computer benutzen. Wenn Sie die Eingabetaste auf der Tastatur drücken, ist es ein Programm, das diesem Vorgang Bedeutung verleiht. Dasselbe gilt für das Ausführen einer Textverarbeitung, für das Starten eines Flugkörpers und für das Löschen aller Dateien auf der Festplatte. Wahrlich, die Software hat die Macht.

Es wurden tonnenweise Bücher über die Software geschrieben. Deshalb habe ich mich in diesem Kapitel auf die »ersten Schritte« konzentriert. Wie Sie Software kaufen, installieren, sich damit vertraut machen und wieder deinstallieren, wenn Sie sie nicht mögen.

Eine Reise von 10.000 Schritten beginnt mit der Beschaffung von Hühneraugenpflastern.

Lao Tse

Einige Worte zum Kaufen von Software

Das Kaufen von Software gehört zum Kaufen eines Computers. Sie suchen zuerst die Software aus und dann die passende Hardware. Aber es wird so viel Software angeboten, daß Sie leicht den Überblick verlieren können. Vergleichen Sie Programme, um böse Überraschungen zu vermeiden. Oder noch besser, schauen Sie sich um, was andere benutzen. Mit welchen Programmen arbeiten Ihre Kollegen im Büro? Welche Programme empfehlen Ihre Freunde? Kaufen Sie das Programm, das Ihnen am besten gefällt und am ehesten Ihren Erfordernissen entspricht, nicht das, was am billigsten und bekanntesten ist.

- ✔ Probieren Sie die Software aus, bevor Sie sie kaufen.
- ✔ Lassen Sie sich die Software im Geschäft vorführen.
- ✔ Prüfen Sie vor dem Kauf die Rückgabebestimmungen.

- ✔ Stellen Sie sicher, daß die Software-Anforderungen mit der Hardware Ihres Computers übereinstimmen.

Was ist das für Zeug in der Schachtel?

Überraschenderweise enthalten viele große Software-Schachteln Polsterungen aus Kunststoff oder Pappe, um die Schachteln im Regal größer und eindrucksvoller aussehen zu lassen. Es macht einfach mehr her, als die CD und das dünne Heft für 350 Mark in einem Papierumschlag zu verkaufen.

Das Wichtigste in der Schachtel sind die Datenträger; entweder eine CD oder zwischen 2 und 36.000 Disketten, wenn Sie kein CD-ROM-Laufwerk haben. Sie werden vermutlich ein Handbuch und noch ein paar Dinge finden. Hier ist eine Übersicht:

Disketten: Lassen Sie die Disketten nicht herumliegen! Ich bewahre sie nach dem Installieren immer in der Originalschachtel auf.

Das schreckliche Handbuch: Den meisten Programmen liegt ein Handbuch bei, gewöhnlich in der Größe eines billigen Taschenbuchs. Es ist vielleicht mehr als nur ein Handbuch dabei. Suchen Sie nach dem Abschnitt »Installation« im ersten Handbuch.

Registrierkarte: Die Registrierkarte sieht einer langweiligen Postkarte ähnlich. Sie tragen Ihren Namen und Ihre Adresse ein, außerdem beantworten Sie ein paar Fragen über die Software. Anschließend schicken Sie die Karte an die Firma zurück; die kann Sie dann über Fehler, zum Beispiel nicht funktionierende Befehle, unterrichten. Einige Firmen verlangen, daß Sie die Registrierkarte ausfüllen, bevor Sie am Telefon technischen Support erhalten.

Befehlsübersicht: Das Handbuch erklärt alles in großartigen Details, aber Sie benötigen meistens nur einige Befehle. Eine Befehlsübersicht enthält diese nützlichen Befehle; Sie können sie neben die Tastatur legen und bei Bedarf schnell einen Blick auf die Übersicht werfen. Nicht jede Software wird mit einer Befehlsübersicht geliefert.

Schnellinstallationskarte: Computeranwender genießen die sofortige Befriedigung. Drücken Sie einen Knopf, und beobachten Sie, wie Ihre Arbeit sofort erledigt wird. Niemand will sich mit dicken Handbüchern abplagen; besonders nicht beim Installieren der Software. Eine Schnellinstallationskarte enthält eine abgekürzte Version der Installationsanweisungen im Handbuch. Durch Eintippen der Befehle auf der Karte können Sie die Software installieren, ohne das Handbuch aufzuschlagen. Hurra!

Lizenzvertrag: Dieses Kleingedruckte beansprucht durchschnittlich 3346 Wörter Amtsdeutsch, um vier Dinge zu sagen: 1) Geben Sie keine Kopien dieses Programms an Freunde weiter – sie sollen ihre eigenen Programme kaufen. 2) Wenn Sie versehentlich irgendwelche Daten verlieren, ist das nicht unsere Schuld. 3) Wenn diese Software nicht funktioniert, ist das auch nicht unsere Schuld. 4) Tatsächlich besitzen Sie diese Software gar nicht. Sie besitzen gerade mal eine Lizenz, um die Software zu benutzen. Die Software ist unser Eigentum. Wir sind böse. Eines Tages werden wir die Welt beherrschen.

Manchmal ist der Lizenzvertrag auf einen kleinen Aufkleber auf einem Umschlag gedruckt. Sie müssen ihn abreißen, bevor Sie die Disketten entnehmen können. Ob das bedeutet, daß Sie den Lizenzvertrag annehmen oder nicht, sollen die Rechtsanwälte herausfinden.

Lies mich zuerst: Wenn die Firma in ihrem kürzlich gedruckten Handbuch einen Fehler entdeckt, will sie ihn nicht ausbessern und das Ganze neu drucken. Die Korrekturen befinden sich auf einem Blatt Papier mit der Überschrift »Lies mich zuerst!« Heften Sie dieses Papier auf die innere Umschlagseite Ihres Handbuchs.

Software-Installation

Der erste Schritt beim Installieren von Software ist einfach:

1. **Lassen Sie es jemand anderen machen.**

   Möglicherweise haben Sie einen Computerguru (siehe Kapitel 26). Oder bei Ihnen im Büro läuft jemand rum, der es kann. Falls nicht, helfen Ihnen vielleicht die folgenden Richtlinien. Alle Software-Pakete werden ein bißchen anders installiert, also seien Sie nicht überrascht, wenn Sie überrascht sind.

   Oder

1. **Lesen Sie den »Lies mich zuerst«-Zettel.**

   Wenn Sie die Schachtel das erste Mal öffnen, suchen Sie nach einem Blatt Papier, auf dem »Lies mich zuerst!« steht, und folgen Sie der ersten Anweisung: Lesen Sie es. Versuchen Sie zumindest, es zu verstehen.

   Manchmal besteht der »Lies mich zuerst!«-Zettel nur aus ein oder zwei Sätzen, die im Handbuch auf Seite 127 im dritten Absatz vergessen wurden: »Dwibbeln Sie Ihre Schrumpelstilz in drei Frips.« Auch wenn Sie es nicht verstehen, schmeißen Sie es nicht weg. Vielleicht kapieren Sie es, wenn Sie mit dem Programm arbeiten.

2. **Legen Sie das Handbuch zur Seite.**

   Sagen Sie »Da«, während Sie es tun.

3. **Legen Sie die Installationsdiskette in das Laufwerk ein.**

   Suchen Sie nach der Diskette mit der Beschriftung »Installation«, »Setup« oder »Diskette 1« und stecken Sie die Diskette in das entsprechende Laufwerk.

   Hoffentlich handelt es sich um eine CD. Wenn nicht, ist es eine 3,5-Zoll- (oder vielleicht sogar eine 5,25-Zoll-) Diskette. Wie bei Kakerlaken, ist es die erste von vielen.

   Wenn es eine 5,25-Zoll-Diskette ist, denken Sie daran, den Laufwerkriegel zu schließen, nachdem Sie die Diskette eingelegt haben.

Falls Sie von Disketten installieren, stapeln Sie sie der Reihe nach auf, die erste Diskette oben. Auf diese Art können Sie die Disketten eine nach der anderen in das Laufwerk stecken, ohne sie ständig durchwühlen zu müssen.

4. **Starten Sie das Installationsprogramm.**

   Wählen Sie Einstellungen/Systemsteuerung im Startmenü. (Wenn die Option Autostart aktiviert ist, werden auf den meisten Windows 95 und 98 Computern die CD- oder Datenträgerinformationen automatisch angezeigt.)

   Doppelklicken Sie auf das Symbol **Software**. Das Dialogfeld **Eigenschaften von Software** wird angezeigt (siehe Abbildung 20.1).

   Klicken Sie auf **Installieren.**

   Windows macht sich auf zu Ihren Diskettenlaufwerken und sucht nach der richtigen Installationsdiskette. Anschließend führt es das Setup- oder Installationsprogramm aus.

   Das ist alles, was das Symbol **Software** macht. Es sucht nur nach dem richtigen Programm, um die Software zu installieren. Danach übernimmt das Installationsprogramm Ihrer neuen Anwendung.

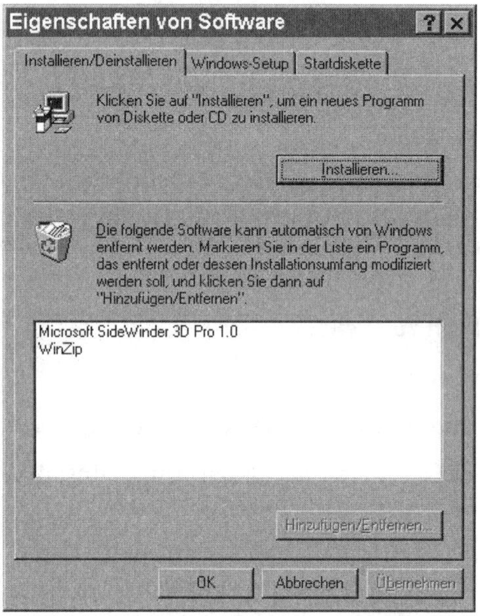

Abbildung 20.1: Das Dialogfeld Eigenschaften von Software

5. **Lesen Sie den Bildschirm sorgfältig; klicken Sie, wenn nötig, auf Weiter.**

   Das Installationsprogramm zeigt Anweisungen auf dem Bildschirm an.

Lesen Sie diese sorgfältig; manchmal enthalten sie wichtige Einzelheiten. Mein Freund Jerry (sein richtiger Name) hat einfach auf **Weiter** geklickt, ohne die Anweisungen zu lesen. Er verpaßte einen wichtigen Hinweis, der besagte, daß eine ältere Version des Programms gelöscht wird. Der arme Jerry hat sein Programm nie zurückbekommen.

6. **Optionen wählen.**

   Das Programm fordert Sie auf, Ihren Namen, den Namen Ihrer Firma und möglicherweise eine Seriennummer einzugeben. Tippen Sie das ganze Zeug ein.

   Flippen Sie nicht aus, wenn das Programm weiß, wer Sie sind. Windows hat in dieser Hinsicht hellseherische Fähigkeiten.

   Wenn Sie aufgefordert werden, eine Entscheidung zu treffen, ist die bereits gewählte Option (der Standard) meistens die beste. Nur wenn Sie wirklich wissen, was Sie tun, sollten Sie eine andere Option wählen.

   Die Seriennummer finden Sie im Handbuch, auf der CD-Hülle, der ersten Diskette oder auf einer Karte, die Sie vermutlich weggeworfen haben, obwohl ich Ihnen gesagt habe, Sie sollten sie aufzubewahren.

7. **Die Dateien werden kopiert.**

   Schließlich kopiert das Installationsprogramm die Dateien von den Disketten oder von der CD auf die Festplatte.

   Wenn Sie Pech haben und von Disketten installieren müssen, legen Sie eine nach der anderen in das Laufwerk ein. Vergewissern Sie sich, daß die Disketten in der richtigen Reihenfolge sind (sie sind numeriert). Entfernen Sie immer erst die letzte Diskette, bevor Sie die nächste Diskette einlegen.

8. **Fertig.**

   Das Installationsprogramm ist beendet, und der Computer wird neugestartet, um spezielle Programme zu installieren, die Windows benötigt.

   Beginnen Sie, mit dem Programm zu arbeiten!

✔ Der beschriebene Vorgang ist allgemein. Ihre neue Software enthält genauere Anweisungen.

✔ Legen Sie die Befehlsübersicht neben den Computer, nachdem Sie das Programm installiert haben; sie ist hilfreicher als das Handbuch.

✔ Sollen Sie die alte Version Ihrer Software aufheben? Ja. Ich mache es immer, aber ich klebe einen Zettel an den Monitor, damit ich nicht vergesse, sie nach ungefähr einem Monat zu löschen.

Warum sind Computerhandbücher so schrecklich?

Computerhandbücher haben einen schlechten Ruf, aber sie sind nicht mehr so schlimm wie vor 15 Jahren. Damals war jeder ein Klugscheißer. In den meisten Handbücher standen Sätze wie: »Verwenden Sie diese Schalter, um eine hexadezimale Adresse für IPL einzugeben.« Und das sollte auch noch benutzerfreundlich sein.

Warum Handbücher so mies sind? Aus vielen Gründen. Hauptsächlich, weil Handbücher nicht von Entwicklern geschrieben werden. Der Software-Entwickler widmet seine Aufmerksamkeit und seine Zeit der Entwicklung des Programms. Das Handbuch wird von jemandem erstellt, der das nur ungern tut, oft von dem Produktmanager oder dem Programmierer. Diese sind zu vertraut mit dem Produkt, um ein nützliches Handbuch zu verfassen.

Die Handbücher müssen außerdem gedruckt sein, bevor das Produkt fertig ist. Es nimmt mehr Zeit in Anspruch, 10.000 Handbücher zu drucken, als 10.000 Disketten zu kopieren. Deshalb ist das Handbuch oft ungenau.

Die Größe spielt auch eine Rolle. Die meisten Handbücher sind dünn, weil sich ihr Gewicht in den Transportkosten niederschlägt. Für viele Programme gibt es gar kein Handbuch mehr, sondern nur noch Hilfedateien.

Die Leute, die Computerhandbücher schreiben, werden stundenweise bezahlt oder erhalten ein Festgehalt. Niemand in dieser Situation wird sein Herz daran hängen, das bestmögliche Handbuch zu schreiben. Darum sind Bücher über ein bestimmtes Thema viel besser als Handbücher. Der Autor möchte mit einem erfolgreichen Buch Geld verdienen. Die Schreiberlinge in Software-Firmen bohren in der Nase und beobachten die Uhr.

Software deinstallieren

Verwenden Sie ein Deinstallationsprogramm, um ein Programm zu entfernen. Das ist keine Funktion von Windows, obwohl es Windows einfacher macht. Ihr Programm muß seine eigene Deinstallationsfunktion haben, damit es funktioniert. Ansonsten müssen Sie es behalten.

Versuchen Sie nicht, ein Programm zu deinstallieren, indem Sie es von der Festplatte löschen. Sie sollten keine Datei löschen, die Sie nicht selbst erstellt haben. Sie können auch alle von Ihnen eingerichteten Verknüpfungen löschen.

Einige paranoide Worte zum Einsenden der Registrierkarte

Sie werden in keinem Handbuch lesen: »Seien Sie vorsichtig beim Einsenden der Registrierkarte!« Ich bin nicht völlig dagegen, die Karte einzusenden. Ich halte es bloß nicht unbedingt für nötig. Nennen Sie mich paranoid, aber ich finde es merkwürdig, daß ich nach Einsenden der Registrierkarte eine Menge Reklamesendungen für Zeug erhalte, das mit meinem Programm verwandt ist. Obwohl mir immer versprochen wird, daß ich von neuen Versionen benachrichtigt werde, werde ich es nie. Ich habe sechs Kopien eines Programms in meinem Büro registriert und habe keine Nachricht über die neueste Version erhalten. Mein Mißtrauen wuchs.

Ich empfehle das Registrieren von Produkten mit einer Seriennummer. Es ist zum Beispiel für alle Programme von Adobe erforderlich (PageMaker, Illustrator usw.). Sie erhalten keinen Support oder Preisnachlässe auf neue Versionen, wenn Sie die Programme nicht registrieren. Adobe und einige andere Firmen benachrichtigen Sie auch, wenn eine neue Version freigegeben wird, deshalb sollten Sie Ihr Programm registrieren lassen. Bei allen anderen Firmen ist es nicht unbedingt notwendig.

Hier einige Vorschläge:

- ✔ Wenn Sie Ihre Software nicht registrieren, bewahren Sie die Registrierkarte und gegebenenfalls die Seriennummern auf. Möglicherweise benötigen Sie diese zu einem späteren Zeitpunkt.
- ✔ Erzählen Sie nie einer Software-Firma etwas über die Programme, die Sie bei einer anderen Firma gekauft haben. Wenn Sie zum Beispiel ein Dienstprogramm gekauft haben, listen Sie nicht alle anderen Dienstprogramme, die Sie besitzen, auf der Registrierkarte auf. Das ist ein Marketingtrick; wenn Sie die Programme angeben, werden Sie mit Angeboten von Konkurrenzprodukten bombardiert.
- ✔ Lassen Sie sich nie über Ihr Modem registrieren. Programme, die Sie über Ihr Modem registrieren lassen, sammeln möglicherweise Informationen über die Software auf Ihrer Festplatte, und geben diese weiter. Diese Informationen sind Privatsache. Niemand sollte darüber Bescheid wissen.
- ✔ Es ist in Ordnung, ein Fax zu schicken, aber drucken Sie es, damit Sie es vorher bearbeiten können. Machen Sie alle Informationen, die niemanden etwas angehen, unleserlich.
- ✔ Wenn Sie Registrierkarten ausfüllen, kürzen Sie Ihren zweiten Vornamen immer mit einem anderen Buchstaben ab. Ich habe ein Dienstprogramm unter den Namen Dan U. Gookin registriert. Jetzt weiß ich, woher der ganze Müll für Dan U. Gookin kommt.

Das Deinstallieren von Software geht genauso vor sich wie das Installieren: Öffnen Sie das Symbol **Software** in der Systemsteuerung. Das Dialogfeld **Eigenschaften von Software** wird angezeigt (siehe Abbildung 20.1).

Die Programme, die von Windows deinstalliert werden können, sind im Dialogfeld aufgeführt. Klicken Sie auf das Programm, das Sie deinstallieren möchten, um es zu wählen. Klicken Sie auf **Entfernen**.

Es wird eine Warnung angezeigt, bevor Windows das Programm ins Jenseits befördert. Klikken Sie auf **Ja**, um es in die ewigen Jagdgründe zu schicken.

- ✔ Muß ich es extra sagen, daß Sie damit vorsichtig sein sollen?
- ✔ Deinstallationsprogramme von anderen Herstellern sind besser als das in Windows. Sie haben wahrscheinlich bemerkt, daß nicht alle Ihre Programme im Dialogfeld aufgelistet sind. Andere Deinstallationsprogramme finden auch widerspenstige Dateien und eliminieren alle Bits und Bytes.
- ✔ Im Dialogfeld **Eigenschaften von Software** können Sie Ihrem Programm auch einzelne Komponenten hinzufügen. Sie können zum Beispiel auf **Microsoft Office** klicken, um eine neue Software-Komponente hinzuzufügen, die Sie zu einem früheren Zeitpunkt nicht installiert haben.
- ✔ Wählen Sie das Register **Windows Setup** im Dialogfeld **Eigenschaften von Software**, um Komponenten von Windows hinzuzufügen.

Ihre Software aktualisieren oder aufrüsten

Wenn ein Roman geschrieben wurde, ist er fertig. In nachfolgenden Auflagen werden lediglich Tippfehler korrigiert. Aber Sofware ist nie fertig. Es ist zu einfach, die Software zu ändern. Für die meisten Programme ist einmal im Jahr eine neue Version erhältlich.

Warum aktualisieren? Manchmal werden Programmfehler behoben, aber meistens werden neue Eigenschaften hinzugefügt, damit die Software konkurrenzfähig bleibt. Eine Aktualisierung gibt Ihnen Zugriff auf die neuere, fehlerfreie Software und ihre Eigenschaften. Neue Versionen machen die Software-Firmen reicher, weil Sie für etwas bezahlen müssen, das Sie bereits besitzen.

Mein Rat: Bestellen Sie die neue Version nur, wenn sie Funktionen oder Änderungen enthält, die Sie verzweifelt benötigen. Wenn die aktuelle Version den Job erledigt, kümmern Sie sich nicht darum.

- ✔ Jede neue Version hat auch neue Funktionen; aber werden Sie die neuen Funktionen jemals nutzen? Benötigen Sie eine Textverarbeitung, die Kopfzeilen verkehrt herum drukken kann? Können Sie wirklich mit einer Netzwerkversion effektiver arbeiten, wenn Sie ein einsamer Benutzer sind, der zu Hause sitzt?

- Wenn Sie noch DoodleWriter 4.2 benutzen und alle anderen DoodleWriter 6.1, haben Sie möglicherweise Schwierigkeiten beim Austauschen von Dokumenten. Nach einer Weile werden die neueren Versionen von Programmen inkompatibel mit den älteren Versionen.
- In einem Büro sollten alle dieselbe Software-Version verwenden. (Nicht die neueste Version, nur die gleiche.)
- Wenn Buchverlage genauso arbeiten würden wie Software-Firmen, hätte Tom Clancy vor einigen Jahren einen Anruf erhalten: »He, Tom, Du weißt, die alte Sowjetunion ist zusammengebrochen. Es ist Zeit, die Jagd nach roter Oktober umzuschreiben. Ändere die Bösen in Iraker oder sonstwas. Wir müssen mit der Zeit gehen.«

Was ist mit dem Aktualisieren von Windows?

Windows ist Software wie alle anderen Programm auf Ihrem Computer. Und Windows wird ebensooft aktualisiert. Nur daß das eine große Sache ist. Warum? Weil alles andere auf Ihrem Computer von Windows abhängig ist. Deshalb ist es eine bedeutende Änderung, über die Sie ausgiebig nachdenken sollten.

Oft hat die neuere Version von Windows viel mehr Funktionen als die ältere. Benötigen Sie diese Funktionen? Wenn nicht, aktualisieren Sie Windows auch nicht.

Ein Problem, das bei der Aktualisierung auftreten kann, ist, daß Ihre Software nicht richtig funktioniert. Keine meiner Adobe-Anwendungen mochte Windows 95, als es herauskam. Ich mußte mehrere Monate warten und eine Menge bezahlen, bevor alles wieder normal funktionierte.

Nach einer Weile kommen neuere Programme für die neueste Windows-Version auf den Markt. Das neue Zeug ist besser als das alte, das heißt, Sie müssen Windows aktualisieren, wenn Sie die Vorteile nutzen möchten.

So, was tun? Aktualisieren Sie Windows erst, wenn die neueste Version mindestens 6 Monate alt ist. Bis dahin sollten alle Fehler beseitigt und die Hauptanwendungen angepaßt sein. Warten Sie, wenn nötig, ein Jahr. Die alte Version wird so lange funktionieren, wie Sie sie benutzen.

Einige Tips zum Lernen eines Programms

Die Benutzung von Software schließt auch den Umgang mit den Macken des Programms mit ein. Deshalb mein erster Tip: Nehmen Sie sich genügend Zeit, um das neue Programm zu lernen.

Leider ist das in der täglichen Hektik nicht so einfach. Es ist eine große Dummheit, wenn Sie Ihr Boß in den Software-Laden schickt und erwartet, daß Sie zurückkommen und etwas Großartiges erschaffen, noch bevor der Tag zu Ende ist. Das ist einfach nicht machbar, nicht einmal dann, wenn Sie ein Spezialist sind.

Die meiste Software wird mit einem Arbeitsheft oder einem Lehrbuch geliefert, die eine Reihe von Lektionen enthalten, in denen die Handhabung des Programms und seine grundlegenden Eigenschaften beschrieben werden.

Ich empfehle Ihnen dringend, das Lehrbuch durchzuarbeiten. Folgen Sie den Anweisungen auf dem Bildschirm. Wenn Sie auf etwas Interessantes stoßen, schreiben Sie es auf.

Einige Lehrbücher sind echter Blödsinn. Zögern Sie nicht, das Buch in den Müll zu werfen, wenn es Sie langweilt oder verwirrt. Sie können das Programm ebenso in Kursen lernen, obwohl Sie das möglicherweise auch langweilt. Wie auch immer, die meisten Leute begreifen das Programm viel besser, nachdem sie das Lehrbuch gelesen haben.

Wenn Sie das Lehrbuch beendet haben, spielen Sie mit der Software. Probieren Sie, etwas damit zu machen. Versuchen Sie, etwas auf einer Diskette zu speichern. Drucken Sie etwas. Beenden Sie das Programm. Das sind die wenigen elementaren Schritte, die Sie bei jedem Programm ausführen müssen. Wenn Sie das beherrschen, erweitern Sie Ihre Kenntnisse nach Bedarf.

- ✔ Vielleicht veranstaltet Ihre Firma eigene Schulungen, in denen Ihnen die Grundlagen der intern verwendeten Software beigebracht werden. Machen Sie sich massenweise Notizen. Legen Sie ein kleines Büchlein an, in dem Sie alle wichtigen Anweisungen festhalten. Passen Sie genau auf, wann immer Ihnen jemand etwas zeigt. Achten Sie darauf, was Ihr Lehrer sagt, Sie müssen ihn dann nicht fragen, wenn Sie nochmal vor dem gleichen Problem stehen sollten.
- ✔ Werfen Sie das Handbuch nicht weg. Lesen Sie das Handbuch einige Wochen nachdem Sie begonnen haben, ein Programm zu lernen, nochmal durch. Sie werden dann einige Dinge besser verstehen. Denken Sie daran, daß der Typ, der das Handbuch geschrieben hat, mit dem Programm vertraut war.
- ✔ Computerbücher sind ebenfalls eine gute Quelle, um etwas über ein Programm zu lernen. Es gibt zwei Arten: Nachschlagewerke und Lehrbücher. Ein Lehrbuch ist großartig zum Lernen; ein Nachschlagewerk ist für diejenigen gedacht, die wissen, was sie tun möchten, aber vergessen haben, wie es funktioniert.
- ✔ Dieses Buch ist ein Nachschlagewerk. Alle »...für Dummies«-Bücher sind Referenzen.

Die wunderbare Welt der Schriftarten

21

In diesem Kapitel

- Ein Blick in den Schriftartenordner
- Voransicht der Schriftarten
- Schriftarten auflisten
- Neue Schriftarten hinzufügen
- Schriftarten in Programmen verwenden
- Die Desktop-Schriftart in Windows ändern

Windows verlangt, daß Sie sich mit Schriftarten auseinandersetzen. Welchen Textstil verwenden Sie, um die Einkaufsliste zu schreiben? Welche Schriftart würde am besten für Ihre Kündigung aussehen? Nimmt mein Verleger mich ernst, wenn ich die Schriftart »Bembo« verwende? Eine wichtige Entscheidung, mit der sich DOS-Benutzer nie herumschlagen mußten. Im Textmodus sehen alle Dokumente gleich aus: häßlich.

In diesem Kapitel dreht sich alles um Schriftarten. Warum? Weil ich bemerkt habe, daß dieses Thema in keinem anderen Buch behandelt wird. Vielleicht denken die Autoren, daß es ein langweiliges Thema ist. Aber es gibt genügend Fragen und Probleme bezüglich Schriftarten, die ein Kapitel wert sind.

Wo sich die Schriftarten befinden

In einem Anfall von Logik, speichert Windows alle Schriftarten im Ordner »Schriftarten«. Es gibt zwei Methoden, die Schriftarten anzuzeigen:

Öffnen Sie das Startmenü, und wählen Sie **Systemsteuerung** unter **Einstellungen**. Doppelklicken Sie auf das Symbol »Schriftarten«.

- ✔ Öffnen Sie den Arbeitsplatz oder den Explorer, klicken Sie auf Laufwerk C, öffnen Sie Windows und doppelklicken Sie auf den Ordner »Schriftarten«.
- ✔ PostScript- und Druckerschriftarten sind möglicherweise nicht im Ordner »Schriftarten« installiert. Wenn Sie PostScript-Schriftarten mit Adobe Type Manager (ATM) verwenden, können Sie die verschiedenen Schriftarten im ATM-Programm anzeigen.

- ✔ Nur weil eine Schriftart nicht sichtbar ist, heißt das nicht, daß Sie nicht darauf zugreifen können. Überprüfen Sie mit dem Befehl Schriftart im Programm, ob die Schriftart vorhanden ist.
- ✔ Umgekehrt kann es auch passieren, daß einige Schriftarten im Fenster angezeigt werden, aber nicht im Menü. Üblicherweise handelt es sich dabei um Bildschirmschriftarten.

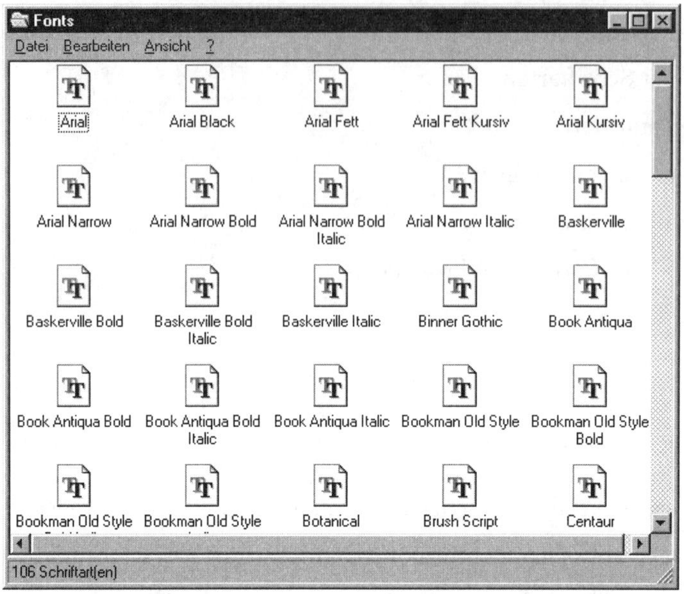

Abbildung 21.1: Ein typisches Fonts-Fenster

Voransicht von Schriftarten

Im Ordner »Schriftarten« werden nur die Namen und ein Symbol angezeigt, das Ihnen mitteilt, ob es sich um eine TrueType- oder Bildschirmschriftart handelt. Öffnen Sie das Schriftartsymbol, um die Schriftart zu sehen.

Doppelklicken Sie auf ein Schriftartensymbol, um das Voransichtsfenster zu öffnen (siehe Abbildung 21.2). Der Name der Schriftart und eine Voransicht aller Zeichen in verschiedenen Größen wird angezeigt.

- ✔ Schließen Sie das Voransichtsfenster, wenn Sie fertig sind.
- ✔ Klicken Sie auf »Drucken«, um die Voransicht zu drucken.
- ✔ Klicken Sie auf »Schließen« oder auf die Schaltfläche X, um das Fenster zu schließen.

Abbildung 21.2: Voransicht eines Fonts

Begriffe, die Sie kennen sollten

Schriftart: Text in einem bestimmten Design, verfügbar in Hunderten von Varianten.

Monospace: Eine Schriftart, in der alle Buchstaben die gleiche Breite haben; wie auf den alten Schreibmaschinen. Die meisten Windows-Schriftarten sind proportional. Courier ist eine monospace Schriftart.

Punkte: Die Höhe der Schrift wird in Punkt gemessen. Der meiste Text ist 12 Punkt hoch. Je höher der Text, desto größer wird er angezeigt.

Proportional: Eine Schriftart, bei der die Buchstaben in unterschiedlicher Breite angezeigt werden. Das I ist dünn, das W ist breit.

Sans Serif: Eine blockartige Schriftart ohne Schnörkel.

Skalierbare Schriftart: Diese Schriftart sieht immer gut aus, egal wie groß bzw. klein sie dargestellt wird.

Serif: Eine Schriftart mit Schnörkeln am Ende der Buchstaben, die aussehen wie Weihnachtsornamente.

Stil: Wie eine Schriftart aussieht: normal, kursiv, fett oder fett-kursiv. (Unterstrichen ist kein Stil, sondern ein »Effekt«, wie durchgestrichen oder hochgestellt.)

Alle Schriftarten auflisten

Es gibt keine Möglichkeit, die gesamten Schriftarten anzuzeigen. Es gibt allerdings mehrere Methoden, eine Liste mit den Schriftarten zu erstellen. Keine davon ist einfach.

Erstens können Sie ein Verwaltungsprogramm kaufen, das die Schriftarten organisiert. Diese Methode ist nur für fortgeschrittene Grafikanwendungen erforderlich.

Zweitens können Sie jede Schriftart öffnen und auf »Drucken« klicken. Diesen Vorgang müssen Sie für ca. 200 Schriftarten wiederholen.

Drittens können Sie mit einer Textverarbeitung oder WordPad eine Beispieldatei erstellen, die alle Schriftarten enthält (die beste Methode).

Tippen Sie alle Symbole, Zahlen und Buchstaben (Groß- und Kleinbuchstaben) einer Schriftart. Schreiben Sie den Namen der Schriftart darüber. Markieren Sie den Text und formatieren Sie ihn in dieser Schriftart. Hier ein Beispiel:

AdobeGaramond
Abcdefghijklmnopqrstuvwxyz
ABCDEFGHIJKLMNOPQRSTUVWXYZ
1234567890!@#$%^&*

- ✔ Wiederholen Sie diesen Vorgang für jede Schriftart und speichern Sie die Datei auf einem Datenträger. Das ist schneller als jedes Mal das Voransichtfenster zu öffnen.

Wenn Sie ein Verwaltungsprogramm für Schriftarten kaufen, stellen Sie sicher, daß es mit Windows 95 oder Windows 98 funktioniert. Die meisten Programme sind für den Macintosh.

- ✔ Von Adobe ist eine kostenlose Broschüre, *Image Club Typeface Reference,* erhältlich, in der alle Schriftarten von Adobe und Standardschriftarten aufgeführt sind. Unter folgender Adresse finden Sie Image Club im Web: http://www.imageclub.com/fonts/.

Schriftarten verwenden

Windows enthält einige Dutzend Schriftarten, und es können weitere hinzugefügt werden (lesen Sie weiter). In den verschiedenen Schriftartenmenüs finden Sie zwei unterschiedliche Schriftarttypen: TrueType und Druckerschriftarten.

Die Schriftart *TrueType* ist die Lieblingsschriftart von Windows. Diese Schriftart sieht gut auf dem Bildschirm und gedruckt aus. Sie kann zu einer beliebigen Größe geändert werden. Auf dem Symbol sind zwei »T« abgebildet.

Eine *Druckerschriftart* ist eine Schriftart, die der Drucker erstellen kann, aber möglicherweise von Windows nicht erkannt wird. Diese Schriftarten sind durch kleine Drucker gekennzeichnet. Die Schriftart wird richtig ausgedruckt, auch wenn sie auf dem Bildschirm seltsam aussieht. Druckerschriftarten werden schneller als andere Schriftarten gedruckt.

Ein dritter Typ ist die *Bildschirmschriftart*, die von Windows verwendet wird, um Informationen anzuzeigen. Diese Schriftarten sind in festgelegten Größen verfügbar: 8, 10, 12, 14, 18 und 24 Punkte. Die meisten Programm lassen das Verwenden der Bildschirmschriftarten nicht zu. Wenn doch, können sie nur in den angegebenen Größen angezeigt werden.

Eine neue Schriftart installieren

Sie können Schriftarten kaufen, bestellen oder kostenlos vom Internet herunterladen. Auch Programme enthalten oft neue Schriftarten. Mit Microsoft Office werden ca. zwölf Schriftarten installiert. Als ich die neueste Version von Adobe Illustrator installiert habe, habe ich mehr als 340 Schriftarten erhalten. Ihr Drucker hat ebenfalls installierbare Schriftarten. Die Beschaffung von neuen Schriftarten ist also kein Problem. Das Problem ist das Installieren.

Wenn ein Programm eine neue Schriftart enthält, wird diese automatisch installiert. Legen Sie ansonsten den Datenträger mit der neuen Schriftart in das Laufwerk ein, und gehen Sie wie folgt vor:

1. **Öffnen Sie den Ordner Schriftarten.**

   An Anfang dieses Kapitels wird beschrieben, wie der Ordner »Schriftarten« geöffnet wird.

2. **Legen Sie den Datenträger in das Laufwerk ein.**

   Wie das geht, wird in Kapitel 7 beschrieben.

3. **Wählen Sie Neue Schriftart installieren im Menü Datei.**

   Das Dialogfeld **Schriftart hinzufügen** wird angezeigt (siehe Abbildung 21.3).

4. **Suchen Sie in der Dropdown-Liste Laufwerke nach dem Datenträger mit den Schriftarten.**

   Wenn sich die Schriftarten in Laufwerk A befinden, wählen Sie Laufwerk A. Wenn sich die Schriftarten in CD-ROM-Laufwerk befinden, wählen Sie diesen Laufwerksbuchstaben.

   Wenn Sie das richtige Laufwerk gewählt haben, werden die Schriftarten auf dem Datenträger aufgelistet.

   Wenn der Datenträger keine Schriftarten enthält, wird die Meldung »Keine Schriftarten gefunden« angezeigt.

5. **Wählen Sie die zu installierenden Schriftarten.**

   Klicken Sie auf die eine Schriftart, um sie zu wählen. Halten Sie die Strg-Taste gedrückt, um mehrere Schriftarten zu markieren.

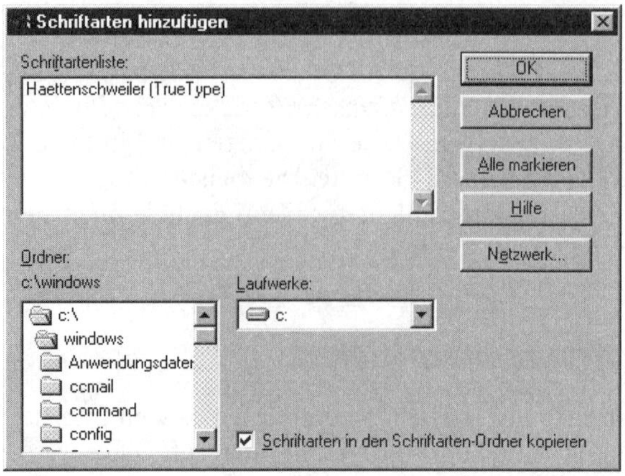

Abbildung 21.3: Die Dialogbox Schriftarten hinzufügen

6. **Klicken Sie auf OK.**

   Die Schriftarten werden in den Ordner **Schriftarten** kopiert. Sie sind fertig.

7. **Schließen Sie das Dialogfeld.**

Denken Sie daran, den Datenträger aus dem Laufwerk zu entfernen, insbesondere wenn es sich um Laufwerk A handelt. Bewahren Sie den Datenträger an einem sicheren Ort auf.

- ✔ Schriftarten können auch direkt kopiert werden. Öffnen Sie ein Fenster für den Datenträger, der die Schriftarten enthält, wählen Sie die gewünschte Schriftart und ziehen Sie diese in den Ordner **Schriftarten**.
- ✔ Verwenden Sie für PostScript-Schriftarten das ATM-Programm, da diese Schriftarten nicht unbedingt im Ordner **Schriftarten** installiert werden.
- ✔ Wenn Sie Schriftarten kaufen, erhalten Sie gewöhnlich PostScript- und TrueType-Versionen. Installieren Sie nur die TrueType-Version. Sie benötigen die PostScript-Schriftarten nur, wenn Sie einen PostScript-Drucker haben.

Befehle für Schriftarten

Die meisten Programme in Windows haben standardisierte Schriftartenbefehle. Sie können die Schriftart in einem Dialogfeld oder mit den entsprechenden Schaltflächen in einer Symbolleiste ändern.

Ein Schriftarten-Dialogfeld funktioniert von rechts nach links und von oben nach unten. Zuerst wählen Sie eine Schriftart, dann den Stil und die Größe. In einem Fenster wird eine Voransicht der Schriftart angezeigt. Andere Texteffekte können unten im Dialogfeld gewählt werden.

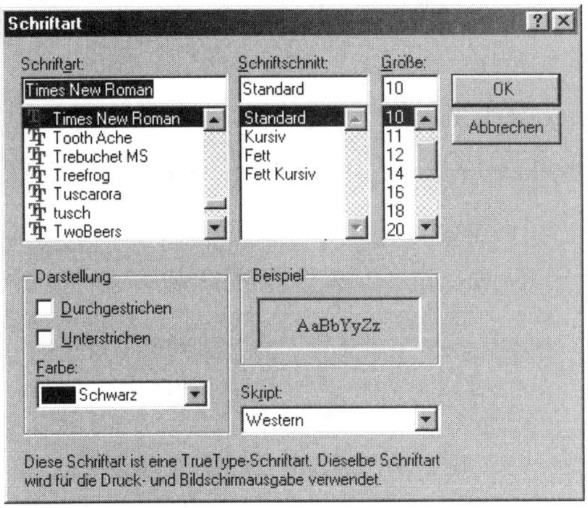

Abbildung 21.4: Eine typische Schriftarten-Dialogbox

Außerhalb des Dialogfelds befinden sich verschiedene Schaltflächen in einer Symbolleiste.

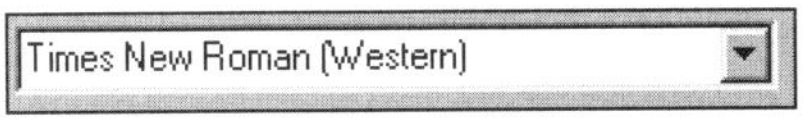

Wählen Sie in der Dropdown-Liste **Schriftarten** eine neue Schriftart. In einigen Anwendungen werden die zuletzt verwendeten Schriftarten zuerst angezeigt. Ansonsten werden die Schriftarten in alphabetischer Reihenfolge angezeigt.

In der Dropdown-Liste **Größe** können Sie die Größe der Schriftart festlegen.

- ✔ Schriftänderungen werden für den markierten Text übernommen. Wenn kein Text markiert ist, gelten die Änderungen für den Text, der nach Schließen des Dialogfelds eingegeben wird.
- ✔ In Windows können Sie auch die Farbe für Schriftarten ändern. Sie können allerdings nur in Farbe drucken, wenn Sie eine Farbdrucker besitzen.
- ✔ Windows ist ziemlich intelligent, wenn es um Schriftarten geht. Wie Sie vielleicht bemerkt haben, befinden sich im Ordner »Schriftarten« verschiedene Schriftartenfamilien: z.B. Arial, Arial Bold, Arial Bold Italic und Arial Italic. Sie können nur Arial als Schriftart wählen. Wenn Sie die Option Fett wählen, wird die Schriftart automatisch durch Arial Bold ersetzt.

Die Windows-Desktopschriftarten ändern

Das Ändern von Schriftarten ist nicht auf Programme beschränkt. Sie können festlegen, wie Windows Schriftarten verwendet. Das ist vollkommen legal und kein großer Aufwand, solange Sie folgende Schritte einhalten:

1. **Öffnen Sie die Systemsteuerung.**

   Zeigen Sie auf **Einstellungen** im Startmenü, und wählen Sie Systemsteuerung.

2. **Öffnen Sie das Symbol »Anzeige«.**

   Doppelklicken Sie auf das Symbol, um das Dialogfeld anzuzeigen (siehe Abbildung 21.5).

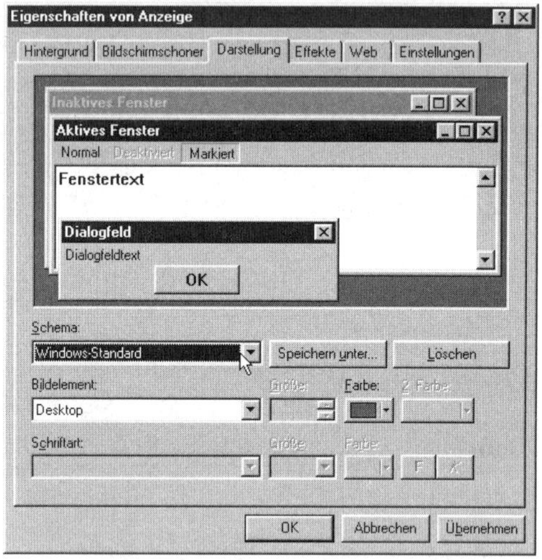

Abbildung 21.5: Die Dialogbox Eigenschaften von Anzeige

3. **Klicken Sie auf Darstellung.**

   Klicken Sie auf das Register **Darstellung**, um es im Vordergrund anzuzeigen. In diesem Register können Sie Farben und Schriftarten ändern.

4. **Legen Sie die Schriftart für folgende Elemente fest: Aktive Titelleiste, Inaktive Titelleiste, Menü (Text), Meldungsfeld (Text).**

   Wählen Sie eines dieser Elemente in der Dropdown-Liste, oder klicken Sie auf den zu ändernden Text im Voransichtsfenster. Wenn Sie ein Element gewählt haben, wird die Dropdown-Liste **Schriftart** aktiviert und Sie können eine neue Schriftart festlegen.

5. **Wählen Sie eine Größe, eine Farbe oder einen Stil für die Schriftart.**

   Wählen Sie eine Größe für die Schriftart in der Dropdown-Liste **Größe**.

Wählen Sie eine Farbe für die Schriftart in der Farbpalette.

Die Schaltfläche **F** wird verwendet, um die Schriftart fett darzustellen. Es ist ein Ein-/Ausschalter. Klicken Sie darauf, um die Schrift fett anzuzeigen; klicken Sie erneut darauf, um den Text wieder normal anzuzeigen.

Die Schaltfläche *K* zeigt den Text kursiv an.

Sie können Text gleichzeitig fett und kursiv anzeigen.

6. Die neuen Einstellungen testen.

Klicken Sie auf **Übernehmen**, um sehen, wie die Einstellungen »wirklich« aussehen. Auf diese Art können Sie noch Änderungen vornehmen. Wenn Sie auf **OK** klicken, wird das Dialogfeld geschlossen.

Wenn Ihnen die vorgenommenen Änderungen nicht gefallen, das heißt Sie eine Menge Zeit im Namen der Forschung verschwendet haben, klicken Sie auf **Abbrechen**.

Sie können auch eine der Voreinstellungen in der Dropdown-Liste **Schema** wählen.

Mehrere der in der Dropdown-Liste verfügbaren Voreinstellungen verwenden interessante Schriftarten.

✔ Sie können Ihre Schriftart- und Farbauswahl als Schema speichern. Klicken Sie auf **Speichern unter**, um die Auswahl zu speichern. Ihr selbst erstelltes Schema wird in der Dropdown-Liste zusammen mit den Windows-Voreinstellungen angezeigt.

Teil VI

Das Internet

In diesem Teil...

Was einmal der Spielplatz für UNIX-Benutzer war, ist jetzt ein Hauptfaktor bei der Arbeit mit dem Computer: Das Internet. Es ist groß. Es ist gewaltig. Es ist unerklärlich. Es ist Spaß. Und es ist vielleicht auch ein bißchen nützlich. Der UNIX-Spielplatz von früher ist zum Informationsgarten der ganzen Welt geworden.

Das Internet dreht sich um Kommunikation; um Senden und Empfangen von Informationen per E-Mail oder in magazinähnlicher Form im World Wide Web. In diesem Teil erfahren Sie, wie Sie die Verbindung mit dem Internet herstellen, das Web verwenden und E-Mail lesen. Genug um Ihren Appetit anzuregen.

Das Internet

22

In diesem Kapitel

- Für was das Internet gut ist
- Fünf Dinge, die Sie für das Internet benötigen
- Einen Internet-Dienstanbieter finden
- Windows für das Internet einrichten
- Die Verbindung mit dem Internet herstellen
- Im Internet Tschüß sagen

Möchten Sie jemanden beeindrucken? Dann ziehen Sie los, und kaufen Sie eine Insel. Möchten Sie am neuesten Computertrend teilhaben? Melden Sie sich im Internet an.

Das Internet ist der letzte Schrei. Aber schenken Sie den Übertreibungen keinen Glauben. Im Internet sind unter anderem Regierungs-, Bildungs- und Industriecomputer miteinander verbunden. Es gibt Millionen Dinge zu sehen und zu tun; außerdem treffen Sie möglicherweise einen der unverschämtesten Menschen auf dem Planeten. Kein Wunder, daß jeder verrückt danach ist!

- ✔ In diesem Kapitel wird beschrieben, wie Sie die Verbindung mit dem Internet herstellen.
- ✔ Das World Wide Web, der unterhaltsame Teil der Internets, wird in Kapitel 23 erklärt.
- ✔ Alles, was Sie über E-Mail wissen müssen, erfahren Sie in Kapitel 24.
- ✔ In Kapitel 25 wird das Senden bzw. Empfangen von Dateien über das Internet und E-Mail beschrieben.
- ✔ Wenn Sie Gefallen an diesem Zeug finden, ziehen Sie los, und kaufen Sie ein Buch über das Internet oder das World Wide Web, da hier bei weitem nicht alles beschrieben werden kann.

Eine kurze Beschreibung des Internets

Das Internet ist keine Software und kein Computer. Das Internet setzt sich aus Tausenden von Computer in der ganzen Welt zusammen. Die Computer senden, empfangen und speichern Informationen.

F: Das Internet ist kein großer Computer irgendwo?

A: Bill Gates hätte es zwar gerne, daß es sein Computer ist, aber ist es nicht.

- ✔ Das Internet wird verwendet, um Informationen zu erhalten.
- ✔ Die beste Methode Informationen vom Internet abzufragen, ist die Verwendung eines Webbrowsers (siehe nächstes Kapitel).

Fünf Dinge, die Sie für das Internet benötigen

Um auf das Internet zuzugreifen, benötigen Sie fünf Dinge. Die Chances stehen gut, daß Sie bereits vier davon haben.

Sie benötigen einen Computer. Jeder Computer funktioniert. Es ist nur die Geshwindigkeit des Modems wichtig, nicht die des Computers.

Sie benötigen ein Modem. Was zählt, ist die Geschwindigkeit. Kaufen Sie das schnellste Modem, das Sie sich leisten können. Vor einigen Jahren war das 28,8 Kbps Modem das schnellste, aber jetzt gibt es Modems mit 57,6 Kbps (siehe Kapitel 17).

Sie benötigen Internetsoftware. Windows enthält den Internet Explorer, einen Webbrowser für das Internet. Sie können auch den Netscape Navigator verwenden, der aber nicht so gut mit Windows 98 funktioniert (siehe Kapitel 23).

Sie benötigen Geld. Der Zugang zum Internet kostet Geld, genauso wie Kabelfernsehen. Die Kosten liegen zwischen DM 10,- und DM 75.- monatlich, abhängig davon, was Ihr ISP anbietet.

Sie benötigen einen Internet-Dienstanbieter (ISP). Vermutlich haben Sie noch keinen ISP. Wie Sie einen ISP finden, wird im nächsten Abschnitt beschrieben.

- ✔ Obwohl das Internet kein Programm ist, benötigen Sie spezielle Software, um die Verbindung mit dem Internet herzustellen und Informationen zu senden und zu empfangen.
- ✔ Zusätzlich zu einem ISP können Sie auch über einen Onlinedienst, z.B. America Online (AOL), CompuServe oder t-online, MSN oder Prodigy, auf das Internet zugreifen. Diese Dienste stellen die Verbindung mit dem Internet über spezielle Software her. Wenn Sie das Internet allerdings wirklich verwenden möchten, ist ein ISP besser.
- ✔ Der Internetzugang über America Online, CompuServe, t-online oder andere Onlinedienste wird in diesem Buch nicht beschrieben.
- ✔ Wenn Sie für eine große Firma arbeiten, haben Sie möglicherweise bereits über das Firmennetzwerk Zugang zum Internet. Das gleiche gilt für Universitäten und einige Behörden. Das beste daran ist, daß das Internet kostenlos ist. Allerdings können Sie leicht in Versuchung geraten, statt zu arbeiten, im Internet zu surfen.

Der Internetdienstanbieter (ISP)

Die beste Methode auf das Internet zuzugreifen, ist sich einen ISP zu suchen. Mit einem ISP haben Sie direkten Zugang zum Internet. In den meisten Gegenden gibt es mehrere ISPs, die in den Gelben Seiten aufgeführt sind.

Vom ISP erhalten Sie über das Telefon Zugang zum Internet und Support (da das S in ISP für *Service* steht). Sie bezahlten eine Beitrittsgebühr und monatlich einen bestimmten Betrag. Für die Beitrittsgebühr sollten Sie eine Broschüre und Internetsoftware bekommen.

Zusätzlich sollten Sie folgendes vom ISP erhalten:

✔ **Unbegrenzte Zugriffszeit.** Einige ISPs berechnen die Gebühr nach Stunden. Versuchen Sie, ganz viele kostenlose Stunden im Monat zu bekommen. Nur die wirklich Standhaften können allerdings mehr als 100 Stunden monatlich im Internet verbringen.

✔ **Ein lokale Telefonnummer ohne Vorwahl.**

✔ **Informationen für die Verbindung mit dem Internet.** Technisches Zeug, z.B. eine DNS-Servernummer, eine Gatewayadresse, einen Mail-Servernamen, einen News-Servernamen und andere Namen bzw. Nummern.

✔ **Einen Anmeldenamen und ein Kennwort.** Ein SLIP- oder PPP-Konto.

✔ **Ein E-Mailkonto oder eine Mailbox.** Der Name, den Sie zum Senden und Empfangen von E-Mail über das Internet verwenden (siehe Kapitel 24). Am besten suchen Sie sich Ihren E-Mailnamen selbst aus.

✔ **Zugriff auf Newsgroups.** Je mehr, desto besser. Es sind Tausende Newsgroups verfügbar. Vermeiden Sie ISPs, die Newsgroups zensieren. Sie sind Ihr bester Zensor.

✔ **Speicherplatz.** Ein kleiner Speicherbereich, den Sie z.B. verwenden können, um Ihre eigene Webseite zu erstellen.

Extras. Diese sind nur wichtig, wenn Sie Ihre eigene Webseite erstellen. FTP-Zugriff, Audio-/Videofunktionen, CGI-Programmierung, Webseitenstatistik und anderes Zeug.

Ziehen Sie Erkundigungen über die ISPs in Ihrer Gegend ein. Der billigste ist nicht immer der beste.

Wechseln Sie den ISP, wenn Sie nicht zufrieden sind. Mit meinem ersten ISP konnte ich nicht einmal auf Newsgroups zugreifen. Es war kein Problem, den ISP zu wechseln.

✔ Ihre Internetanmelde-ID und Kennwort unterscheiden sich von der Benutzer-ID und dem Kennwort, das Sie für Windows verwenden. Für jedes System, auf das Sie zugreifen, sind eine andere ID und ein anderes Kennwort erforderlich.

- Möglicherweise erhalten Sie zwei IDs und zwei Kennwörter. Das eine zum Anmelden beim Dienst und das andere für Ihr E-Mail.

Der beste ISP ist der, von dem Sie eine Broschüre und eine Diskette für den Direkteinstieg erhalten.

- Ich bevorzuge ISPs, die einen 24 Stunden Service anbieten. Wenn Ihr E-Mail um 11 Uhr nachts den Geist aufgibt, ist es nett, jemanden zu haben, der helfen kann.
- Wenn Sie eine Diskette erhalten, stellen Sie sicher, daß diese für Ihre Version von Windows geeignet ist. Internetanwendungen für Windows 3.1 sollten nicht mit Windows 95 oder Windows 98 verwendet werden.

Windows für das Internet konfigurieren

Den Computer für das Internet einzurichten ist nicht so schwierig, vorausgesetzt Sie haben folgende drei Dinge:

- Eine silberne Schale
- Ein Zeremonienmesser
- Eine Ziege

Moment, diese Dinge wurden früher benötigt, bevor Windows mit dem Assistenten für den Internetzugang kam. Jetzt sind nur noch einige Informationen von Ihrem Internet-Dienstanbieter erforderlich:

- Die Telefonnummer, die Sie anrufen müssen.
- Ihr ISP-Domänenname.
- Ihre Internet Anmelde-ID und Ihr Kennwort.
- Die Nummer für die DNS (Domain Name Server) Ihres Anbieters.
- Der Name des E-Mailservers Ihres Anbieters.
- Ihr E-Mailname, Adresse und Kennwort.
- Der Name des Newsservers (NNTP) Ihres Anbieters.

Sie sollten *alle* diese Informationen von Ihrem ISP erhalten. Sie müssen dem Assistenten für den Internetzugang nur noch die Nummern mitteilen, den Rest erledigt er.

1. **Starten Sie den Assistenten für den Internetzugang.**

   Wählen Sie **Programme/Internet Explorer/Assistent** für den Internetzugang im Startmenü. (In Windows 95 wählen Sie **Programme/Internet/Verbindung mit dem Internet**.)

Möglicherweise ist dieser Menüeintrag nicht vorhanden. Wenn Sie Netscape verwenden, installieren Sie es von der CD-ROM oder von Disketten, wie jede andere Software (siehe Kapitel 20). Der Netscape Setup-Assistent übernimmt das Weitere (und Sie brauchen nicht mehr weiter lesen).

2. **Wählen Sie die Option, die Windows mitteilt, daß Sie bereits ein Internetkonto haben.**

   Es sollte die mittlere Option sein. Diese Option teilt dem Assistenten mit, daß Sie bereits einen ISP und alle erforderlichen Informationen haben.

Wählen Sie auf keinen Fall die erste Option, da Windows sonst einen Computer anwählt, der alle möglichen ISPs auflistet.

3. **Klicken Sie auf Weiter.**
4. **Wählen Sie die erste Option, da Sie bereits einen ISP haben.**
5. **Klicken Sie erneut auf Weiter und beantworten Sie die Fragen.**

   Sie müssen einige Fragen beantworten, wenn Sie Assistenten fortsetzen. Die meisten Antworten sollten Sie in der Broschüre Ihres ISPs finden. Für einige benötigen Sie möglicherweise Hilfe. Denken Sie daran, daß es kein Zeichen von Schwäche ist, um Hilfe zu bitten.

   Im allgemeinen, ist die bereits gewählte Option auch die beste. Zum Beispiel wenn Sie gefragt werden, ob Sie die Verbindung über ein Modem oder ein lokales Netzwerk herstellen möchten. Sie verwenden wahrscheinlich ein Modem. Diese Option ist bereits markiert.

Lesen Sie die Anweisungen auf dem Bildschirm! Klicken Sie nie einfach auf »Weiter«, weil Sie davon ausgehen, daß alles in Ordnung ist.

6. **Klicken Sie auf Fertig stellen.**

   Sie sind fertig.

   Wenn alles erledigt ist, befindet sich im Arbeitsplatz ein neuer Ordner: DFÜ-Netzwerk. Dieser Ordner enthält ein Symbol für die Verbindung mit dem Internet. Wenn Sie Windows 98 und den Microsoft Internet Explorer verwenden, wird die Verbindung automatisch hergestellt.

- ✔ Wie Sie die Verbindung mit dem Internet herstellen, wird im nächsten Abschnitt beschrieben.
- ✔ Diesen Vorgang müssen Sie nur einmal ausführen, außer Sie wechseln den ISP. Wenn Sie zu Netscape überlaufen, müssen Sie es auch nochmal machen.
- ✔ Werfen Sie die Broschüre nicht weg, die Sie von Ihrem ISP erhalten haben. Möglicherweise benötigen Sie die Informationen zu einem späteren Zeitpunkt erneut.

Die Verbindung mit dem Internet herstellen

Um auf das Internet zuzugreifen, müssen Sie Windows zwingen, Ihren ISP anzuwählen. Wenn die Verbindung hergestellt ist, verwenden Sie Ihre Internetsoftware.

In Windows gibt es zwei Möglichkeiten die Verbindung mit dem Internet herzustellen. Erstens, können Sie ein Internetprogramm ausführen, z.B. den Webbrowser oder das E-Mailprogramm. Diese Programme öffnen das Dialogfeld **Verbinden mit**, wenn Sie nicht bereits online sind.

Die zweite Methode ist, das Dialogfeld **Verbinden mit** manuell zu öffnen. Ich beschreibe das hier, weil dieses Kapitel drei Seiten zu kurz ist.

Öffnen Sie den Ordner **DFÜ-Netzwerk** im Arbeitsplatz (siehe Abbildung 22.1), um die Symbole für das Internet anzuzeigen.

Abbildung 22.1: Das Dialogfeld DFÜ-Netzwerk

Öffnen Sie das gewünschte Symbol (es ist nur eines enthalten). Es ist das Symbol, das bei der Konfiguration von Windows für das Internet erstellt wurde. Das Dialogfeld **Verbinden mit** wird angezeigt (siehe Abbildung 22.2).

Geben Sie folgende Informationen im Dialogfeld ein:

- ✔ Den Anmeldenamen oder die ID, die Sie von Ihrem ISP erhalten haben. Diese ID unterscheidet sich möglicherweise von Ihrem E-Mailnamen.
- ✔ Das Kennwort, mit dem Sie sich bei Ihrem ISP anmelden.
- ✔ Die Telefonnummer Ihres ISP.

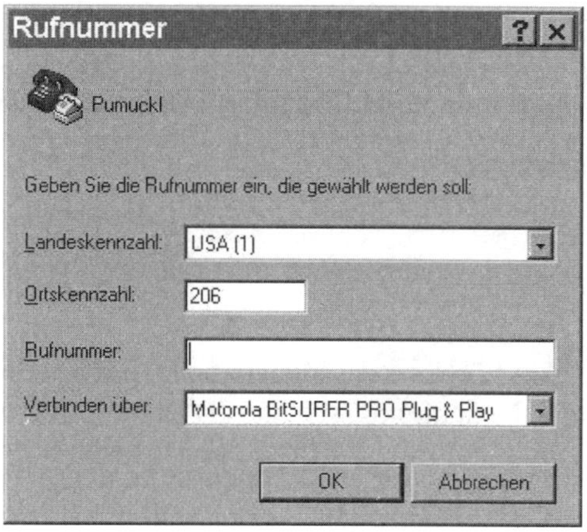

Abbildung 22.2: Das Dialogfeld Rufnummer

Aktivieren Sie die Option »Kennwort speichern«, damit Sie das Kennwort nicht jedesmal erneut eingeben müssen.

Klicken Sie auf **Verbinden**, um den Wählvorgang zu starten.

Boop-beep-doop-dap-dee-dee-dee.

Die Verbindung mit Ihrem ISP sollte hergestellt werden. Falls nicht, wiederholen Sie den Vorgang. Lesen Sie Kapitel 17, wenn beim Herstellen der Verbindung Probleme auftreten.

Wenn Sie verbunden sind, wird das Dialogfeld »Verbindung hergestellt« angezeigt (siehe Abbildung 22.3). Sie sind da! Willkommen beim Internet. Aktivieren Sie die Option »Diese Meldung künftig nicht mehr anzeigen«, wenn Sie möchten. Klicken Sie auf **Schließen**.

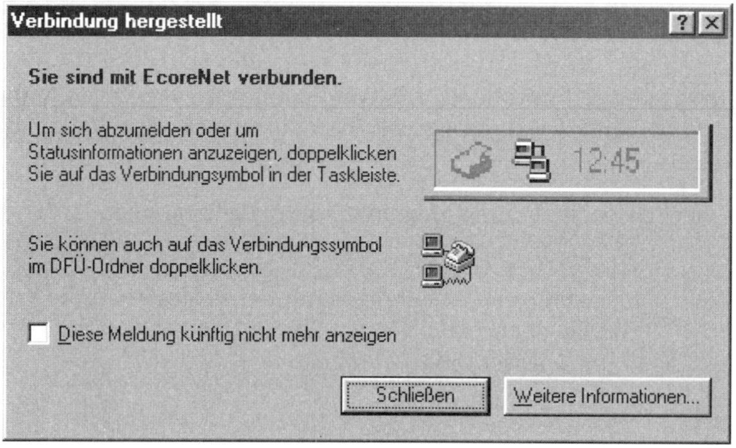

Abbildung 22.3: Das Dialogfeld Verbindung hergestellt

Nachdem Sie das Dialogfeld »Verbindung hergestellt« geschlossen haben (oder wenn es erst gar nicht geöffnet wird), wird rechts in der Taskleiste ein neues Symbol angezeigt. Dieses Symbol zeigt an, daß Sie online sind und Ihre Internetsoftware ausführen können.

Lesen Sie den nächsten Abschnitt.

Denken Sie daran, das externe Modem vor dem Wählen einzuschalten.

- ✔ Es kann vorkommen, daß Windows das Modem nicht erkennt, insbesondere nachdem Sie den Computer oder das Modem eingeschaltet haben. Wenn eine entsprechende Fehlermeldung angezeigt wird, ignorieren Sie diese. Wiederholen Sie den Wählvorgang.
- ✔ Die Originalversion von Windows 95 (Version A) funktioniert etwas anders.

Internetsoftware

Nachdem Sie die Verbindung mit Ihrem ISP hergestellt haben, können Sie ein Internetprogramm ausführen, z.B. den Webbrowser, ein E-Mailprogramm oder einen Newsgroup Reader.

- ✔ Wenn die Verbindung mit dem Internet hergestellt ist, können Sie jedes Programm ausführen, das auf Informationen im Internet zugreift.
- ✔ Internetprogramme funktionieren wie andere Programme. Der einzige Unterschied ist, daß die Verbindung mit dem Internet hergestellt werden muß, um sie auszuführen.
- ✔ Sie können gleichzeitig mehrere Internetprogramme starten. Ich führe normalerweise mindestens drei Programme aus, da das Internet langsam ist. Auf diese Art kann ich die Informationen in einem Fenster lesen, während in einem anderen Fenster etwas geladen wird.
- ✔ Sie können auch eine Anwendung, z.B. Word oder Excel, verwenden, während Sie mit dem Internet verbunden sind. Vergessen Sie aber nicht, daß Sie online sind.

Schließen Sie das Internetprogramm, wenn Sie fertig sind.

- ✔ Die einzige Voraussetzung zum Ausführen von Internetsoftware ist die Verbindung mit dem Internet. Wenn Sie online sind, können Sie ein Internetprogramm ausführen, verwenden und schließen, wie jedes andere Programm.

Tschüß, Internet

Abhängig von Ihrer Windows-Version gibt es zwei Möglichkeiten sich vom Internet zu verabschieden. Es gibt noch eine dritte Methode. Aber das Modemkabel aus der Steckdose zu reißen, ist nicht die höflichste Art.

Bevor Sie die Verbindung trennen, stellen Sie sicher, daß alle Internetprogramme beendet sind. Schließen Sie einfach alle Fenster, und Sie sind fertig.

In älteren Versionen von Windows wird das Dialogfeld **Verbindung mit ...** geöffnet. Wenn das Symbol minimiert ist, klicken Sie auf die Schaltfläche in der Taskleiste, um es zu maximieren. Klicken Sie auf **Verbindung trennen**.

Möglicherweise werden Sie beim Schließen der Internetprogramme gefragt, ob Sie die Verbindung trennen möchen. Wenn nicht, doppelklicken Sie auf das Symbol in der Taskleiste, das anzeigt, daß Sie online sind. Ein Dialogfeld wird angezeigt (siehe Abbildung 22.4). Klicken Sie auf »Verbindung trennen«.

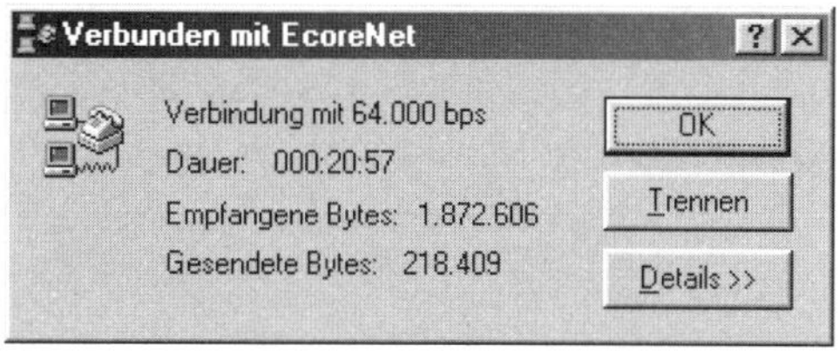

Abbildung 22.4: Klicken Sie auf Verbindung trennen, um Tschüß zum Internet zu sagen

Denken Sie immer daran, die Verbindung mit dem Internet zu trennen. Die Verbindung wird nicht immer getrennt, wenn Sie den Webbrowser schließen.

- ✔ Ein Hinweis, daß Sie nicht mehr mit dem Internet verbunden sind, ist, wenn das entsprechende Symbol in der Taskleiste verschwindet.

Im Dialogfeld **Verbindung mit ...** können Sie sehen, wieviel Zeit Sie online verbracht haben. Das ist wichtig, da Sie möglicherweise mehr Stunden im Internet surfen, als Sie eigentlich beabsichtigt haben.

- ✔ Einige Systeme trennen die Verbindung mit dem Internet, wenn für einen bestimmten Zeitraum nichts eingegeben wurde.
- ✔ Ein weiterer Grund warum ich externe Modems bevorzuge: Das Licht zeigt immer an, ob die Verbindung getrennt wurde oder nicht.

Das World Wide Web

23

In diesem Kapitel

- Webbrowser
- Im Web surfen
- Eine Webseitenadresse tippen
- Auf einen Hyperlink klicken
- Die Navigationsschaltflächen
- Ihre Homepage besuchen
- Im Web suchen

Das Internet ist ein Chaos. Sicher, es enthält Unmengen an Informationen. Aber es erinnert an eine Bibliothek, in der ein Taifun gewütet hat. Die Informationen sind nicht katalogisiert und es gibt keine Bibliothekare. Es wurden verschiedene Programme entwickelt, die den Zugriff auf die Informationen erleichtern sollen: Archie, WAIS, Gopher und andere Programme mit dummen Namen. Dann kam das Web.

Das Web, kurz für World Wide Web (WWW), ist die beste Methode, Informationen im Internet abzufragen. Mit seinen Grafiken und Links ist das Web das Ding schlechthin.

✔ Das Web ist nur ein Teil des Internets.

Das Internet besteht aus vielen Computern, die Informationen senden, empfangen und speichern. Das Web ist eine Methode die Informationen abzufragen.

✔ Um im Web zu surfen, benötigen Sie einen Webbrowser.

Der Webbrowser

Bereiten Sie sich darauf vor, ins kalte Wasser des Internets zu springen. Zuerst stellen Sie die Verbindung mit dem Internet her (siehe Kapitel 22), und dann führen Sie Ihre Internetsoftware aus.

Es gibt zwei Hauptprogramme, die für das Internet verwendet werden: ein Webbrowser und ein E-Mailprogramm. Mit dem E-Mailprogramm lesen Sie Ihre persönlichen Nachrichten. Mit dem Browser machen Sie alles andere.

Alles über E-Mails erfahren Sie in Kapitel 24.

Browserkrieg: Microsoft Internet Explorer gegen Netscape Navigator

Der erste Webbrowser, der von den Lehrern und Studenten entwickelt wurde, die das Web ins Leben gerufen haben, wurde Mosaic genannt. Einige dieser Lehrer und Studenten verließen die Universität und gründeten ihre eigene Firma: Netscape. Jahrelang war der Netscape Navigator der beste Webbrowser und hatte einen Marktanteil von mehr als 80 Prozent. Diese Tatsache blieb nicht vor Bill Gates und Microsoft verborgen.

Vor einigen Jahren kam der Internet Explorer von Microsoft heraus. Ich spare mir den Kommentar über den Rechtsstreit zwischen Microsoft und Netscape. Der Internet Explorer ist inzwischen genauso populär wie der Netscape Navigator.

Welcher Browser ist der beste? Netscape, natürlich. Jeder im Internet kann Ihnen das bestätigen. Wenn Sie Windows 98 haben, sind Sie allerdings genötigt den Internet Explorer zu verwenden. Windows 98 und der Internet Explorer sind so stark aneinander gebunden, daß kein anderer Browser richtig funktioniert. Obwohl Sie Netscape ausführen können, leidet dessen Leistung (warum wohl?), und gelegentlich wird sowieso der Internet Explorer gestartet.

- ✔ Da dieses Buch speziell Windows 98 abdeckt, wird nur der Internet Explorer beschrieben. Ich verwende den Netscape Navigator als meinen Hauptbrowser (auf meinem Windows 95-System und meinem Macintosh G3). Wenn Sie Windows 98 haben, sollten Sie den Internet Explorer verwenden.
- ✔ Wenn Sie den Netscape Navigator verwenden, können Sie trotzdem weiter lesen. Die meisten Anweisungen in diesem Kapitel sind allgemein und gelten für den Internet Explorer und den Netscape Navigator.

Den Internet Explorer starten

Sie können den Microsoft Internet Explorer starten, indem Sie auf das Symbol auf dem Desktop doppelklicken (siehe Abbildung 23.1). Wenn Sie noch nicht im Web gesurft sind, wird vermutlich die Microsoft Homepage angezeigt.

Beachten Sie Folgendes:

Schaltflächenleiste. Unter der Menüleiste befinden sich mehrere Schaltflächen. Sie können diese verwenden, um Webseiten zu besuchen und grundlegende Funktionen des Webbrowsers auszuführen.

Adressenfeld. Wie in den Tagen von DOS, können Sie Befehle eintippen, um bestimmte Webseiten zu besuchen. Die Webseitenadressen werden offiziell URLs genannt. Die Adressen sind seltsam, aber Sie werden sich daran gewöhnen.

Webseite. Der Inhalt des Webbrowsers (das, was angezeigt wird) ist eine Seite im Web (siehe Abbildung 23.1).

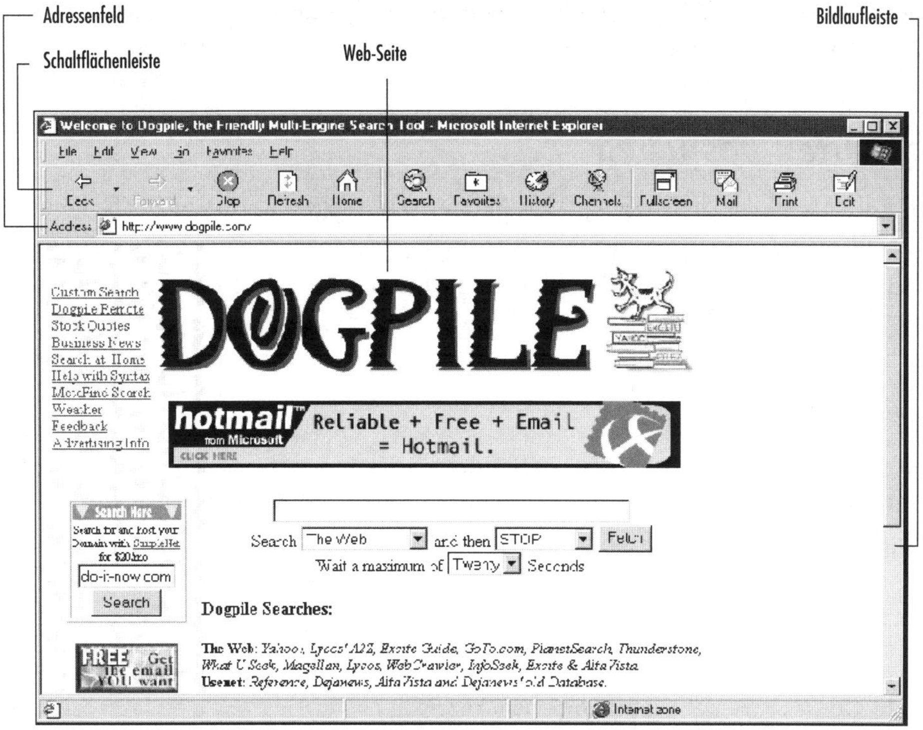

Abbildung 23.1: Der Internet Explorer

Bildlaufleisten. Eine Webseite ist oft größer als das Browserfenster. Mit den Bildlaufleisten können Sie den gesamten Inhalt der Webseite anzeigen.

Links. Farbige unterstrichene Wörter, Symbole oder Grafiken auf einer Webseite. Wenn Sie auf einen Link klicken, wird eine andere Webseite geöffnet.

Mit dem Webbrowser ist es einfach Informationen im Internet anzuzeigen. Sie bekommen Grafiken und Text zu sehen, beinahe wie in einem Magazin. Viele Webseiten enthalten Animationen oder geben Musik wieder (was ganz schön nervig sein kann). Sie müssen nur selten etwas eintippen, das meiste wird mit der Maus gemacht.

- ✔ URL ist ein Akronym für Uniform Resource Locator. Es ist ein Befehl, der den Webbrowser losschickt, um etwas im Internet zu suchen.
- ✔ Die meisten URLs beginnen mit http://, was eigentlich ein Internetbefehl ist. Der danach folgende Text ist die Adresse, eines Computer irgendwo in der Welt.
- ✔ Sie müssen nur selten eine Webseitenadresse eingeben, meisten klicken Sie mit der Maus auf einen Link auf einer Webseite oder wählen eine Webseite in den Lesezeichen oder Favoriten.

- ✔ Webseiten können oft nicht im Browserfenster angezeigt werden, weil sie zu groß sind. Verwenden Sie die Bildlaufleisten, um die gesamte Webseite zu sehen.

Webseiten besuchen

Im World Wide Web befinden sich ca. 100 Millionen Webpages. Warum nicht alle besuchen?

Es gibt zwei Möglichkeiten eine Webseite zu besuchen. Sie können die Adresse manuell eingeben oder auf einen Link klicken. Ein Link ist ein Text oder eine Grafik auf einer Webseite, der eine andere Webseite öffnet.

Eine Adresse eintippen

Um eine Webseite zu besuchen, können Sie einfach die Adresse eintippen. Die Eingabe ist oft erforderlich, wenn Sie eine neue Seite anzeigen möchten. Gehen Sie wie folgt vor:

1. **Klicken Sie im Adressenfeld im Webbrowser.**

   Der im Adressenfeld vorhandene Text sollte markiert werden. Wenn nicht, markieren Sie ihn manuell mit der Maus.

   Wenn das Adressenfeld nicht angezeigt wird, wählen Sie **Ansicht/Symbolleiste/Adressenfeld**. (In Netscape wählen Sie **Optionen/Anzeigen**.)

2. **Drücken Sie die Rückschritt- oder Löschentaste, um den Text zu löschen.**

3. **Geben Sie eine neue Adresse ein.**

   Geben Sie zum Beispiel folgendes ein:

   ```
   http://www.cnn.com
   ```

   Http, ein Doppelpunkt, zwei Schrägstriche, drei **w**, ein Punkt, **cnn**, noch ein Punkt, **com.** Am Ende der Adresse muß kein Punkt eingegeben werden.

4. **Drücken Sie die Eingabetaste.**

   Der Webbrowser beginnt die Suche nach der CNN-Webseite im Internet. Diese sollte nach einigen Sekunden geladen werden.

Wenn Sie die Tastenkombination Strg+L drücken, wird ein Dialogfeld angezeigt, in dem Sie die Adresse eingeben können.

- ✔ Webseitenadressen beginnen gewöhnlich mit http:// und enden gelegentlich mit html. Im Grunde ist es nur eine Netzwerkadresse, die eine Webseite enthält.

✔ Sie können den Text im Adressenfeld mit der Maus oder den entsprechenden Tasten bearbeiten.

Der http://-Teil einer Webseitenadresse ist optional. Der Internet Explorer und Netscape gehen davon aus, daß Sie das http:// nur vergessen haben. Der www-Teil ist für die meisten Webseiten erforderlich. Sie sollten trotzdem immer die vollständige Adresse eingeben.

✔ Wenn eine Webseitenadresse mit ftp:// oder gopher:// beginnt, müssen Sie diese Befehle eingeben.

Auf einen Link klicken

Fast jede Seite hat einen Link zu einer anderen Seite. Eine Webseite über Science Fiction kann z.B. Links zu folgenden Seiten enthalten: *Star Wars, Metropolis* oder *Raumschiff Enterprise*. Klicken Sie auf einen Link, um weitere Informationen anzuzeigen.

Die meisten Links auf Webseiten sind Text, der unterstrichen ist oder sich in der Farbe vom restlichen Text unterschiedet.

Links können auch Grafiken bzw. Bilder sein. Die einzige Methode das herauszufinden, ist mit der Maus auf einen Link zu zeigen. Wenn sich der Mauszeiger zu einer Hand ändert, handelt es sich um einen Link.

✔ Links öffnen eine andere Webseite, ohne daß Sie eine neue Adresse eingeben müssen.

✔ Links zeigen verwandte Informationen an.

✔ Viele Webseiten sind lediglich eine Ansammlung von Links.

✔ Informative Webseiten enthalten Links zu weiteren Themen. Die meisten Links befinden sich am unteren Seitenrand oder mitten im Text.

Link ist die Abkürzung von *Hyperlink*, was aber nicht wichtig ist.

Zurück, weiter zurück, vorwärts und halt

Links können Spaß machen. Die meisten Leute verschwenden mit Links ihre Zeit im Internet. Ich habe z.B. kürzlich eine Webseite mit einer ausführlichen Erklärung zu Don McLean's *American Pie* gefunden. Ich weiß nicht, wie ich dorthin geraten bin. Ich bin dort gelandet, nachdem ich auf einige Links geklickt haben. Anders als Hänsel und Gretel, hinterlasse ich keine Brotkrümel auf dem Informationshighway. Glücklicherweise macht das der Webbrowser für mich.

Verwenden Sie die Navigationsschaltflächen des Browsers, um zu einer Webseite zurückzukehren. Klicken Sie auf **Zurück**, um alle Webseiten, die Sie besucht haben, erneut anzuzeigen.

Wenn Sie weiter zurückgehen möchten, verwenden Sie die Liste mit den kürzlich besuchten Webseiten oder den Verlauf. Klicken Sie auf den Pfeil nach unten am Ende des Adressenfelds, um eine Liste der zuletzt besuchten Webseiten anzuzeigen. (In Netscape können Sie im Menü **Go** die zuletzt geöffneten Webseiten sehen.)

Die Dropdown-Liste **Zurück/Weiter** im Internet Explorer 4 ermöglicht es, zuvor angezeigte Seiten zu überspringen. Sie müssen nicht zehnmal auf **Zurück** klikken, um eine Seite erneut zu besuchen.

Wenn Sie eine Webseite finden, die Sie erneut besuchen möchten, erstellen Sie ein Lesezeichen. Sie können die Webseite jederzeit öffnen, indem Sie das Lesezeichen in einer Liste wählen.

Darin unterscheidet sich der Internet Explorer von jedem anderen Webbrowser. Im Internet Explorer werden Lesezeichen nicht Lesezeichen genannt, sondern Favoriten. Klicken Sie auf die Schaltfläche **Favoriten**, um eine Webseite hinzuzufügen oder eine Webseite zu wählen.

Führen Sie in Netscape den Befehl **Lesezeichen/Lesezeichen hinzufügen**, um ein Lesezeichen zu erstellen. Die Lesezeichen werden im Menü **Lesezeichen** angezeigt.

Der Link *American Pie*:

`http://www.urbanlegends.com/songs american_pie_interpretations.html`

Ich will nach Hause!

Eine *Startseite* ist die erste Seite, die angezeigt wird, wenn Sie den Webbrowser starten. Es kann die Webseite von Microsoft, Netscape oder Ihrem ISP sein. Sie können die Webseite auch selbst aussuchen.

Wenn Sie z.B. die CNN-Webseite als Ihre Startseite verwenden möchten, gehen Sie wie folgt vor:

1. **Wählen Sie Ansicht/Internetoptionen.**

   Der Befehl in früheren Versionen des Internet Explorers ist **Ansicht/Optionen**.

2. **Klicken Sie auf das Register Allgemein im Dialogfeld Internetoptionen.**

   Allgemein ist das erste Register (siehe Abbildung 23.2). Im oberen Bereich legen Sie die Startseite fest.

3. **Geben Sie die Adresse der neuen Startseite ein.**

   Beispielsweise http://www.cnn.com.

4. **Klicken Sie auf OK.**

Sie können jederzeit zur Startseite zurückkehren, indem Sie auf die Schaltfläche **Startseite** in der Symbolleiste klicken.

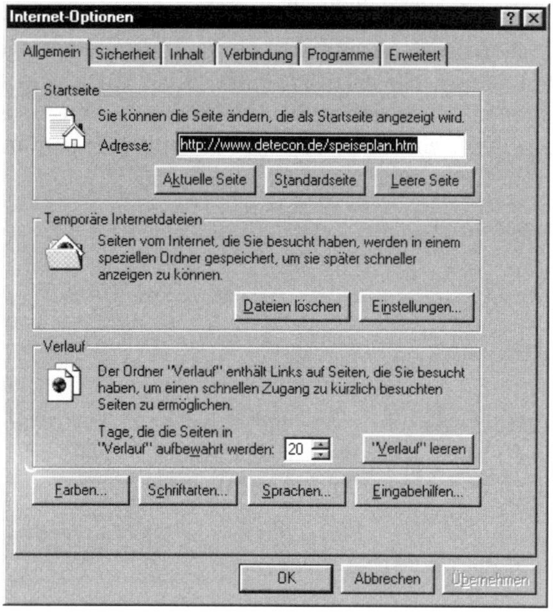

Abbildung 23.2: Die Dialogbox Internet-Optionen

Zeug suchen

Das Web ist wie eine Bibliothek ohne Bibliothekar. Es gibt auch keinen Katalog. Webseiten sind nicht organisiert und die Informationen haben keine Anspruch auf Vollständigkeit oder Genauigkeit. Da jeder alles im Web veröffentlichen kann, macht es auch jeder.

Informationen im Web zu suchen, ist nicht mehr so schwierig, wie es einmal war. Es gibt mehrere Möglichkeiten etwas ausfindig zu machen.

Yahoo!

Der vollständigste Katalog mit Webseiten ist der riesige Yahoo-Katalog. Wie in einer Bücherei sind die Webseiten nach Themen aufgelistet. Sie können die Kategorien durchsuchen, indem Sie auf die verschiedenen Links klicken.

Besuchen Sie Yahoo! unter:

`http://www.yahoo.de/`

WebCrawler

WebCrawler durchsucht das gesamte Web. Wenn Sie z.B. nach Lincoln suchen, findet WebCrawler alle Webseiten, die dieses Wort enthalten. Die Webseiten, in denen das Wort am häufigsten vorkommt, werden zuerst angezeigt.

Auch wenn WebCrawler hervorragend zum Suchen von Informationen geeignet ist, finden Sie möglicherweise nicht immer was Sie möchten. Yahoo! listet z.B. Themen auf wie Abe Lincoln, Lincoln Nebraska und Lincoln High School. WebCrawler zeigt eine Webseite an, die das Wort *Lincoln* tausendmal enthält. WebCrawler kann trotzdem Webseiten finden, die Yahoo! nicht findet, da WebCrawler ein Webroboter ist und kein Katalog.

Besuchen Sie WebCrawler unter:

`http://www.webcrawler.com`

Excite

Wenn Sie thematisch nach etwas suchen, verwenden Sie Excite. Es funktioniert wie WebCrawler und listet Webseiten nach Inhalt auf. Aber im Gegensatz zu WebCrawler können Sie Ihre Suche basierend auf dem Inhalt näher definieren. Wenn eine Website angezeigt wird, klicken Sie auf »Ähnliche Sites«.

Besuchen Sie Excite unter:

`http://www.excite.de`

Search.com

Search.com von CNET ist ein Katalog mit Webkatalogen. Alle Suchmodule können hier gefunden werden:

`http://www.search.de`

Dogpile

Das ultimative Suchmodul ist Dogpile (siehe Abbildung 23.1). Es sucht überall nach allem.

`http://www.dogpile.com`

Den Webbrowser schließen

Wenn Sie mit dem Surfen im World Wide Web fertig sind (das heißt, es ist 4 Uhr morgens und Sie müssen in 90 Minuten aufstehen, um sich für die Arbeit fertig zu machen), beenden Sie den Internet Explorer. Wählen Sie **Datei/Beenden**.

Möglicherweise wird ein Dialogfeld angezeigt, und Sie werden gefragt, ob Sie die Verbindung trennen möchten. Klicken Sie auf **Ja**. Gehen Sie ins Bett. Schlafen Sie noch ein bißchen.

E-Mail (und andere Dinge)

24

In diesem Kapitel

- Outlook Express
- E-Mail lesen
- E-Mail senden
- Newsgroups
- Andere Internetsachen

Außer E-Mail gibt es noch viele andere Dinge, die Sie im Internet machen können. In diesem Kapitel werden neben E-Mail noch Newsgroups, FTP und Telnet beschrieben. Vielleicht werden Sie diese nie benutzen, aber es ist gut zu wissen, um was es sich handelt.

Briefe! Wir bekommen Briefe!

Unter anderem sollten Sie von Ihrem Internet-Dienstanbieter ein E-Mailkonto erhalten, damit Sie Nachrichten senden und empfangen können.

Outlook Express

Für die Verwendung im Internet sind mehrere E-Mailprogramme verfügbar. Die bekanntesten sind: Eudora, Netscape und Outlook Express.

Da in diesem Buch Windows 98 beschrieben wird, konzentriert sich dieses Kapitel auf Outlook Express. Die anderen E-Mailprogramm funktionieren aber ähnlich. Das Senden und Empfangen von Anhängen wird für alle 3 Programme in Kapitel 25 erklärt.

Doppelklicken Sie auf das Symbol Outlook Express auf dem Desktop. Outlook Express wird gestartet und optional wird die Verbindung mit dem Internet hergestellt.

Links im Outlook Express-Fenster (Abbildung 24.1) wird die Liste mit den Postfächern angezeigt, rechts die Nachrichten. Nicht gelesene Mail wird fett dargestellt.

- ✔ Wenn das Dialogfeld in Abbildung 24.1 nicht angezeigt wird, wenn Sie Outlook Express starten, klicken Sie auf **Mail lesen**.
- ✔ Vermutlich erhalten Sie nicht umgehend Mail, außer einer »Willkommen«-Nachricht von Microsoft. Wenn Sie Mail erhalten möchten, senden Sie welche; wie im richtigen Leben.

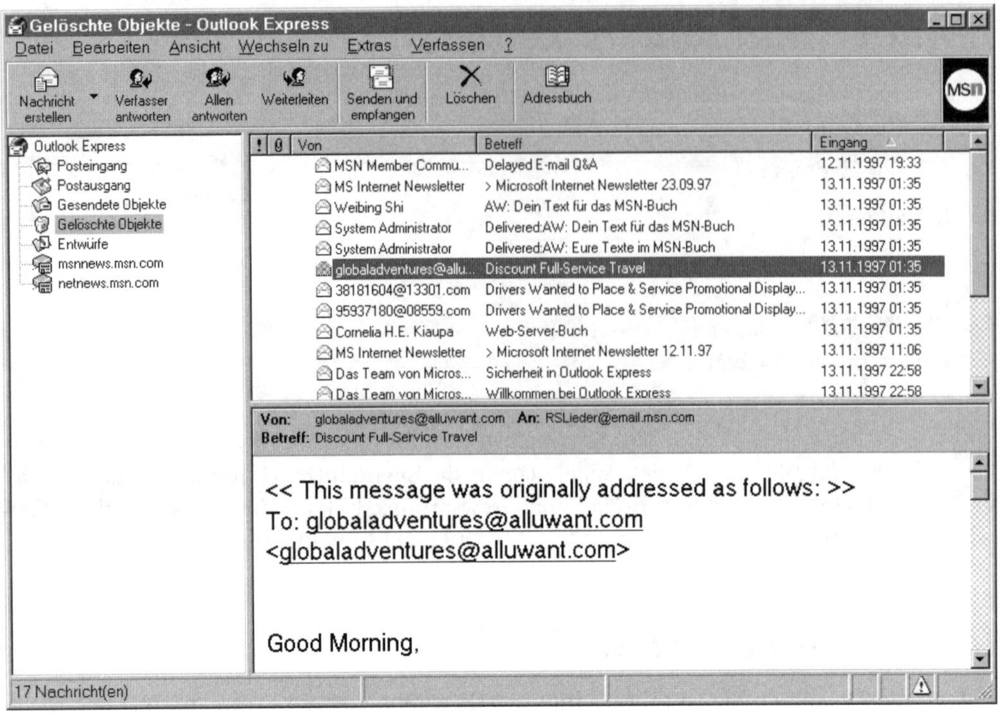

Abbildung 24.1: Outlook Express in action

E-Mail lesen

Neue Nachrichten werden fett im Outlook Express-Fenster angezeigt (siehe Abbildung 24.1). Klicken Sie auf eine Nachricht, um sie zu lesen. Der Text wird unten im Fenster angezeigt. Um die gesamte Nachricht und Anhänge zu sehen, müssen Sie die Nachricht öffnen.

Nachdem Sie eine Nachricht gelesen haben, können Sie folgendes machen:

- ✔ Auf die Nachricht antworten.
- ✔ Die Nachricht an jemand anderen weiterleiten.
- ✔ Die Nachricht in einen Ordner verschieben.
- ✔ Die Nachricht löschen.
- ✔ Die Nachricht drucken.

Um auf eine Nachricht zu antworten, klicken Sie auf **Antworten**. Die E-Mailadresse des Senders und die Betreffzeile sind bereits ausgefüllt, da eine Kopie der Originalnachricht gesendet wird. Geben Sie Ihre Antwort ein, und klicken Sie auf **Senden**.

Um eine Nachricht weiterzuleiten, klicken Sie auf **Weiterleiten**. Sie müssen den Empfänger eingeben. Beispielsweise erhalte ich ständig Briefe von Chris. Wenn einer wirklich lustig ist, leite ich ihn an meine Frau weiter.

Sie können eine Nachricht verschieben, indem Sie sie in einen Ordner auf der linken Fensterseite ziehen. Klicken Sie dazu auf dem Briefumschlag, und halten Sie die Maustaste gedrückt.

Klicken Sie auf **Löschen**, um eine Nachricht in den Ordner **Gelöschte Objekte** zu verschieben.

- ✔ Sie können Ordner für Ihre Mail erstellen. Ich habe z.B. Ordner für die Projekte, an denen ich arbeite, angelegt.
- ✔ Wählen Sie **Datei/Ordner/Neu**, um einen Ordner zu erstellen. Das Dialogfeld **Ordner erstellen** wird angezeigt. Wählen Sie einen übergeordneten Ordner für den neuen Ordner, geben Sie einen Namen ein, und klicken Sie auf **OK**.
- ✔ Gelöschte Mail ist nicht wirklich gelöscht. Sie befindet sich im Ordner **Gelöschte Objekte**, bis sie manuell entfernt wird. Klicken Sie mit der rechten Maustaste auf den Ordner, und wählen Sie **Ordner leeren** im Popup-Menü.

Eine E-Mail senden

Um ein E-Mail zu senden, müssen Sie die E-Mailadresse des Empfängers kennen. Sie können E-Mailadressen von Freunden und Kollegen sammeln. Es ist absolut »In« eine E-Mailadresse auf Visistenkarten drucken zu lassen.

Klicken Sie in Outlook Express auf **Nachricht erstellen** (siehe Abbildung 24.2). Ihr Aufgabe ist es nun, die erforderlichen Informationen einzugeben.

An wen senden Sie die Nachricht? Geben Sie die E-Mailadresse in das Feld **An** ein.

Wenn Sie die Nachricht noch an andere Leute senden möchten, geben Sie deren E-Mailadresse in das Feld **CC** ein.

Geben Sie etwas im Feld **Betreff** ein, das sich auf die Nachricht bezieht. Sie müssen in dieses Feld etwas eingeben.

Als letztes geben Sie die Nachricht ein.

```
Liebe Mildred, das mit Deiner Katze tut mir leid. . . .
```

Schließlich senden Sie die Nachricht. Klicken Sie auf **Senden** und Ihre Nachricht verschwindet im Internet. Die Nachricht wird billiger und schneller zugestellt, als von jedem Postamt in der Welt.

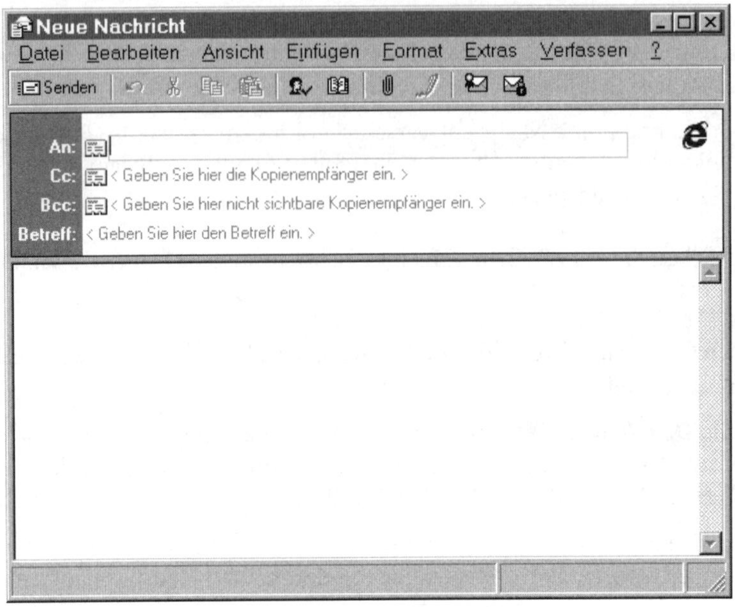

Abbildung 24.2: Eine neue Nachricht mit Outlook Express erstellen

- ✔ Ein E-Mail wird umgehend gesendet. Ich habe eine Nachricht an einen Leser in Australien gesendet und in weniger als 10 Minuten eine Antwort erhalten.
- ✔ Sie sollten aber nicht immer eine schnelle Antwort erwarten, besonders nicht von Leuten, die mit Computern arbeiten.
- ✔ Wenn Sie mir ein E-Mail senden möchten, meine Adresse ist: dang@idgbooks.com. Im Gegensatz zu anderen Leuten, beantworte ich meine Mails übrigens immer.
- ✔ Wenn Sie eine Nachricht abbrechen möchten, schließen Sie einfach das Fenster. Sie werden gefragt, ob die Nachricht gespeichert werden soll. Klicken Sie auf **Nein**.

Sie können ein E-Mail an mehrere Leute senden. Geben Sie die Namen im Feld **An** ein. In Outlook Express trennen Sie die Namen durch Strichpunkte, in jedem anderen Programm durch Kommas.

- ✔ Das Feld **CC** wird verwendet, um eine Kopie an jemanden zu senden, der in Kenntnis gesetzt werden soll, aber dem Sie nicht direkt schreiben möchten.
- ✔ Das Feld **BCC** wird verwendet, um unsichtbare Nachrichten zu senden. Die Empfänger im Feld **BCC** werden nicht in der Liste angezeigt, wenn die Empfänger in den Feldern »An« oder **CC** die Nachricht lesen.

- ✔ Sie können auch Dateien und Bilder mit dem E-Mail senden. Das wird ein Anhang genannt. Z.B. habe ich jedes Kapitel dieses Buchs als Anhang an meinen Lieblingslektor gesendet (siehe Kapitel 25).

Junk, Junk, Junk

Jeder erhält Junk-Mail: Angebote schnell reich zu werden, Kettenbriefe, usw. Die Lösung? Löschen. Lesen Sie diese E-Mails einfach nicht. Und antworten Sie nicht darauf, sonst kann es passieren, daß Sie noch mehr Junk-Mail erhalten.

Internet News, Newsgroups oder USENET

News im Internet sollten in Anführungszeichen gesetzt werden: »News.« Der Inhalt der News wird von den Leuten festgelegt, die die News veröffentlichen. Im Internet kann das jeder sein.

Sie finden im Internet auch legitime Organisationen und Sites. Beispielsweise *The Wall Street Journal, San Francisco Examiner, San Jose Mercury, USA Today, Washington Post, Newswee* und die *New York Times* veröffentlichen viele ihrer Publikationen elektronisch. Das Lesen von Nachrichten rangiert unter den fünf beliebtesten Beschäftigungen im Internet. Alle diese Sites können mit dem Internet Explorer, dem Navigator und anderen Webbrowsern angezeigt werden.

»News« im Internet sind manchmal eine Ansammlung von öffentlichen Foren für verschiedene Themen. Es gibt z.B. Newsgroups in denen Politik, Wissenschaft, Geografie oder Geschichte diskutiert wird.

Diese Art von »News« ist eher eine Subkultur des Cyberspace. In Newsgroups finden Sie Nachrichten von den verschiedensten Leuten. Vom Experten bis zum schlimmsten aller Ungeheuer: Dem Studenten, der gerade sein Internetkonto erhalten hat. Rennen Sie um Ihr Leben! Sie können Nachrichten mit kenntnisreichen Menschen in der ganzen Welt austauschen, oder die Feinheiten der klingonischen Sprache mit Leuten diskutieren, die über zu viel Freizeit verfügen.

Sie können mit Outlook Express auch Newsgroups im Internet anzeigen.

Um News zu lesen, müssen Sie unten links im Outlook Express-Fenster einen Newsserver wählen. Alle Newsgroups, die Sie abonniert haben, werden in der Liste angezeigt.

Klicken Sie mit der rechten Maustaste auf den Newsserver, und wählen Sie **Newsgroups** im Kontextmenü, um eine Newsgroup hinzuzufügen. In einem Fenster werden alle bei Ihrem Internet-Dienstanbieter verfügbaren Newsgroups angezeigt. Wählen Sie eine Newsgroup, und klicken Sie auf **Abonnieren**, wenn Sie die Nachrichten in einer Newsgroup lesen möchten.

Online-Etikette

Die Online-Telekommunikation ist eine neue und aufregende Art zu kommunizieren. Sie sollten aber einige Regeln beachten, bevor Sie den entscheidenden Schritt wagen. Verstehen Sie mich nicht falsch: Es kann sehr unterhaltsam sein. Ich mache es die ganze Zeit über und habe mir damit schon ziemlich viele von meinen Freunden zu Feinden gemacht.

- ✔ Sie können niemanden, den Sie online »treffen«, sehen, also setzen Sie nichts über ihn voraus. Modemleute sind alt, jung und haben die unterschiedlichsten Hintergründe. Studien haben allerdings ergeben, daß sie in erster Linie männlich, mit höherem Einkommen und CDU-Wähler sind. Machen Sie ihnen keinen Vorwurf daraus.
- ✔ Schreiben Sie nicht alles in GROSSBUCHSTABEN. Tippen Sie Ihre Mitteilungen ganz normal – als wenn Sie einen Brief schreiben würden. Für die meisten Leute liest sich das sonst so, ALS OB SIE ANGESCHRIEEN WÜRDEN!
- ✔ Betteln Sie die Leute nicht an, Ihnen etwas zu schicken. Beteiligen Sie sich an Diskussionen oder fallen Sie einfach unangenehm auf, und Sie werden immer einen vollen Briefkasten haben.
- ✔ Die Kunst der geschriebenen Kommunikation ist der TV-Generation abhanden gekommen. Die Leute unterhalten sich über das Telefon, wo die Stimme Empfindungen widerspiegelt. Leider vermißt eine Online-Nachricht solche feinen Unterscheidungen. Deshalb kann ein Witz, eine Bemerkung oder ein Scherz leicht ernst genommen werden. Denken Sie daran, es kenntlich zu machen. Ein gelegentliches Hinzufügen von »Ha, Ha« läßt die Leute wissen, daß Sie Spaß haben und kein Idiot sind. Da wir gerade darüber sprechen...
- ✔ Es gibt viele Online-Idioten (ha, ha). Die beste Art, mit ihnen umzugehen, ist, sie zu ignorieren. Gleichgültig wie albern die Vorschläge oder Bemerkungen sind, lassen Sie sich nicht auf eine Auseinandersetzung ein.
- ✔ Kritisieren Sie niemanden wegen seiner Rechtschreibung. Es macht keinen Sinn, die Leute zu verbessern (außer Sie geben sich gerade mit einem Zwölfjährigen ab, und es ist wirklich furchtbar).

Klicken Sie auf eine Newsgroup in der Liste, um die Nachrichten darin zu lesen. Das Lesen von Nachrichten funktioniert wie das Lesen von E-Mail. Neue Nachrichten werden fett dargestellt.

Das Ablegen einer Nachricht in einer Newsgroup funktioniert genauso wie das Senden eines E-Mails. Sie können auf eine Nachricht antworten oder eine neue Nachricht erstellen. Klicken Sie auf **Gruppe antworten** oder **Autor antworten**. Klicken Sie auf **Neue Nachricht**, um eine neue Nachricht abzulegen. Denken Sie daran, daß Ihre Nachricht von allen Teilnehmern der Newsgroup gelesen wird.

- ✔ Wenn Sie eine Nachricht in einer Newsgroup ablegen, hat das zur Folge, daß Sie jede Menge Junk-Mail erhalten. Junk-Mailsender suchen in Newsgroups nach E-Mailadressen, an die sie Mail senden können.
- ✔ Verwenden Sie einen anderen Namen, wenn Sie Nachrichten in den Newsgroups ablegen, um Junk-Mail zu vermeiden. Ich mache das nicht. Zwar bekomme ich eine Menge Junk-Mail, aber ich gebe gerne damit an, wie viele E-Mails ich bekomme.
- ✔ Internet-Newsgroups werden auch als USENET bezeichnet. Ein alter Begriff für dasselbe.
- ✔ »News« sind in verschiedene Newsgroups aufgeteilt. In reg.arts.startrek können Sie tatsächlich Leute finden, die einen Großteil ihrer Zeit damit verbringen, herauszufinden wie schnell Warp 9 wirklich ist.
- ✔ In einigen Newsgroups werden manchmal mehrere hundert Nachrichten am Tag abgelegt. Es ist unmöglich alle zu lesen (außer Sie haben einen Job, bei dem Sie den ganzen Tag in Newsgroups verbringen können).

Was Sie sonst noch im Internet machen können

Außer im Web zu surfen und E-Mail bzw. Newsgroups zu lesen, gibt es noch andere Dinge, die Sie im Internet tun können. Es ist eine Wundertüte mit Überbleibseln aus den alten Tagen, als das Internet noch mehr mit UNIX-Computern verknüpft war.

Für all diese Dinge benötigen Sie spezielle Software. Einige davon ist in Windows enthalten, andere nicht. Alles was Sie brauchen, können Sie vom Web herunterladen (siehe Kapitel 25).

Chaträume

Einer der »wilderen« Aspekte des Internets, ist der Chatraum. In Chaträumen können Sie sich mit anderen Internetbenutzern in Echtzeit unterhalten.

Es gibt Chaträume für die unterschiedlichsten Themen. Allerdings befassen sich viele mit Cybersex. Das heißt, die Leute erzählen sich irgendwelchen Schweinkram.

- ✔ Windows 98 enthält keine Chatsoftware. Sie können Chatsoftware im Internet finden (siehe Kapitel 23).
- ✔ Um einen Chatraum zu besuchen, benötigen Sie spezielle Chatsoftware, z.B. das Chatprogramm von Netscape. Sie können auch unter Shareware.de im Web nach Chatsoftware suchen.
- ✔ Wenn Sie Kinder haben, ist es am besten, diese von den Chaträumen fernzuhalten.
- ✔ Ein Chatraum ist ein Ort, in dem sich Leute unterhalten. Wenn Sie eine IRC-Site besuchen, wird eine Liste mit Chaträumen und deren Themen angezeigt. Sie können einer Gruppe beitreten oder in einem leeren Chatraum sitzen, und an sich selber tippen.

- ✔ In einem Chatraum werden Sie schnell bemerken, wie schlecht die Rechtschreibung von den meisten Leuten ist.

Telnet

Ich weiß nicht, warum ich Telnet überhaupt erwähne. Wahrscheinlich weil Windows ein Telnet-Programm enthält.

Telnet ermöglicht die Verbindung mit UNIX-Computern im Internet. Kennen Sie UNIX? Wenn ja, verwenden Sie Telnet vermutlich schon, und brauchen keine weiteren Erklärungen. Wenn nicht, ist die Diskussion hiermit beendet.

FTP

FTP steht für File Transfer Protocol, dem Namen des Systems, das auf UNIX-Computern zum Senden und Empfangen von Dateiten über das Internet benutzt wird.

Windows 98 enthält ein FTP-Programm,das (Überraschung!) FTP genannt wird. Allerdings ist es ein DOS-Programm.

Es gibt ein Shareware FTP-Programm, das CuteFTP heißt. In Kapitel 25 finden Sie Anweisungen, wie Sie die neueste Version finden und herunterladen können.

Sie benötigen ein FTP-Programm nur, wenn Sie Dateien an einen UNIX-Computer senden.

- ✔ Ihr Webbrowser kann als FTP-Programm verwendet werden. Allerdings kann er Dateien nur empfangen und nicht senden. Wenn Sie eine URL eingeben, die mit ftp// beginnt, verwenden Sie den FTP-Modus des Browsers.
- ✔ Ich glaube, ein FTP-Programm überträgt Dateien schneller als ein Webbrowser; obwohl ich dafür keine Beweise habe.

Dateien von hier, Dateien nach da

25

In diesem Kapitel

- Software vom Internet herunterladen
- Eine Datei per E-Mail erhalten
- Eine Datei per E-Mail senden

In den Tagen von UNIX war das Senden und Empfangen von Dateien die wichtigste Funktion des Internets. Das Programm UUCP (*U*NIX-to-*U*NIX *Copy*) wurde zum Kopieren von Dateien zwischen UNIX-Computern verwendet.

Heute werden Dateien hauptsächlich über das Web gesendet. Klicken Sie auf einen Link, und verwenden Sie das Dialogfeld **Speichern unter**, um eine Datei herunterzuladen. Dateien können auch mit einem E-Mail gesendet und empfangen werden. In diesem Kapitel werden E-Mailanhänge und das Herunterladen von Dateien beschrieben.

- ✔ In Kapitel 24 finden Sie weitere Informationen über E-Mail.
- ✔ Der Begriff *download* bezeichnet das Kopieren bzw. Übertragen einer Datei vom Internet auf Ihren Computer. *Upload* bedeutet, eine Datei von Ihrem Computer an einen anderen Computer zu senden.
- ✔ Dateien können nur vom Web heruntergeladen werden. Dateien müssen als E-Mail-anhang oder mit einem FTP-Programm gesendet werden. (FTP-Programme werden in diesem Buch nicht beschrieben. Nähere Informationen über diese Programme können Sie in Internetbüchern finden.)

Software vom Internet herunterladen

Programme sind überall im Internet erhältlich, und das Web bietet die Möglichkeit, diese zu finden und herunterzuladen. Das Herunterladen von Software ist so einfach, wie das Klicken auf einen Link.

Ich suche am liebsten über die CNET-Webpage unter Shareware.com nach Software. Sie können das Web in Kategorien nach Software für bestimmte Betriebssysteme durchsuchen. Kostenlos!

Wenn Sie z.B. nach einem neuen Windows-Kartenspiel suchen, gehen Sie wie folgt vor:

1. **Besuchen Sie Shareware.com.**

   Geben Sie folgende Adresse ein:

   `shareware.de`

   Die Webseite Shareware.de wird auf dem Bildschirm angezeigt (siehe Abbildung 25.1). Möglicherweise sieht die Webseite jetzt anders aus.

Abbildung 25.1: Die Seite shareware.com

2. **Suchen Sie das Textfeld Quicksearch.**
3. **Klicken Sie mit der Maus in diesem Feld.**

   Es ist ein Eingabefeld, ähnlich den Eingabefeldern in Windows.

4. **Geben Sie Kartenspiel ein.**
5. **Wählen Sie Ihr Betriebssystem in der Dropdown-Liste.**

   Wählen Sie MS-Windows (alle), um nach Windows-Programmen für Windows 95 oder Windows 98 zu suchen.

6. **Klicken Sie auf Suchen.**

   Der Suchvorgang kann mehrere Sekunden dauern.

Wenn der Vorgang beendet ist, wird auf der Seite mit den Suchergebnissen eine Liste der Programme angezeigt, die heruntergeladen werden können. Lesen Sie die Programmbeschreibungen.

Achten Sie auf die Dateigröße. Mit einem 28,8 Kbps Modem dauert es ca. 5 Minuten eine 500 KB große Datei herunterzuladen.

Wenn mehr Programme gefunden wurde, als auf der Seite angezeigt werden können, klikken Sie auf **Weiter**.

7. **Klicken Sie auf die Datei, die Sie herunterladen möchten.**

   Wiederholen Sie den Vorgang, wenn eine FTP-Fehlermeldung angezeigt wird.

8. **Eine Warnung wird angezeigt.**

   Sie werden gefragt, was Sie mit der Datei machen möchten. Aktivieren Sie die Option, die die Datei auf dem Datenträger speichert.

   Trennen Sie die Verbindung mit dem Internet nicht, bis die Datei vollständig heruntergeladen ist.

   Während des Herunterladens können Sie andere Webseiten besuchen, oder andere Programme ausführen.

9. **Führen Sie die Datei aus.**

   Doppelklicken Sie auf das Dateisymbol. Die meisten Dateien sind selbstextrahierende ZIP-Dateien. (Wenn nicht, benötigen Sie das WinZIP-Programm, um die Dateien zu dekomprimieren.)

Nachdem die Datei dekomprimiert ist, suchen Sie nach dem Symbol README oder SETUP, und öffnen Sie es.

- ✔ *Shareware* ist Software, die vor dem Kauf ausprobiert werden kann. Wenn Sie die Software verwenden, wird erwartet, daß Sie einem armen Programmierer einen Scheck senden. Machen Sie es. Sie werden im nächsten Leben dafür belohnt.
- ✔ Die meisten Sharewareprogramme sind als ZIP-Datei erhältlich. Besuchen Sie die WinZIP-Webseite und laden Sie das Programm herunter:

  `www.winzip.com/`
- ✔ Sie können WinZIP auf der Webseite bestellen. Ich habe es gemacht. Und niemand hat meine Kreditkartennummer gestohlen.

ZIP-Dateien

Die meisten Dateien werden als Archive heruntergeladen. Eine Archivdatei kann mehrere Dateien enthalten. Bevor Sie an die Dateien rankommen, müssen Sie die Archivnuss knacken.

Glücklicherweise sind die meisten Archivdateien selbstextrahierend. Wenn Sie z.B. das Spiel NINJA.EXE heruntergeladen haben und diese Datei ausführen, werden die Dateien im Archiv automatisch extrahiert. Wo sich vorher nur eine Datei befunden hat, befinden sich nun mehrere andere Dateien. Wenn alle Dateien extrahiert sind, können Sie das Spiel starten.

Warum Archive? Früher konnte das Herunterladen einer einzelnen Datei Stunden dauern. Die Lösung war, Dateien in eine kleinere Größe zu komprimieren. Als die Computerprogramme anspruchsvoller wurden, wurden Programme entwickelt, die es ermöglichten, mehr als eine Datei zu komprimieren. Das Ergebnis war das Archiv.

Der Begriff *ZIP* kommt von einem der Programme, die Archive erstellen. ZIP-Archivdateien haben die Erweiterung ZIP. Mit dem Programm UNZIP werden die Dateien dekomprimiert. Wenn ein Archiv die Erweiterung EXE hat, ist es selbstextrahierend.

Wenn Sie ein ZIP-Archivprogramm benötigen, empfehle ich das Programm WinZIP. Sie können eine Kopie von der WinZIP-Webseite unter www.winzip.com/ herunterladen.

Es ist ein E-Mailanhang!

Einen E-Mailanhang zu erhalten macht Spaß, außer Sie wissen nicht, was Sie damit anfangen sollen. Die bekanntesten E-Mailprogramme (Outlook Express, Eudora und Netscape) machen die Verwendung von Anhängen einfach. Sie müssen nur wissen, wie Sie den Anhang aus dem E-Mail auf die Festplatte bekommen.

Folgende Punkte gelten für alle E-Mailprogramme:

- ✔ Es kann vorkommen, daß Ihnen jemand eine Datei sendet, die Ihr Computer nicht verdauen kann, weil diese ein falsches Format hat. Fordern Sie die Datei nochmal in einem anderen Format an.

- ✔ Seien Sie vorsichtig mit Anhängen von Leuten, die Sie nicht kennen. Computerviren können nicht mit normaler E-Mail übertragen werden, aber mit Programmen. Wenn Sie das Programm ausführen, kann Ihr Computer infiziert werden. Nehmen Sie nur Anhänge von Ihnen bekannten Personen an. Ansonsten löschen Sie das E-Mail.
- ✔ Ich nehme nie Programmdateien über E-Mail an.

Einen Anhang in Outlook Express erhalten

Wenn ein E-Mail einen Anhang hat, wird im oberen Teil des Fenster neben dem Absender eine Heftklammer angezeigt. Die Heftklammer weist darauf hin, daß eine oder mehrere Dateien an das E-Mail angehängt sind.

Wenn Sie die Nachricht lesen, wird eine zweite Heftklammer in der oberen rechten Fensterecke angezeigt. Sie können auf diese Heftklammer klicken, um eine Liste der angehängten Dateien zu sehen. Aber das ist langweilig. Was Sie wirklich tun möchten, ist, den Anhang auf der Festplatte zu speichern.

Wählen Sie **Datei/Anhang speichern**, um den Anhang zu speichern. Ein Untermenü wird angezeigt, in dem die angehängten Dateien aufgelistet sind. Wählen Sie die Datei, die Sie speichern möchten. Das Dialogfeld **Speichern unter** wird geöffnet, in dem Sie die Datei auf dem Datenträger speichern können.

Wenn der Anhang gespeichert ist, können Sie die Nachricht löschen oder darauf antworten.

- ✔ Ich speichere Anhänge im Ordner **Eigene Dateien**. Nachdem ich den Inhalt überprüft habe, verschiebe ich die Dateien in die entsprechenden Ordner.
- ✔ In Outlook Express werden Dateien am Ende der Nachricht angehängt. Nett.

Einen Anhang in Eudora erhalten

Eudora ist mein Lieblingsprogramm für E-Mail. Wenn Sie in Eudora einen Anhang erhalten, wird er unten in der Nachricht angezeigt. Doppelklicken Sie auf den Anhang, um ihn zu öffnen. Das funktioniert für Dokumente, Grafikdateien und ZIP-Dateien.

Der einzige Nachteil beim Empfangen von Anhängen in Eudora ist, das komplizierte Kopieren der Dateien auf die Festplatte. Eudora speichert alle Anhänge in einem angegebenen Verzeichnis.

Um herauszufinden in welchem Verzeichnis die Anhänge gespeichert werden, wählen Sie **Extras/Optionen**. Klicken Sie auf die Kategorie **Anhänge** im Dialogfeld **Optionen**, um das Verzeichnis mit den Anhängen anzuzeigen (siehe Abbildung 25.2). Klicken Sie darauf, um ein neues Verzeichnis festzulegen.

In Abbildung 25.2 ist das Verzeichnis für Anhänge der Ordner **Eigene Dateien** auf Laufwerk C zu sehen. Alle Dateianhänge, die mit Eudora empfangen werden, werden automatisch in diesem Ordner gespeichert.

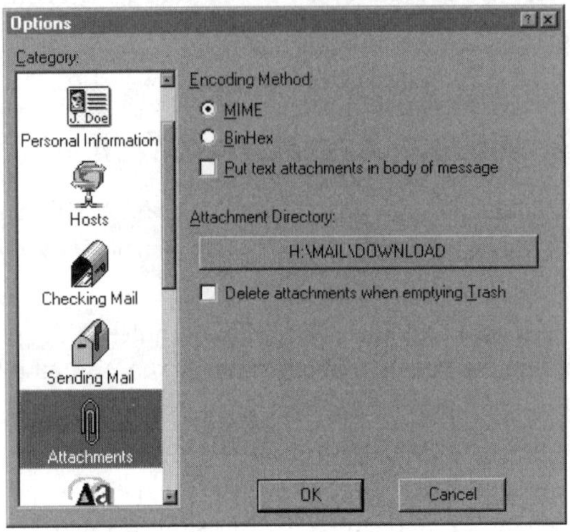

Abbildung 25.2: Die Dialogbox Optionen in Eudora

Einen Anhang in Netscape Navigator erhalten

Wenn Sie in Netscape einen Dateianhang erhalten, wird dieser unten in der Nachricht als Link angezeigt. Speichern Sie den Link auf dem Datenträger.

Klicken Sie mit der rechten Maustaste auf den Link, um den Anhang zu speichern. Wählen Sie **Link speichern unter** (siehe Abbildung 25.3). Das Dialogfeld **Speichern unter** wird angezeigt, in dem Sie den Anhang speichern können.

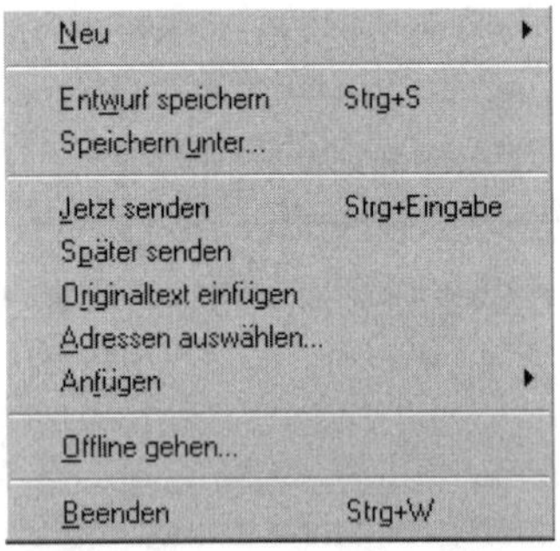

Abbildung 25.3: Das Menü Optionen

- Der Dateiname wird neben dem Link in der Nachricht angezeigt. Seien Sie vorsichtig mit Programmdateien, die von Leuten gesendet wurden, die Sie nicht kennen.
- Wenn Sie auf den Link klicken, wird das Programm ausgeführt, in dem die Datei erstellt wurde (z.B. Word oder Excel). Klicken Sie nicht auf den Link, wenn es sich um eine Programmdatei handelt!
- Wenn der Anhang eine Grafikdatei ist, und Sie darauf klicken, wird das Bild in Netscape angezeigt.

Wie Dateien wirklich angehängt werden

Eigentlich wird nie wirklich eine Datei mit einem E-Mail gesendet. Was gesendet wird, ist ein Code, der nur mit einem E-Mailprogramm entschlüsselt werden kann.

Eine E-Mailnachricht besteht aus Text. Eine Datei kann alles mögliche enthalten: Text, Daten, binäre Informationen, usw. Wenn Sie eine Datei senden, wird diese vom E-Mailprogramm in ein Textformat übersetzt, das als Nachricht gesendet werden kann. Das Format ist MIME, Binhex oder UUE. Das ist nicht wichtig. Wichtig ist, daß das E-Mailprogramm die Datei in Text übersetzt, damit sie zusammen mit der Nachricht gesendet werden kann.

Wenn eine Datei empfangen wird, übersetzt das Programm den verschlüsselten Text zurück in eine Datei. In Eudora wird das automatisch gemacht. In Outlook Express und Netscape muß die Datei zum Entschlüsseln auf dem Datenträger gespeichert werden.

Eine Datei als Anhang senden

Es ist einfacher einen Anhang zu senden, als zu erhalten. Ich habe keine Ahnung warum.

Wie Sie beim Senden eines Anhangs vorgehen, hängt davon ab, welches Programm Sie verwenden. In diesem Abschnitt werden die drei bekanntesten E-Mailprogramme beschrieben: Outlook Express, Eudora und Netscape.

Anstatt mehrere kleine Dateien zu senden, sollten Sie diese mit dem Programm WinZIP in einer ZIP-Datei archivieren.

- Sie können mehrere Dateien gleichzeitig senden. Führen Sie den Befehl für Dateianhänge für jede Datei aus, die Sie an die Nachricht anhängen möchten.

- ✔ Senden Sie keine Dateiverknüpfungen, sondern nur Originale. Wenn Sie eine Verknüpfung senden, kann der Empfänger die Datei nicht öffnen.
- ✔ Verschieben oder löschen Sie keine Dateien, die Sie an ein E-Mail anhängen. Warten Sie damit, bis die Datei gesendet wurde.
- ✔ Stellen Sie sicher, daß der Empfänger Ihrer Mail Anhänge erhalten kann und die richtige Software hat, um die Datei zu öffnen.

Einen Anhang in Outlook Express senden

Klicken Sie in Outlook Express auf die Schaltfläche mit der Heftklammer im Fenster **Neue Nachricht**, um eine Datei anzuhängen.

Erstellen Sie eine neue Nachricht oder antworten Sie auf eine Nachricht. Wenn Sie eine Datei anhängen möchten, klicken Sie auf die Heftklammer, oder wählen Sie **Einfügen/Dateianhang**.

Das Dialogfeld »Anhang einfügen« funktioniert genauso wie das Dialogfeld **Öffnen** oder **Suchen**. Klicken Sie zuerst auf die Datei, die Sie anhängen möchten, und dann auf **Anhängen**.

Die angehängte Datei wird als Symbol unten in der Nachricht angezeigt. Um die Nachricht und die Datei zu senden, klicken Sie auf **Senden**.

Einen Anhang in Eudora senden

Verwenden Sie den Befehl Strg+H, um in Eudora eine Datei an ein E-Mail anzuhängen. Ich weiß nicht, warum der Befehl Strg+H ist. Hier ist die Datei!

Nachdem Sie Strg+H gedrückt haben, wird ein Dialogfeld angezeigt, das genauso wie das Dialogfeld **Öffnen** funktioniert. Suchen Sie nach der anzuhängenden Datei, wählen Sie diese, und klicken Sie auf **Öffnen**. Der Pfadname der Datei wird im Nachrichtenkopf angezeigt.

Wenn Sie die Nachricht senden, wird auch die Datei gesendet.

Einen Anhang mit Netscape senden

Wenn Sie eine Datei in Netscape anhängen, klicken Sie auf die Heftklammer in der Symbolleiste. Wählen Sie im angezeigten Menü **Datei/Anhängen/Datei**, um ein Dialogfeld zu öffnen.

Suchen Sie in diesem Dialogfeld nach der Datei, die Sie anhängen möchten. Wählen Sie die Datei, und klicken Sie auf **Öffnen**.

Die angehängte Datei wird im Nachrichtenkopf als vollständiger Pfadname angezeigt. Wenn Sie die Nachricht senden, wird auch die Datei gesendet.

Teil VII

Etwas stimmt nicht!

»Hey, guckt mal! Ich habe wohl einen neuen Virus.«

In diesem Teil...

»Ich bin einfach dagesessen und habe den Computer nicht einmal angefaßt, als er plötzlich, ohne ersichtlichen Grund, abstürzte. Was habe ich falsch gemacht?«

Computerbenutzer sind zu schnell bei der Hand, sich selbst die Schuld für die Dummheit Ihres PCs zu geben. Wir nehmen immer an, daß wir dem sensiblen Computer zu nahe getreten sind. Falsch! Computer geben beim geringsten Anlaß den Geist auf. Das Versagen Ihres PCs ist nicht Ihre Schuld. In den folgenden Kapitel finden Sie Heilmittel, wenn der PC nicht mehr will.

Wann Sie nach Hilfe schreien

26

In diesem Kapitel

- Finden Sie einen Guru?
- Wie Sie von anderen Hilfe erhalten
- Wie Sie erkennen, ob wirklich etwas nicht in Ordnung ist
- Ein Problem richtig erklären
- Die besten Bestechungsmittel für Computergurus

Vielleicht sind Sie Manager, Lehrer, ein verrückter Wissenschaftler oder sonst jemand, der nicht auf den Kopf gefallen ist. Mag sein, aber dieser Computer bringt es fertig, daß Sie sich wie ein Idiot vorkommen. Kein Problem! Darum wurde ja dieses Buch geschrieben. Ich möchte nicht gegen Computerfachwissen argumentieren. Jeder sollte einen Geldautomaten bedienen können, und keine Angst vor einem Computer zu haben ist wichtig. Aber sollten Sie sich alles über einen Computer merken? Nee. Dazu besteht keine Notwendigkeit. Sehr viele andere Leute haben das schon gemacht. Ihre Aufgabe als PC-Anfänger besteht darin, die Fähigkeiten dieser Leute auszunutzen, ihnen großzügig zu danken und mit Ihrer Arbeit fortzufahren.

Dieses Kapitel zeigt Ihnen, wie Sie Hilfe von PC-erfahrenen Freunden und Kollegen bekommen. Egal, wen Sie um Hilfe bitten, nennen Sie diese Person Ihren *Computerguru*. Sie erfahren auch den Unterschied zwischen richtigen Problemen, die Hilfe erfordern, und solchen, die Sie selbst schnell beheben können.

Wer ist Ihr Guru?

Ihr persönlicher Computerguru wird wahrscheinlich jemand sein, der Computer liebt und genug darüber weiß, um Ihnen – wenn nötig – zu helfen. Ihr Guru ist eine wichtige Person, deren Bekanntschaft Sie hegen und pflegen sollten. Jeder hat einen – sogar die Gurus selbst! Wenn Sie keinen haben, suchen Sie sich einen.

Im Büro ist vermutlich der Systemverwalter der Guru, aber Sie sollten herumfragen, ob nicht jemand anderes den Job machen kann. Eventuell lungern einige Verrückte im Büro herum. Wenn Sie einen finden, kann er Ihnen möglicherweise schneller mit Hilfe und Ratschlägen beistehen als der Systemverwalter, der planmäßig vorgeht. Insbesondere falls Sie Hilfe bei bestimmten Programmen benötigen, wenden Sie sich an Leute, die es regelmäßig benutzen; sie kennen sicher Tricks, die sie weitergeben können.

Was ist mit diesen Computerberatern?

Ein Computerberater ist jemand, der Computer mag und Ihnen dafür eine Gebühr berechnet. Computerberater helfen Ihnen bei allen Problemen, geben Ihnen Ratschläge, kaufen für Sie ein, richten Ihr System ein, bringen Ihnen ein Programm bei und erstellen Programme – alles gegen Bezahlung. Ein Berater kann sein Geld wert sein. Ich sollte Sie aber trotzdem warnen: Die meisten dieser »Mietgurus« tun nicht mehr als die kostenlosen, bestechlichen Gurus, aber sie werden stundenweise bezahlt; eine Stunde ist das Minimum. Das ist viel Geld, um jemanden antanzen zu lassen, der das Telefonkabel ins Modem steckt.

Für zu Hause einen Guru zu finden kann schwieriger sein. Gewöhnlich weiß ein Nachbar, Freund oder Verwandter genug über Computer, um Ihnen zu helfen, Hardware oder Software zu installieren, oder er kann Ihnen wenigstens bei einigen Programmen helfen.

Egal, ob im Büro oder zu Hause, identifizieren Sie Ihren Guru, und denken Sie in unruhigen Zeiten, oder wenn Sie einen Rat brauchen, an ihn. Das ist so, wie wenn Sie einen guten Handwerker griffbereit haben oder einen freundlichen Arzt kennen. Sie sollten Ihren Guru nicht überbeanspruchen, aber zu wissen, daß er da ist, macht die Computerei weniger hoffnungslos.

Denken Sie daran, daß Sie ein gewisses Geschick an den Tag legen müssen; Sie müssen die Grenze zwischen gelegentlicher Unterstützung und der Geduld des Gurus ziehen.

- ✔ Ein Computerguru kann bemerkenswerte Kunststücke vollbringen, aber nur, wenn er weiß, wovon Sie sprechen. Wenn Sie ihn bitten, das »Keiwaui« zu richten, wird er nur mit den Schultern zucken und seiner Wege gehen. Lernen Sie die wichtigsten Begriffe und wie sie richtig ausgesprochen werden. Wenn Sie im Zweifel sind, schreiben Sie es auf einen Zettel, und winken Sie damit.

Andere Stellen, wo Sie Hilfe finden

Computergurus finden Sie nicht überall. Nehmen wir einmal an, Sie wohnen auf einer kleinen Insel und haben Ihren Computer gerade mit dem Postschiff bekommen (zusammen mit Ihrem Stimmzettel für die Bundestagswahl 1984). Wer soll Ihr Guru sein? Bestimmt nicht die alte Dame, die aus Palmwedeln festliche Blumengestecke macht.

Wenn Sie keinen Guru auftreiben können, gibt es andere Alternativen. Hier sind ein paar, die mir gerade so einfallen:

- ✔ Einige Händler bieten Seminare an oder veranstalten Clubabende, wo Sie Fragen stellen können. Aber halten Sie sich vor Augen, daß das begrenzte Informationsquellen sind.

- Es gibt viele Computerclubs. Haben Sie keine Angst davor, sich in einem blicken zu lassen und ein paar Fragen zu stellen. Vielleicht lernen Sie dort sogar einen Guru kennen. Einige Clubs befassen sich hauptsächlich damit, Fragen zu beantworten. Sie finden die Adressen in Zeitschriften oder auf Flugblättern im Laden.
- Volkshochschulen bieten Einführungskurse für Computer und verschiedene Software-Programme. Gehen Sie mit Ihren Fragen gerüstet hin.
- Vergessen Sie die Gurus nicht, für die Sie bezahlt haben: die Leute vom technischen *Support* in Ihrem Computerladen oder die *Hotline*, die Sie in Anspruch nehmen können, wenn Sie Software kaufen. Diese Unterstützung ist im Kaufpreis inbegriffen. Wenn Sie Probleme mit der Software haben, rufen Sie die Support-Abteilung an. (Aber mißbrauchen Sie die Hotline nicht; sie ist kein Ersatz für das Lesen des Handbuchs.)
- Wenn die traditionellen Methoden fehlschlagen, probieren Sie die unkonventionelle Art. Wenn Sie Mitglied bei CompuServe sind, können Sie versuchen, dort Hilfe zu bekommen. Sie können es auch bei einem anderen Online-Dienst probieren. Das setzt natürlich voraus, daß Sie wissen, wie man mit einem Modem umgeht.

Ist wirklich etwas nicht in Ordnung?

Es gibt zwei Umstände, wo Sie jemanden zu Hilfe rufen müssen. Der erste Umstand tritt ein, wenn Sie etwas tun wollen und wissen müssen, wie es gemacht wird. Zum Beispiel wollen Sie in WordPerfect mit Spalten arbeiten, haben aber keine Ahnung, wie man das macht. In diesem Fall benötigen Sie einen richtigen Guru, jemanden, der den PC oder die Software gemeistert hat, und der, wenn er die Antwort nicht kennt, sie schnell in den Handbüchern findet.

Der zweite Umstand tritt ein, wenn etwas im Computer Amok läuft. Das passiert ständig, auch den Gurus. Computer sind wie Gartenschläuche; sie verwursteln sich in unlösbare Knoten, ohne daß Sie etwas dazu beigetragen haben. Ich nenne es, das »Es hat gestern noch funktioniert«-Syndrom. Da PC- und Windows-Kenntnisse über den Horizont eines normalen Menschen hinausgehen, sollten Sie hier nicht zögern, um Hilfe zu rufen.

- Bevor Sie Ihren Guru um Unterstützung bitten, probieren Sie es nochmal. Wenn Sie zum Beispiel versuchen zu drucken, und es funktioniert gerade nicht, probieren Sie es einige Augenblicke später nochmal. Der Versuch, ein Problem selbst zu lösen, läßt Ihren Guru wissen, daß Sie seine Hilfsbereitschaft nicht unnötig ausnutzen.
- In der Online-Hilfe finden Sie möglicherweise Vorschläge und Tips zu Ihrer Anwendung. Teure Programme bieten mehr Hilfe an als billige Programme. Versuchen Sie es auf jeden Fall, bevor Sie jemanden um Rat fragen. Abgesehen davon könnten Sie es auch mit dem Handbuch versuchen. (Ja, klar.)

Drücken Sie die F1-Taste, um Hilfe zu erhalten.

- Geben Sie sich nicht voreilig selbst die Schuld, wenn etwas nicht funktioniert. Wenn Sie es so gemacht haben, wie es im Handbuch steht, liegt der Fehler entweder am Handbuch oder am Programm. Es handelt sich um einen echten Fehler, und Ihr Guru – oder der Software-Hersteller – sollte Ihnen helfen.
- Einige Computergurus arbeiten umsonst. Nutzen Sie nie ihre Großzügigkeit aus.

Einige wirklich großartige Fragen, die Sie Ihrem Guru stellen können

Heute habe ich ausgesprochen gute Laune. Hier sind ein paar Fragen, die Sie einem Computerguru stellen können, damit sich das Blatt wendet. Sie erhalten unmittelbar das Gefühl der Überlegenheit, wenn der Guru total verwirrt vor Ihnen steht und nicht weiß, wovon Sie reden. Gehen Sie sparsam mit diesen Sprüchen um.

- Mein Text verschwindet laufend durch eine transzendentale Datenfistel. Kannst Du mir das patchen?
- Mein PC hat ein Leck im Kühler. Hast Du eine Ahnung, wie ich die Flecken von flüssigem Stickstoff entfernen kann?
- Der Biotransfer-Filter an meiner Tastatur springt ständig raus. Kann ich ihn mit einem flachen Schraubenzieher wieder reindrücken?
- Etwas in den Fehlererkennungsspulen transformiert mein Dokument beim Drucken.
- Wo ist die Post-Taste?
- Der Canis-Familiaris-Virus hat meine Arbeit verschlungen.
- Ich hörte, der Encelphalophagis-Virus werde durch Spucke übertragen.
- Meine Pixel konvergieren aufgrund negativer Ionendichte. Ist das ein Software- oder ein Hardware-Problem?

Wie Sie nach Hilfe schreien

Wenn Sie sich mit einem Problem an Ihren Guru wenden, können Sie nicht nur sagen »es funktioniert nicht« und dann Ihre Hände in den Schoß legen. Mit dieser Einstellung können Sie keine Hilfe erwarten, außer Sie sind ein Fernsehstar oder gehören dem englischen Königshaus an. Versuchen Sie das folgende:

1. **Entspannen Sie sich.**

   Jeder hat etwas zu tun und Termine einzuhalten. Aber übertragen Sie Ihren Streß nicht auf den Guru. Falls das ein Problem für Sie ist, dann arrangieren Sie es so, daß Sie nicht da sind, wenn der Guru den PC untersucht. Kein Guru will einem unhöflichen Anwender helfen. Wer würde das schon wollen?

2. **Dokumentieren Sie, was los ist.**

   Wenn etwas nicht funktioniert, schreiben Sie es auf, oder tragen Sie das Problem detailliert vor. Sagen Sie zum Beispiel nicht nur: »Ich versuchte, meinen Computer zu starten, und er will nicht booten.« Schreiben Sie die Meldungen, die Sie erhalten, auf. Oder wenn der Computer piepst, dann notieren Sie das. Wenn der Drucker nicht druckt, aber das Licht trotzdem blinkt, schreiben Sie es ebenfalls auf. Diese Informationen helfen dem Guru, den Fehler ausfindig zu machen, und er merkt, daß Sie sich bemühen.

3. **Demonstrieren Sie das Problem.**

   Zeigen Sie Ihrem Guru, was der Computer macht. Der Guru will vielleicht in Ihrem Stuhl sitzen. Das ist OK. Sagen Sie dem Guru, was Sie tun wollten, und führen Sie es ihm vor. Drucken Sie zum Beispiel Ihre Tabellenkalkulation aus, und zeigen Sie Ihrem Guru die eigenartigen Zeichen, die darauf erscheinen. Wenn der Guru nicht kommen kann, stellen Sie das Telefon neben den Computer. Geben Sie die Befehle ein, die der Guru sagt. Versuchen Sie, Ihre Situation oder das, was auf dem Bildschirm erscheint, genau zu beschreiben.

4. **Machen Sie einen Vorschlag.**

   Dieser Schritt ist optional. Denn offensichtlich wissen Sie ja nicht, wie Sie mit dem Problem umgehen sollen. Aber indem Sie einen Vorschlag machen, zeigen Sie dem Guru, daß Sie sich Mühe geben. Wenn Ihnen nichts einfällt, sagen Sie: »Das Laufwerk braucht neue Räder.« oder »Der Drucker hat einen italienischen Zeichensatz.« oder »Ich glaube, der Computer sollte an einer 220-Volt-Steckdose angeschlossen werden.« Der beste Vorschlag, den Sie machen können, ist der: »Es muß etwas ersetzt werden.«

- ✔ Niemand wird Ihnen helfen, wenn Sie dieselbe Frage immer und immer wieder stellen. Nachdem er Ihnen dreimal erklärt hat, wie Sie bei Ihrer Tabellenkalkulation spaltenweise ausdrucken, wird Ihr Guru vielleicht ausgesprochen grob und wenig hilfsbereit. Anstatt es so weit kommen zu lassen, schreiben Sie sich die Anweisungen des Gurus lieber auf und halten sie griffbereit.

- ✔ Sie müssen nicht alles über Computer lernen. Trotzdem versucht der Guru vielleicht, Ihnen etwas einzupauken. Falls das der Fall ist, schnappen Sie sich einen alten Notizblock und schreiben Sie alles, was der Guru sagt, auf. In Wahrheit werden Sie diese Notizen niemals benutzen. Aber Ihr Guru ist glücklich, wenn Sie seine Ausführungen aufschreiben.

Tips zur Fehlerbehebung

27

In diesem Kapitel

- Warum und wie ein PC den Geist aufgibt
- Probleme durch einen Neustart beheben
- Ein Programm in Windows entfernen
- Nach einem Virus suchen
- Probleme mit dem Monitor
- Probleme mit dem Drucker
- Einen Papierstau beseitigen
- Probleme mit dem Modem
- Der Umgang mit einem toten Computer

Warum laufen Computer Amok? Wenn Autos dieselben Probleme verursachen würden, würde niemand mehr autofahren. Niemand würde in der Nähe einer Straße spazierengehen, sitzen oder spielen. Wir zählen auf Dinge, die verläßlich und beständig sind. Das Leben sollte so sein. Der Himmel muß so sein. Die Hölle? Sie ist wahrscheinlich voll mit Computern.

Es gibt Millionen Gründe, warum Computer verrückt werden und sich gegen ihre Besitzer wenden. Ich kann hier nicht alle aufführen. Aber ich kann einige der häufigsten beschreiben, zusammen mit Tips, wie Sie die Kontrolle über das Biest wiedererlangen. Ich habe soviel ich konnte in dieses Kapitel gestopft (mir wurde bereits gesagt, daß das Buch zu fett wird).

- ✔ Die in diesem Kapitel aufgeführten Probleme können von Ihnen oder Ihrem Guru behoben werden.
- ✔ Bevor Sie den Computer in die Werkstatt schleppen, lesen Sie Kapitel 28 »Ihren PC reparieren«.

Allgemeiner Panikrat

Wenn Ihr Computer den Geist aufgibt, arbeiten Sie nicht weiter!

Wenn Probleme mit dem Datenträger auftreten und die entsprechenden Fehlermeldungen angezeigt werden, speichern Sie keine neuen Dateien. Versuchen Sie nicht alte Dateien zu laden. Hören Sie ganz einfach auf, etwas zu tun.

Wenn Sie einen anderen Datenträger verwenden können, Laufwerk D, einen austauschbaren Datenträger bzw. eine Diskette, speichern Sie Ihre Dateien darauf. Verwenden Sie den fehlerhaften Datenträger nicht, bevor das Problem behoben ist.

Das »Es hat gestern noch funktioniert«-Sydrom

Computer sollten wenigstens Geräusche von sich geben, bevor sie auswandern. Das Auto macht es auch. Das Brummen geht in ein Quietschen über, und schließlich hören Sie ein dumpfes Geräusch. Auf diese subtile Art teilt Ihnen das Auto mit, daß etwas nicht stimmt.

Computer hören einfach auf zu arbeiten. Sie machen dasselbe wie am Tag zuvor, die ganze Woche, Monate und Jahre, und plötzlich ist der Computer nicht mehr kooperativ. (Vielleicht hängt es mit der Mondphase zusammen?) Es ist zum Verrücktwerden.

Einfach neu starten

Jedesmal wenn etwas Seltsames passiert, sollten Sie den Computer neu starten. Befolgen Sie dazu die Anweisungen in Kapitel 4. Machen Sie es einfach. Wenn der Computer wieder zum Leben erwacht, ist das Problem möglicherweise automatisch behoben.

- ✔ Warum das funktioniert? Keine Ahnung. Ich denke, der Computer wird einfach müde. Er muß neu gestartet werden, um wach zu bleiben.
- ✔ Müde ist natürlich nicht der korrekte Begriff. Nach einer gewissen Zeit verursachen Programme Fehler im Arbeitsspeicher. Diese Fehler können durch einen Neustart des Computers behoben werden.
- ✔ Einige Programme sind Speichervielfraße und verhindern, daß andere Programme richtig funktionieren, auch wenn der Computer einen riesigen Arbeitsspeicher hat. Den größten Tadel verdient Microsoft Word. Es verschlingt Unmengen an Arbeitsspeicher. Wenn Sie bemerken, daß andere Programme nicht funktionieren, wenn Sie einen Speichervielfraß wie Word ausführen, beenden Sie dieses Programm, und starten Sie es zu einem späteren Zeitpunkt erneut.

Denken Sie über die Vergangenheit nach

Manchmal hat das »Es hat gestern noch funktioniert«-Symdrom eine Ursache, die Sie einfach vergessen haben. Stellen Sie sich die folgenden Fragen:

- ✔ Habe ich kürzlich neue Hardware hinzugefügt?
- ✔ Habe ich neue Software installiert?
- ✔ Habe ich ein Programm geändert?

- ✔ Habe ich eine der Windows-Optionen zurückgesetzt?
- ✔ Habe ich ein Programm deinstalliert?

Oft werden Sie sich an etwas erinnern: »Oh, ich habe den Drucker gestern auf Querformat eingestellt. Kein Wunder, daß meine Briefe so komisch aussehen.«

Ein Programm beseitigen, das Amok läuft

Programme können sich lautlos aus dem Staub machen. Sie winken nicht zum Abschied oder machen ein komischen Geräusch, wie Kinder, die Cowboy spielen. Sie gehen einfach. Manchmal bringt ein Programm den gesamten PC zum Abstürzen. Das ist mir oft passiert, als ich programmieren gelernt habe. Sogar freundliche Programme können das System lahmlegen, wenn sie zu sehr beansprucht werden. Um zu sehen, ob Sie noch Kontrolle über das Programm haben, bewegen Sie die Maus. Es ist ein gutes Zeichen, wenn das noch funktioniert.

Als nächstes versuchen Sie, das Startmenü in Windows zu öffnen. Drücken Sie Strg+Esc, um sicherzustellen, daß die Tastatur noch funktioniert. (Drücken Sie erneut die Esc-Taste, damit das Startmenü wieder verschwindet.) Möglicherweise müssen Sie etwas warten, bis Windows reagiert; ein ungezogenes Programm kann das Betriebssystem kurzfristig betäuben.

Danach drücken Sie Alt+Tab, um zu einem anderen Programm oder Fenster zu wechseln. Wenn das funktioniert, stehen die Chance gut, daß Sie ein Programm, das Amok gelaufen ist, sicher beseitigen können. Gehen Sie wie folgt vor:

1. **Drücken Sie Strg+Alt+Entf.**

   Das Fenster **Programmfenster schließen** wird angezeigt (siehe Abbildung 27.1).

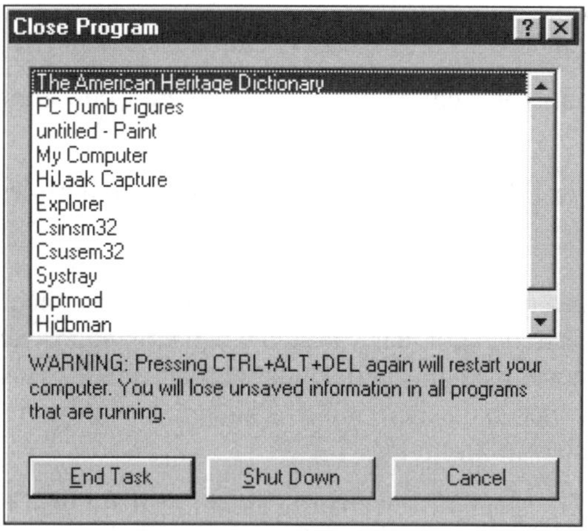

Abbildung 27.1: Das Fenster Programm schließen

2. **Suchen Sie nach kürzlich verstorbenen Programmen.**

   Nach dem Namen des Programms steht in Klammern *reagiert nicht*. Zum Beispiel:

   ```
   Sheriff (reagiert nicht)
   ```

   Klicken Sie auf den Programmnamen in der Liste.

   Falls mehrere Programme nicht mehr reagieren, wiederholen Sie diese Schritte, um alle loszuwerden.

3. **Klicken Sie auf Beenden.**

   Das Programm ist beseitigt.

✔ Wenn Sie ein Programm im Fenster **Programm schließen** aus dem Weg räumen, starten Sie Windows aus Sicherheitsgründen neu. Gewöhnlich wird ein Programm nicht vollständig gekillt, und Teile davon bleiben zwischen den Zähnen von Windows hängen und fangen an zu verfaulen. (Das ist eine Art Metapher.)

✔ Wenn Sie die Maus oder die Tastatur nicht mehr benutzen können, müssen Sie Ihren Computer manuell neu starten (siehe Kapitel 4).

»Hat mein PC einen Virus?«

Eine häufige Frage, die sich ein bestürzter Benutzer stellt, ist: »Könnte das ein Virus sein?« Ich hasse es, es zu sagen, aber es ist möglich, insbesondere, wenn Sie eine der folgenden Fragen mit *Ja* beantworten:

✔ Ich lade Dateien vom Internet oder einem lokalen BBS herunter.

✔ Ich habe ein Spiel von einer Startdiskette in Laufwerk A geladen.

✔ Ich habe ein Programm ausgeführt, das ich von einem Unbekannten per E-Mail erhalten habe.

✔ Ich benutze gestohlene Software, die ich von Freunden und Kollegen bekomme.

✔ Andere Leute benutzen meinen PC.

Auch wenn Sie alle Fragen mit *Ja* beantwortet haben, müssen Sie nicht unbedingt einen Virus haben. Aber die Chancen stehen gut, daß Sie sich einen einfangen, wenn Sie nicht mit diesen schlechten Gewohnheiten Schluß machen. Leider enthält Windows keine Antivirus-Software. Sie müssen sich auf die Socken machen und eine kaufen. Die Antivirus-Software macht Viren ausfindig und entfernt sie von Ihrem PC.

✔ Die meisten PC-Viren zeigen unverschämte Meldungen auf dem Bildschirm an. Der, den ich mal hatte, sagte *Arf! Arf!* – nachdem er meine Festplatte gelöscht hatte.

- ✔ Einige Benutzer sind zu schnell damit, einem Virus die Schuld in die Schuhe zu schieben. Machen Sie nicht denselben Fehler. Die Medien lieben es, Geschichten über PC-Viren zu veröffentlichen und dabei zu übertreiben.
- ✔ Glauben Sie dem Antivirus-Programm, wenn es sagt, daß Ihr PC keine Viren hat.
- ✔ Ein Antivirus-Programm erkennt und beseitigt Makroviren ziemlich gut, die per E-Mail gesendet werden und häufig mit Word oder Excel auftreten.
- ✔ Windows enthält kein Antivirus-Programm, obwohl in DOS ein Virusscanner integriert war. Sie können diese Hilfsprogramme auch vom Web herunterladen, z.B. von McAfee unter:

  `http://www.mcafee.com`

- ✔ Das Windows 98 Plus! Paket enthält ein Antivirus-Programm. Leider wird das Plus! Paket in diesem Buch nicht beschrieben.
- ✔ Sie können keinen Virus auf den PC übertragen, wenn Sie auf den Monitor niesen. Aber Sie sollten Papiertaschentücher greifbar haben, wenn es passiert.

»Ich kann nichts sehen!«

Manchmal bleibt der Bildschirm vollkommen leer, auch wenn alles darauf hinweist, daß der Computer eingeschaltet ist – er gibt Geräusche von sich, die Leuchtanzeigen sind an usw. Wenn der Monitor anscheinend kaputt ist, gehen Sie wie folgt vor:

1. **Schauen Sie nach, ob der Monitor eingesteckt ist.**
2. **Vergewissern Sie sich, daß der Monitor eingeschaltet ist.**

   Einige Monitore haben separate Ein-/Ausschalter.
3. **Drücken Sie eine Taste.**

   Spezielle Programme, sogenannte Bildschirmschoner, schalten die Anzeige aus. Das Drücken einer Taste stellt das Bild wieder her.
4. **Überprüfen Sie den Helligkeitsregler.**

   Möglicherweise hat ihn jemand heruntergedreht. In diesem Fall bringt das Einstellen der Helligkeit (oder des Kontrastes) das Bild zurück.

   Ein anderes Problem kann die Software sein, die Sie ausführen. Einige Programme sind blöd. Sie werden nur mit der richtigen Grafikkarte angezeigt. Wenn die oben beschriebenen Schritte nicht funktionieren, starten Sie den Computer neu (siehe Kapitel 4).

»Wo ist die @$%-Maus?«

Höchstwahrscheinlich befindet sich die Maus noch auf Ihrem Schreibtisch oder Sie halten Sie in der Hand. Leider ist der Mauszeiger auf dem Bildschirm eingefroren oder nicht zu sehen. Da die Arbeit in Windows sehr mausintensiv ist, können Sie vermutlich nichts mehr tun.

Bewegen Sie die Maus in alle Richtungen. Möglicherweise hat sie sich nur versteckt.

Wenn der Mauszeiger nur in einigen Fenstern oder gar nicht sichtbar ist, starten Sie den Computer neu.

Wenn sich der Mauszeiger nicht mehr bewegt, stehen die Chancen gut, daß gar nichts mehr funktioniert. Drücken Sie Strg+Esc, um das Startmenü zu öffnen, und wählen Sie Beenden. Wenn das nicht funktioniert, warten Sie einige Minuten, und versuchen Sie es nochmal. Dann starten Sie den Computer neu (siehe Kapitel 4).

Manchmal reicht es aus die Maus zu reinigen, da der Staub die Kugel behindert. Drehen Sie die Maus um, nehmen Sie das kleine Plastikteil ab und blasen Sie den Staub raus.

Ärger mit dem Drucker

Nichts verursacht mehr Kummer als der Drucker. Erstens gibt es so viele unterschiedliche Typen. Zweitens sind Drucker sehr mechanisch, was oft zu einem Papierstau führt. Drittens können Sie schnell vergessen, wie der Drucker funktioniert, wenn Sie ihn nur einmal benutzt haben. All das und noch viel mehr bereitet Verdruß.

Komische Zeichen am Anfang des Dokuments

Gelegentlich werden merkwürdige Zeichen am oberen Rand jeder Seite bzw. der ersten Seite gedruckt. Zum Beispiel a^, &0, E@ oder andere häßliche Zeichen, die Sie da nicht haben wollen und die auch nicht auf dem Bildschirm zu sehen sind. Dieses Problem erfordert ein großes »Hmmm.«

Hmmm.

Diese Zeichen sind geheime Druckersteuerzeichen, die normalerweise vom Drucker geschluckt werden, bevor er zu drucken anfängt. Das Problem ist, daß die Software dem Drucker die falschen Zeichen sendet. Da der Drucker die Codes nicht versteht, druckt er sie einfach. Die Lösung ist, den richtigen Druckertreiber zu wählen. Sie brauchen einen Druckertreiber, der Ihren Drucker kennt und weiß, wie die richtiges Zeichen gesendet werden. Lassen Sie das am besten denjenigen machen, der die Software auf Ihrem Computer installiert hat.

Möglicherweise haben Sie im Dialogfeld **Drucken** einen falschen Drucker gewählt (siehe Kapitel 16). Wenn Sie mehr als einen Drucker benutzen, vergewissern Sie sich, daß Sie den richtigen Drucker gewählt haben, *bevor* Sie drucken.

In einem Stau?

Das Papier »fließt« durch den Drucker wie ein Film durch den Projektor; aus einem Laserdrucker kommt jedes Blatt, als ob der Wind an einem Herbsttag Blätter weht. Quatsch! Papier liebt es, sich seinen Weg durch die Innereien des Druckers zu suchen, wie ein Vierjähriger, der seine Finger in Ihren Videorecorder bohrt. Wenn das passiert, kann Ihr Drucker Verstopfung bekommen.

Bei Matrixdruckern können Sie den Papierstau meistens durch Drehen der Walze beheben. Aber schalten Sie den Drucker vorher aus! Damit wird der Würgegriff des Papiertransports um die Walze außer Betrieb gesetzt, wodurch sich das gestaute Papier leichter zurückdrehen läßt. Sollte das Papier unverrückbar festsitzen, muß unter Umständen die Andruckwalze oder der Schreibanschlag entfernt werden. In diesem Fall muß der Drucker meistens zerlegt werden; rufen Sie jemanden um Hilfe, wenn Sie sich nicht daranwagen.

Bei Laserdruckern blinkt bei einem Papierstau ein Lämpchen. Hat der Drucker eine Anzeige, kann dort eine Meldung wie »Papierstau«, »Paper Jam« oder irgend etwas anderes in einer unverständlichen Sprache stehen. Unternehmen Sie Ihren ersten Rettungsversuch, indem Sie das Papierfach herausziehen. Wenn Sie im Schacht ein Blatt Papier erblicken, greifen Sie es, und ziehen Sie es mit einem kräftigen Ruck heraus. Das Papier müßte so ganz zum Vorschein kommen. Wenn Sie kein Papier sehen, öffnen Sie den Deckel des Druckers. Suchen Sie nach dem Papier, und ziehen Sie es ganz vorsichtig heraus, ohne etwas anderes zu berühren; es könnte sehr heiß sein.

Manchmal ist ein Drucker verstopft, weil das Papier zu dick ist. In diesem Fall sollte man auf ein dünneres Papier ausweichen, ansonsten kann das Drucken erneut versucht werden.

Auf den meisten Papierpaketen steht, welche Seite nach oben gehört.

Luftfeuchtigkeit kann ebenfalls zu Papierstau führen.

Alles wird in einer Zeile gedruckt, oder es werden Leerzeilen eingefügt

Zwei typische und häufig gehörte Panikausbrüche lauten: »Alles wird in einer einzigen Zeile gedruckt!« und »Warum wird immer eine Leerzeile zwischen den Zeilen gedruckt?« Beide haben eine ähnliche Ursache und erfordern keinen Besuch beim Psychiater, wo Sie über Ihre Mutter reden müssen.

Irgendwo an Ihrem Drucker befinden sich kleine Schalter. Computer-Fetischisten nennen sie DIP-Schalter. Das Drücken eines dieser winzigen Schalter löst Ihr Problem, egal ob alles in einer Zeile gedruckt wird oder ständig Leerzeilen erscheinen. (Es handelt sich eigentlich um das gleiche Problem. Es wird im folgenden Abschnitt erklärt, den Sie überspringen können.)

Der Schalter wird in Ihrem Handbuch mit »Zeilenvorschub einfügen«, »automatischer Zeilenvorschub«, »LF nach CR« oder etwas ähnlichem bezeichnet. Auf jeden Fall müssen Sie diesen Schalter drücken, wozu Sie wahrscheinlich vorher eine Büroklammer zurechtbiegen müssen, um den Schalter überhaupt betätigen zu können. (Schalten Sie aber vorher den Drucker aus.)

- ✔ Wenn Ihnen nicht danach ist, den Schalter zu drücken, lassen Sie es jemand anderen machen.
- ✔ Wenn Sie den Schalter nicht außen am Drucker finden können, dann ist er wahrscheinlich innen unter der Druckmechanik versteckt. Schalten Sie unbedingt den Drucker aus, bevor Sie in den Innereien herumfummeln.
- ✔ Wenn das Problem damit nicht behoben ist, schalten Sie den Drucker aus, warten Sie einige Minuten, und schalten Sie ihn wieder ein.

»Er will nicht mal neu starten!«

Wenn der Computer nicht neu gestartet werden kann, ist es an der Zeit einen Profi zu Hilfe zu rufen. Auch wenn Sie nichts tun können, hilft es, wenn Sie auf einige Dinge achten.

Bis zu welcher Stelle wurde der Startvorgang ausgeführt? Wurde eine Meldung angezeigt? Piepst der Computer? Wurde Windows gestartet? Diese Informationen helfen demjenigem, der Ihren Computer repariert.

- ✔ Schalten Sie zuerst den Monitor ein, damit alle Startmeldungen angezeigt werden.
- ✔ Wenn eine Meldung angezeigt wird, daß das Setup oder CMOS ungültig ist, benötigt der Computer vermutlich eine neue Batterie.
- ✔ Wenn Windows auf stur schaltet, können Sie es im abgesicherten Modus starten. Drücken Sie die F8-Taste nach der Meldung »Windows wird gestartet«. Wählen Sie den abgesicherten Modus im angezeigten Menü, um Windows ohne seine tollen Funktionen zu starten. Wenn Windows gestartet wird, können Sie einige der grundlegenden Optionen ändern oder Software deinstallieren, die möglicherweise das Problem auslöst.

Ihren PC reparieren

28

In diesem Kapitel

- Feststellen, ob es ein Hardware- oder Software-Problem ist
- Kabelverbindungen überprüfen
- Die Stromzufuhr überprüfen
- Auf seltsame Geräusche achten
- Laufwerke überprüfen

Die beste Art, ein Problem zu lösen, ist, es jemand anderen machen zu lassen. Aber oft ist niemand anderer da. Probleme treten meistens zur denkbar ungünstigsten Zeit auf: am Wochenende. Warum haben Computerläden am Sonntag geschlossen? Das erklärt wahrscheinlich die Hektik am Montagmorgen. Sie sollten am Wochenende sowieso nicht arbeiten, insbesondere dann nicht, wenn die Sonne scheint oder im Kino ein Film mit Julia Roberts läuft.

Ist es ein Hardware- oder ein Software-Problem?

Ihr Guru oder vielleicht auch Sie selbst sind bisweilen in der Lage, Hardware-Probleme zu lösen; aber meistens muß der Computer zur Reparatur gebracht werden. Software-Probleme können im allgemeinen von Ihrem Guru oder durch einen Anruf bei der Hotline (oder der »Bitte-warten-Leitung«) des Herstellers behoben werden. Aber was ist es? Das ist wichtig zu wissen, weil Computerdoktoren sehr ärgerlich werden können, wenn Sie ihnen einen PC mit einem Software-Problem bringen. Hier sind die Anhaltspunkte:

1. **Bleibt das Problem konsequent bestehen, egal, welches Programm ausgeführt wird?**

   Lehnen es zum Beispiel Word, Excel und Ihr Buchhaltungsprogramm ab, etwas an den Drucker zu schicken? Wenn ja, ist es ein Hardware-Problem. Bringen Sie ihn zum Doktor.

2. **Ist das Problem gerade aufgetaucht?**

   Ging die Seitenvoransicht zum Beispiel letzte Woche noch, aber heute nicht mehr? Wenn ja, könnte es ein Hardware-Problem sein; vorausgesetzt, daß am Computer nichts geändert und keine neue Software installiert wurde, seit das Programm zuletzt richtig funktioniert hat. Bringen Sie ihn zum Doktor.

3. **Tritt das Problem nur bei einer bestimmten Anwendung auf?**

   Startet der Computer zum Beispiel immer neu, wenn Sie versuchen zu drucken? Wenn ja, ist es ein Software-Problem. Rufen Sie den Hersteller an.

Es ist generell ein Software-Problem, wenn es nur in einem Programm auftritt. Falls es in allen Ihren Anwendungen vorhanden ist, handelt es sich um ein Hardware-Problem.

Überprüfen Sie die Steckverbindungen

Lose Kabel können verhängnisvoll sein – nicht nur in Aufzügen. Wenn Ihre Tastatur den Geist aufgibt, Ihre Maus einfriert oder der Monitor ausgeht, ist die Ursache vielleicht ein loses Kabel. Sie sollten das folgende tun:

1. **Schalten Sie den Computer aus.**

   Schalten Sie alles aus – alles (siehe Kapitel 4).

2. **Überprüfen Sie alle Kabel hinter dem Computer.**

   Wackeln Sie an den Kabeln, um sich zu vergewissern, daß sie in den Buchsen stecken.

3. **Wenn etwas lose ist, stecken Sie es wieder in die Buchse.**

   Falls ein Kabel zu gespannt ist, befreien Sie es, und stecken Sie es in die Dose zurück.

   Einige Kabel sind mit praktischen Rändelschrauben an der Systemeinheit befestigt. Etliche davon sind winzige, lästige Schrauben, für die man einen winzigen, lästigen Schraubenzieher braucht, um sie anzuziehen. Andere stecken wacklig in der Buchse. Das steife Netzwerkkabel verdreht sich normalerweise beim Einstecken. Druckerkabel haben zwei Einkerbungen und werden von Klammern am Drucker festgehalten.

4. **Nachdem Sie alles überprüft haben, schalten Sie den Computer wieder ein und probieren es nochmal.**

   Wenn das Problem immer noch da ist, bringen Sie den Computer zum Doktor.

Welche Teile meines PCs muß ich zur Reparatur bringen?

Wenn Sie wirklich nicht herausfinden können, was das Problem ist, sollen Sie auch das letzte Schräubchen des Computers einpacken und alles zur Reparatur schleppen? Vermutlich nicht. Aber es kann sein, daß Sie dazu aufgefordert werden.

Als mein Drucker einmal kaputt war, mußte ich die Systemeinheit, das Druckerkabel und den Drucker hinbringen. Den Monitor, die Tastatur und die Maus konnte ich zu Hause lassen.

Erkundigen Sie sich immer, was Sie mitbringen sollen und was nicht. Wenn Sie mehrere Dinge in die Werkstatt bringen, stellen Sie sicher, daß diese Gegenstände auf Ihrer Quittung aufgeführt sind. Sie möchten schließlich alles zurückbekommen. Sie können auch Ihren Namen oder Ihre Personalausweisnummer auf die Innenseite des Gehäuses, unter die Tastatur usw. schreiben.

Wenn der blöde Kasten einfach nicht angehen will

Nichts verbreitet größeren Schrecken als ein Klicken beim Einschalten des Computers. »He! Die Maus soll klicken! Der Computer soll brummend zum Leben erwachen und mich unterhalten!«

Die folgenden Abschnitte enthalten einige nützliche Ratschläge, die Sie beherzigen sollten, bevor Sie in Panik zum Telefonhörer greifen und die Reparaturwerkstatt anrufen.

Stecken Sie den Computer in eine andere Steckdose

Manchmal geben Steckdosen den Geist auf. Wenn der Computer nicht angehen will, stecken Sie ihn oder Ihre Mehrfachsteckdose in eine andere Steckdose.

In jedem Elektronikladen können Sie für ein paar Mark einen Spannungsprüfer kaufen. Sie stecken ihn in die Steckdose; wenn Saft drauf ist, geht das kleine Licht an.

Prüfen Sie die Mehrfachsteckdose

Falls Sie glauben, die Mehrfachsteckdose ist kaputt, stecken Sie den Computer direkt in die Wandsteckdose ein. Wenn er funktioniert, liegt es tatsächlich an Ihrer Mehrfachsteckdose. Kaufen Sie eine neue.

Prüfen Sie die Sicherungen

Sie müssen die Sicherungen nur überprüfen, wenn alles andere im Zimmer auch nicht mehr geht. Wenn das Licht an ist und Ihr PC dumm rumsteht, dann liegt es vermutlich an der Steckdose bzw. an der Mehrfachsteckdose. Ansonsten sehen Sie im Sicherungskasten nach, ob eine der Sicherungen durchgebrannt ist.

Eine Sicherung brennt durch, wenn sie überlastet wurde. Das kann durch defekte Geräte oder durch zu hohen Stromfluß verursacht werden. Wenn Sie in einem alten Gebäude wohnen, zieht Ihr Computer (oder Laserdrucker) möglicherweise zu viel Strom aus der Leitung. Sie sollten erwägen, ein neues Haus zu kaufen.

Achten Sie auf Geräusche

Computer geben viele Mißklänge von sich: Das Festplattenlaufwerk surrt, und seine Chipmunks quieken, wenn Sie auf Daten zugreifen; der Lüfter summt konstant; Monitore erzeugen einen hohen Pfeifton, den nur die unter 30 hören können, und die Tastatur macht klickitiklack, wenn Sie tippen. Wenn etwas schiefläuft, können Sie noch alle gewohnten Geräusche hören? Vermissen Sie ein Geräusch? Oder sind da neue, beängstigende Geräusche?

Obwohl Sie nichts gegen das Geräuschproblem tun können, sollten Sie es dem Techniker mitteilen. Anders als bei Autos verschwinden die Geräusche bei Computern im allgemeinen nicht, wenn Sie in die Werkstatt gehen.

Ein Geräusch, das im Laufe der Zeit lauter wird, ist das Surren der Festplatte. Zuerst ist es kaum zu hören. Aber wenn Sie mit dem Computer arbeiten, wird das Surren lauter und lauter. Das wird durch die Abnutzung der Laufwerkslager verursacht und kann nicht behoben werden. Falls das Geräusch unerträglich wird, sollten Sie überlegen, ein neues Festplattenlaufwerk zu kaufen; obwohl das laute Geräusch nicht immer auf einen bevorstehenden Ausfall hinweisen muß.

So stellen Sie fest, ob ein Datenträger beschädigt ist

Wie Wein altern auch Datenträger. Anders als Wein verlieren ältere Datenträger aber ihren Geschmack und werden zu Essig. Datenträger werden auch durch Verschleiß beschädigt. Wenn sie abgenutzt sind, können sie nicht mehr benutzt werden. Fragen Sie Ihren Guru, ob er den Datenträger wiederbeleben kann (manchmal ist das möglich).

Mit einem der wunderbaren Windows-Hilfsmittel können Sie einen Datenträger auch selbst überprüfen. Gehen Sie wie folgt vor:

1. **Öffnen Sie den Arbeitsplatz.**

   Doppelklicken Sie auf den Arbeitsplatz, um ihn zu öffnen.

2. **Klicken Sie in der angezeigten Liste auf das verdächtige Laufwerk.**

3. **Wählen Sie Datei/Eigenschaften.**

   Das Dialogfeld **Eigenschaften** wird angezeigt.

4. **Klicken Sie auf das Register Extras.**

5. **Klicken Sie auf Jetzt prüfen.**

   Das Programm ScanDisk wird gestartet, das die Laufwerke prüft (siehe Abbildung 28.1).

6a. **Wenn bis zu diesem Zeitpunkt noch keine größeren Datenträgerprobleme aufgetreten sind, markieren Sie das runde Optionsfeld Standard.**

6b. **Wenn Datenträgerkatastrophe der zweite Vorname Ihres Computers ist, markieren Sie Intensiv.**

7. **Klicken Sie auf Starten.**

   ScanDisk überprüft das Laufwerk und findet hoffentlich nicht Schlimmes.

Das Überprüfen dauert länger, wenn Sie **Intensiv** wählen.

Wenn das Überprüfen beendet ist, wird eine Dialogfeld angezeigt, das voll mit bedeutungslosen Statistiken ist.

Wenn Fehler gefunden wurden, bietet ScanDisk an, diese zu beheben. Nehmen Sie das Angebot an. Kümmern Sie sich nicht um eine Sicherungsdiskette in Laufwerk A; es ist Zeitverschwendung. ScanDisk wird Ihr Laufwerk reparieren so gut es unter den gegebenen Umständen möglich ist.

8. **Klicken Sie auf Schließen (zweimal).**

   Sie sind fertig.

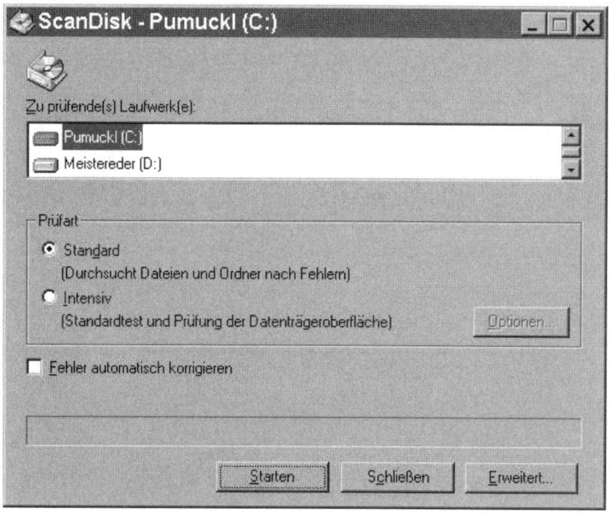

Abbildung 28.1: ScanDisk prüft das Laufwerk.

Wenn ScanDisk viele Fehler findet, ist das möglicherweise ein Zeichen dafür, daß die Tage Ihrer Festplatte zu Ende gehen. Erstellen Sie Sicherungskopien von allen Dateien auf der Festplatte, und kaufen Sie umgehend eine neue.

Teil VIII

Der Teil der Zehn

»Ach übrigens: Versuchen Sie bloß nicht, das falsche Passwort einzugeben.«

In diesem Teil...

Es wird behauptet, Anne Boleyn hatte sechs Finger. Nein, es haben ihr nicht vier Finger gefehlt; sie hatte sechs Finger an jeder Hand – zusammen zwölf. Ich habe zum Glück nur fünf und mich darum entschieden, dieses Buch mit einem großen Abschnitt zu beenden, der Listen mit jeweils zehn Dingen – wichtigen Informationen, Regeln, was man macht und was man nicht macht, und anderes Zeug – enthält. Die arme Anne hätte Listen mit zwölf Dingen erstellen müssen.

Ja, ich weiß, daß es nicht immer zehn Dinge in jedem Kapitel sind. Manchmal sind es mehr und manchmal weniger. Trotzdem sind alle Informationen nützlich und so organisiert, daß sie schnell gefunden werden können. Wenden Sie nun Ihre Gedanken von Heinrichs Frau ab, und kehren Sie zu den Computern zurück.

Zehn häufige Fehler von Anfängern

29

In diesem Kapitel

- Zuviel Software kaufen
- Inkompatible Hardware kaufen
- Nicht genügend Verbrauchsmaterialien kaufen
- Ihre Arbeit nicht speichern
- Eine Diskette statt der Festplatte benutzen
- Dateien nicht auf Disketten sichern
- Den Monitor zu hell einstellen
- Den Computer zu schnell ein- und ausschalten
- Disketten nicht beschriften

Sicher, es gibt eine Million Fehler, die Sie mit einem Computer machen können, ob Sie nun die falsche Datei löschen oder den Monitor auf Ihre Zehen fallen lassen. Aber ich habe die Liste auf zehn beschränkt (gut, es sind neun). Es sind nicht die klassischen Fehler, aber sie sind eng damit verwandt. Es sind die alltäglichen Fehler, die häufig wiederholt werden.

Zuviel Software kaufen

Warum sollte ich empfehlen, nicht zuviel Software zu kaufen? Ich wäre ein Heuchler, wenn ich es täte, da ich Hunderte von Programmen habe. (Weil ich ein Klugscheißer bin, ist das natürlich in Ordnung.)

Was ich wirklich meine, ist folgendes: Kaufen Sie nicht zu viel Software auf einmal. Es ist anders, als in einem Musikladen CDs zu kaufen. Sie können sich einen ganzen Stapel CDs in drei Tagen anhören. Sie sind das erste Mal unterhaltsam, und die Freude währt lange.

Aber Software ist am ersten Tag grausig, und die Spaßkurve steigt nur langsam an. Es kann Monate dauern, um die Grundlagen eines einzigen Programms zu erlernen. Sogar nach einem Jahr werden Sie noch neue Eigenschaften und Tricks finden.

Also haben Sie Erbarmen mit sich selbst, und kaufen Sie Software in einem vernünftigen Maß. Sie werden das Programm schneller lernen, und es bleiben Ihnen die Kopfschmerzen erspart, die Sie bekommen würden, wenn Sie versuchen, fünf Programme in einer Nacht zu installieren, und herausfinden, daß Ihr Computer nicht länger funktioniert, und dann die Liste der fünf Tatverdächtigen durchgehen müssen.

Inkompatible Hardware kaufen

Ein Computer muß zusammengesetzt sein wie eine glückliche Familie aus einer Seifenoper. Alle Teile müssen zufrieden zusammenleben. Die einzelnen Teile eines Computers beeinflussen sich gegenseitig, und wenn eines davon feindselig gestimmt ist, kann alles zusammenbrechen.

Wenn Sie zum Beispiel einen neuen Monitor kaufen, müssen Sie sich vergewissern, daß er zu Ihrer Grafikkarte paßt (dem Ding in Ihrem Computer, das die Informationen an den Monitor sendet). Ebenso können Sie eine alte XT-Tastatur nicht mit einem neueren Computer benutzen. Es funktioniert einfach nicht. Manchmal gehen auch die einfachsten Dinge schief: Sie haben ED-Disketten gekauft, obwohl Sie nur ein HD-Laufwerk haben.

Diese Fehler können auf zwei Arten vermieden werden. Erstens: Lassen Sie jemand anderen Ihren Computer aufrüsten. Zweitens: Seien Sie mit allem, was Sie kaufen, vorsichtig. Kaufen Sie nie etwas in Eile, besonders keine Disketten.

Nicht genügend Verbrauchsmaterialien kaufen

Die Leute kaufen Toilettenpapier in großen Packungen mit acht Rollen, weil sie wissen, sie verbrauchen es. Dasselbe gilt für Disketten und Druckerpapier. Früher oder später wird alles gebraucht.

Sie müssen sich nicht hinsetzen und einen ganzen Stapel Disketten formatieren. Aber wenn Sie eine Schachtel öffnen, formatieren Sie alle Disketten, die sich darin befinden. Auf diese Weise haben Sie immer eine formatierte Diskette griffbereit, wenn Sie schnell mal was kopieren müssen.

Papier ist in großen Mengen billiger und wird nicht schlecht, solange es nicht in feuchten Garagenecken gelagert wird.

Ihre Arbeit nicht speichern

Das erste Mal, wenn Sie etwas auf Ihrem Computer verlieren, ist das zwar frustrierend, aber es war vorhersehbar. Sie sind noch ein Anfänger. Wenn es zum dritten oder vierten Mal passiert, schlägt der Frust erst in Verzweiflung und schließlich in Ärger um.

Wenn Sie einen Gedankenblitz zu Papier bringen, wählen Sie den Befehl **Speichern,** und speichern Sie Ihr Dokument auf der Festplatte. Wenn Sie etwas Dummes schreiben, wählen Sie ebenfalls den Befehl **Speichern**. Speichern Sie immer, wenn Sie daran denken, hoffentlich mindestens alle fünf Minuten.

Sie können nie wissen, wann Ihr Computer den Geist aufgibt. Vermutlich dann, wenn Sie gerade den letzten Absatz von diesem blöden Bericht schreiben. Speichern Sie Ihre Arbeit so oft wie möglich. Speichern Sie auch immer, wenn Sie aufstehen, um sich mal schnell was aus dem Kühlschrank zu holen.

Eine Diskette statt der Festplatte benutzen

Sie benötigen Disketten, um Dateien von einem Computer zu einem anderen zu übertragen, um Sicherungskopien anzufertigen und um Programme zu installieren. Aber Sie benötigen keine Diskette, um Ihre Arbeit zu speichern. Speichern Sie Ihre Arbeit immer auf der Festplatte.

Ich habe einmal einen Brief von einem Leser bekommen, der frustriert war, daß er eine große Grafikdatei, die er erstellt hatte, nicht auf Diskette speichern konnte. Es hat sich herausgestellt, daß er seine Festplatte überhaupt noch nicht benutzt hatte; nicht ein einziges Mal, seit er seinen Computer gekauft hat. Er hatte Angst, sie würde überlaufen oder sowas. Deshalb benutzte er nur Disketten. Es hat ihn verrückt gemacht.

Bitte, benutzen Sie Ihre Festplatte. Stopfen Sie sie voll, und kaufen Sie eine neue. Verwenden Sie Disketten nur für Sicherungskopien. Da wir gerade davon sprechen ...

Dateien nicht auf Disketten sichern

Während Sie damit beschäftigt sind, speichern Sie Ihre Arbeit auf der Festplatte. Dann am Abend sichern Sie auf Disketten. Fertigen Sie immer eine Sicherungskopie an (man kann nie wissen ...).

Sicherungsprogramme sind eine Plage, aber das Sichern auf einem Bandlaufwerk ist problemlos. Meine Computer sind so eingestellt, daß die Bandsicherung jede Nacht um 2 Uhr gestartet wird. Dieser Vorgang wird automatisch ausgeführt.

Den Monitor zu hell einstellen

Dazu gibt es nicht viel zu sagen. Den Monitor zu hell einzustellen, ist schlecht für die Augen, und es nutzt den Monitor schneller ab.

Um den Monitor optimal einzustellen, drehen Sie die Helligkeit (den Regler mit der kleinen Sonne) ganz auf und stellen den Kontrast (den Regler mit dem Kreis und dem Schrägstrich) ein, bis die Anzeige angenehm aussieht. Dann drehen Sie die Helligkeit herunter, bis das kleine »Quadrat« außerhalb der Bildkanten verschwunden ist. Das wars!

Den Computer zu schnell ein- und ausschalten

Leute, die den Computer schnell hintereinander ein- und ausschalten, können ihren Computer tatsächlich beschädigen. Wenn Sie Ihren Computer ausschalten müssen, warten Sie mindestens 20 Sekunden, bevor Sie ihn wieder einschalten.

Manchmal sind Sie für das schnelle Aus- und Einschalten des PCs möglicherweise nicht verantwortlich. Ein Stromausfall von einer Sekunde hat einmal meine Festplatte das Leben gekostet. Der Spaß hat mich um über 1500 Mark erleichtert (1989). Mittlerweile werden meine Computer von einer unterbrechungsfreien Stromversorgung beschützt.

Disketten nicht beschriften

Disketten müssen beschriftet sein, damit sie identifiziert werden können. Es ist in Ordnung, wenn auf dem Etikett nur »Zeug« steht (außer Sie schreiben auf alle Etiketten »Zeug«). Verwenden Sie keine Zettel, sondern Etiketten.

Ich habe mir im Büro einmal eine Diskette mit einem Post-it geschnappt, weil ich zu Hause arbeiten wollte. Das Post-it fiel runter, und ich mußte ungefähr 20 Disketten mit nach Hause nehmen.

Beschriften Sie ein Klebeetikett, bevor Sie es auf die Diskette kleben. Oder benutzen Sie einen weichen Filzstift. Ihre Daten werden es Ihnen danken. Und seien Sie vorsichtig, wenn Sie das Etikett auf die Diskette kleben, damit Sie keine beweglichen Teile bedecken: etwa das kleine Fenster, in dem die Diskette zu sehen ist, den kleinen Metallschieber oder etwas anderes, das wichtig ausschaut.

30

Zehn Dinge, die Sie nicht tun sollten

In diesem Kapitel

- Starten Sie den Computer nicht neu, um ein Programm zu beenden
- Starten Sie nie von einer unbekannten Diskette
- Schieben Sie eine Diskette nie mit Gewalt ins Laufwerk
- Installieren Sie keine kostenlose Software
- Stecken Sie die Tastatur nie ein, wenn der Computer eingeschaltet ist
- Öffnen Sie nichts, das Sie nicht öffnen sollen
- Löschen Sie keine unbekannten Symbole
- Beenden Sie Windows immer ordnungsgemäß

Bevor Sie als Kind das Haus verlassen haben, hat Ihre Mutter Ihnen sicher einige Verhaltensmaßregeln mit auf den Weg gegeben: »Stampf nicht in Pfützen rum«, »Heb nichts auf, das tot ist«, »Iß keinen Dreck«, »Bleib von der Müllhalde weg«, »Schmeiß nicht mit Steinen auf Frau Müllers Haus« und »Spiel nicht mit diesem schrecklichen Nachbarkind Markus«. Sie haben natürlich alles versprochen und sind zu Markus Meier gelaufen, um ihn zu einem Ausflug zur Müllhalde abzuholen; natürlich nicht ohne einen Umweg an Frau Müllers Haus vorbei zu machen.

Dieses Kapitel enthält eine Liste mit Dingen, die Sie nicht tun sollen. Ihre Mutter hätte wahrscheinlich dasselbe gesagt, wenn sie dieses Buch geschrieben hätte.

Den Computer neu starten, um ein Programm zu beenden

Starten Sie den Computer nicht neu, um ein Programm zu beenden. Diese Methode war früher beliebt und wird auch heute noch praktiziert. Beenden Sie ein Programm, das ausgeführt wird, immer ordnungsgemäß. Verwenden Sie die Reset-Taste nur, wenn Ihnen die Angst im Nacken sitzt.

Den Computer von einer unbekannten Diskette starten

Die sicherste Methode einen Computervirus zu bekommen, ist, den Computer von einer fremden Diskette zu starten. Ich spreche hier nicht über das Starten des PCs mit einer Startdiskette, die Sie erstellt haben oder die Sie in einem versiegelten Software-Paket erhalten haben. Ich spreche über das Spiel, das Ihnen Werner letzte Woche rübergeschoben hat. Sie wissen schon, was ich meine. Wenn Sie von dieser Diskette starten, laden Sie wer weiß was in Ihren PC ein. Machen Sie es nicht.

Eine Diskette mit Gewalt in das Laufwerk schieben

Disketten können nur in eine Richtung in das Diskettenlaufwerk eingelegt werden. Wenn die Diskette nicht ins Laufwerk paßt, haben Sie ein Problem:

Problem 1: Sie schieben die Diskette mit der falschen Seite in das Laufwerk.

Lösung 1: Nehmen Sie die Diskette anders in die Hand, und versuchen Sie es nochmal.

Problem 2: Es befindet sich bereits eine Diskette im Laufwerk.

Lösung 2: Entfernen Sie die Diskette aus dem Laufwerk, bevor Sie die neue Diskette einlegen.

Kostenlose Software (mehr oder weniger kostenlos)

Darum gibt es Deinstallationsprogramme. Eine Menge von dem kostenlosen Zeug ist Müll. Verschwenden Sie keinen Festplattenspeicher damit.

Die Tastatur einstecken, wenn der Computer eingeschaltet ist

Das zischende Geräusch, das Sie gerade gehört haben, war der letzte Atemzug Ihres Motherboards. Sie müssen ein neues Motherboard oder eine neue Tastatur kaufen.

Schalten Sie Ihren PC immer aus, bevor Sie etwas einstecken. Sie wurden gewarnt.

– Ihr Computer

Dinge öffnen, die Sie nicht öffnen sollen

Es steht nicht auf allem in Ihrem PC »Nicht öffnen«. Manche Sachen sollen Sie öffnen. Neue Systemeinheiten haben einen Deckel zum Öffnen. Die alten Gehäuse sind mit sechs Schrauben zugeschraubt. Warum die Verbesserung? Weil viele Leute ihren PC öffnen, um ihn aufzurüsten.

Ihr Monitor? Öffnen Sie ihn nicht. Es steht sogar drauf. Dasselbe gilt für einige Komponenten in der Systemeinheit, zum Beispiel für das Netzteil.

Öffnen Sie die Farbkassette des Druckers nicht und auf keinen Fall die Tonerkassette eines Laserdruckers.

Es besteht keine Notwendigkeit, ein Modem oder ein anderes externes Gerät zu öffnen.

Wenn Sie mutig genug sind, um die Systemeinheit zum Aufrüsten zu öffnen, schalten Sie den PC immer aus, und ziehen Sie den Stecker aus der Steckdose. Das ist gut für Sie und für Ihren Computer.

Öffnen oder Löschen von Symbolen

Löschen Sie kein Symbol, das Sie nicht selbst erstellt haben. Führen Sie ein Programm nur aus, wenn Sie es kennen. In Windows sind Dutzende von Dateien und Programmen enthalten, von denen die meisten für interne, geheime Zwecke verwendet werden. Klicken Sie nicht auf ein Symbol, nur um herauszufinden, was es macht. Und löschen Sie nichts, das Sie nicht erstellt haben.

Windows nicht ordnungsgemäß beenden

Wenn Sie mit der Arbeit fertig sind, fahren Sie Windows herunter. Wählen Sie den Befehl **Beenden** aus dem Startmenü, klicken Sie auf **OK,** und warten Sie, bis die Meldung angezeigt wird, daß Sie den Computer ausschalten können.

Drücken Sie nicht einfach den Ein-/Ausschalter, wenn Sie fertig sind. Um Himmels Willen! Das ist schlimmer, als ein Fenster in Frau Müllers Haus mit einem Stein einzuwerfen. Jesus!

Zehn Dinge, die möglicherweise ein Computer sind

31

In diesem Kapitel

- Desktopcomputer
- Laptop
- Notebook
- Macintosh
- NC (oder Windows Terminal)
- Netzwerkcomputer
- Palmtopcomputer
- Tower-PC
- WebTV
- Workstation

Dieses kleine Ding mit dem Deckel, das mit Batterien betrieben wird. Ist das ein PC? Und was ist ein Laptop? PC oder nicht? Dieses winzige Kästchen, das an den Fernseher angeschlossen wird. Zählt das als Computer? Was ist mit dem Zeug, das von IBM verkauft wird?

Da PC für »Personal Computer« steht, könnte theoretisch jedes Gerät, das irgendwie etwas berechnet, ein Computer sein. In diesem Kapitel wird beschrieben, was als PC oder Computer bezeichnet werden kann.

Desktopcomputer

Ein Desktopcomputer kann auf den Schreibtisch gestellt werden, und ist das am häufigsten verkaufte Modell.

Laptop

Ein *Laptop* ist ein tragbarer Computer mit fast allen Funktionen eines Desktopcomputers, aber er ist kleiner, leichter und teurer. Laptops funktionieren mit Batterien, können aber auch über einen Adapter mit Netzstrom versorgt werden. Laptops haben nicht die Erweiterungsoptionen eines Desktopcomputers. Wenn Sie den Laptop an eine Dockingstation anschließen, können Sie ihn wie einen Desktopcomputer verwenden.

Macintosh

Nein, kein PC.

Rein technisch ist ein Macintosh ein Personal Computer. Aber da der PC an IBM-DOS-Windows-Microsoft gebunden ist, hassen es die Mac-Benutzer, wenn ihre Computer PCs genannt werden. Ziemlich stur, aber andererseits laufen sie wie die Lemminge zu Windows über.

NC (oder Windows Terminal)

NC ist ein Netzwerkcomputer. Im Grunde genommen nur ein Terminal mit einer Tastatur und einem Monitor. Der Rest des Computer befindet sich irgendwo in einem Netzwerk.

Ein *Windows Terminal* ist ebenfalls ein NC, außer daß darauf Windows NT ausgeführt wird.

Netzwerkcomputer

Ein Netzwerkcomputer ist einem richtigen PC ähnlicher als ein NC. Trotzdem ist ein Netzwerkcomputer gewöhnlich ein Sklave des Netzwerks. Er hat eine Festplatte, aber kein Disketten- oder CD-ROM-Laufwerk. Netzwerkcomputer sind nur für große Firmen geeignet, die alle Benutzer versklaven möchten.

Notebook

Das gleiche wie ein Laptop.

Palmtopcomputer

Palmtopcomputer funktionieren wie winzige Laptops. Sie haben nur geringe Erweiterungsmöglichkeiten, aber eine Tastatur, einen Bildschirm und üblicherweise integrierte Software. Es sind sogar Palmtops mit einer kleinen Version von Windows, Windows CE, erhältlich. Andere, z.B. der 3-Com Palm Pilot, haben ihr eigenes Betriebssystem, das Palm OS genannt wird. Dieser Computertyp verfügt nur über eingeschränkte Funktionen.

Tower-PC

Ein Tower-PC funktioniert wie ein Desktopcomputer. Er befindet sich unter dem Schreibtisch, obwohl sogenannte »Minitower« auch auf den Schreibtisch gestellt werden können. Der Tower-PC hat viele Erweiterungsmöglichkeiten.

WebTV

WebTV ist ein weiterer Versuch der Computerindustrie, den Fernseher als Computermonitor zu verwenden, um im Internet zu surfen. Der Fernseher wird interaktiv und es muß kein Computer mehr gekauft werden. Man sollte denken, daß die Industrie von den frühen 80ern gelernt hat, aber nein. Im Grunde ist WebTV ein dummes Terminal, das über ein Modem oder Kabel die Verbindung mit dem Internet herstellt. Wenn Sie einen erweiterungsfähigen und produktiven Computer möchten, benötigen Sie einen richtigen PC.

Workstation

Ihr Computer könnte eine Workstation sein. Möglicherweise wird er im Büro bereits so genannt. Überlicherweise ist eine Workstation ein Highend-Computer, wie z.B. die Silicon Graphics Computer, mit denen Animationen für Filme erstellen werden können.

Zehn nützliche Dinge für Ihren PC

32

In diesem Kapitel

- Software
- Mausunterlage
- Handauflage
- Bildschirmentspiegelung
- Tastaturabdeckung
- Mehr Speicher
- Größere und schnellere Festplatte
- Modem
- Beweglicher Monitorständer
- Mehrfachsteckdosen

Ich versuche nicht, Ihnen etwas zu verkaufen, und ich bin ziemlich sicher, daß Sie nicht bereit sind, für etwas wie einen Computer ständig Geld auszugeben (außer es ist das Geld von jemand anderem). Aber es gibt einige praktische kleine Dinge, die Sie für Mr. Computer kaufen sollten. Wie die zehn Dinge, die Sie für einen Hund kaufen sollten (eine Leine, ein Quietschtier, das wie eine Katze aussieht, ein Halsband usw.), machen die zehn Dinge für einen Computer das Leben mit diesem Ungeheuer angenehmer.

Software

Vernachlässigen Sie nie die Software. Es gibt Millionen von verschiedenen Programmtypen; jedes Programm wurde für einen bestimmten Anwenderkreis entworfen, um eine spezielle Aufgabe auszuführen. Wenn Sie über die Arbeitsweise des Computers frustriert sind, suchen Sie nach einem besseren Programm.

Mausunterlage

Die Maus über Ihre Schreibtischoberfläche zu rollen, mag gut funktionieren, aber die beste Oberfläche ist eine Mausunterlage. Das ist ein Stück Schaumgummi mit einer Strukturoberfläche, die ideal ist, um die Maus umherzurollen. Vermeiden Sie Mausunterlagen mit einer glatten Oberfläche. Unterlagen mit hübschen Bildern oder die neuen »Stimmungsunterlagen«, die auf Temperatur reagieren, sind teurer. Die beste Mausunterlage ist die mit Ihrem Computerlogo drauf, dem Bild einer verängstigten Katze (was die Maus glücklich macht) oder mit einigen cleveren Sprüchen in Assyrisch.

Handauflage

Wie eine Mausunterlage unter die Maus gehört, paßt die Handauflage unter Ihre Tastatur. Sie erlaubt es Ihnen, die Handgelenke beim Tippen bequem aufzustützen.

»Schlampig, schlampig!«, hören Sie Ihre Schreibmaschinenlehrerin quer durch den Raum brüllen. »Gute Typisten heben Ihre Handgelenke an und drücken jede Taste gezielt!« Bevor sie zu Ihnen rüberwackelt und mit einem Lineal auf Ihre Handballen haut, sagen Sie ihr das: »Halt, Sie brutales Weib! Ihre vorsintflutlichen Tippmethoden können nicht auf die empfindliche Computertastatur angewandt werden. Ich kann meine Handgelenke lässig auf eine farbenfrohe Handauflage legen und mühelos tippen. Gehen Sie nach Hause, und nerven Sie ihren Mann!«

Bildschirmentspiegelung

So bedeutend es sich auch anhört, eine Bildschirmentspiegelung ist nicht mehr als ein Nylonstrumpf, der über die Vorderseite Ihres Monitors gespannt wird. OK, es sind professionelle selbstklebende Nylons. Sie bewirken, daß Sie nicht von Licht im Raum oder von draußen geblendet werden. Das ist eine so gute Idee, daß etliche Monitore eingebaute Bildschirmentspiegelungen haben.

Grelles Licht ist die Hauptbelastung für die Augen bei der Arbeit mit einem Computer. Gewöhnlich wird das Licht von einem Fenster auf dem Glas reflektiert. Die Bildschirmentspiegelung verringert die Reflexion, und das Zeug auf dem Bildschirm ist besser erkennbar.

Einige Bildschirmentspiegelungen sind auch gleichzeitig ein Strahlungsschutz. Sie bieten Schutz vor den schädlichen elektromagnetischen Strahlen, die von Ihrem Monitor ausgestrahlt werden. Ist das notwendig? Nein. Es gibt eine Menge Panikmacher, die behaupten, Monitore verursachen gesundheitliche Schäden. Das kann nicht widerlegt werden; deshalb halten sie daran fest. Wenn Sie sich damit besser fühlen oder wenn Ihnen die Haare büschelweise ausfallen, kaufen Sie einen strahlenundurchlässigen Schutz.

Tastaturabdeckung

Eine Tastaturabdeckung ist eine Schutzhülle für Ihre Tastatur. Wenn Sie tolpatschig sind, kleine Kinder haben oder jemand anders mit marmeladeverschmierten Fingern die Tastatur benutzt, dann ist die Tastaturabdeckung eine großartige Einrichtung. Sie haben sie vielleicht schon in Kaufhäusern gesehen; sie bedeckt die Tastatur, die trotzdem noch bedient werden kann. Eine tolle Idee, weil damit nicht mehr all das ekelhafte Zeug zwischen die Tasten fällt.

Sie können auch eine Staubhülle für Ihren Computer kaufen. Diese schützt aber lediglich sein Aussehen. Verwenden Sie eine Staubhülle nur, wenn der Computer ausgeschaltet ist (und wir empfehlen das Ausschalten nicht). Befindet sich die Hülle auf dem PC, während er eingeschaltet ist, erzeugen Sie eine Treibhausatmosphäre, und der Computer schmilzt – manchmal. Übel. Das kann mit der Tastatur nicht passieren, weil sie von kühler Wesensart ist.

Mehr Speicher

Mit mehr Speicher ist jeder PC glücklicher. Es gibt eine obere Grenze von 128 MByte bis 512 MB oder so. Trotzdem ist es eine gute Sache, Ihr System auf 32, 64 oder 128 MB RAM aufzurüsten. Sie werden sofort eine Verbesserung von Programmen wie Windows und verschiedenen Grafikanwendungen bemerken. Kaufen Sie nur den Speicher, und suchen Sie jemanden, der die Aufrüstung für Sie vornimmt.

Eine größere und schnellere Festplatte

Festplattenlaufwerke sind schnell voll, weil Sie eine Menge Müll auf Ihrer Festplatte haben: Spiele, Dinge, die Sie von Freunden bekommen haben, alte Dateien und alte Programme, die Sie nicht mehr benutzen. Sie können das ganze Zeug löschen oder auf Disketten kopieren und es aufbewahren. Nach einer Weile ist Ihre Festplatte aber wieder voll. Diesmal enthält sie Zeug, das Sie wirklich brauchen. Was können Sie tun?

Die Antwort ist einfach: Kaufen Sie ein größeres Festplattenlaufwerk. Wenn möglich, installieren Sie ein zweites Laufwerk, oder ersetzen Sie das erste durch ein größeres, schnelleres Modell. Mit einem schnelleren Modell kann die Leistung von älteren PCs verbessert werden, und man muß sie nicht wegwerfen.

Modem

Ein Modem ist ein lustiges und interessantes Ding. Obwohl es in den meisten Fällen nicht wirklich notwendig ist, eröffnet sich Ihnen damit eine ganz neue Welt. Plötzlich ist Ihr Computer einer von vielen. Sie können mit dem Modem und Ihrem Telefon fremde Computer anwählen, mit anderen Modembesitzern quasseln und Dienstleistungsunternehmen wie CompuServe anrufen; vielleicht sogar im Internet surfen. Das kann spaßig sein.

Für ein Modem benötigen Sie einen zusätzlichen Telefonanschluß. Das ist genauso sinnvoll, wie wenn Sie einen eigenen Telefonanschluß für Ihren Teenager einrichten: Modems sind notorische Telefonblockierer. Wenn das Modem in Betrieb ist, kann niemand rein- oder rausrufen. Deshalb ist es am besten, für das Modem eine zusätzliche Leitung schalten zu lassen. Die Post berechnet für ein Modem keine zusätzlichen Gebühren; die Anrufe kosten dasselbe wie bei jedem anderen Gespräch.

Beweglicher Monitorständer

Einige Monitore haben kipp- und drehbare Standfüße. Damit können Sie den Monitor so ausrichten, daß er nicht auf Ihre Brust oder über Ihre Schulter zeigt. Wenn Ihr Monitor einen festen Sockel hat, schieben Sie kein Handbuch darunter, um ihn einzustellen; kaufen Sie einen schwenkbaren Ständer.

Es gibt Ständer, die eigentlich mechanische Arme sind. Diese heben den Monitor über den Schreibtisch und ermöglichen Ihnen so, ihn zu positionieren. Mechanische Arme sind gut, aber teuer.

Mehrfachsteckdosen

Computer haben mehr Netzstecker als alles, was Sie in der Garage oder in der Küche finden. Sie brauchen mindestens drei Steckdosen für die Grundausstattung: eine für die Systemeinheit, eine für den Monitor und eine für den Drucker. Alles übrige – ein Modem, ein Scanner, Lautsprecher, eine Schreibtischlampe oder Ihre Uhr – benötigt ebenfalls eine Steckdose. Kaufen Sie eine dieser Mehrfachsteckdosen, in die Sie sechs Stecker einstecken können.

Einige Mehrfachsteckdosen sind teurer als andere. Sie bieten gewöhnlich Schutz gegen unangenehme elektrische Überraschungen. Falls es die bei Ihnen oft gibt, überlegen Sie sich, ob Sie sich nicht eine teure Mehrfachsteckdose leisten sollten. Für jeden anderen tut es das 25-Mark-Grundmodell.

Zehn (:2) Dinge, an die Sie immer denken sollten

33

In diesem Kapitel

- Sie sind der Boß
- Die neueste Software-Version ist nicht unbedingt notwendig
- Wenn Sie Sicherungen anfertigen, haben Sie höchstens die Arbeit von einem Tag verloren
- Die meisten Computer-Klugscheißer lieben es, Anfängern zu helfen
- Das Leben ist zu wichtig, als daß man den Computer ernstnehmen sollte

Was! Noch mehr Dinge, an die man denken soll? Abgesehen davon, daß die F3-Taste in WordPerfect die Hilfe-Taste ist? Oder die Kombination Alt-F4 in Windows ein Fenster schließt? Und daß man den Drucker tritt, wenn er spinnt?

Ja, aber diese Dinge sind leicht zu behalten. Und sie sind auch unterhaltsamer. Behalten Sie sie bei der Computerarbeit im Hinterkopf; die Arbeit wird Ihnen dadurch leichter von der Hand gehen.

Sie sind der Boß

Sie kaufen den Computer. Sie machen ihn stubenrein. Sie füttern ihn mit Disketten, wenn er danach fragt. Sie sind sein Herr und Meister. Lassen Sie sich nicht von diesem Computer mit seiner abartigen Konversation und seinen komischen Eigenarten herumkommandieren. Er ist in Wirklichkeit ziemlich bekloppt, um nicht zu sagen, er ist ein Idiot.

Wenn Ihnen jemand eine Flasche Motoröl in den Mund stecken würde, würden Sie es dann probieren? Sicher nicht. Aber stecken Sie eine Flasche Motoröl in ein Diskettenlaufwerk, und der Computer wird versuchen, davon Informationen zu lesen, weil er denkt, es ist eine Diskette.

Sie beherrschen den hirnlosen Computer wie ein Kleinkind. Sie müssen ihn genauso behandeln – mit Respekt und Aufmerksamkeit. Lassen Sie sich vom Computer nicht mehr schikanieren als von einem Baby, das um drei Uhr morgens seine Flasche will.

Beide sind hilflose Kreaturen, die Ihren Launen ausgeliefert sind. Seien Sie nachsichtig.

Die neueste Software-Version ist nicht unbedingt notwendig

Wie die Fotomodelle auf der Titelseite der Vogue ihre Kleidung jede Saison wechseln, geben Software-Firmen ständig Updates heraus. Sollten Sie die neue Version automatisch kaufen?

Natürlich nicht. Wenn Sie sich in Ihren alten Klamotten wohl fühlen, kaufen Sie keine neuen, nur weil sich die Mode geändert hat. Und wenn Sie mit Ihrer alten Software klarkommen, gibt es keinen Grund, die neue Version zu kaufen (außer Sie sind ein Freak).

Das Software-Update hat wahrscheinlich ein paar neue Eigenschaften (obwohl Sie noch keine Chance hatten, alle Eigenschaften der aktuellen Version herauszufinden). Das Update hat vermutlich auch ein paar neue Fehler, die das Programm auf andere, neue Art abstürzen lassen. Schauen Sie die Schachtel genauso intensiv an wie die Damen auf der Titelseite der Vogue. Aber fühlen Sie sich nicht verpflichtet, etwas zu kaufen, das Sie nicht brauchen.

Wenn Sie Sicherungen anfertigen, haben Sie höchstens die Arbeit von einem Tag verloren

Dateien auf Disketten zu speichern ist ungefähr genauso aufregend, wie unter der Couch staubzusaugen. Sie wissen, daß es gemacht werden muß, aber es ist langweilig, und wahrscheinlich spielt es auch keine Rolle, ob Sie es machen oder nicht.

Aber Unfälle passieren. Die Katze zieht eine tote Kakerlake unter der Couch vor, wenn Ihre Erbtante zu Besuch ist. Und Ihre Software kann abstürzen und Sie am leeren Bildschirm sitzen lassen.

Speichern Sie Ihre Dateien jedesmal, wenn Sie mit der Arbeit fertig sind. Wenn Sie Ihre Dateien jeden Tag auf Diskette speichern, ist das Schlimmste, was Ihnen passieren kann, daß Sie die Arbeit von einem Tag verlieren. Und bringen Sie Ihrer Katze bei, die Kakerlaken nicht nur unter der Couch rauszuziehen, sondern sie auch in den Müll zu werfen, bevor die Tante kommt.

Die meisten Computer-Klugscheißer lieben es, Anfängern zu helfen

Es ist traurig, aber fast alle Computer Klugscheißer verbringen die meiste Zeit vor einem Computer. Sie wissen, daß das bescheuert ist, aber sie können nichts dagegen tun.

Wegen ihres schlechten Gewissens sind sie im allgemeinen glücklich, wenn sie einem Anfänger helfen können. Durch die Weitergabe von Wissen können sie die Stunden, die sie auf dem Computerstuhl verbracht haben, rechtfertigen. Außerdem erhalten sie dadurch die Chance, eine gesellschaftliche Fähigkeit aufzufrischen, die ihnen langsam verlorenzugehen droht: die Kunst, mit einer wirklichen Person zu sprechen.

Aber denken Sie daran: Computerfreaks sind mehr an Computer als an Menschen gewöhnt. Wenn ein Freak einem Computer einen Befehl gibt, reagiert der Computer darauf. Wenn also ein Freak Ihre Frage beantwortet hat, schreiben Sie diese auf einen Zettel. Halten Sie den Zettel griffbereit, damit Sie den Freak nicht nochmal mit derselben Frage nerven müssen. Versuchen Sie nicht, ihn zu lange von seinem Computer fernzuhalten.

Das Leben ist zu wichtig, als daß man den Computer ernstnehmen sollte

Hallo, beruhigen Sie sich. Computer sind nicht das Leben. Sie sind nicht mehr als Mineralablagerungen und graubraunes Plastik. Schließen Sie Ihre Augen, und holen Sie ein paar Mal tief Luft. Lauschen Sie den Regentropfen, die gegen das Fenster klopfen, und hören Sie, wie Ihre Katze an den Polstermöbeln kratzt.

Stellen Sie sich vor, Sie fahren an einem sonnigen Tag mit dem Cabrio durch ein Wäldchen, und der Wind weht Ihnen durch die Haare. Und stellen Sie sich weiter vor, Sie liegen auf dem Deck in der Sonne, während Kim Basinger die Yacht zur Insel mit den freundlichen Affen steuert, die Ihnen Kokosnußstückchen aus der Hand fressen.

Sie sitzen in einem Heißluftballon, schlürfen ein Glas Champagner und fühlen, wie die Bläschen an der Unterseite Ihrer Zunge zerplatzen. In der Ferne ragt die Turmspitze des Schlosses aus den Wolken, und Sie können schon das Käfer-Buffet riechen.

Öffnen Sie langsam Ihre Augen. Es ist nur ein blöder Computer. Nehmen Sie ihn nicht zu ernst.

Stichwortverzeichnis

Symbole

A

B

C

D

E

F

G

H

I

K

L

M

N

O

P

U

V

W

Y

Z

488 Seiten, 1998
DM 49,90
ÖS 364,–
ISBN 3-8266-2807-1

Wallace Wang

Visual Basic 6 für Dummies

Gegen den täglichen Frust mit Visual Basic

- Programmieren ohne Tastenhacken
- Neu: Datenbanken und Internet
- Für Windows 95, 98 und Windows NT

Sie möchten Visual Basic kennenlernen, ohne direkt in die allertiefsten Programmierabgründe zu steigen? Sie haben keine oder nur wenig Programmiererfahrung, sind aber fest entschlossen, es zu lernen? Dann greifen Sie zum Dummy unter den Programmierbüchern und lassen sich von Wallace Wang auf die fröhliche Art in die Welt des Programmierens einführen.

Sie erfahren:

✔ Was das alles ist und wie es funktioniert: BASIC-Codes, Caption-Eigenschaften, Ereignisprozeduren, Operatoren usw.
✔ Wie Sie Menüs aller Art in den Griff bekommen: Pull Down, Pop Up & Co.
✔ Wie Sie mit Visual Basic typische Grundelemente wie Boxen, Buttons und Scroll Bars programmieren, die jeder Benutzer aus dem täglichen Windows-Alltag kennt
✔ Wie Sie wiederverwendbare Unterprogramme schreiben, die vielseitig einsetzbar sind
✔ Wie Sie mit dem Visual Data Manager Datenbanken erstellen und so bares Geld sparen können

Systemvoraussetzungen:
Windows 95, 98, NT
Visual Basic 6

Auf der CD-ROM: Quellcode der Beispiele aus dem Buch

446 Seiten, 1998
DM 49,90
ÖS 364,–
ISBN 3-8266-2806-3

Michael Hyman & Bob Arnson

Visual C++ 6 für Dummies

Gegen den täglichen Frust mit Visual C++ 6

- C++-Grundlagen für Jedermann
- MFC
- Objektorientierte Programmierung leicht gemacht

Wer mit C++ umgehen kann, der beherrscht die Welt! Verbessern Sie Ihre Chancen auf dem Arbeitsmarkt mit C++-Kenntnissen. Lassen Sie sich von Michael Hyman und Bob Arnson in C++ und Microsofts Entwicklungsumgebung Visual C++ einweisen. Erfahren Sie, was Sie schon immer über die Programmierung mit Visual C++ wissen wollten, doch bei abgedrehten Programmiern nie erfahren konnten.

Sie erfahren:

- ✔ Wie die Entwicklungsumgebung aufgebaut ist, und was man wozu braucht: Compiler, Debugger, Editor ...
- ✔ Wie Sie mit Hilfe des Anwendungsassistenten schneller als Sie denken Ihre ersten Programme aus dem Hut zaubern können
- ✔ Wozu man Klassen und Zeiger braucht
- ✔ Was objektorientierte Programmierung ist und welche Vorteile sie hat
- ✔ Wie Sie sich mit der MFC Arbeit ersparen können

Systemvoraussetzungen:
Windows 95, 98, NT
Visual C++ 6

Auf der CD-ROM: Quellcode der Beispiele aus dem Buch.